Julian Bruns, Kathrin Glösel & Natascha Strobl
Die Identitären

Julian Bruns (*1982) studiert in Wien Skandinavistik und schreibt an seiner Dissertation zu ›faschistischer Literatur in Nordeuropa‹. Er war bei der Österreichischen Hochschüler_innenschaft der Universität Wien im Referat für antirassistische Arbeit tätig.

Kathrin Glösel (*1989) studiert Politikwissenschaft sowie Europäische Frauen- und Geschlechtergeschichte in Wien. Derzeit arbeitet sie als Studienassistentin am Institut für Politikwissenschaft sowie in der dortigen Studienvertretung.

Natascha Strobl (*1985) hat in Wien Politikwissenschaft und Skandinavistik studiert und mit einer Arbeit zur Neuen Rechten abgeschlossen. Sie hat sich als Sachbearbeiterin an der ÖH Uni Wien intensiv um die antifaschistische Schulungsarbeit im Verband gekümmert und betreibt den Blog *Schmetterlingssammlung*.

Julian Bruns, Kathrin Glösel
& Natascha Strobl

Die Identitären

Handbuch zur Jugendbewegung
der Neuen Rechten in Europa

UNRAST

Bibliographische Information der Deutschen Bibliothek
Die Deutsche Bibliothek verzeichnet diese Publikation in der Deutschen Nationalbibliographie; detaillierte bibliographische Daten sind im Internet über http://dnb.ddb.de abrufbar.

Julian Bruns, Kathrin Glösel & Natascha Strobl
Die Identitären
1. Auflage, März 2014
ISBN 978-3-89771-549-3
© UNRAST-Verlag, Münster
Postfach 8020, 48043 Münster – Tel. (0251) 66 62 93
www.unrast-verlag.de – kontakt@unrast-verlag.de
Mitglied in der assoziation Linker Verlage (aLiVe)
Umschlag: UNRAST Verlag, Münster
nach einer Vorlage von Julia Spacil
Satz: UNRAST Verlag, Münster
Druck: CPI – Ebner & Spiegel, Ulm

Inhalt

Widmung und Danksagung	8
Vorwort	9
Einleitung	11
Chronologie	14
Dieses Buch	16
Material, Literatur und Vorgehensweise	17

Teil 1
Politische Verortung der Identitären und historische Vorlagen

Begriffsdefinitionen in diesem Buch	22
Begriffsklärung ›Rechtsextremismus‹	22
Begriffsklärung ›Neue Rechte‹	24
Entwicklung der Neuen Rechten	30
Die ›Konservative Revolution‹ als Vorlage	36
Begriffsklärung und -definition	36
Akteur_innen der ›Konservative Revolution‹	38
Soziokulturelle Gemeinsamkeiten und Erster Weltkrieg	40
Gemeinsame Analyse	43
Ideologie	43
›Konservative Revolution‹ und Nationalsozialismus	49
›Konservative Revolution‹ in Europa	52

Teil 2
Die *Identitäre Bewegung* in Europa und ihr Umfeld

Charakteristika und Länderüberblick	56
Bewegung ohne Vision? – Allgemeines zu den Identitären Gruppen	56
Frankreich	61
Deutschland	68
Der Funke	74

Österreich	77
Schweiz	84
Italien	87
Großbritannien	96
Schweden	101
Norwegen	107
Dänemark	111
Spanien	114
Portugal	118
Politisches und publizistisches Umfeld	122
Verlage, Blogs und Zeitschriften	122
Politische Netzwerke	149
Thinktanks	156
Zentren	158

Teil 3
Ideologie und Strategien der Neuen Rechten und der Identitären

Ideologisches Fundament der Neuen Rechten und der Identitären	164
Nation, Staat, Gesellschaft	164
Geschlechter- und Rollenbilder	167
Menschenbild	172
Ethnopluralismus und Kultur	174
Europa-Ansichten	177
Geschichtsrevisionismus und Antisemitismus	179
Neurechter ›Antikapitalismus‹	182
Feindbestimmung: Liberalismus und Linke	184
Strategien	188
Rhetorische Mittel	188
Visuelle Kommunikation	207

Teil 4
Fazit

Die Identitären als Jugendbewegung der Neuen Rechten 218
Handlungsräume und Gegenstrategien 225

Anhang

Abkürzungsverzeichnis 232
Bibliographie 234
Abbildungsverzeichnis 262

Widmung und Danksagung

Wir möchten uns bei all den Leuten bedanken, die uns in den vergangenen Monaten mit Rat und Tat zur Seite standen. Dazu gehören unsere Eltern und Großeltern, die uns immer unterstützt haben. Ganz besonderen Dank gebührt den fleißigen Korrekturleser_innen, die uns geholfen haben den Text in die jetzige Fassung zu bringen und die uns über Monate hinweg motiviert haben: Julia, Kübra, Lars, Lena und Richard.

Last but not least: Ein großes Dankeschön an den Unrast Verlag und all die netten Mitarbeiter_innen und speziell das Lektorat für die Möglichkeiten und die wunderbare Betreuung.

Dieses Buch ist allen Antifaschist_innen gewidmet, die sie sich jeden Tag auf vielen Ebenen gegen Faschismus und alle Formen von Ausgrenzung engagieren. Oft wird einem diese Arbeit nicht unmittelbar gedankt, deswegen einfach einmal: Danke!

Vorwort

Die Neue Rechte – konkret ihr studentischer Auswuchs in Wien – hat uns schon länger beschäftigt, genau genommen seit dem Sommersemester 2011. Begonnen hat es mit Plakaten und Stickern, die Aktivist_innen zunächst ohne Logo am Institut für Politikwissenschaft an der Universität Wien verteilt haben. Ebenso haben sie ihre Publikationen an den Türen von Lehrenden, Studienassistent_innen und der Studienvertretung hinterlassen, deren linkspolitischer Aktivismus bekannt war. Statt platten Parolen oder bekannt deutschtümelnden Burschenschafter-Sprüchen, gaben sie sich intellektuell, umhüllten sich mit Zitaten von Oswald Spengler und Carl Schmitt, zierten ihre Flyer mit Bildern aus bekannten dystopischen Filmen oder stilisierten sich selbst als Wanderer über ein städtisch-modernes Nebelmeer. Die dazugehörigen Personen haben wir zum ersten Mal am 15. April 2011 ›kennengelernt‹, als diese die Filmvorführung von *Fahrenheit 451*, die vom *VSStÖ* Wien (Verband Sozialistischer Student_innen in Österreich) organisiert worden war, störten. Dieser Auftritt der identitären Gruppe *Der Funke* hat uns nicht nur dazu bewogen, uns als politische Aktivist_innen mit der Organisation und ihrem politischen Umfeld zu befassen, sondern auch, die ›Neue Rechte‹ wissenschaftlich zu beleuchten. Entstanden ist daraus Natascha Strobls Diplomarbeit im Fach Politikwissenschaft, die sie Anfang 2012 fertiggestellt hat und auf deren theoretische Vorarbeit wir hier gerne und mit Dank als Autor_innenkollektiv zurückgegriffen haben. Im Herbst 2012 formierte sich eine weitere identitäre Wiener Gruppe, die im deutschsprachigen Raum zu den ersten gehörte, die diese Bezeichnung für sich beanspruchte. Erneut war das Institut für Politikwissenschaft eine Schnittstelle: Im Zuge der zweiten *Antifaschistischen Aktionswoche* der Studienvertretung Politikwissenschaft, in der Natascha und Kathrin Glösel aktiv waren, ließen es sich die bekannten Gesichter der Wiener Identitären nicht nehmen, bei einem Vortrag von Julian Bruns und Natascha im Mai 2013 vorbeizuschauen. Diesmal hatten sie sich vermeintliche Verstärkung geholt: Martin Lichtmesz (eigentlich Semlitsch)[1], der es jedoch vorzog, stumm in der ersten Reihe zu verharren und während der Abschlussrunde aus dem Raum zu schleichen.

---

1 Gamma 2013, o.S.

Nach diesem Abend war uns klar, dass wir uns langfristig und intensiv mit den Identitären auseinandersetzen wollten. Vieles bis dato zu den Identitären Veröffentlichte hatte nach unserer Einschätzung einiges ausgeklammert und war auf tagespolitische Zusammenhänge konzentriert. Wir haben aber sehr gerne auf viele sehr gute Artikel zurückgegriffen und hoffen mit diesem Buch eine erste längere Darstellung liefern zu können. Unter Angabe unserer Klarnamen haben wir im letzten Jahr Veranstaltungen der *FPÖ*, des *Liberalen Klubs*, *unzensuriert.at* und anderen besucht und trafen dabei häufig auf bekannte Gesichter des identitären Umfelds. Mittlerweile kennen wir ihre Texte, ihre Videos, ihren Musikgeschmack, ihre Zielgruppen, ihre Feind_innenbilder und ihre europaweiten Ableger_innen und wollen diese auf den nachfolgenden Seiten näherbringen.

Wir verfolgen einen ideologiekritischen Ansatz und untersuchen – basierend auf Text-, Bild- und Videomaterial der Gruppen – Standpunkte, Gesellschaftsanalysen, Schlussfolgerungen, Aktionismus und Teilhabende. Wir zeichnen nach, in welche politische Logik sich ihre Thesen einordnen lassen, welcher Mittel (rhetorisch, visuell, aktionistisch, medial) sie sich bedienen und auf welche Theorien und vorhandene Literatur sich die Identitären stützen.

Dieses Buch ist allerdings mehr als eine weitere deutschsprachige Publikation zur Neuen Rechten – es soll zu politischer Intervention anregen. Wir wollen nicht zusehen, wie Akteur_innen der Neuen Rechten, darunter Identitäre, Universitätsinstitute für sich entdecken und ihr Material an Unis und Schulen verteilen. Wir wollen Identitäre nicht als Kommiliton_innen, deren Wortmeldungen in Lehrveranstaltungen unwidersprochen bleiben. Wir wollen ihnen keine selbstverständliche Bewegungsfreiheit zugestehen – weder an Unis noch anderswo. Sondern wir wollen es ihnen so unbequem wie möglich machen!

Das erreichen wir am ehesten, indem wir ihre Ideologie offenlegen, ihre Strategien entzaubern, ihre Referenzen preisgeben, ihre Nahverhältnisse, ihre persönlichen Verstrickungen und grenzüberschreitenden Netzwerke nachzeichnen. Ihre Logik zu verstehen und ihre Symbole und Sprache zu identifizieren sind die wichtigsten Voraussetzungen für Gegenmaßnahmen und Entkräftungsstrategien. Daher hoffen wir, mit diesem Buch ein nützliches *tool* für Schüler_innen, Studierende, Lehrende, Interessierte und vor allem antifaschistisch gesinnte Leser_innen zur Verfügung stellen zu können.

Julian Bruns, Kathrin Glösel, Natascha Strobl

Einleitung

> »Was geht mich das an, wer neben mir in der VO [Vorlesung] sitzt?«

> »Ob von Links oder von Rechts, ich finde es Mist, egal, um welchen Inhalt es sich handelt.«

In einem Thread auf Facebook im Oktober 2013[2] diskutierten Politikwissenschafts-Student_innen über Identitäre, konkret über einen Flyer, der die politische Einstellung von Alexander Markovics von der *Identitären Bewegung Österreichs* (IBÖ) preisgab. Von diesem Flyer, der von Antifaschist_innen in Wien produziert und verteilt wurde, fühlten sich offenbar einige in ihrem Studierendenalltag gestört.

Die Identitären sind den deutschsprachigen Medien seit etwa zwei Jahren als solche bekannt: Sind sie junge, formal gebildete Rechtsextremist_innen, konservative Aktivist_innen, sind sie ungefährlich oder eine ernst zu nehmende Erscheinung? Die bisherigen Kategorisierungsversuche zeichnen kein einheitliches Bild von jenen Jugendlichen, die es durch die Besteigung eines Moscheedachs, eine kurzfristige Kirchenbesetzung oder mit Tanzflashmobs in Zeitungen und Nachrichten geschafft haben. Kommentare wie die obigen machen jedenfalls deutlich, dass die Gleichsetzung von Links und Rechts als gleich störend oder gar gefährlich, keine neutrale, ›mittige‹ Haltung ist, sondern es Identitären erleichtert, zu agieren. Dieser Nährboden, der antifaschistische und völkisch-kulturalistische Positionen nivelliert, macht es den Akteur_innen der Neuen Rechten und der Identitären leicht, sich mit ihrer Ideologie in beispielsweise universitären Räumen zu bewegen.

Als Angehörige einer Generation von *digital natives*, also einer Generation, die internetaffin ist und sich sicher in sozialen Netzwerken, Foren von Online-Zeitungen und Video-Channels bewegt, können sie sich Öffentlichkeit schaffen ohne auf formale Pressearbeit oder eine große Anzahl von Beteiligten an Aktionen angewiesen zu sein.

Die erklärten Ziele: eine Diskursverschiebung, in der (besonders muslimische) Immigrant_innen als Gefahr, gar als Feind_innen klassifiziert werden, sowie die gleichzeitige Forcierung eines positiv besetzten Nationalismusbegriffs (im Sinne einer ›völkisch-kulturalistischen‹ Identität).

---

2   Der Thread wurde vom Initiator gelöscht, die Autor_innen verfügen über die Screenshots mit den hier angeführten Zitaten.

Dabei betreiben sie auf metapolitischer Ebene eine politische Agitation, die abseits tagespolitischer Ereignisse stattfindet und nicht auf formalen Zuspruch und Institutionalisierung angewiesen ist.

Offiziell distanzieren sich die Identitären von Rechtsextremismus oder rechtsextremen Parteien wie etwa im deutschsprachigen Raum von der *NPD*[3], vom Nationalsozialismus, von Antisemitismus und Rassismus, um im selben Atemzug zu betonen, dass man alles andere als marxistisch und links sei. »Nicht links, nicht rechts – identitär«[4], mit Extremismus habe man nichts am Hut. Identitäre bedienen sich eines Extremismus-Begriffs, der linkspolitisch und rechtspolitisch motivierte Handlungen, die sich jenseits einer »freiheitlichen demokratischen Grundordnung« (FDGO)[5] bewegen, gleichsetzt.

> »›Extrem‹ ist also, wer sich politisch fern von einer gedachten Mitte aufhält. Diese wird in der Extremismustheorie von der Mehrheitsgesellschaft repräsentiert, während extremistische Spektren nur Ideologien von Minderheiten repräsentieren.«[6]

Identitäre verhöhnen *Political Correctness*, deren Vertreter_innen sie als »Tugendwächter«[7] bezeichnen, die keine Meinungs- und Entscheidungsfreiheit zuließen. Dadurch wird das Spielen mit der Angst vor Freiheitseinschränkungen und die Positionierung als Minderheit, die unter einer »antidemokratische[n] linke[n] Meinungsdiktatur«[8] leidet, zum Ausgangsmoment der Mobilisierung und Leitmotiv ihres politischen Handelns.

Identitäre beanspruchen das Recht auf einen positiv besetzten Patriotismus, der – laut ihren Erläuterungen – auch Migrant_innen-Communitys zugestanden würde. Damit soll ein Gefühl des Erstarkens einhergehen, um dem vermeintlich erlebten Zustand, »fremd im eigenen Land« zu sein, etwas entgegenzustellen. Eine solche Selbstbestärkung geschieht ungeachtet der Tatsache, dass die geltenden Herrschaftsverhältnisse jenen deutliche Privilegien zusprechen, die wie die Protagonist_innen der identitären Gruppen, weiße, muttersprachliche, männliche Staatsbürger_innen sind. Es gibt daher keine tatsächlichen Entmachtungsbestrebungen. Schlüssel

---

3 Alster 2013, o.S.
4 Helbig 2012, o.S.
5 Bruns 2013, S. 46
6 Bruns 2013, S. 46
7 Zit.n. http://wirfürwien.at/?p=280. 24.11.2013, 22h22.
8 Zit.n. http://wirfürwien.at/?p=280. 24.11.2013, 22h24.

dieser Politik des positiven Nationalismus, des positiven Patriotismus und der gleichzeitigen Abwehr all dessen, das nicht als zum ›Eigen‹ gehörig definiert wird, ist die Vorstellung, dass es so etwas wie eine »ethnische Kontinutität«[9] gäbe, wie es Götz Kubitschek (Verleger; gibt unter anderem die neurechte Zeitschrift *Sezession* heraus) bezeichnet. In einem Interview am *zwischentag* 2012 in Berlin beschreibt Kubitschek diese »Kontinuität« als »etwas, was nicht ohne Not aufgegeben werden sollte«[10]. Es ist die Parole des »ethnokulturellen Selbsterhalts«[11], der eine Politik gegen Migrant_innen, gegen Personen vermeintlich anderer Ethnien, gegen Personen, die aufgrund ihrer Religion und/oder Hautfarbe als ›anders‹ gewertet werden, aber auch gegen nicht-heterosexuelle Menschen und Personen mit abweichender politischer Haltung rechtfertigen soll.

Sozioökonomische Fragen[12] werden mit nationalen Lösungsvorschlägen beantwortet (Sozialchauvinismus). In der Einwanderung werden Gründe für den Abbau demokratischer Rechte und Institutionen und die Verschärfung sozioökonomischer Verhältnisse gesehen. Lohn- und Beschäftigungspolitiken transnationaler Konzerne, Finanztransaktionspolitiken, *policy*-Gestaltung von und für eine (weiße, westliche, männliche) Elite – kurzum: Kapitalismusfolgen, die der eigenen Zielgruppe genehm sind – bleiben in der vermeintlichen Antiglobalisierungspolitik der Identitären unangetastet. Herkunfts- und Migrationsfragen in Form von kulturrassistischen Positionen bilden damit den Schwerpunkt ihrer Arbeit und ihres Aktivismus.

Die propagierte Umkehr von Machtverhältnissen kommt unter anderem in Slogans wie *Deutsche Opfer, fremde Täter* oder Begrifflichkeiten (zum Beispiel »Ethnomasochismus«[13]) zum Ausdruck, die negative Assoziationen hervorrufen sollen (zum Beispiel »Islamisierung«, »Überfremdung«, »Ausländerkriminalität«). Es ist beständiger ›Fremden‹hass und

---

9 Zwischentag – Gipfeltreffen in der Hauptstadt – Rechte Eliten spinnen Netzwerk, 25.11.2013
10 Zwischentag – Gipfeltreffen in der Hauptstadt – Rechte Eliten spinnen Netzwerk, 25.11.2013
11 Zwischentag – Gipfeltreffen in der Hauptstadt – Rechte Eliten spinnen Netzwerk, 25.11.2013
12 Wir verwenden diesen Terminus hier als Sammelbegriff, der jene politische Fragen zusammenfasst, in denen es um Einkommensfragen, Verteilungsfragen, Fragen leistbaren Wohnens, un/sichere Arbeitsverhältnisse, in weiterer Folge auch Aufenthaltsfragen und Fragen des steuerlichen Beitrags zum Gemeinwohl und vieles mehr geht.
13 IB-Medienteam 2013, o.S.

die Ablehnung universaler Menschenrechte[14] in moderner, jugendlicher Verpackung. Eine Verpackung, die zwar nicht massenhaft Zustimmung findet, aber einen Nährboden von Akzeptanz oder Ignoranz.

Zu erkennen geben sich Identitäre gerne, nur müssen die gar nicht subtilen Hinweise auch erkannt werden. Sticker mit dem Lambda-Symbol auf Handyhüllen, Wallpapers am Laptop oder auch T-Shirts mit dem Porträt von Ernst Jünger, dem mittels *Photoshop*-Filter ein hippes Outfit verpasst wurde. Der mittlerweile online aufrufbare Kleidungsversand *Phalanx Europa*[15] offeriert die nötigen Accessoires für die Modebewussten unter den rechten Aktivist_innen.

Chronologie

Als erste Etappe für die noch junge ›Bewegung‹ kann die Gründung des *bloc identitaire* (BI) im April 2003 gewertet werden. Im selben Jahr ging zudem aus einer Hausbesetzung durch rechtsextreme Gruppen in Rom die spätere Organisation *CasaPound* (CP) hervor, deren Strukturen und Arbeitsweise identitären Gruppen als Vorbilder dienten. Der *BI* in Frankreich leistete die theoretische und aktionistische Vorarbeit für spätere Gruppen, wie *Une Autre Jeunesse* (AJ) 2009 und der 2012 nachfolgenden *Génération Identitaire* (GI) sowie den deutschen, schweizerischen und österreichischen Gruppen, die sich danach zunächst regional organisierten. Gegen Ende 2012 und zu Jahresbeginn 2013 schlossen diese sich auf Landesebene unter Annahme einer gemeinsamen *Corporate Identity*, dem gelben Lambda-Symbol auf schwarzem Hintergrund auf diversen Devotionalien, zusammen.

Die bekanntesten Aktionen, die es in Medien wie Tageszeitungen, Polit-Blogs und TV-Kurzbeiträge geschafft haben, waren Hardbass-Flashmobs und Besetzungen. Die früheste dokumentierte Wiener Aktion war ein Flashmob vor dem Caritas-Gebäude im Bezirk Floridsdorf am 1. Oktober 2012, um einen afrohaitianischen *Tanz für Toleranz*-Workshop der Caritas mittels ihrer identitären Version, »Zertanz die Toleranz«, zu konterkarieren[16].

Anfang Oktober 2012 veröffentlichen die französischen Identitären, bereits unter dem Gruppennamen *GI*, ein pathetisches YouTube-Video,

---

14 Gemeint sind hier die in der Menschenrechtserklärung festgeschriebene Gleichheit aller Menschen.
15 Link: http://www.phalanx-europa.com
16 Tanz für Toleranz 2013, o.S.

ihre sogenannte »Kriegserklärung« (»Déclaration de guerre«[17]), in dem sie in schwarz-weißen Nahaufnahmen, untermalt vom crescendo eines Streichorchesters, ihre Ablehnung von Immigration und »Multikulturalität« zum Ausdruck bringen. Sie präsentieren sich als hervorgehend aus einer Generation, die sich in sozialer Unsicherheit wiederfinde und zu den Verlierer_innen eines globalisierten Kapitalismus und der Auflösung sozialstaatlicher Leistungen zähle. Das Video wurde unter anderem ins Deutsche und Englische übersetzt und ist, neben Logoverwendung und visueller Farbgebung, erstes Anzeichen für die überregionale Zusammenarbeit unter einer gemeinsamen politischen Erklärung. Angeführt von Philippe Vardon folgte die Besetzung des Daches einer Moschee in Poitiers, Frankreich, am 20. Oktober 2012. Die Identitären inszenierten sich – unter Bezugnahme auf das Jahr 732 – als legitime, historisch abgesicherte Abwehr gegen Muslimen und Muslimas und setzten damit heutige muslimische Immigrant_innen mit maurischen Soldaten gleich, vor denen man sich schützen müsse[18]. Nur wenige Tage später erregten deutsche Identitäre mit einem Hardbass-Flashmob gegen die *Interkulturellen Wochen* in Frankfurt am Main Aufmerksamkeit – ähnlich wie die Wiener Identitären.[19]

Im Februar 2013 besetzten Wiener Identitäre für nur wenige Stunden die Votivkirche, in der sich zu dem Zeitpunkt Flüchtlinge anlässlich eines wochenlangen Protestes gegen die rigide österreichische Asyl- und Abschiebepolitik aufhielten. Der Subtext: wer wirklich geschützt werden müsse, seien die Österreicher_innen in Österreich, repräsentiert durch ›Sepp U.‹ (Richard Breitensteiner), dem Südtiroler der als Asylwerber inszeniert wurde[20].

Eine weitere Besetzung, diesmal jedoch nicht die eines religiösen Bauwerks, sondern die des Parteigebäudes der *Sozialistischen Partei Frankreichs* in Paris am 26. Mai 2013, fand großes mediales Echo. Das französische Parlament hatte kurz zuvor die Einführung der eingetragenen Partner_innenschaft für homosexuelle Paare beschlossen – für Identitäre eine inakzeptable Gefährdung der von ihnen proklamierten heterosexuellen Norm.

Die jüngste Aktion zeichnet sich vor allem durch ihre Datumswahl aus. Am 10. November 2013 führten Identitäre eine Kleinstkundgebung vor

---

17 A Declaration of War – From the Generation of National Identity, 25.11.2013
18 Sieber 2013, o.S.
19 Sieber 2012, o.S.
20 Flüchtlingsprotest 2013, o.S.

der Europäischen Agentur für Grundrechte durch. Natascha Strobl fasst das Ereignis so zusammen:

>»In bewährter Untertanen-Manier hetzten sie gegen Refugees und sorgten sich um den Untergang des Abendlandes. Dabei verzichteten sie weder auf holprige popkulturelle Anspielungen, die nicht im Sinne des Erfinders sind, noch auf Sprüche, die von den Faschisten von *CasaPound* (›Europa, Jugend, Reconquista‹) übernommen wurden.«[21]

Wenn Medien das Thema Neue Rechte und Identitäre aufgegriffen haben, erfolgte das bisher nur in Schüben und aktionsorientiert, passend zu der Kampagnenstrategie identitärer Aktivist_innen. Diesen Gefallen wollen wir den Identitären nicht tun und daher eine möglichst umfassende Darstellung ihres Aktionsradius, ihrer Netzwerke, ihres theoretischen Grundgerüsts und ihrer Argumentationsmuster geben.

Dieses Buch

Wir haben dieses Buch in drei große Teile gegliedert:
Teil eins deckt die politische Verortung und die historischen Vorläufer ab. Hier werden zunächst wichtige Begriffe erklärt und ein Überblick über das politische Spektrum, in dem die Identitären verortet sind, gegeben: die ›Neue Rechte‹. In einer kurzen Historiographie werden die Entstehungs-, Verbreitungs- und Wirkungsgeschichte der ›Neuen Rechten‹ zusammengefasst. Danach beschreiben wir das historisch-theoretische Fundament der Neuen Rechten: die ›Konservative Revolution‹. Umrissen werden die Ideologie, die wichtigsten Akteur_innen, das Verhältnis der Ideologieträger_innen zum Nationalsozialismus und die Rezeption dieser politischen Denkrichtung in Europa. Hier werden jene Referenzfiguren vorgestellt, auf die sich identitäre Gruppen immer wieder beziehen und wir erklären, weshalb diese Vorbilder noch immer die Legitimation von Positionen und Forderungen im rechten Spektrum ermöglichen.

Der zweite Teil des Buches widmet sich den unterschiedlichen Ländergruppen der *Identitären Bewegung*. Vorgestellt werden die Gemeinsamkeiten und Unterschiede identitärer Gruppen in Frankreich, Deutschland, Österreich, der Schweiz, Italien, Großbritannien, Schweden, Norwegen, Dänemark, Spanien und Portugal. Die Kapitel beinhalten aktive Personen, Parteien, Vernetzungen und genutzte Infrastruktur. Passend dazu wollen wir anhand des deutschsprachigen Raumes aufzeigen, in welchem Umfeld

---

21 Strobl 2013, o.S.

sich die Identitären bewegen und welche Ressourcen und Medien sie als Steigbügel benutzen. Das Aufzeichnen dieses Netzwerkes erlaubt nachzuvollziehen, dass die Identitären nicht aus dem Nichts gekommen sind und mit ihren Ideen keineswegs isoliert sind. Sie nützen Synergien und personelle Überschneidungen zu ihrem Vorteil und sichern sich und ihren Vorstellungen eine breite Rezeption.

Im dritten Teil werden wir die Ideologie, aus der sich die Antriebskraft sowohl der Akteur_innen der ›Neuen Rechten‹ als auch der Identitären speist, aufschlüsseln und zeigen, wie sich Gesellschaftsbild und –diagnose der ›Neuen Rechten‹ und der Identitären zusammensetzen. Danach richten wir die Aufmerksamkeit auf die Identitären und ihre aktuellen Kommunikationsstrategien. Es werden rhetorische Mittel aufgelistet, mit denen sie ihre Positionen möglichst breitenwirksam verarbeiten. Außerdem werden die gewählten Ästhetiken und Motive ihrer visuellen Kommunikation dargestellt.

Leser_innen können chronologisch vorgehen, jeder Teil ist aber auch für sich verständlich. Wer sich dieses Buch also zur Hand genommen hat, um etwas über Identitäre in den verschiedenen Ländern zu erfahren, kann problemlos mit Teil zwei beginnen.

Um das Fazit vorweg zu nehmen: Für uns steht nach intensiver Auseinandersetzung mit dem Thema fest, dass eine bloße Brandmarkung der Identitären als ›Neonazi‹-Gruppe nicht adäquat ist und damit weder die Breitenwirksamkeit noch das Attraktivitätspotenzial erkannt wird.

Material, Literatur und Vorgehensweise

Die Texte, die wir als Grundlage für die Charakterisierung der im Buch enthaltenen identitären Gruppen genutzt haben, sind sowohl Primärtexte (hierzu zählen Homepage-Texte und hier vor allem Grundsatz- und Vorstellungstexte, offene Briefe, Facebook-Meldungen sowie ausführliche Bildbeschriftungen) als auch Sekundärtexte (darunter Interviews und analytische Artikel in verschiedenen Magazinen und Online-Auftritten von Zeitungen). Zusätzlich zu diesem Textmaterial haben wir uns auch Devotionalien und Videos angesehen und sie auf ihre Motivwahl hin untersucht: Bei Devotionalien (hierzu zählen vor allem Sticker) aus dem deutschsprachigen Raum haben wir eine gestraffte Form einer ikonologischen Bildanalyse durchgeführt, um die Bedeutung von Symbolen, Farben, grafischen

Filtern und Darstellungstraditionen zu entschlüsseln. Es handelt sich um eine kunstgeschichtliche Methode nach Erwin Panofsky, die in einem dreistufigen Verfahren Phänomensinn, Bedeutungssinn und Wesenssinn eines Bildes ermittelt. Die Ergebnisse sind im Kapitel zur visuellen Kommunikation der Identitären zusammengefasst.

Gerade wenn es um die Identifizierung von Akteur_innen, um das Herausfiltern der personellen Verflechtungen ging, haben wir (unter genauen Quellenangaben) auf diverses Wissen, das in linkspolitischen und antifaschistischen Blogs und Zeitschriften zusammengetragen worden ist, zurückgegriffen und es in den theoretischen Unterbau und die länder- und regionalspezifischen Beschreibungen eingeflochten. Unser Ziel war, eine möglichst übersichtliche und nachvollziehbare Gesamtdarstellung der identitären Gruppen und ihrer politischen Verortung und Ideologie zu geben. Das wäre ohne die aktivistische und manchmal detektivische Arbeit vieler anderer nicht möglich gewesen.

Des Weiteren haben wir wissenschaftliche Literatur zum Rechtsextremismusbegriff, zur Geschichte, Ideologie, Feind_innenbildern und Strategien der ›Neuen Rechten‹, zu Analysen neurechter Medien sowie Literatur zu den Vertretern der ›Konservativen Revolution‹ herangezogen, um die Identitären korrekt einordnen zu können. Zu den Autor_innen, deren Arbeiten wir genutzt haben, verweisen wir auf die Auflistung aller Quellen und Literaturverweise am Ende des Buches.

Trotz des Buchtitels, der einen Überblick über die Identitären in ganz Europa andeutet, haben wir uns in der Analyse auf einen ausgewählten Raum konzentriert. Es waren zum einen die Sprachkenntnisse und Übersetzungskünste der Autor_innen, die eine Beschränkung auf bestimmte Länder notwendig machte, da wir mit den hier publizierten Medien überdurchschnittlich vertraut sind, sowohl was ideologiekritische als auch rechtspolitische Publikationen anbelangt. Zum anderen finden sich zu den Ländern Deutschland und Österreich die detailliertesten Informationen – vor allem was Netzwerke und personelle Zugriffe angeht. Darüber hinaus kennen wir hier auch die entsprechenden Antifa-Blogs, die Informationen sammeln und es war uns möglich, selbst öffentliche Veranstaltungen der Identitären und nahestehender Organisationen zu besuchen. Wir sind uns bewusst, dass wir beispielsweise Osteuropa als geographischen Raum in diesem Buch nicht abdecken. Für osteuropäische Staaten wäre eine separate Auseinandersetzung notwendig, wenn es speziell um rechtspolitische bis ›rechtsextreme‹ Jugendgruppen geht, da die Etablierungs- und Handlungsgeschichte des rechten Lagers, die Wechselwirkung mit konservativen Parteien sowie die mittlerweile feste Verankerung und Absicherung in Regierungen andere sind als in den in diesem Buch genannten Staaten. Eine gesonderte Auseinandersetzung mit Russland wäre sicher lohnenswert, vor allem, um sich mit dem nationalitischen Politiker und Publizist Alexander Dugin zu befassen, dessen stets nur als Desiderat geschilderte »Vierte Politische Theorie« zur Überwindung des ihm verhassten Liberalismus von Identitären zitiert wird. Zu seinem Neo-Eurasismus und seinen Verflechtungen zur ›Neuen Rechten‹ und ›rechtsextremen‹ Netzwerken in Russland haben unter anderem Alexander Höllwerth, Andreas Umland und Vladimir Ivanov gearbeitet und publiziert. Außerdem waren Fachzeitschriften wie das *Antifaschistische Infoblatt* oder *der rechte Rand* von immenser Wichtigkeit, da sie ebenso aktuelle wie präzise Darstellungen und Analysen der Identitären sowie ihres ›neurechten‹ Umfelds publiziert haben.

Der Buchtext ist durchgehend bei Personennennungen mit Unterstrich (_) verfasst. Wir verwenden ihn nicht nur zur Verdeutlichung der Pluralität von Personen(gruppen) in Bezug auf geschlechtliche Identität und sexuelle Orientierung, auch wenn wir von ›neurechten‹ und identitären Aktivist_innen schreiben. In einigen Kapiteln und Nennungen von Personen und Gruppen wurde bewusst nur die männliche Schreibweise verwendet, beispielsweise wenn es um die Akteure der ›Konservativen Revolution‹ geht, da es hier in erster Linie Männer aus den Reihen der Jungkonservativen und Nationalrevolutionären sind, die rezipiert wurden und werden. Hier würde der Gender-Gap Geschlechter- und infolge dessen Machtverhältnisse nicht korrekt abbilden. Des Weiteren sind Kategorien wie beispielsweise die ›Neue Rechte‹ für ein politisches Spektrum oder die ›Konservative Revolution‹ solange sie nicht definiert wurden, eigens im Schriftbild hervorgehoben. Nach den Definitionen sind sie im Schriftbild nicht mehr hervorgehoben.

Wir verwenden in diesem Buch wiederholt den Begriff ›Diskurs‹, der vor allem in den Sozial- und Geisteswissenschaften gebraucht wird, wenn es beispielsweise um Textanalysen geht. Wir folgen dabei der Definition, wie sie von Michel Foucault[22] vorgeschlagen wurde: Frei zusammengefasst ist ein Diskurs das, was – zu einem bestimmten Thema – zu einer bestimmten Zeit sag-, schreib- und darstellbar war, was als akzeptabel und/oder als

---

22 Genauer nachzulesen unter anderem bei Foucault 1974/1993

Wahrheit und Wirklichkeit aufgefasst wurde. Das bedeutet, ein Diskurs ist eine themen- und oft auch orts-, zeit- und personenspezifische Wiedergabe des Denkens. Diskurse spiegeln wider, was als Norm und damit als akzeptabel gewertet wird. Daraus lässt sich ableiten, warum beispielsweise welche Gesetze entstehen, warum soziale Bewegungen zu einem Thema Forderungen entwickeln und warum diese in der Folge von der Gesellschaft angenommen oder abgelehnt werden. In wissenschaftlichen Analysen ist meist interessant, wer einen Diskurs – einen medizinischen, sexuellen, wirtschaftspolitischen – prägt, was dazu publiziert wurde, welche Institutionen ihn stützen oder bekämpfen. Für das Lesen dieses Buches reicht es aber, diese Kurzbeschreibung nur grob im Hinterkopf zu haben, damit verständlich ist, was mit Begriffen wie ›Demokratiediskurs‹, ›Migrationsdiskurs‹ oder mit ›linken Diskursen‹ zu beschreiben versuchen. Darüber hinaus haben wir uns bemüht, den Text so zu gestalten, dass er keine Barrieren enthält. Ein Schreibstil, wie wir ihn als Student_innen an der Universität gelernt haben, ist meist gespickt mit Nominalsprache und vielen Fachtermini, auf die wir weitgehend verzichten wollen, so sie nicht unmittelbar notwendig sind. Der Buchtext ist so gestaltet, dass es keiner zusätzlichen Begriffsrecherche bedarf, um sich den Inhalt anzueignen. Wir haben zwar Fachbegriffe im Text gelassen, erklären sie allerdings anhand unserer Definitionen und Beschreibungen in Fußnoten.

Teil 1
Politische Verortung der Identitären und historische Vorlagen

Begriffsdefinitionen in diesem Buch

Begriffsklärung ›Rechtsextremismus‹

Bevor die ›Neue Rechte‹ behandelt wird, soll hier noch der Begriff des ›(Rechts)Extremismus‹ geklärt werden.[23] Vor allem in Deutschland wurde in den letzten Jahren die Gleichsetzung der Begrifflichkeiten ›Links- und Rechtsextremismus‹ von staatlicher Seite öffentlich diskutiert, wie die Debatte um die ›Extremismusklausel‹ von der damaligen Bundesministerin Kristina Schröder zeigt.[24] Auch im akademischen Diskurs fand und findet die Theorie von einer ›nicht-extremistischen Mitte‹ (mit der implizit normativen Wertung ›gut‹) und zwei gleich ›extremistischen‹ Rändern links und rechts davon (die normativ gleich ›schlecht‹ bewertet werden) bei manchen Wissenschaftler_innen Anklang. So fordern etwa Uwe Backes und Eckhard Jesse als Anhänger der ›Extremismustheorie‹, dass der Staat eine »Äquidistanz« zu Links- und Rechtsextremismus halten soll.[25] Es verwundert nicht, dass diese These bei den ›Neuen Rechten‹ sehr beliebt ist und beide Wissenschaftler in ›neurechten‹ Zeitschriften publizieren beziehungsweise dort mit großem Lob rezensiert werden.[26] Sowohl der deutsche als auch der österreichische Verfassungsschutz vertreten diese These. Per Urteil des deutschen Bundesverfassungsgerichts von 1952 gilt als ›extremistisch‹, wer gegen die freiheitlich-demokratische Grundordnung verstößt. Auf dieser Grundlage wurden im selben Jahr die *Sozialistische Reichspartei* als rechtsextrem sowie 1956 die *Kommunistische Partei Deutschlands* (KPD) als ›linksextrem‹ kategorisiert und aufgelöst. Seitdem wurden keine Parteien mehr als verfassungsfeindlich verboten.[27]

Wolfgang Gessenharter konstatiert, dass der juristische Extremismusbegriff unflexibel ist und sich nicht an politische Diskurse anpassen kann.[28] Der Begriff geht von starren, klar bestimmbaren Grenzen aus, die Gruppie-

---

23 Näheres hierzu siehe auch Reiner Fenske: Vom ›Randphänomen‹ zum ›Verdichtungsraum‹ Geschichte der ›Rechtsextremismus‹forschungen seit 1945, erschienen im Unrast Verlag (2013)
24 Ein guter Überblick über die Ereignisse und Auswirkungen der Extremismusklausel findet sich hier: Amadeu Antonio Stiftung 2011, o.S.
25 Terkessidis 1995, S. 227–228
26 Terkessidis 1995, S. 227–228
27 Gessenharter 1998, S. 28
28 Gessenharter 1998, S. 26

rungen als verfassungsfeindlich kennzeichnen oder eben nicht. Dabei geht die Extremismustheorie von einem ideologiefreien Staat aus, der sich von den ideologischen Extremen fernhalten soll. ›Links‹ und ›Rechts‹ werden in einem »ununterscheidbaren Brei« zusammen verhandelt und formale Unterscheidungen zur Mitte aufgestellt, die, wie Mark Terkessidis richtig bemerkt, eine völlig leere Kategorien bilden.[29] Ideologische Unterschiede und Grundannahmen sowie deren Auswirkungen und die Bedrohung für das Leben von und für Menschen werden dabei nicht in Betracht gezogen.

Der Hauptunterschied zwischen Links und Rechts besteht im Menschenbild. Während rechte Ideologie von einer angeborenen Ungleichheit ausgeht (im biologischen und kulturalistischen Sinne, was ident verhandelt wird), besteht die Linke auf einer grundsätzlichen Gleichheit und Gleichwertigkeit aller Menschen, unabhängig ihrer Geburtsumstände.[30] Die Extremismustheorie unterscheidet nicht, ob sich Gruppierungen gegen die aktuelle, bürgerliche Demokratie wenden, weil sie Demokratie per se ablehnen (wie die ›Rechtsextremen‹) oder weil sie ihnen nicht demokratisch genug ist und mehr Demokratie verlangt wird (wie dies sogenannte ›Linksextreme‹ tun). Die Extremismustheorie dient also lediglich der eigenen Selbstversicherung sowie der Nivellierung und Bahalisierung rechtsextremer Ideologie seit 1945. Analog dazu wurde auch mittels der ›Totalitarismustheorie‹ im ›Historikerstreit‹ der 1980er versucht, den Nationalsozialismus zu historisieren beziehungsweise zu nivellieren.

Arbeitsdefinition ›Rechtsextremismus‹

Wir haben uns trotz der Kritik am Begriff für dessen Verwendung und Nutzung für die Beschreibung der ›Neuen Rechten‹ und der Identitären entschieden. Dafür spricht zum einen die Verankerung in der Alltagssprache. Wir sind überzeugt, dass die Schaffung eines neuen Klassifikationsbegriffs für dieses Buch und seine erklärenden Absichten in Bezug auf das Phänomen *Identitäre Bewegung* nicht sinnvoll ist. Begriffs- und Theoriearbeit Hand in Hand gehen Hand in Hand und es gibt hierfür eigene Literatur zur Debatte. Zum anderen verwenden wir den Begriff ›rechtsextrem‹ nicht im Sinne einer extremismustheoretischen Definition, die mit Vorstellungen konstanter und klar ausmachbarer Grenzen im gedachten politischen (Parteien-)Spektrum einhergehen. Wir verwenden ›Rechtsextremismus‹ als

---
29 Terkessidis 1995, S. 226
30 Jäger und Jäger 1999, S. 67

Begriff für eine Ideologie, in deren Zentrum die homogene ›Volksgemeinschaft‹ als Konzept steht.[31] Neben dem ›Volk‹ als Bezugsgröße zeichnet sich ›Rechtsextremismus‹ unter anderem durch die Ausgrenzung von als ›fremd‹ kategorisierten Personen, Antimarxismus, Antiliberalismus, Antipluralismus sowie die Ablehnung der Demokratie als Herrschaftsform mit formal egalitären Partizipationsmöglichkeiten aus.[32] Für eine eingehendere Definition nach inhaltlichen Unterscheidungspunkten ist die Darstellung von Willibald Holzer hilfreich.

Nationalsozialismus und Faschismus beziehungsweise Neonazismus und Neo-Faschismus sind Teile dieser Weltauffassung, es gibt aber auch ›rechtsextreme‹ Ideologien fernab dieser beiden, die untereinander Anknüpfungspunkte und Überschneidungen haben. Ideologien sind nichts Festes, klar Abgrenzbares, das zu aller Zeit und unter allen Gegebenheiten exakt gleich bleibt. Im Laufe eines Lebens kann sich die Ideologie von Personen dramatisch oder auch nur in Details ändern, genauso wie eine Person unter verschiedenen Bedingungen nur Teile einer Ideologie preisgibt und andere verschweigt. Auch erneuert sich Ideologie aufgrund von äußeren Bedingungen und Ereignissen, zu denen Stellung bezogen werden muss. Ideologie ist also nicht so starr, wie der Verfassungsschutz vorgibt. Dementsprechend sind auch politische Spektren keine hermetisch abgeriegelten Festungen, sondern liquide Netzwerke von Personen, Organisationen, Medien und aktivistischen Gruppen ohne institutionelle Verortung. Die ›Neue Rechte‹ kann nur unter dieser Prämisse verstanden werden.

Begriffsklärung ›Neue Rechte‹

Die Frage, wer mit dem Begriff ›Neue Rechte‹ gemeint ist, wird unterschiedlich beantwortet. Iris Weber teilt die ›Neue Rechte‹ in drei Gruppen ein: die französische *Nouvelle Droite*, die nationalrevolutionäre Strömung und die jungkonservative Strömung. Alle drei beziehen sich auf verschiedene Aspekte und Strömungen der ›Konservativen Revolution‹, die sich durchaus überschneiden können.[33] Alice Brauner-Orthen hingegen schlägt vor, für die ›Neue Rechte‹ nach 1989 den Begriff ›Neue Neue Rechte‹ zu verwenden, da diese kaum noch etwas mit den Grup-

---

31 Priester 2010, S. 34
32 Grüner Parlamentsklub 2012b, o.S.
33 Weber 1997, S. 10

pierungen in den 1960er Jahren zu tun hätten.[34] Uwe Worm macht keine zeitliche Abgrenzung, sondern eine ideologische und bezeichnet die ›Neue Rechte‹ als »Denkgemeinschaft«[35] und »Ideologiefraktion im Rechtsextremismus«.[36] Er sieht sie als geistigen Pool, aus dem sowohl das konservative als auch das rechtsextreme Spektrum schöpfen.[37] Christoph Butterwegge sieht kaum eine Rechtfertigung für die Bezeichnung ›Neue Rechte‹, schlägt aber vor, diese anhand ihrer Wirtschaftsideologie von der ›Alten Rechten‹ zu differenzieren. Er bescheinigt der ›Neuen Rechten‹ eine radikal neoliberale und standortnationalistische Einstellung.[38] Dieter Plehwe und Bernhard Walpen zählen dementsprechend auch die *Mont Pélerin Society*[39] zum Umfeld der ›Neuen Rechten‹.[40] Markus Perner, Heribert Schiedel und Klaus Zellhofer bescheinigen wiederum den Burschenschaften, eine wichtige Rolle in der Intellektualisierung des Rechtsextremismus zu spielen und damit der ›Neuen Rechten‹ sehr nahe zu stehen.[41] Butterwegge betont, dass sich die ›Neue Rechte‹ nicht als Organisationsgeflecht definieren lässt, sondern als einheitliche Ideologie.[42] Damit wäre eine beliebige Aufzählung von Akteur_innen sinnlos.

Diese verschiedenen Zuschreibungen lassen den Begriff schwammig und konfus werden. Daher wird die ›Neue Rechte‹ von uns im Folgenden vor allem politisch definiert. Sie ist, wie von Michael Minkenberg vorgeschlagen, »eine Gruppe von Meinungsführern bzw. Bewegungsunternehmern [, die] in einem rechten Gegendiskurs von den ›Ideen von 1968‹ [stehen].«[43] Das ist aber nicht ihr einziger Bezugspunkt. Armin Pfahl-Traughber empfiehlt eine enge Definition der ›Neuen Rechten‹ als eine rechtsextremistische Ideologievariante der heutigen Anhänger_innen der

---

34 Brauner-Orthen 2001, S. 16
35 Worm 1995, S. 37
36 Worm 1995, S. 37
37 Worm 1995, S. 63
38 Butterwegge 2002, S. 69
39 Eine Gesellschaft, die auf eine mehrtätige Konferenz neo/liberaler Wirtschaftswissenschaftler_innen, Philosoph_innen, Historiker_innen und Politiker_innen am 1. April 1947 in der Schweiz zurückgeht, die unter anderem von Friedrich Hayek initiiert wurde. Unter anderem zählten Karl Popper und Milton Friedman zu den Gästen dieses ersten Treffens. Ihr Onlineauftritt: https://www.montpelerin.org/montpelerin/home.html, 20.11.2013, 14h42
40 Plehwe und Walpen 1999, S. 41
41 Perner et al. 1994, S. 66
42 Butterwegge 2002, S. 72
43 Minkenberg 1998b, S. 141

›Konservativen Revolution‹. Publikationen und Gruppen, die nur teilweise darunter fallen, werden nicht im engeren Sinn zu den ›Neuen Rechten‹ gezählt.[44] Die Eigenbezeichnung ›konservativ‹ grenzt sich in Anlehnung an eben diese ›Konservative Revolution‹ von einem reaktionären, bewahrenden und rückwärtsgewandten Konservatismus ab.[45] Für Alice Brauner-Orthen ist die Definition über die ›Konservativen Revolution‹ zu wenig, da sie meint, dass es zahlreiche ›Neue Rechte‹ gibt, die sich eben nicht aktiv auf die ›Konservative Revolution‹ beziehen.[46] Wir verstehen die ›Neue Rechte‹ als all jene Gruppen und Personen, die einen rechten Gegendiskurs zu 1968 bilden und sich positiv auf die Ideen und/oder Personen der ›Konservative Revolution‹ beziehen.

Rainer Benthin definiert drei Dimensionen und Analyseebenen der ›Neuen Rechten‹: die ›historische‹ als Abgrenzung zur ›Alten Rechten‹, die ›ideengeschichtliche‹ in Rückbezug auf die ›Konservative Revolution‹ und die ›organisatorische‹ als Bündelung gemeinsamer strategischer Handlungen und Zielvorstellungen.[47] Die ›Neue Rechte‹ bezieht sich also historisch nicht mehr auf den Nationalsozialismus, sondern auf die Ideen der ›Konservativen Revolution‹ und findet andere Organisationsformen als Parteien. Auch Minkenberg sieht sowohl im ideologischen als auch im organisatorischen Bereich Neuerungen, die es rechtfertigen, von einer ›Neuen‹ Rechten zu sprechen.[48] Im Gegensatz zur Herausbildung eines komplett neuen Spektrums, definiert Margret Feit die ›Neue Rechte‹ als Erneuerungsbewegung des alten Rechtsextremismus mit Rückgriff auf die ›Konservative Revolution‹, die nicht so belastet zu sein scheint wie der Nationalsozialismus. Getragen wird diese Erneuerungsbewegung von Gruppen, die Ende der 1960er und Anfang der 1970er von der ›Alten Rechten‹ abgebrochen sind.[49] Die ›Neue Rechte‹ distanziert sich zwar großmütig von Hitler, aber nicht von faschistischen Ideologien als solchen. Damit zeigt sich, dass sie diesem Spektrum angehört und eine Erneuerung statt eine Abgrenzung darstellt.[50] Im Gegensatz dazu beurteilt Johannes Jäger das Neue an der ›Neuen Rechten‹ eher als Tarnung denn als Moder-

---

44 Pfahl-Traughber 1998a, S. 22
45 Aftenberger 2007, S. 38
46 Brauner-Orthen 2001, S. 12
47 Benthin 1996, S. 24
48 Minkenberg 1998b, S. 362
49 Feit 1987, S. 12
50 Worm 1995, S. 40

nisierungsprozess.⁵¹ Jesse bezweifelt die Existenz einer ›Neuen Rechten‹ überhaupt. Er sieht den Diskurs als Zeichen einer vermeintlichen Linksverschiebung und die größere Gefahr bei »Linksextremisten«.⁵²
Die ›Neue Rechte‹ als einseitigen Modernisierungsprozess des rechtsextremen Lagers zu verstehen, der bloß ins Konservative wirken will, würde das konservative Spektrum zu passiven Objekten rechtsextremer Avancen machen. Es ist aber wichtig, den Charakter der Grauzone ›Neue Rechte‹ zu erfassen. Daher schlägt Benthin vor, die ›Neue Rechte‹ nicht als starren Zustand, sondern als Prozess der Radikalisierung des konservativen Spektrums einerseits und der Modernisierung des rechtsextremen Spektrums andererseits zu begreifen.⁵³ Der Anteil, den die Konservativen an der ›Neuen Rechten‹ haben, wird in der Literatur allenfalls am Rand behandelt. Die meisten Wissenschaftler_innen konzentrieren sich auf den rechtsextremen Charakter der ›Neuen Rechten‹. Damit leisten sie aber der Verfassungsschutztheorie einer rein rechtsextremen ›Neuen Rechten‹ Vorschub. Nach dieser Logik ist jede Distanzierung vom Nationalsozialismus unehrlich oder bloße Strategie, wodurch aber jegliche rechtsextreme Ideologie abseits des Nationalsozialismus, wie etwa die ›Konservative Revolution‹, verkannt wird. Die ›Neue Rechte‹ besteht also sowohl aus radikalisiertem, wertkonservativem Bürgertum als auch aus modernem Rechtsextremismus.
Die wissenschaftlichen Definitionen insgesamt sind ebenso vielfältig wie unklar. In den 1970ern wurde der Begriff für aktuelle Entwicklungen in der Rechten gebraucht, in den 1980ern wurde ›Neue Rechte‹ in Abgrenzung zum Nationalsozialismus und der Nähe zur ›Konservative Revolution‹ benutzt. Gleichzeitig wurden auch *Die Republikaner* als ›Neue Rechte‹ bezeichnet. Aktuellere Definitionen versuchen die ›Neue Rechte‹ vor allem politisch zu verorten. Suzanne Mantino spricht von einer »Grauzone« zwischen Konservativismus und Rechtsextremismus, Helmut Fröhling bezeichnet sie als »Brückenspektrum«, während Wolfgang Gessenharter sie weder zur Gänze im Konservativismus noch im Rechtsextremismus verankert sieht und deswegen von einem »Scharnier« zwischen Rechtsextremismus und Konservatismus spricht. Die ›Neue Rechte‹ sei daher ein eigenes Spektrum mit guten Verbindungen in beide Richtungen.⁵⁴ Armin Pfahl-Traughber lehnt diese Definitionen ab und sieht die ›Neue Rechte‹

---

51 Jäger 2002, S. 13
52 Jesse 2003, S. 286–287
53 Benthin 2004, S. 232
54 Gessenharter 1998, S. 38

vollständig im Rechtsextremismus verankert und demzufolge als eine seiner »Variante(n)«.[55] Er sieht keine Abgrenzung zum Rechtsextremismus und definiert dementsprechend die ›Neue Rechte‹ als Teil des rechtsextremen Spektrums.[56] Das ist auch die Sichtweise des Verfassungsschutzes (für den Pfahl-Traughber tätig ist). Würde er sie, wenn auch nur zum Teil, außerhalb des Rechtsextremismus verorten, könnte er sie nicht beobachten. Auch Thomas Pfeiffer vom Verfassungsschutz Nordrhein-Westfalen definiert die ›Neue Rechte‹ als eine intellektuelle Strömung innerhalb des Rechtsextremismus, die sich auf die ›Konservative Revolution‹ beziehe und Kontakte in bürgerliche Kreise suche.[57] Der Verfassungsschutz brüstet sich damit sehr genau zwischen Gruppen, die die freiheitlich-demokratische Grundordnung anerkennen und jenen, die sie ablehnen zu unterscheiden. Eine Grauzone kann es in dieser Logik nicht geben.

Hier zeigt sich erneut die Problematik starrer Konstrukte, die davon ausgehen, dass ideologische Spektren klar von einander abzugrenzen wären. Helmut Fröchling kritisiert, dass der Verfassungsschutz quasi wie auf einer Nominalskala den Grad der Verfassungsfeindlichkeit von Akteur_innen misst. Das sei vor allem bei der Bewertung der ›Neuen Rechten‹ unzulässig und unflexibel, da es die Zwischenspektren und Grauzonen völlig außer Acht ließe.[58] Benthin legt diesen Disput zwischen der ›großen‹ und der ›kleinen‹ Definition der ›Neuen Rechten‹ anschaulich dar.[59] Bei dieser Frage gehe es nicht bloß um ein kleines Detail, sondern darum, inwieweit das bürgerliche Spektrum oder Teile davon offen mit Rechtsextremen zusammenarbeiten würden. Ines Aftenberger argumentiert, dass Konservatismus und Faschismus generell in Krisenzeiten ununterscheidbare Positionen und Interessen entwickelten.[60] Dementsprechend handele es sich bei der ›Neuen Rechten‹ nicht nur um die bloße, taktische Zusammenarbeit einiger Bürgerlicher mit einigen Rechtsextremen, sondern um ein eigenes Spektrum, das sich zwischen radikalisiertem Konservatismus und intellektualisiertem Rechtsextremismus verdichtet. Gabriele Kämper benennt sie dementsprechend als ›Neue intellektuelle Rechte‹, weil diese Bezeichnung die Intention besser verdeutliche.[61]

---

55 Speit 1999, S. 15–16
56 Pfahl-Traughber 1998a, S. 81
57 Pfeiffer 2003, S. 7
58 Fröchling 1998, S. 129
59 Benthin 2004, S. 27
60 Aftenberger 2007, S. 33
61 Kämper 2005, S. 24

Zusammenfassend lässt sich feststellen, dass die ›Neue Rechte‹ nicht einfach ein Anhängsel des rechtsextremen oder stark wertkonservativen Spektrums ist, sondern ein eigenes Selbstverständnis mit eigenen Merkmalen hat, das sie von den anderen beiden unterscheidet.

Arbeitsdefinition ›Neue Rechte‹

Wenn wir von den ›Neuen Rechten‹ sprechen, meinen wir eine nicht klar zu umreißende Anzahl an Personen, Medien und Gruppen, die sich im Gegendiskurs zu 1968 verstehen und ihr ideologisches Vorbild in der ›Konservative Revolution‹ finden. Sie wenden sich gegen Marxismus und politischen Liberalismus und vertreten eine klare Ideologie der Ungleichheit. Ihr Ziel ist, die politische Hegemonie durch Beeinflussung kultureller Eliten zu erreichen, als deren sie sich selbst verstehen. Sie konzentrieren sich dementsprechend auf Metapolitik und nicht auf Tagespolitik oder Parteienlogik. Die ›Neue Rechte‹ ist ein Mischspektrum, das Rechtsextremismus und stark wertkonservatives Gedankengut vereint. Dieses Spektrum kann mit der Methodik des Verfassungsschutzes und der Extremismustheorie nicht erfasst werden. Die Bürgerlichen werden nicht bloß passiv agitiert, sondern teilen den radikal antiegalitären Demokratie-Begriff des Rechtsextremismus. Die ›Neuen Rechten‹ verstehen sich analog zur ›Konservativen Revolution‹ als nicht-reaktionäre, system-überwindende Konservative. Damit grenzen sie sich von der ›Alten Rechten‹ sowie reaktionärem und liberalem Bürgertum ab.

Entwicklung der Neuen Rechten[62]

Die Neue Rechte oder die Nouvelle Droite hat ihre Wurzeln in Frankreich. 1968 wurde GRECE (*Groupment de Recherche et d<Études pour la Civilisation Européenne*) gegründet. Gründungsmitglied und »Chefideologe«[63] ist Alain de Benoist. In Frankreich wird die Nouvelle Droite fast ausschließlich auf *GRECE* und Alain de Benoist bezogen.[64] Neben der *GRECE* entwickelte sich der *Club de L'Horologe* (dt.: der Uhrenclub) zur Ideenfabrik der Neuen Rechten in Frankreich.[65], mit einer radikal neoliberalen Wirtschaftsideologie[66] Minkenberg merkt im Zusammenhang mit der Nouvelle Droite an, dass der Club oft zugunsten der *GRECE* unterbewertet sei/würde und zu wenig Beachtung als Akteur der Neuen Rechten in Frankreich fände[67], was durch die Konzentration des Diskurses auf *GRECE* erklärt werden könne. *GRECE* wurde als intellektuelle Avantgarde der Rechten konzipiert und richtet sich an Akademiker_innen und die Intelligenz.[68] *GRECE* und besonders Benoist nahmen viele Anleihen bei Antonio Gramsci und entwickelten, unter Auslassung vieler Aspekte seiner Theorie, die Strategie der ›Kulturrevolution von rechts‹. Es geht ihnen nicht darum, rechtes Gedankengut direkt in den politischen Prozess einzubringen, sondern im vorpolitischen Raum zu agieren, indem sie Diskurse bestimmen und nach eigenen Vorstellungen verändern, Begriffe prägen und umdeuten, kurz: Einfluss nehmen.[69] Von diesem metapolitischen Konzept hat sich die Nouvelle Droite mittlerweile entfernt. Viele Akteur_innen sind bei Le Pen und dem *Front National* (FN) gelandet.[70] Der Aufstieg des *FN* in Frankreich begann ab 1984. Er übernahm Themen der Nouvelle Droite und gab sie in populistischerer Variante wieder.[71]

---

62 Dieser historische Überblick konzentriert sich auf Deutschland, Frankreich und Österreich.
63 Assheuer, Sarkowicz 1992, S. 167
64 Minkenberg 1998b, S. 141
65 Aftenberger 2007, S. 50
66 Minkenberg 1998b, S. 153
67 Minkenberg 1998b, S. 150
68 Bartsch 1975, S. 76
69 Pfahl-Traughber 1998b, S. 132–133
70 Assheuer, Sarkowicz 1992, S. 170
71 Minkenberg 1998a, S. 267

Nach 1945 war die ›Konservative Revolution‹ weitgehend diskreditiert. Durch eine Auffrischung des Vokabulars schaffte es die Nouvelle Droite in Frankreich, sie ab 1968 wieder salonfähig zu machen. Auf diese Weise gelangte sie auch als Re-Import zu den deutschen Neuen Rechten.[72] Die Gruppierung *Thule-Seminar* hat versucht, das Konzept der *GRECE* nach Deutschland zu transferieren, erreichte allerdings nie die Bedeutung und den Einfluss von *GRECE*.[73] Neue Rechte als Selbstbezeichnung, wie jene der Gruppen in den 1960er Jahren[74], wurde, im Gegensatz zur Nouvelle Droite in Frankreich, schrittweise aufgegeben. Mitte der 1980er wurde die Bezeichnung noch gerne, vor allem in Abgrenzung zur Alten Rechten, der man Theorielosigkeit vorwarf, verwendet. Seitdem wurde der Begriff immer mehr zur Fremdbezeichnung.[75]

Aus der Krise der *Nationaldemokratischen Partei Deutschlands* (NPD) in den 1970er Jahren entwickelte sich die Abspaltung *Aktion Neue Rechte* (ANR), die den etatistischen Nationalismus ablehnte und einen dritten Weg zwischen Kommunismus und Kapitalismus suchte.[76] Die *Nationalrevolutionäre Aufbauorganisation* (NRAO) bildete die zweite große Organisation der Neuen Rechten in der Anfangsphase. Sie bildete den linken Flügel, gab sich ausdrücklich antimarxistisch, spaltete sich aber bald wieder.[77] Außerdem kam es in den Siebzigern zu einer Re-Nationalisierung der konservativen Weltsicht und damit zu einer ersten Annäherung zwischen den beiden Spektren.[78] Das nationalrevolutionäre verlor zunehmend zugunsten des bürgerlichen, etatistischen Spektrums an Einfluss und Bedeutung für die Neue Rechte. Die erste übergreifende Zusammenarbeit dieses etatistischen Spektrums bildete die *Hamburger Donnerstagsrunde*. Regelmäßig hatten sich unter diesem Namen seit 1956 Teilnehmer_innen mit einem »uneingeschränkten Bekenntnis zur deutschen Nation«[79] getroffen, um politische Fragen zu diskutieren.

Ein wichtiger Bezugs- und Kristallisationspunkt der Neuen Rechten ist der ›Historikerstreit‹ (siehe Kapitel zu Geschichtsrevisionismus und

---

72 Assheuer, Sarkowicz 1992, S. 166
73 Pfahl-Traughber 1998b, S. 147
74 Weber 1997, S. 14
75 Speit 1999, S. 14–15
76 Aftenberger 2007, S. 53
77 Bartsch 1975, S. 154ff
78 Weber 1997, S. 15
79 Bartsch 1975, S. 102

Antisemitismus) der 1980er Jahre zwischen Ernst Nolte und Jürgen Habermas.[80] Bis zu diesem Zeitpunkt traten Neue Rechte als politische Akteur_innen kaum in Erscheinung. Sie konzentrierten sich voll und ganz auf die metapolitische Strategie und daher ausschließlich auf die intellektuelle Arbeit. Seit 1989 traten sie zunehmend auch politisch auf.[81] Benthin sieht, dass sich dieser Prozess ab Mitte der 1990er verstärkt. Er sieht bei den Neuen Rechten seit Mitte/Ende der neunziger Jahre den Übergang zum Mittel der politischen Intervention, also von einer metapolitischen zu einer aktionistischen Ebene.[82]

Gleichzeitig ist zu beobachten, dass die Neue Rechte sich bemüht, in verschiedene Parteien einzudringen – *Republikaner, Christlich Demokratische Union Deutschlands* (CDU), *Christlich-Soziale Union in Bayern* (CSU) und *Freie Demokratische Partei* (FDP).[83] In der *CDU* formierte sich etwa ab 2010 der *Berliner Kreis*, der sich ein »Europa der Vaterländer« wünscht und dabei zumindest die Rhetorik der Neuen Rechten übernimmt.[84] Details zu Verlagen, Publikationsorganen und herausgebildeten Netzwerken finden sich in Kapitel 6.

Das bürgerliche Spektrum der Neuen Rechten wurde bis dato kaum beleuchtet. Dabei besteht dieses nicht bloß aus willenlosen, passiven Akteur_innen, die in eine Zusammenarbeit mit Rechtsextremen hineingetrickst worden sind (auch wenn Unkenntnis bei der Einen oder dem Anderen eine Rolle gespielt haben mag). Es gibt Menschen aus dem bürgerlichen Lager, die nicht erst überredet werden müssen, sondern selbst aktiv die Zusammenarbeit suchen, was besonders in Österreich der Fall ist. So war Otto Habsburg von wertkonservativer Seite her immer bemüht, den Kontakt zu revanchistischen bis neonazistischen Gruppierungen zu halten. Dementsprechend war er gern gesehener Gast auf deren Veranstaltungen.[85] Günther Nenning ist ein weiteres Beispiel: Als vermeintlicher Grüner oder Linker publiziert er rege in vielen neurechten Magazinen und gibt ihnen somit einen Anstrich von Seriosität und Pluralität.[86] Das *Studienzentrum Weikersheim* in Deutschland gehört zum rechten Flügel der *CDU/CSU*. Es

---

80 Benthin 1996, S. 32
81 Brauner-Orthen 2001, S. 41
82 Benthin 1996, S. 27
83 Brauner-Orthen 2001, S. 187
84 Tilman 2011, o.S.
85 Schiedel 1995a, S. 89
86 Perner et al. 1994, S. 50

hat keine Berührungsängste zu Protagonist_innen der Neuen Rechten und steht diesen immer wieder für Veranstaltungen zur Verfügung.[87]
In Österreich ist die *Freiheitliche Partei* (FPÖ) für die rechtsextreme Szene, ob Alte oder Neue Rechte, der Kristallisationspunkt. Die *FPÖ* wird von Perner, Schiedel und Zellhofer als neurechte Partei gesehen.[88] Gärtner definiert die *FPÖ* als Alte und als Neue Rechte, ein altes Versatzstück ist der traditionelle Deutschnationalismus. Neu ist allerdings, dass sie taktisch immer mehr auf einen Österreichnationalismus pocht und sich gemäßigter gibt.[89] Perner, Schiedel und Zellhofer bescheinigen den Burschenschaften in Österreich, eine wichtige Rolle in der Intellektualisierung des Rechtsextremismus zu spielen und damit der Neuen Rechten sehr nahe zu stehen.[90] Gerade die Wiener Burschenschaften, vor allem jene, die im *Wiener Korporationsring* (WKR) organisiert sind, pflegen schon seit den 1990ern enge Kontakte zu Protagonist_innen der neurechten Szene. Das schlägt sich unter anderem in ihrer Einladungspolitik nieder. So war beispielsweise Pierre Krebs, Chefideologe des *Thule-Seminars*, einer ihrer vortragenden Gäste.[91] Diese Burschenschaften sind männerbündisch, deutschnational und pflegen ein völkisches Weltbild. In der *Deutschen Burschenschaft* beruht das Nationsdenken auf völkischer Abstammung.[92] Gleichzeitig vertreten die Burschenschaften aber auch neurechte Konzepte wie den Ethnopluralismus.[93] 1988 wurde die *Mädelschaft Freya*, als Pendant zu den völkischen und deutschnationalen Burschenschaften, gegründet. Sie sieht sich ganz in coleurstudentischer Tradition unter den Bedingungen einer Damenverbindung. Ihre Aktivitäten erschöpfen sich allerdings in Traditionspflege oder vermeintlich weiblichen Tätigkeiten, wie zum Beispiel der Pflege von älteren (sudetendeutschen) Menschen[94] Frauen sind bei den Neuen Rechten mehr Beiwerk als zentrale Akteurinnen.
Analog zu Frankreich und Deutschland zeigt sich, dass Parteien zu zentralen Akteurinnen der neurechten Szene werden können, obwohl sie genau entgegengesetzt zur angestrebten metapolitischen Strategie stehen.

---

87 Weiß 2011, S. 43
88 Perner et al. 1994, S. 48
89 Gärtner 1998, S. 237
90 Perner et al. 1994, S. 66
91 Perner et al. 1994, S. 65
92 Heither 1999, S. 93
93 Heither 1999, S. 96
94 Wegerer 1995, S. 146

Die *FPÖ* wird als Sonderfall der Neuen Rechten bezeichnet, da sie als Erste auch bei Wahlen sehr erfolgreich war und mehr als 20% der Stimmen auf sich vereinen konnte, beziehungsweise an Regierungen beteiligt war.[95] Mittlerweile betreiben die europäischen Rechtsparteien einen erfolgreichen Normalisierungsdiskurs, der Gewalt erzeugt. Diskriminierende Sprachbilder führen zu einer Normalisierung von gedachten Ungleichheiten wie Rassismus, Sexismus und Homophobie.[96] Dabei knüpfen sie an die ›Konservative Revolution‹ an.[97] In Deutschland pflegen *Pro-Bewegung* und *Die Republikaner* eine enge Zusammenarbeit, um sich als demokratische Rechte von der *NPD* zu distanzieren. Damit versuchen sie nichts anderes, als eine parteiförmige Neue Rechte in Deutschland zu etablieren.[98] In Österreich versucht sich die *FPÖ* von allzu offenen nationalsozialistischen Bekenntnissen zu distanzieren. So wurde Werner Königshofer aus dem freiheitlichen Parlamentsklub ausgeschlossen, nachdem dieser versuchte, das rechtsextreme Attentat auf ein sozialistisches Ferienlager auf der Insel Utøya in Norwegen mit dem Verweis auf die Fristenregelung als »Mord« zu banalisieren und zu relativieren.[99] Diese Distanzierungen gelingen aber weder den Parteien noch der außerparlamentarischen, metapolitischen Neuen Rechten glaubwürdig. Bei Kongressen, Initiativen, Konferenzen et cetera wird das offen rechtsextreme Lager weiter miteinbezogen. Dazu gehört etwa das oben erwähnte Treffen der (mittlerweile der Vergangenheit angehörenden) EU-Parlamentsfraktion *Identität, Tradition, Souveränität* (IST) mit der *Deutschen Volksunion* (DVU) und *NPD*. Ebenso dazu zählt die Konferenz zur »Zukunft der weißen Welt«, die 2006 in Moskau stattfand. Dort waren sowohl Neonazis wie David Duke, als auch Vertreter der Neuen Rechten wie Pierre Krebs anwesend.[100]

Zusammenfassend gilt: Die Neue Rechte ist aus verschiedenen Schichten aufgebaut. Der feste, innere Kern wird von Intellektuellen aus dem rechtsextremen Spektrum gebildet, die sich um eine Erneuerung und Intellektualisierung der Szene bemühen und dafür auch bereit sind, manche Dogmen fallen zu lassen. Die mittlere, weichere und stärker fluktuierende Schicht bilden wertkonservative Intellektuelle, die keine Berührungsängste

---

95 Minkenberg 1998b, S. 363
96 Schiedel 2011, S. 13
97 Schiedel 2011, S. 11
98 Schiedel 2011, S. 44
99 Ex-FPÖ-Politiker Königshofer legt Mandat zurück, 12.10.2011
100 Schiedel 2011, S. 78

mit besagtem modernisierten Rechtsextremismus haben. Sie übernehmen dessen Konzepte und stehen in einem Diskurs mit ihm. Verbindend ist vor allem die Ablehnung der Egalität und jener Ideologien, die diese verbreiten, wie Marxismus und politischer Liberalismus. Die dritte, flüssige Schicht besteht aus prominenten Akteur_innen oder medienwirksamen Aktionen, die auch Personen einschließt, die mit den anderen beiden Schichten nichts zu tun haben. Sie vertreten aber (bewusst oder unbewusst) dieselben Anliegen wie der Kern der Neuen Rechten. Dazu gehört beispielsweise Thilo Sarrazin. Er ist organisatorisch weder im wertkonservativen noch im rechtsextremen Lager sozialisiert worden, sondern in der *Sozialdemokratischen Partei Deutschlands* (SPD). In seinem Buch *Deutschland schafft sich ab* (2010) benutzt er ähnliche Argumentationslinien wie Edgar Julius Jung[101] und kokettiert mit einer Untergangsanalyse ähnlich der von Oswald Spengler.[102] Auch der Philosoph Peter Sloterdijk oder der Schriftsteller Martin Walser stehen in ihren Analysen der ›Konservativen Revolution‹ nahe, ohne sich bewusst der organisierten Neuen Rechten anzuschließen. Sie sind eher Vorboten eines diffusen Bürger_innentums, das sein Selbstverständnis nicht mehr im aufgeklärten Liberalismus sucht und findet[103], sondern einen Verteilungskampf von oben bestreitet. Diese letzte Gruppe ist jene, die die meiste Medienaufmerksamkeit bekommt und deren Thesen öffentlich diskutiert werden. Dass damit die Ideologie der Neuen Rechten einer breiten Öffentlichkeit zugänglich gemacht und sie als legitim dargestellt wird, kann als Erfolg der Bemühungen um eine ›Kulturrevolution von rechts‹ gewertet werden. Wie groß der Anteil der einzelnen Vertreter_innen des Kerns der Neuen Rechten daran ist, inwieweit es die typische Reaktion einer bürgerlichen Mitte beziehungsweise Elite zu Zeiten der Krise ist und inwieweit sich die beiden Spektren gegenseitig verstärken, kann hier nicht ausgiebig behandelt werden.

---

101 Weiß 2011, S. 17
102 Weiß 2011, S. 15
103 Weiß 2011, S. 126

Die ›Konservative Revolution‹ als Vorlage

Der Begriff ›Konservative Revolution‹ und seine Verwendung sind sehr unklar belegt. Im Zusammenhang mit der Neuen Rechten, der sie als Bezugspunkt gilt, ist eine bestimmte ideologische Strömung der Rechten in der Weimarer Republik gemeint. Der Begriff wird in verschiedenen Zusammenhängen unterschiedlich verwendet. Auch werden unterschiedliche Protagonisten (sic!) hinzu gezählt.

In diesem Kapitel sollen sowohl der Begriff an sich definiert als auch Akteure und Ideologie der ›Konservative Revolution‹ beschrieben werden. Das ist insofern bedeutsam, weil Protagonist_innen der Neuen Rechten, der Identitären und anderer neurechter Jugendgruppen immer wieder auf Publizisten, Theoretiker, Begriffe und Ideen zurückgreifen. Um zu verstehen, wie die Neue Rechte und die Identitären agieren und argumentieren, ist es notwendig, Referenzpunkte zu ermitteln und kritisch zu beleuchten. Dabei steht die Frage im Mittelpunkt, ob es so etwas wie eine ›Konservative Revolution‹ überhaupt gegeben hat und was sie ausmachte. Außerdem soll das Verhältnis der Vertreter der ›Konservativen Revolution‹ zur *NSDAP* und zum Nationalsozialismus geklärt werden. Abschließend werden noch Protagonisten einer vermeintlich europäischen ›Konservative Revolution‹ aus Frankreich und Italien vorgestellt.

Begriffsklärung und -definition

Die beiden Begriffe ›konservativ‹ und ›Revolution‹ scheinen einander auszuschließen. Der Begriff ›Konservative Revolution‹ wird durch die Zeit und von verschiedenen Protagonisten unterschiedlich verwendet. Der Schriftsteller Thomas Mann verwendet ihn in einem nietzscheanischen Kontext, während er für den Dramatiker Hugo von Hofmannsthal etwa die Antithese, also das Gegenkonzept, zu Reformation und Renaissance ist.[104] Die heutige Konzeption der ›Konservative Revolution‹ als eigenständige rechte Strömung in der Weimarer Republik wurde wesentlich vom Publizisten Armin Mohler geschaffen. 1949 veröffentlichte er seine Dissertation zur ›Konservativen Revolution‹, die bis heute immer wieder, zuletzt unter Mithilfe des neurechten Historikers Karlheinz Weißmann (*IfS*, *Sezession*),

---

104 Müller 1995, S. 143

überarbeitet wurde.[105] Mohler selbst war ebenfalls einer der Hauptprotagonisten der neurechten Szene.

»[Armin] Mohler [...] kam zu dem Ergebnis, daß man KR [Anm. d. Verfasser_innen: Konservative Revolution] als Oberbegriff für eine große Menge von Weltanschauungen benutzen sollte, die seit den 1890er Jahren entstanden und auf den Zerfall des klassischen Links-Mitte-Rechts-Schemas reagierten, indem sie neue ideologische Konzepte schufen, die gekennzeichnet waren durch die Aufnahme von Vorstellungen, die traditionell nur den Linken oder den Rechten zugewiesen wurden, durch die Lösung von Rückwärtsgewandtheit des alten Konservativismus und der Bejahung der Moderne (wenn auch nicht in allen ihren Ausprägungen), zu dem Zweck, Verhältnisse zu schaffen, deren Erhaltung sich lohnt.«[106]

Mohler hatte Erfolg, die ›Konservative Revolution‹ als eigene Strömung zu etikettieren, die weder dem traditionellen Konservatismus noch dem Nationalsozialismus zuzurechnen sei. Der Soziologe Stefan Breuer übt an dieser Einteilung Kritik und bezeichnet sie als »eine der erfolgreichsten Schöpfungen der neueren Ideengeschichtsschreibung.«[107] Er selbst schlägt vor, statt ›Konservative Revolution‹ den Terminus ›Neuer Nationalismus‹ zu verwenden, da Breuer die Ideologie der ›Konservative Revolution‹ als dessen charismatische Variante sieht. Das heißt auch, dass nicht alle, die zum Beispiel laut Mohler zur ›Konservative Revolution‹ zählen, dies auch weiterhin sollten.[108] Der Literaturwissenschafter Richard Herzinger wendet sich wiederum gegen den Begriff ›Neuer Nationalismus‹ als Alternativvorschlag von Stefan Breuer. Er sei schon als Selbstbezeichnung von der Gruppe um Ernst Jünger besetzt und würde zu weiteren Begriffsverwirrungen führen.[109]

Nachdem es keine weiteren brauchbaren Alternativen gibt und der Begriff ›Konservative Revolution‹ sowohl in der Forschung als auch im politischen Bereich angewandt wird, verwenden wir ihn trotz seiner nach wie vor unbestimmten Einordnung auch als Arbeitsbegriff in diesem Buch. Dabei ist allerdings immer zu bedenken, dass er kein rein wissenschaftlicher Begriff ist, sondern auch eine Funktion in der politischen Auseinandersetzung mit dem rechten Gedankengut der Weimarer Republik besitzt. In weiterer Folge dieses Kapitels wird die Problematik des Begriffs auch im Verähltnis seiner Protagonisten Verhältnis zum Nationalsozialismus dargestellt.

---

105 Mohler/Weißmann 2005
106 Mohler/Weißmann 2005, S. 8
107 Breuer 1993, S. 1
108 Breuer 1993, S. 194
109 Herzinger 1997, S. 25

Akteur_innen der ›Konservative Revolution‹

Neben der unklaren Begrifflichkeit gibt es ebenfalls keine Einigkeit darüber, wodurch die ›Konservative Revolution‹ genau definiert sei. Eine erschöpfende Auflistung der Akteure in der Literatur beispielsweise ist nicht zu finden. Armin Mohler zählt eine Unmenge an Journalisten, Literaten, Wissenschaftlern und Personen aus dem Zeitungsumfeld auf. Die ›Konservative Revolution‹ ist laut Mohler dementsprechend nicht als monolithischer Block zu verstehen. Er teilt sie in fünf Gruppen ein: 1. die Völkischen, die rassistisch-biologistisch argumentieren, 2. die Jungkonservativen, die sich am Reichsgedanken orientieren, 3. die Nationalrevolutionäre, die linke und rechte revolutionäre Ideologien zu vereinen suchen, 4. die Bündischen, die aus der Wandervogelbewegung entstanden und 5. die Landvolkbewegung, die sich auf einen Bauernaufstand in Schleswig-Holstein bezog.[110] Die Bündischen und die Landvolkbewegung zählt Mohler später nicht mehr zum Kern der ›Konservative Revolution‹.[111]

Die erste Gruppe sind die Völkischen, ihr größter Verband war der *Alldeutsche Verband*. Sie verstanden sich als explizit antisemitisch, antikommunistisch, antikatholisch und antifreimaurerisch. Sie wollten ein germanisches Christentum (später ein germanisches Neuheidentum) populär machen und hingen der ›Dolchstoßlegende‹[112] des Ersten Weltkriegs an.[113] Als zweite Gruppe sieht Armin Mohler die Jungkonservativen, die die einflussreichste Gruppe waren. Sie versammelten sich in Zirkeln und Clubs und hatten gute Verbindungen in die verschiedensten Bereiche der Gesellschaft. Diese Autoren schlossen an die Kulturkritik des 19. Jahrhunderts an und beziehen sich auf die Gemeinschaft, den Staat und einen sogenannten ›preußischen Sozialismus‹. Zu ihnen zählen Oswald Spengler, Arthur Moeller van den Bruck oder Edgar Julius Jung.[114] Die dritte Gruppe der ›Konservative Revolution‹ sind die Nationalrevolutionäre. Zu ihnen zählen etwa Ernst Niekisch und Ernst Jünger. Diese waren explizit militaristisch eingestellt und wollten die Nation zu einem zweiten (Rache-)Waffengang bewegen.[115] Diese drei Gruppen repräsentieren laut Mohler die

---

110 Pfahl-Traughber 1998b, S. 51
111 Speit 1999, S. 28
112 Die ›Dolchstoßlegende‹ wird im Kapitel zu Ernst Jünger erläutert
113 Mohler/Weißmann 2005, S. 99–100
114 Mohler/Weißmann 2005, S. 115–116
115 Mohler/Weißmann 2005, S. 144

›Konservative Revolution‹. In der späteren Literatur wird diese Einteilung so nicht beibehalten. Der Politikwissenschafter Pfahl-Traughber sieht die Jungkonservativen als die eigentlichen Vertreter der ›Konservativen Revolution‹, die dem traditionellen Konservativismus ideologisch am nächsten stünden.[116] Stefan Breuer hingegen bemängeltden Begriff Jungkonservative genauso wie jenen der ›Konservativen Revolution‹. Er zeigt anhand des Modernebegriffs bei den Jungkonservativen, dass diese die Moderne nicht per se ablehnten. Sie wünschten sich ›nur‹ eine unkomplizierte Moderne ohne gesellschaftliche Umwälzungen. Treffend formuliert er, dass die Jungkonservativen eigentlich genau das Gegenteil ihrer Bezeichnung vertraten, nämlich die Positionen des Altliberalismus[117].[118] Auf die ideologischen Eckpunkte der ›Konservativen Revolution‹ wird im weiteren Verlauf dieses Kapitel noch genauer eingegangen werden.

Die Sozialwissenschafterin Iris Weber zählt die ihrer Ansicht nach wichtigsten Vertreter namentlich auf und nennt Arthur Moeller van den Bruck, Carl Schmitt, Oswald Spengler, Edgar Julius Jung, Hans Freyer, Othmar Spann, Otto Strasser, Ernst Niekisch und Ernst Jünger.[119] Hier zeigt sich, dass nicht nur Jungkonservative, sondern auch Nationalrevolutionäre wie Ernst Niekisch oder Ernst Jünger als besonders bedeutend angesehen werden. Es ist nicht möglich, der ›Konservativen Revolution‹ eine kohärente Ideologie zuzuschreiben. Dazu kommt, dass auch mitunter sehr populäre Literaten wie Stefan George[120], Rudolf Borchardt[121], Paul Ernst[122], Hans Blüher[123] sowie der Berliner Herrenclub rund um Heinrich von Gleichen[124] der ›Konservativen Revolution‹ zugeordnet werden. Die Definition beschränkt sich also nicht allein auf politische Theoretiker_innen und/oder Kommentator_innen, sondern umschließt auch den literarischen und künstlerischen Bereich. Dieser wurde oft noch umfassender in der Gesellschaft aufgenommen. Das führt dazu, dass Breuer zu dem Schluss kommt, dass die einzige Gemeinsamkeit, die sich unter den Vertretern der

---

116 Pfahl-Traughber 1998b, S. 52–53
117 Also des klassischen Liberalismus
118 Breuer 1993, S. 78
119 Weber 1997, S. 18
120 Dainat 2002, S. 120
121 Schmidt 2007, S. 88
122 Châtellier 2002, S. 5
123 Brunotte 2004, S. 71
124 Bruns 2005, S. 105

›Konservativen Revolution‹ ausmachen lässt, der Hass auf den politischen Liberalismus ist. Dies sei aber kein hinreichendes Unterscheidungsmerkmal. Der Begriff sollte dementsprechend also eigentlich gestrichen werden.[125] Der Philologe Roger Woods, dessen Forschungsschwerpunkt die Politik- und Kulturgeschichte Deutschlands ist, sieht hingegen genau darin das Wesen der ›Konservativen Revolution‹. Er gibt zu bedenken, dass das Wesen der ›Konservativen Revolution‹ besser erfasst würde, wenn man sie als ein Ineinander verschiedener Ziele, Ideologien, Motivationen und dergleichen begreife.[126] Woods weist auch darauf hin, dass die ›Konservative Revolution‹ nur als Prozess verstanden und nachvollzogen werden könne. Das erkläre auch, warum sich Autoren der ›Konservativen Revolution‹ widersprächen, korrigierten, ihre Meinung änderten und so weiter. Mit dieser Betrachtungsweise könne auch das sozioökonomische Umfeld berücksichtigt werden.[127] Dementsprechend muss die ›Konservative Revolution‹ auch keine einheitliche Ideologie haben.

Soziokulturelle Gemeinsamkeiten und Erster Weltkrieg

Wenn die ›Konservative Revolution‹ aber nicht über eine einheitliche Ideologie definiert werden kann, dann bedarf es weiterer Merkmale, die es ermöglichen, sie von anderen Bewegungen, Parteien und Strömungen abzugrenzen. Breuer schlägt vor, dieses Merkmal in der einheitlichen Herkunft und Mentalität der (ausschließlich männlichen) Protagonisten zu suchen. Dazu gehöre die Herkunft aus einer bürgerlichen Familie, auch wenn ›bürgerlich‹ in der Zwischenkriegszeit ein in sich uneinheitliches und weites Feld beschreibe[128]. Ebenfalls zähle zu ›bürgerlich‹ die Herkunft aus Klein- und Provinzstädten, obwohl Akteure der ›Konservativen Revolution‹ in der Folgezeit in Großstädten gewirkt hätten. Viele blieben einem gewissen Anti-Urbanismus verhaftet.[129] Zahlreiche Autoren der Konservativen Revolution entstammten einem christlich-religiösen Umfeld. Carl Schmitt kehre seinen katholischen Glauben besonders stark heraus.[130] Alle gehörten außerdem zur Bildungselite. Einen Gymnasialabschluss hätten

---

125 Breuer 1993, S. 181
126 Woods 2001, S. 12
127 Woods 2001, S. 81
128 Breuer 1993, S. 25
129 Breuer 1993, S. 27
130 Breuer 1993, S. 27–28

alle, sehr viele besuchten außerdem eine Universität.[131] Diese erfolgreich abzuschließen, stünde dabei nicht im Vordergrund. Einige Akteure hätten auch nie einen formalen Abschluss erreicht, stattdessen wäre Bildung an sich der zentrale Bezugspunkt.[132] Manche engagierten sich in Jugendbewegungen wie den Wandervögeln. ›Jugend‹ würde von den Autoren der ›Konservativen Revolution‹ ebenfalls als Wert an sich verstanden.[133]

Der Erste Weltkrieg war natürlich auch für diese Autoren eine Zäsur. Stefan Breuer nennt jene Protagonisten der ›Konservativen Revolution‹, die in den 1880er und 1890er Jahren geboren wurden, ›Frontgenerationen‹. Sie, aber auch die zuvor Geborenen, hätten den Weltkrieg an der Front oder in verschiedenen unterstützenden Positionen bewusst miterlebt, viele sich freiwillig gemeldet.[134] Der Krieg blieb in den Köpfen der Autoren der ›Konservativen Revolution‹ auch nach Kriegsende verhaftet. Er hätte nie verwunden werden können, auch weil es anschließend keine Ordnung gegeben hätte, in die sich die Frontkämpfer hätten integrieren können. So würde der Krieg zu einem fixen Bestandteil des Alltags, der bei nächster Gelegenheit weiter ausgefochten werden könne.[135] Dadurch, dass die Welt um sie herum und besonders das deutsche Bürger_innentum zusammenbrach beziehungsweise alte soziokulturelle Ordnungen und Strukturen zerstört wurden, hätten sie mehr Freiheiten als andere Generationen vor ihnen gehabt. Das Besondere, das Risiko, der Ausnahmezustand, die sie im Krieg erfahren hätten, geriete auch in ihren Schriften in den Mittelpunkt.[136] Heroismus und Opferbereitschaft spiele ebenfalls im Denken vieler Autoren und hier besonders im Zusammenhang mit dem Ersten Weltkrieg eine große Rolle.[137] Die Entwicklung eines Mythos, wie von Nietzsche in der *Geburt der Tragödie aus dem Geiste der Musik* (1872) beschrieben, war ebenfalls zentral. Besonders der Mythos des ›Reichs‹ zieht sich durch das Schaffen der Autoren der ›Konservativen Revolution‹.[138] Das christlich-religiöse Element findet sich auch im Denken jener Autoren wieder, die nicht explizit christlich geprägt waren. Die Apokalypse und ihre Bilderwelt gehörten

---

131 Breuer 1993, S. 28
132 Breuer 1993, S. 30
133 Breuer 1993, S. 30
134 Breuer 1993, S. 30–32
135 Breuer 1993, S. 46
136 Breuer 1993, S. 35
137 Breuer 1993, S. 36
138 Breuer 1993, S. 37

zum festen Bestandteil. Sei es in einer resignierenden Deutung wie bei Oswald Spengler, oder als einzige Möglichkeit eines glorreichen Neubeginns, wie etwa bei Arthur Moeller van den Bruck.[139] Gewalt wird als legitimes Mittel zur Interessendurchsetzung angesehen, ebenso die Bereitschaft, aktiv von ihr Gebrauch zu machen.[140] Damit einher geht die Forderung nach Männerbünden und die Ablehnung von allem, was mit Weiblichkeit verbunden wird, also Frieden, Pazifismus, Demokratie und ähnliches.[141]

Ein weiterer wichtiger Moment ist jener der Angst. Dies ist nicht weiter Besonders für diese Zeit. Besonders wäre hingegen die affirmative Haltung zur Angst als etwas Schöpferischem und Treibendem.[142] All diese oben genannten Merkmale oszillierten zwischen Ideologie, Biographie, Gefühl und sozioökonomischer Umgebung. Breuer gibt jedoch selbst zu bedenken, dass sie nur eine Annäherung seien und keine ausschließlichen Eigenschaften der ›Konservativen Revolution‹ wären. Diese Merkmale seien konstitutiv für die gesamte Rechte in Deutschland, von der die ›Konservative Revolution‹ ein Teil wäre.[143]

Ein Spezifikum der ›Konservativen Revolution‹ wäre, dass sie sich in diesem Umfeld nicht als politische, sondern als geistige Elite verstünde.[144] Je nachdem, wer zur ‹ Konservativen Revolution› gezählt wird, gibt es auch hier Ausnahmen. Bei den Völkischen wäre vor allem das Ehepaar Mathilde und Erich Ludendorff tonangebend. Diese beiden Akteur_innen setzten sehr wohl auf Politik im Sinne einer Massenbewegung. Der Einfluss der Ludendorffs wäre so groß gewesen, dass ihre eigene Religion, die ›deutsche Gotteserkenntnis‹, offiziell anerkannt worden wäre und im Personenstandregister als Konfession eingetragen werden konnte.[145] Bei den Völkischen war mit Mathilde Ludendorff auch eine Frau in führender Position, während die ›Konservative Revolution‹ sonst ein reiner Männerbund war. Armin Mohler listet in seinem umfangreichen und akribischen Literaturverzeichnis einige Frauen als Teil der ›Konservativen Revolution‹ auf.[146] Diese bleiben jedoch die Ausnahme und werden wissenschaftlich,

---

139 Breuer 1993, S. 38–39
140 Breuer 1993, S. 40
141 Breuer 1993, S. 41, 43
142 Breuer 1993, S. S. 44
143 Breuer 1993, S. 47
144 Herzinger 1997, S. 26
145 Korotin 1997, S.115
146 Mohler/Weißmann 2005, S. 415–417

abgesehen von Mathilde Ludendorff, kaum rezipiert. Der Charakter des Männerbundes bleibt aufrechterhalten.

Gemeinsame Analyse

Nachdem weder Ideologie noch Biographie und Mentalität der Akteure ein klares Bild der ›Konservativen Revolution‹ zeichnen können, schlägt Herzinger vor, dass sie durch gleiche Grundprämissen gekennzeichnet sei. Auch wenn die Schlüsse höchst unterschiedlich wären und daraus unterschiedliche Verhaltensweisen resultierten, so wären die Grundannahmen der ›Konservativen Revolution‹ die Gleichen.[147] Woods führt diese näher aus und identifiziert drei Merkmale der ›Konservativen Revolution‹: Sie bräche mit den reaktionären Vorstellungen eines monarchistischen Konservativismus; sie lehne die parlamentarische Demokratie ab: sie setze sich mit dem Sozialismus auseinander und versuche ihn umzudeuten.[148] Während die Ablehnung des Parlamentarismus kein abgrenzendes Merkmal gegenüber anderen rechten Strömungen war, so bilden die anderen beiden Merkmale tatsächlich eigenständige und abgrenzende Eigenschaften der ›Konservativen Revolution‹. Sie war nicht reaktionär und wollte keine Restauration des Wilhelminismus. Die Auseinandersetzung mit dem Sozialismus und seiner versuchten Umdeutung ist genau das, was Mohler und andere als Auflösung der Grenzen von Links und Rechts sehen. Die Autoren wollten einen vermeintlichen dritten Weg zwischen Links und Rechts finden, der sowohl die soziale als auch die nationale Komponente beachtete.[149]

Ideologie

Eine Darstellung der ideologischen Eckpunkte der ›Konservativen Revolution‹ erschöpft sich oft in der Aufzählung verschiedenster ›Antis‹: antiliberal, antidemokratisch, antiparlamentarisch, antisemitisch, antimarxistisch, antihumanistisch.[150]

---

147 Herzinger 1997, S. 25
148 Woods 2001, S. 8
149 Woods 2001, S. 83
150 So beispielsweise Pfahl-Traughber 1998b, S. 233

Der Sozialismusbegriff der ›Konservativen Revolution‹

Andreas Speit, Autor und Journalist, kommt zu dem Schluss, dass es kein kohärentes Weltbild der ›Konservativen Revolution‹ gäbe, abgesehen von den Dingen, die sie ablehnten.[151] Für Speit besteht also die einzige gemeinsame Ideologie in einer Abgrenzung aus Ablehnung, positive Bezüge gebe es keine.

Wie oben erwähnt, sind die zwei Hauptmerkmale der ›Konservativen Revolution‹ eine nicht-reaktionäre, rechte Haltung sowie die Auseinandersetzung mit dem Sozialismus. Ausgangspunkt für die Auseinandersetzung mit dem Sozialismus ist die 1919 erschienene Schrift *Preußentum und Sozialismus* von Oswald Spengler. Er selbst sah diese gar als Ausgangspunkt der nationalen Bewegung.[152] In dieser propagierte er einen Sozialismus ohne Marxismus. Nicht die Klasse sei Ausgangspunkt, sondern das ›Volk‹ als Ganzes.[153] Der preußische Sozialismus zielte auch keineswegs auf eine Aufhebung der Eigentumsverhältnisse ab, sondern auf einen Ausgleich der Klassen.[154] Das Privateigentum müsse laut den Jungkonservativen nämlich unbedingt geschützt werden.[155] Auch Nationalrevolutionäre wie Ernst Niekisch unterschieden zwischen ›deutschem Sozialismus‹ und ›asiatischem Bolschewismus‹, um sozialistische Theorien für die nationale Idee nutzbar zu machen.[156] Zu dieser Mischung aus sozialistischen Begrifflichkeiten und einer Theorie der Klassenharmonie und des Klassenausgleichs kam eine antikapitalistische Rhetorik hinzu, wie hier von Hans Freyer: »Das System ist fertig. Es hat Werte in Waren, die Menschen in Arbeitskräfte, das Leben in Wirtschaft verwandelt.«[157] Der preußische Sozialismus unterscheidet sich also deutlich von einem marxistischen Sozialismus. Es handelt sich bei Ersterem eher um eine Fortführung der kapitalistischen Produktionsweise unter sozialen, nationalen oder völkischen Bedingungen ohne politischen Liberalismus.

Den ›konservativen Revolutionären‹ waren Marxismus und Kommunismus als Herrschaftsform ein Dorn im Auge – so hofften sie, durch Bündelung von nationalen Kräften und der Arbeiter_innen einerseits so-

---

151 Speit 1999, S. 25
152 Mohler/Weißmann 2005, S. 70
153 Breuer 1993, S. 64
154 Breuer 1993, S. 61
155 Breuer 1993, S. 63
156 Klönne 1996, S. 92
157 Worm 1995, S. 57

wie durch Harmonisierung zwischen kapitalistischen Unternehmer_innen und Arbeiter_innen andererseits Klassenbewusstsein und Solidarität der Arbeiter_innen zu unterbinden. Denn eine marxistische Revolution sollte verhindert werden.[158] Es ist diese Logik von Edgar Jung, Moeller van den Bruck, Franz Schauwecker oder auch Claus von Eickstedt, die Woods zum Schluss bringt, dass die bloße Gegnerschaft zum Kommunismus noch keine fundierte Kritik am kapitalistischen Produktions- und Ausbeutungssystem hervorbringe.[159] Der Antikapitalismus bleibt verkürzt, mehr noch: In der wiederholten Bezugnahme auf den abzulehnenden Marxismus und dem gleichzeitigen Versuch, einen deutschen, nationalrevolutionären Sozialismus hervorzubringen, bewerben die Vertreter der ›Konservativen Revolution‹ beides gleichzeitig. Sie verwendeten dieselben Begriffe, sprächen von Erhebung, Emanzipation und Revolution, interpretierten Geschichte neu, wenn auch unter einem nationalistischen Dogma.[160]

Von Eickstedt geht soweit, klar zu formulieren, dass der Kapitalismus selbst kein Problem darstelle, garantiere er doch die »frei schöpferische Unternehmerinitiative«, die es zu fördern gelte und die eine Gesellschaft erst groß mache.[161] Wäre es nach von Eickstedt gegangen, wollte man »nicht etwa den Kapitalismus als Wirtschaftssystem beseitigen, sondern ihn mit dem wahren Geist und sittlichen Gehalt erfüllen!«[162]

Das anti-reaktionäre Weltbild der ›Konservative Revolution‹

Das zweite ideologische Merkmal der ›Konservativen Revolution‹ ist ihre, bereits angesprochene, nicht-reaktionäre, rechte Haltung. Arthur Moeller van den Bruck versetzte dem Konservativismus mit seiner Definition der ›Konservativen Revolution‹, »Dinge zu schaffen, die es sich zu erhalten lohnt«[163] den Todesstoß.[164] Es gibt zwar kein kohärentes Weltbild der ›Konservativen Revolution‹, und dementsprechend auch kein gemeinsames Konzept für die Zeit nach der Überwindung des Liberalismus, allerdings fehlten auch Bestrebungen, das Kaiserreich in seiner alten Form zurück zu holen. Mit dem Kaiserreich verbanden die Akteure keine Werte,

---

158 Worm 1995, S. 84
159 Worm 1995, S. 84
160 Worm 1995, S.88
161 Von Eickstedt 1926, S. 418-419
162 Von Eickstedt 1926, S. 418-419
163 Nach: Breuer 1993, S. 14
164 Breuer 1993, S. 14

deren Erhalt sich lohnte, diese müssten eben erst geschaffen werden. Hieraus ergab sich die (scheinbar) widersprüchliche Selbstbezeichnung ›Konservative Revolution‹.

Selbst wenn die Konzepte unterschiedlich waren, so teilten die Autoren der ›Konservativen Revolution‹ die Zielvorstellung aller Rechten der Weimarer Republik: »ein[en] nationalistische[n]r, autoritäre[n]r Staat, der nach militärischen Prinzipien aufgebaut ist.«[165] Ein weiterer wichtiger Punkt ist, dass der Staat von einer Führerkaste oder einem Führer geleitet werden solle, die nicht mittels Wahl sondern aufgrund ihrer ›Eignung‹ gewählt würden.[166] Die Kaste oder der Führer sollte Entscheidungen nicht auf Grundlage eines politischen Programms treffen, sondern wäre allein durch ihre/seine Eignung dazu befähigt. Gewollt wurde also ein autoritäres Staatskonzept mit einer Führerfigur an der Spitze, die solange als legitim erachtet wird, solange ihr nicht offen widersprochen wird. Der Beifall der Massen, gegen den Widerspruch einzulegen oft schwerfällt, wurde also als entscheidender Gradmesser für die demokratische Legitimation gesehen. Vor allem Carl Schmitt hat sich in seinen Schriften mit (autoritären) Staatskonzeptionen beschäftigt.[167] Ernst Jünger dagegen plädierte zunächst für ein politisches Programm, um die innere Uneinigkeit der ›Konservativen Revolution‹ zu überwinden. Er verwarf diese Idee aber wieder und forderte stattdessen einen Führer, der auch ohne Programm entscheiden könnte.[168] Die Führerkonzeption ist ein wichtiges Charakteristikum in den Schriften der ›Konservativen Revolution‹. Die Sehnsucht nach einem oder mehreren starken Führern war aber keineswegs ein Spezifikum eben jener, sondern schließt nahtlos an den Geniekult des deutschen Bildungsbürgertums an.[169]

Oswald Spengler konnte unmittelbar nach dem Krieg einen großen Erfolg mit dem Buch *Der Untergang des Abendlandes* erzielen.[170] Helmuth Kiesel zitiert Oswald Spengler und fasst die Kernthese seines Buches wie folgt zusammen:

> »›[...], daß die Weltgeschichte aus einem Neben- und Nacheinander von – bisher acht – autonomen Hochkulturen besteht, die wie lebende Organismen die Pha-

---

165 Woods 2001, S. 97
166 Pfahl-Traughber 1998b, S. 78–79
167 Pfahl-Traughber 1998b, S. 77
168 Woods 2001, S. 110
169 Breuer 1993, S. 97
170 Mohler/Weißmann 2005, S. 68

sen der Entstehung und des Wachstums, der Blüte und der Reife sowie des Verfalls und Verschwindens durchlaufen.‹ Die abendländische Kultur hätte Spengler zufolge ihren Höhepunkt im 18. Jahrhundert und ging nun der zivilisatorischen Verflachung oder Fellachisierung entgegen. Der Untergang des Abendlandes vollzog sich demnach als ebenso zwangsläufiger wie natürlicher Prozess, für den ein Ereignis wie der Große Krieg allenfalls periphere Bedeutung haben konnte.«[171]
Mit diesem zyklischen Weltbild ist Spengler der ›Konservativen Revolution‹ verbunden.

Carl Schmitt

Carl Schmitt sieht in der Unterscheidung von Freund und Feind die wichtigste Aufgabe eines jeden Staates. Er bescheinigte aber dem demokratischen System eine Unfähigkeit, seinen Feind bestimmen zu können und sieht darin seine Schwäche und seine Überlebensunfähigkeit.[172] Schmitt definiert den Feind nicht normativ, sondern existentialistisch. Der Feind sei einfach der Feind, auch ohne Begründung, und es liege am Staat, ihn zu erkennen und zu definieren.[173]

Zentral in Schmitts Denken ist die Theorie des Dezisionismus. Dabei gehe er von einem unveränderbaren, statischen Zustand aus, der keinen Prozess, keine Debatte, sondern nur Entscheidungen zulasse.[174] Der Souverän muss in diesem Konzept Entscheidungen treffen. Die Wichtigste betrifft die erwähnte Unterscheidung zwischen Freund und Feind. Dies ist keine private Entscheidung und hat nichts mit persönlichen Animositäten zu tun, sondern betrifft die Unterscheidung im politischen Sinne. Diese Entscheidung kann treffen, wer Souverän ist. Carl Schmitts theoretische Konzeption geht prinzipiell vom Ernstfall aus und was dann zu tun ist. Dementsprechend fasset das Credo »Souverän ist, wer über den Ausnahmezustand entscheidet« Schmitts Politikverständnis gut zusammen.[175] Daher bestimmt der Souverän für Schmitt auch, wann der Normalzustand wiederhergestellt ist und wann welche Gesetze gelten. Schmitt war Jurist und beschäftigte sich hauptsächlich mit Staatskonzeptionen. Er ging vom Primat des Politischen aus, was sich auch in seinem Staatsverständnis ausdrückt. Individuen seien nicht mehr Parteien oder anderen politischen Gruppen verpflichtet, sondern nur noch

---

171 Kiesel 2007, S. 149
172 Worm 1995, S. 61
173 Brauner-Orthen 2001, S. 37
174 Strähle 1997, S. 151
175 Weber 1997, S. 23

dem Staat als solchem. Dieser gewähre für unbedingten Gehorsam persönliche Freiheiten.[176] Dementsprechend bedürfe es auch für richtige Demokratie keiner Parteien mehr, sondern der Führer würde per Akklamation direkt bestimmt. Dieses Verständnis von Demokratie beruht auf einer homogenen Basis, also der des Volkes. Alles Heterogene muss, notfalls auch gewaltsam, vom ›Volkskörper‹ ausgeschieden werden.[177] Nur so kann sich der Volkswille nach Schmitt durchsetzen. Dass diese Theorien auch praktische Anwendung fanden, zeigt sich in Schmitts Verhältnis zum Nationalsozialismus.

Ernst Jünger

Ernst Jünger steht exemplarisch für die Frontgeneration des Ersten Weltkriegs. Hier soll vor allem sein Erleben und seine Deutung des Krieges behandelt werden. Jünger hat sich unter anderem mit Fragen der Systemüberwindung und des Aufbaus eines anderen Staates auseinandergesetzt, wie viele andere Denker der ›Konservativen Revolution‹ auch.

Das Kriegserlebnis ist sowohl in seinen literarischen als auch in seinen essayistischen Texten zentral und sinnstiftend. Jünger und der Kreis des ›Neuen Nationalismus‹, zu dem etwa auch sein Bruder Friedrich Georg und Franz Schauwecker gehörten, seien vom Krieg, den sie als Soldaten erlebten, traumatisiert gewesen.[178] Die Enttäuschung über die Niederlage, die wenig heroische Kriegsführung, in der der Mensch marginalisiert wurde, Verwundungen und das allgegenwärtige Massensterben prägten sie. Das versprochene, glorreiche Ende des Krieges war ausgeblieben, was sie als Betrug der Geschichte an sich empfunden hätten.[179] Stattdessen kehrten die Soldaten zurück in eine Gesellschaft, in der ihnen nicht nur Mitleid und Unterstützung, sondern auch Feindseligkeit entgegenschlug. Die Novemberrevolution, die Ausrufung der Republik und der Erfolg der *Kommunistischen Partei Deutschlands* (KPD) gaben linken und antimilitaristischen Strömungen und Ideen Aufschwung. Die ›Dolchstoßlegende‹, welche zum einen die linken Kräfte als Verräter_innen an den Soldaten abstempelte und zum anderen den Mythos der ›im Felde unbesiegten‹ deutschen Armee erschuf, fand zahlreiche Anhänger_innen.[180] Ernst Jünger und viele andere ehemalige Soldaten hatten einen Krieg erlebt, der sei-

---

176 Assheuer/Sarkowicz 1992, S. 163
177 Brauner-Orthen 2001, S. 37
178 Kiesel 2007, S. 260
179 Kiesel 2007, S. 140
180 Bundeszentrale für Politische Bildung 2006, o.S.

nen versprochenen Zweck nicht erfüllt hatte. Doch anstatt sich nun gegen seine Verursacher_innen und die Ideen dahinter zu wenden, verlieh Jünger dem Krieg einen Sinn, den er aus der Erfahrung des Kampfes für sich gewonnen hatte. Im Gegensatz etwa zu Erich Maria Remarque, der mit *Im Westen nichts Neues* (1929) die Unmenschlichkeit des Ersten Weltkriegs schilderte und zum Antimilitaristen wurde, bemühte sich Jünger in seinen Schriften vor allem der 1920er Jahre, dem Krieg im Nachhinein einen Sinn zu geben. Dieser bestand im Kampf an sich, der zum Selbstzweck wurde. Der Ausgang des Krieges wurde somit sekundär, wichtig wäre gewesen, dass der Kampf sinnvoll gewesen war.[181] Franz Schauwecker, der ebenfalls zum Kreis des ›Neuen Nationalismus‹ gehörte, proklamierte, dass der Krieg zwar keinen Zweck, aber einen Sinn habe und dass dieser am Charakter des Soldaten festgemacht werde.[182]

Herzinger konstatiert beispielhaft an einer Passage aus Ernst Jüngers *Das abenteuerliche Herz* (1929) das heroische Ausharren auf verlorenem Posten als Grundmotiv der ›Konservativen Revolution‹.[183] Für Jünger habe das Heroische nicht nur im Ausharren und Ertragen, sondern auch in der Tat, dem Eingreifen und des Sich-Bewährens[184] vor dem Hintergrund eines Kriegs bestanden, dessen Sinn er und andere ›konservative Revolutionäre‹ also nicht im Erreichen der Kriegsziele sahen.[185] Jünger proklamiert, dass der Sinn des Krieges nicht rational wahrgenommen werden könne, sondern erfühlt werden müsse.[186] Hier zeigt sich das irrationale Moment der ›Konservativen Revolution‹. Aus Ernst Jüngers Umgang mit den verschiedenen Traumata und seiner Sinngebung des Ersten Weltkriegs entspringt seine Ablehnung der Weimarer Republik, des demokratischen und parlamentarischen Systems und sein Kampf gegen ebene diese.

›Konservative Revolution‹ und Nationalsozialismus
Die Protagonisten der ›Konservativen Revolution‹ im Widerstand?

Das Verhältnis von Vertretern der ›Konservativen Revolution‹ zum Nationalsozialismus ist schwierig zu erfassen. Neurechte Historiker wie Armin

---

181 Kiesel 2007, S. 260
182 Woods 2001, S. 38
183 Herzinger 1997, S. 20
184 Kiesel 2007, S. 184
185 Woods 2001, S. 22
186 Woods 2001, S. 32

Mohler suggerieren, dass es keine ideologischen Gemeinsamkeiten zwischen beiden gegeben habe/hätte. Mohler sieht viele ›konservativen Revolutionäre‹ im Widerstand zum Nationalsozialismus. Die meisten hätten sich aber an die Situation angepasst.[187] Damit gibt er vor, dass die ›konservativen Revolutionäre‹ keine Anknüpfungspunkte an den Nationalsozialismus gehabt hätten und dass ihre Ableitung sei, sich dem Nationalsozialismus entweder in den Weg zu stellen oder sich quasi fatalistisch zu ergeben. Beide Strategien entheben die Akteure einer geistigen Mitschuld an den historischen und geistesgeschichtlichen Entwicklungen. Die biographische Betrachtungsweise von vereinzelten ›konservativen Revolutionären‹ aus rechter, rechtsextremer und konservativer Sicht, erlaubt die Perspektive einer widerständigen ›Konservativen Revolution‹ einzunehmen.

Edgar Julius Jung etwa schrieb Franz von Papens *Marburger Rede*, die indirekt zur Wiedereinführung der Monarchie aufrief und sich damit gegen den Nationalsozialismus stellte. Für diese Haltung wurde er während des ›Röhm-Putsches‹ 1934 ermordet.[188] Oswald Spengler war von Anfang an gegen den Nationalsozialismus eingestellt. Er kommentierte den Umsturz mit den Worten: »Das war ein Sieg bei dem die Gegner fehlten«.[189] Hans Zehrer stand, wie Edgar Julius Jung, dem Nationalsozialismus zunächst positiv gegenüber, reihte sich aber später bei seinen Gegner_innen ein.[190] Mohler bescheinigt sogar Carl Schmitt eine Art subversiven Widerstands gegen den Nationalsozialismus, weil jener bei der *Hanseatischen Verlagsanstalt* publiziert hätte, die quasi der letzte Rettungsanker der ›Konservativen Revolution‹ gewesen sei.[191] Dabei machte Carl Schmitt Karriere in der *NSDAP*, biederte sich den Machthabern bei jeder Gelegenheit an,[192] bekannte sich offen zum nationalsozialistischen Staat und schrieb begeisterte Beiträge zur Legitimation der nationalsozialistischen Herrschaft.[193] Er verlor seine Ämter nicht wegen einer ideologischen Distanzierung vom Nationalsozialismus, sondern aufgrund persönlicher Querelen und weil sein Opportunismus und seine Anbiederung einigen unangenehm aufgefallen waren.[194]

---

187 Mohler/Weißmann 2005, S. 197
188 Breuer 1993, S. 168
189 Breuer 1993, S. 175
190 Breuer 1993, S. 167
191 Mohler/Weißmann 2005, S. 198–199
192 Breuer 1993, S. 173
193 Assheuer/Sarkowicz 1992, S. 157
194 Assheuer/Sarkowicz 1992, S. 158–159

Grundlegende Gemeinsamkeiten

Auch wenn von neurechter Seite versucht wird, die Akteure der ›Konservativen Revolution‹ als Opfer des Nationalsozialismus darzustellen, so gibt es viele positive Bekundungen zu den Erfolgen des Nationalsozialismus.[195] So erschien kurz vor der Machtübernahme des Nationalsozialismus das Buch *Was wir vom Nationalsozialismus erwarten* (1932) mit Beiträgen führender Denker der ›Konservativen Revolution‹. Grundsätzliche Bedenken gegen den Nationalsozialismus brachte keiner der Autoren vor.[196] Edgar Julius Jung selbst schrieb über den Zusammenhang von ›Konservativer Revolution‹ und Nationalsozialismus:

> »Die geistigen Voraussetzungen für die deutsche Revolution wurden außerhalb des Nationalsozialismus geschaffen. Der Nationalsozialismus hat gewissermaßen das ›Referat Volksbewegung‹ (...) übernommen (...). In unsagbarer Kleinarbeit, besonders in gebildeten Schichten, haben wir die Voraussetzungen für jenen Tag geschaffen, an dem das deutsche Volk den nationalsozialistischen Kandidaten seine Stimme gab.«[197]

Neben den persönlichen Verstrickungen und Widerständen – von denen Ernst Jünger mit seinem Roman *Auf den Marmorklippen* (1939) die deutlichste Haltung zeigte – ist aber die grundsätzliche Geisteshaltung entscheidend. Tiefgehende philosophische und ideologische Denkmuster bilden eine Kontinuität zum Nationalsozialismus. Dazu gehöre sowohl die Vorstellung vom Menschen als Raubtier, das in der bürgerlichen Gesellschaft gezähmt wird, als auch die Geringschätzung eines Programms zugunsten einer Führerfigur.[198] Daraus resultiert ein antidemokratisches und antiegalitäres Denken mit all seinen Implikationen. Breuer nennt die Akteure der ›Konservativen Revolution‹ die »Zauberlehrlinge von rechts«[199], die erst die Vorarbeiten für eine gewisse Situation geschaffen hätten, um dann mit Schrecken mitanzusehen, was daraus entstand. Pfahl-Traughber spricht von den »Trotzkisten des Nationalsozialismus«[200]. Die Differenzen zwischen Akteuren ›Konservativen Revolution‹ und Nationalsozialismus blieben demnach immer lagerinterne Differenzen. Es bestand Einigkeit über die prinzipielle Grundausrichtung und Wertvorstellungen. Wenn ›konserva-

---

195 Worm 1995, S. 63
196 Woods 1997, S. 48–49
197 Nach: Worm 1995, S. 64
198 Woods 1997, S. 44
199 Breuer 1993, S. 171
200 Pfahl-Traughber 1998b, S. 103

tive Revolutionäre‹ im Gegensatz zum NS-Regime standen, dann nicht, weil sie ein fundamentales Problem mit der Ideologie gehabt hätten, sondern weil sie mit der Herangehensweise oder der Strategie nicht einverstanden gewesen seien.[201] Auch Woods bemerkt, dass die Abgrenzung von ›konservativen Revolutionären‹ zur *NSDAP* selten ethischer Natur war, sondern ihre Ursachen in inneren Zwistigkeiten oder unterschiedlichen Vorstellungen der Strategie hatte.[202]

›Konservative Revolution‹ in Europa

Es ist wichtig zu betonen, dass Entwicklungen und Netzwerke wie die ›Konservativen Revolution‹ nicht nur in Deutschland existierten, da dies einen deutschen Sonderweg implizieren würde. Es gab Unterschiede in den verschiedenen Ländern Europas, aber die Entwicklungen und die ideologischen Vorstellungen seien ähnliche gewesen.[203] So wurden Ideen und Theorien gegenseitig rezipiert. Der italienische Faschismus wurde aufmerksam und durchaus enthusiastisch von den Autoren der ›Konservativen Revolution‹ verfolgt. Es wurde allerdings auch Kritik an ihm geübt. Spengler etwa habe den Massenaspekt des Faschismus verachtet.[204] Sowohl Ernst Jünger als auch Edgar Julius Jung hatten ein eher ambivalentes Verhältnis zum italienischen Faschismus. Sie hätten ihm attestiert, doch nur Liberalismus zu sein (Jünger) oder den Aspekt Gott zu vernachlässigen (Jung).[205] Ernst Niekisch hingegen habe den Faschismus mit Entschiedenheit abgelehnt und ihm attestiert, auch weiterhin ein bürgerliches Herrschaftsinstrument zu sein.[206]

Der italienische Faschismus und seine Vordenker

Der italienische Faschismus lässt sich in drei Phasen gliedern: den ›fascismo movimento‹, den ›socialismo nazionale‹ und den ›stato forte‹. Die Autoren der ›Konservativen Revolution‹ rezipierten dabei durchaus unterschiedliche Phasen. Zudem spielte Wunschdenken eine Rolle in der Sicht der ›Konservativen Revolution‹ auf den italienischen Faschismus.[207] Theoretiker und Vor-

---

201 Pfahl-Traughber 1998b, S. 103
202 Woods 2001, S. 165
203 Breuer 1993, S. 196
204 Breuer 1993, S. S. 129
205 Breuer 1993, S. 132–133
206 Breuer 1993, S. 134
207 Breuer 1993, S. 125–126

denker des Faschismus wiederum wurden von den ›konservativen Revolutionären‹ gelesen und diskutiert. Hier sollen kurz einige vorgestellt werden. Der Prägendste unter ihnen ist der Franzose Georges Sorel. Er wandelte sich in seinem Leben vom Monarchisten zum Sozialisten und zum Anarcho-Syndikalisten, um dann Stichwortgeber für den italienischen Faschismus zu werden. Er lehnte Demokratie ab, da diese seiner Meinung nach die Arbeiter_innenklasse nicht befreien könne und befürwortete Gewalt als politisches Mittel. Gleichzeitig brauche es aber einen ›Mythos‹, um einen Kampf sinnvoll bestreiten zu können. Dieser sei rational nicht fassbar, sondern »Ausdruck von Wollungen«.[208] Mussolini übernahm das Konzept des Mythos und bezeichnete sich selbst als ›Schüler Sorels‹.[209]

Der Italiener Julius Evola hatte aufgrund seines elitären und aristokratischen Selbstverständnisses eine ambivalente Haltung gegenüber dem faschistischen Regime in Italien. Einerseits lehnte er den Emporkömmling Mussolini ab, andererseits wurde er mit seiner *Scualia Mistica del Fascismo* zum Ideengeber des Regimes. Evola habe einen esoterisch-heidnischen Zugang zu Politik und Staat vertreten und das Modell eines ›heidnischen Imperialismus‹ entworfen, der Europa vor dem Untergang bewahren könne.[210] Roberto Michels, ein Deutsch-Italiener, formulierte in seinem Aufsatz *Grundsätzliches zum Problem der Demokratie* (1928) seine Auffassungen zu identitärer Politik. Das Prinzip der Wahl als Form der Willensübertragung und politische Parteien lehnte er ab, da diese in seiner demokratischen Auffassung nicht möglich sind. Demokratie sei nur durch die Einheit von Herrscher_innen und Beherrschten gegeben.[211]

Der Italiener Vilfredo Pareto beschrieb menschliche Gesellschaften und deren Herrschaft als einen Wechsel von Eliten, die an der Macht seien beziehungsweise an die Macht gelangen wollten. Die nicht-herrschende Elite wolle im Namen des Volkes die herrschende Elite stürzen und so selbst an die Macht gelangen, von wo aus sie wieder von einer nicht-herrschenden Elite abgelöst werden. Pareto beschreibt die Geschichte also als einen Wechsel von Herrschaftseliten.[212]

---

208 Pfahl-Traughber 1998b, S. 124–125
209 Lenk/Meuter/Otten 1997, S. 37
210 Pfahl-Traughber 1998b, S. 118–119
211 Pfahl-Traughber 1998b, S. 115
212 Pfahl-Traughber 1998b, S. 110

Teil 2
Die *Identitäre Bewegung* in Europa und ihr Umfeld

Charakteristika und Länderüberblick

Bewegung ohne Vision? – Allgemeines zu den Identitären Gruppen

> »[D]er Grund warum wir uns Identitäre nennen, ist eben gerade die existenzielle Erfahrung des Identitätsverlustes, die unsere Generation gnadenlos anspricht. Es gilt jener falschen Versöhnung und Gleichheit, die in der kapitalitischen Gesellschaft angeboten wird, und die hinter tausend subkulturellen Masken, einen öden langweiligen Typus, der die Unis, Clubs, Bims, und Straßen bevölkert, erzeugt, den Kampf anzusagen.«[213] (Fehler im Original)

Die *Identitäre Bewegung* im engeren Sinn gibt es etwa seit Herbst 2012. Ihre Vorläufer, Vorbilder und direkten Vorgänger_innen agieren schon zehn Jahre länger. In diesem Kapitel liegt der Fokus auf der *Identitären Bewegung*, die wir innerhalb der Neuen Rechten angesiedelt sehen und deren Alleinstellungsmerkmale wir hier definieren wollen. Um den Kontext zu verstehen, werden aber auch Gruppen beschrieben, auf die nicht alle der aufgezählten Punkte (vor allem nicht die Corporate Identity) zutreffen. Jedoch wäre ohne Gruppierungen wie beispielsweise *CasaPound* die *Identitäre Bewegung* nicht denkbar. Am Beispiel von elf Ländern zeigen wir, wie (un)gleich die Ausprägungen dieser sehr jungen Bewegung sind. Es ist uns bewusst, dass sich während des Schreibens dieses Buchs weitere Bewegungen gegründet haben, vor allem jene in Tschechien oder Belgien sind durchaus aktiv. Dementsprechend kann so ein Buch nie eine komplette Aufzählung leisten, die auch noch in einem halben Jahr unumstößlich Bestand hat. Es liegt in der Natur solcher Phänomene, dass sie schnellen Änderungen unterworfen sind, Regionalgruppen inaktiv werden und dafür neue gegründet werden. Wir bitten die Leser_innen, das immer mitzubedenken. Die Beispiele sollen und können lediglich Schlaglichter sein. Das neurechte Umfeld im deutschsprachigen Raum wird in einem weiteren Kapitel beschrieben, um zu zeigen, dass die *Identitäre Bewegung* nicht in einem politischen Vakuum agiert.

Innerhalb der Neuen Rechten zeichnet sich die *Identitäre Bewegung* durch vier klare Alleinstellungsmerkmale aus: Jugendlichkeit, Aktionismus, Popkultur und die Corporate Identity. Der Aspekt Jugendlichkeit ist schnell erklärt. Während für erlebnisorientierten Rechtsextremismus, wie zum Beispiel die *Freien Kameradschaften* in Deutschland, die *Autonomen*

---

213 Zit. n. http://dieidentitaeren.tumblr.com/post/39163750211/wie-uns-unsere-zahlreichen-informanten-gerade, 28.11.2013, 00h06.

Nationalen oder faschistische Ultragruppen im Fußball, ein sehr junger Altersschnitt nichts Ungewöhnliches ist, so hatte die Neue Rechte immer das Image eines Altherrenclubs. Das wurde schon mit einer neuen Generation der Neuen Rechten, die, wie beschrieben, ab der Jahrtausendwende auftauchte, umgeworfen. Bei der *Identitären Bewegung* dürfte der Altersschnitt noch einmal darunterliegen, rekrutieren sie sich doch vornehmlich aus dem Schüler_innen- und Student_innen-Umfeld. Die Aktionsorientierung ist ebenfalls ein Novum. Diese Ausrichtung zeichnete sich mit der wenig erfolgreichen *Konservativ-Subversiven Aktion*, aber vor allem mit dem Projekt *CasaPound* ab. Statt Gesprächszirkeln und mehr oder minder gelungenem Networking, verzichtet die *Identitäre Bewegung* auf staatstragendes Verhalten und orientiert sich an linken Aktionsformen. Diese können als ›Spaßguerilla‹ bezeichnet werden: Mit sogenannten Hardbass- und Störaktionen sowie Besetzungsversuchen machen sie auf sich und ihre politische Linie aufmerksam. Bei Hardbass-Aktionen oder *Hardbass Revolt* handelt es sich um Flashmobs, die an markanten Plätzen einer Stadt zusammenkommen und die in einer »Kombination von öffentlichem Tanzen, Verkleidung und Hardbass-Musik«[214] – also Elektromusik mit schnellem Bass – Aufmerksamkeit erregen. Teilnehmende tragen Masken, halten Schilder in die Höhe und filmen sich dabei. Dabei wird der Track *Мы хард басс в ваш дом приносим 1488* (engl. We Bring Hard Bass to Your Home 1488[215]) bei vielen Aktionen und für Videos verwendet. Eine erste Aktion im deutschsprachigen Raum wurde von den *Nationalen Sozialisten Rostock* am 10. August 2012 umgesetzt. In dem dazugehörigen YouTube-Video mit dem Titel *Hardbass gegen Demokraten*[216] ist ersichtlich, dass Aktivist_innen in einer Einkaufsstraße mit Sprüchen wie »NS jetzt« oder »NS fetzt«[217] Passant_innen irritieren und sehr kleine Flyer verteilen. In der Regel verschwinden die Aktivist_innen so schnell wie sie gekommen sind. Die Videos auf ihrem YouTube-Kanal zeigen, dass Passant_innen, die beginnen mitzutanzen, dabei nicht immer zu realisieren scheinen, wen sie damit un-

---

214 ecoleusti 2012, o.S.
215 Die Zahl 14 ist eine Referenz auf den US-amerikanischen Rassisten David Lane und seinen Satz (bestehend aus 14 Wörtern): »We must secure the existence of our people and a future for White Children«. Die Zahl 88 wiederum ist ein bekannter Zahlencode aus der neonazistischen Szene: 8 steht für den 8. Buchstaben des Alphabets, H, aneinander gereiht steht HH für »Heil Hitler«.
216 NS Rostock: Hardbass gegen Demokraten, zit.n. http://www.youtube.com/watch?v=BsLiaBnT03s, 11.08.2013, 15h45
217 ecoleusti 2012, o.S.

terstützen. Mit Spaßguerilla wie Beflaggungen, Aufkleber- oder Graffititouren, bringen sie das Lambda-Symbol oder die Zahl 732[218] in die Öffentlichkeit. Das soll nicht nur die eigene Existenz beweisen, sondern politisch Andersdenkende oder als Feind_innen klassifizierte Gruppen verunsichern. Motive auf Facebook und Blogs werden zum Teil selbst gefertigt als auch von Tumblr-Blogs wie *Wirkungsfeuer*[219] herangezogen, in denen Agitprop[220]-Grafiken verbreitet werden. In ihre Bildkommunikation bringen sie populärkulturelle Elemente wie *Memes*, Zeichentrick- und Animefiguren unter, wie zum Beispiel aus der *Legende von Aang* oder Eric Cartman aus *South Park* und mehr, die allesamt grafisch und textuell so angepasst werden, dass sie den antimuslimischen[221] beziehungsweise gegen Immigration gerichteten Botschaften entsprechen.

Zusätzlich greifen sie auch auf Schriftformen und Filter zurück, die in *Street Art*-Zusammenhängen (zum Beispiel *Graffiti-Writing*) verbreitet sind. Auch Film- und Buchfiguren, wie Gandalf aus Tolkiens *Der Herr der Ringe* (1954-1955), müssen die Benutzung durch die Identitären über sich ergehen lassen. Diese Form der Raumnahme wurde zuvor besonders aggressiv von *CasaPound* und dem *Zentropa*-Clan betrieben, wie Heiko Koch gut dargestellt hat (nachzulesen im Kapitel zu *CasaPound Italia*). Die Corporate Identity wird in dem Kapitel zu visueller Kommunikation noch einmal

---

218 Die Jahreszahl markiert die sogenannte Schlacht von »Tours und Poitiers«, in der unter der Führung von Karl Martell gegen maurische Soldaten und deren Expansionsbestrebungen gekämpft wurde. Obwohl es sich nur um ein Einzelereignis handelt, wird diese Schlacht häufig – beispielsweise auch vom *BI* mit der Besetzung einer Moschee in Poitiers zum entscheidenden Sieg ›Europas‹ gegen ›die Muslime‹ stilisiert.

219 Lichtmesz 2013, o.S.

220 Der Begriff bezeichnet eine Kommunikationsform, die Agitation und Propaganda verbreiten soll, vor allem visuell. Ursprünglich stammt die Bezeichnung aus dem Russischen, in Plakatformen verhalf die bolschewistische Partei in den 1920ern Agitprop-Materialien zu einem ersten Höhepunkt.

221 Im Fall der South Park-Figur darf auch von antisemitischer Subbotschaft ausgegangen werden, denn dass die Auswahl ausgerechnet auf diesen Charakter fiel, ist kein Zufall. Es handelt sich außerdem um eine Figur, die in der Serie durch rassistische, homophobe und sexistische Kommentare und Handlungen besonders auffällt.

genauer beschrieben. Auffallend sind der schwarz-gelbe Einheitslook und das Lambda-Symbol. Dieser Gestaltungsmodus erlaubt es der *Identitären Bewegung*, in Franchising-Manier europaweit zu expandieren und trotzdem eine auf den ersten Blick gemeinsame Identität zu schaffen. Dieser Schritt ist jener, der die *Identitäre Bewegung* am deutlichsten von ihren Vorläufern in der Neuen Rechten abgrenzt. Diese vier Merkmale machen die Identitären zu einem neuen, sehr niederschwelligen Angebot für den Einstieg in die rechtsextreme Szene. Das Erstaunliche ist, dass diese Merkmale zu Ungunsten der viel gepriesenen Intellektualität betont werden. Diese war und ist aber für das Selbstverständnis der Neuen Rechten von großer Bedeutung. Ein Begriff, der sowohl die Ästhetik als auch die Aktionsformen und das Selbstverständnis der Identitären zusammenfasst, ist jener der »Reconquista« (dt. Rückeroberung) Er ist auf Materialien und in Sprechchören gegenwärtig. Reconquista betitelt den Kampf gegen jene, die als ›anders‹, als ›fremd‹ definiert werden Der Begriff Reconquista bezeichnet die (Wieder-)Erlangung der Macht, die durch eine Rebellion christlicher Nachkommen der Westgot_innen am Beginn des achten Jahrhunderts begann und sich gegen die Herrschaft muslimischer Erober_innen sowie gegen die jüdische Bevölkerung richtete. Die Eroberungsbemühungen dauerten mehrere Jahrhunderte und endeten 1492 als auch das letzte Emirat eingenommen wurde. Die Bezeichnung Reconquista etablierte sich erst in der Neuzeit im Zuge der Geschichtsschreibung sich formierender Territorial- und Nationalstaaten.

Auch in der Publikationsgestaltung bleibt es gewohnt martialisch. Eine selbsternannte *Kriegserklärung* und Argumentationsgrundlage für identitäre Aktivist_innen und solche, die es werden wollen, ist Markus Willingers Büchlein *Die Identitäre Generation. Eine Kriegserklärung an die 68er*, erschienen in einer Neuauflage im *Arktos* Verlag 2013. Das Buch, das als ›das‹ Nachschlagewerk für identitäre Aktivist_innen gehandelt wird und laut Verlag ein »kristallklares Bild«[222] der untragbaren Zustände bereithält, ist de facto eine Aneinanderreihung von 42 unzusammenhängenden zwei-seitigen Kapiteln. In diesen wird unter Anrufung eines unklaren ›Wir‹-Kollektivs das Bilden einer Avantgarde eingefordert[223], um den als verloren bezeichneten Lebenswillen wiederherzustellen[224]. Aufbau und

---

[222] Zit. n. http://www.arktos.com/markus-willinger-die-identitare-generation.html, 28.11.2013, 00h09
[223] Willinger 2013, S. 9
[224] Willinger 2013, S. 13

Schreibweise des Büchleins lehnen sich an Friedrich Nietzsches *Also sprach Zarathustra* (1883) an, ohne auch nur ansatzweise dem Original nahezukommen. Das Buch zeichnet, ähnlich wie zuvor der *Kommende Aufstand* (2007) des Unsichtbaren Kommitees, ein trostloses Bild der Gegenwart. Aber anstatt die Lösung in sozialen Revolten zu sehen, die schlussendlich zur Revolution führen, verharrt das Buch in pathetischer Untergangsbeschreibung. Der Autor sehnt sich nicht nach progressiven Lösungen, sondern sucht sein Heil im Schritt zurück, in reaktionären und konservativen Traummalerein einer Welt, die so nie existiert hat. So verlaufen die Regeln der Zugehörigkeit innerhalb des Buchs über klar definierte Geschlechterrollen – Willinger sehnt sich nach »femininen« Frauen und »maskulinen« Männern, deren Verhältnis zueinander er mit Anspielungen auf Figuren der Nibelungensaga[225] nachzeichnet – und fordert das Bekenntnis zur Vermehrung der ›erwünschten‹, also als ›eigen‹ definierten Bevölkerung, klagt dabei Schwangerschaftsabbrüche an.[226] Insgesamt bleibt der Autor mehr als schwammig, visions- und anspruchslos, holt die Leser_innen, die sich womöglich von der dystopischen Beschreibung ihrer Gegenwartsgesellschaft angesprochen fühlen, nicht ab. Willingers Buch ist nicht viel mehr als eine aufgefächerte, pathosgeladene Klageschrift ohne analytischen Boden und ohne Präsentation eines Alternativkonzepts. Nicht verwunderlich ist daher, dass selbst bekannte Protagonist_innen der Neuen Rechten wie Götz Kubitschek dem Büchlein nicht viel abgewinnen können.[227]

Nichtsdestotrotz sind die Verweise verschiedener europäischer identitärer Ablegergruppen auf Willingers Buch zahlreich, in ideologieschärfender Mission tourt der Autor von Vortrag zu Vortrag und trägt seinen Teil zur Vernetzung der Gruppen bei.

Nachfolgend werden genau diese Ablegergruppen nach Ländern geordnet dargestellt. Im Anschluss daran wird auf das Umfeld der Identitären

---

225 Wichtiger Bestandteil von Willingers Buch ist das rhetorische Mittel des nicht Ansprechens: es finden sich keine expliziten Verweise, weder auf Nietzsche, noch auf die Nibelungensaga, noch auf deren namentliche Figuren. Vielmehr spielt Willinger mit – zum Beispiel über Schulwissen – vorhandenen Bildern im Kopf der Leser_innen, auf die er referenzieren kann und die seine Andeutungen ergänzen. So zum Beispiel, wenn er in Kapitel 6 (›Von den Geschlechtern‹) davon schwärmt, wenn Männer Frauen ›erobern‹, die es wert sind, die heroische Prüfungen und den Kampf gegen den ›Drachen‹ auf sich nehmen – eine Anspielung auf Siegfried den Drachentöter, der zum mythischen Vorbild weißer, kämpferische Männlichkeiten avancierte.
226 Willinger 2013, S. 29f
227 Sieber 2013a, o.S.

eingegangen. Die aufgelisteten Verlage, Blogs und Zentren sind die Steigbügel, um identitäre beziehungsweise neurechte Ideologie zu verbreiten und sich Akteur_innen sowie deren Arbeit zu eigen zu machen.

Frankreich

Frankreich ist das Ursprungsland der *Identitären Bewegung*. Das ist kein Zufall, liegen doch schon die Anfänge der Neuen Rechten dort. In der rechtsextremen, deutschen Zeitschrift *ZUERST!* beschreibt der Chefideologe des *bloc identitaire* (BI), Philippe Vardon, die Anfänge der Gruppe wobei er das Bild einer breiten sozialen Bewegung malt, an deren Beginn viele Aktivist_innen aus ganz unterschiedlichen Bereichen zusammengekommen wären, auch aus der Linken.[228] Dieser Gründungsmythos entspricht kaum den Tatsachen. Der *BI* ist die Nachfolgeorganisation der *Unité Radicale*, die sich durch einen »virulenten Antisemitismus«[229] auszeichnete und 2002 verboten wurde, nachdem ein Mitglied einen Anschlag auf den damaligen französischen Präsidenten Jacques Chirac verübt hatte. Zusammen mit Aktivist_innen der ebenfalls rechtsextremen *Jeunesses Identitaires* wurde 2003 der *BI* aus der Taufe gehoben. Von einem spontanen Zusammenschluss aus dem Nichts kann also nicht die Rede sein. Der *BI* war eine notwendige strategische Lösung, um weiterhin eine Rolle in der organisierten rechtsextremen Szene Frankreichs zu spielen und die Ressourcen der *Unité Radicale* nicht zu verlieren. Der *BI* wählte als Logo ein Wildschwein und machte vor allem mit Aktionen wie dem demonstrativen Ausgeben von Essen mit Schweinefleisch in migrantisch geprägten Vierteln von sich reden.[230] Das Verhältnis zum *Front National* (FN), einer der erfolgreichsten rechtsextremen Parteien Europas, ist durchaus getrübt und alles andere als konfliktfrei, wie Vardon selbst zugibt.[231] Das gespannte Verhältnis rührt aus ideologischen Differenzen und einem Konkurrenzverhältnis. So war es dem *FN* sehr wichtig, der erste und einzige Ansprechpartner für andere Rechtsparteien, auch aus dem Ausland, zu sein. Mit dem *BI* erschien daher hier unliebsame Konkurrenz, zumal dieser auch bei Regionalwahlen, zum Beispiel als *Nissa Rebela* im Raum Nizza antritt. Ideologisch steht für den *FN* in stramm rechter Manier der Nationalstaat im Fokus. Der *BI* hingegen

---

228 Ochsenreiter 2013, S. 91
229 Schlüter 2013, S. 21
230 Schlüter 2013, S. 21
231 Ochsenreiter 2013, S. 3

konzentriert sich auf die regionale und europäische Ebene, was zu Konflikten über die Ausrichtung der rechtsextremen Szene in Frankreich führt. Gleiches gilt für die *Identitäre Bewegung*.

Die Jugendorganisation des *BI* ist die *Génération Identitaire* (GI), die eigentliche Begründerin der *Identitären Bewegung*. Am 20. Oktober 2012 besetzten 80-100 Personen das Dach der sich im Bau befindlichen Moschee von Poitiers. Sie entrollten Banner mit der Jahreszahl 732 und dem Lambda-Symbol. Der Name *Génération Identitaire* wurde so zum ersten Mal im großen Stil der Öffentlichkeit präsentiert. Diese Inszenierung diente allen Gruppen, die danach in ganz Europa aktiv werden sollten als Blaupause. Sie vereinte bereits alles, was unverzichtbar für das Auftreten der *Identitären Bewegung* werden sollte. Das Lambda-Symbol als wichtigste Verbindung zwischen allen identitären Gruppen wurde zum ersten Mal als gemeinschaftliches Symbol präsentiert. Die Farbgebung schwarz und gelb, die vom *BI* nicht gebraucht wurde und wird, avancierte zum Markenzeichen der Identitären. Außerdem wurde eine Aktionsform angewandt, die gemeinhin nicht den Rechten zugeschrieben, sondern eher mit linker Subkultur verbunden wird: die Besetzung. Weder Datum noch Ort waren zufällig gewählt. 732 referiert auf die Schlacht von Poitiers und Tours, als Karl Martell die Mauren zurückgeschlagen hatte. Dieses Spannungsfeld aus linken Anleihen, aktivistischem Habitus[232] und reaktionärem ideologischen Unterbau ist der Kern der *Identitären Bewegung*. Eine Woche später feierte der *BI* sein zehnjähriges Bestehen mit einer groß angekündigten Konferenz im südfranzösischen Orange. Statt angekündigter 800 Gäste kamen nur 500. Vor allem Vertreter_innen etablierter Parteien aus dem europäischen Ausland blieben auf Druck des *FN* fern, der *Vlaams Belang* schickte immerhin Grußworte.[233] Einzig die italienische *Lega Nord* ließ sich blicken. Mario Borghezio, EU-Parlamentarier, machte gleich klar, in welche Richtung diese Konferenz gehen würde: »Ein Volk, das ist das Blut, die Ethnie, die Traditionen und unsere Vorfahren! Es leben die Weißen in

---

232 Dieser Begriff von Pierre Bourdieu meint zusammengefasst die Denk-, Wahrnehmungs- und Handlungsmuster, die jeden Menschen auszeichnen. Jeder Mensch entwickelt einen spezifischen Habitus, der davon geprägt wird, in welchem sozialen Umfeld er aufwächst, von welchen Personen er umgeben ist, mit wem er also interagiert. Der Habitus ist es auch, der in jedem Individuum ausprägt, was als normal, nicht normal, wünschenswert oder ablehnenswert empfunden wird. Aktivistischer Habitus meint also hier, welche Formen von Aktivismus als bekannt, realisierbar und nachahmbar angesehen werden. (vgl.: Bourdieu 1976, S. 169).
233 Schmid 2012, o.S.

Europa! Es lebe unsere Rasse!«[234] Prominent vertreten waren allerdings Vertreter der Neuen Rechten aus Deutschland. Sowohl Götz Kubitschek, Herausgeber der Zeitschrift *Sezession*, als auch Martin Lichtmesz, Mitarbeiter der *Sezession* und Marionettenspieler bei den Identitären in Wien, fuhren mit großer Selbstinszenierung nach Orange.[235] Der Ton der Konferenz blieb anhaltend offen rassistisch und der ›Abwehrkampf gegen den Islam‹ wurde beschworen.[236] Das zeigt deutlich, dass das vermeintlich gemäßigte Auftreten und die bemühte Nettigkeit der Neuen Rechten reine Fassade und Strategie sind, im Kern findet sich stets blanker Rassismus, der kulturell statt ›rassisch‹ begründet wird. Es zeigt auch, dass die Identitären von Anfang an genau in diesem Umfeld zu Hause waren und der treuherzige Slogan, »nicht links, nicht rechts« (siehe Kapitel Strategie) zu sein, lächerlich anmutet.

Aufsehen erregte die GI mit dem YouTube-Video *Déclaration de Guerre*, das Anfang März 2013 veröffentlicht wurde.[237] Das Video ist eine wohlkalkulierte Selbstinszenierung. In dem knapp zweieinhalbminütigen Clip werden junge Menschen präsentiert, die soziale Missstände anprangern und sie gekonnt mit rassistischen Analysen vermengen. Pathetisch wird am Ende der Kampf einer vermeintlich einheitlichen und ›ethnisch reinen‹ Jugend gegen das alte System der 68er ausgerufen. Dem Gesagten wird durch schwarz-weiße Nahaufnahmen, die nur das Gesicht der Protagonist_innen zeigen, Nachdruck verliehen, da die Zuschauer_innen sich mit den Sprecher_innen identifizieren sollen. Dazu gibt es pathetisch-martialische Musik wie aus einem Soundtrack für einen Hollywood-Film. Die Richtung ist klar: Es wird nicht auf subtile Intellektualität gesetzt, sondern im Stile Hollywoods Bombast und Emotion erzeugt. Diese effektive Mischung wurde zum großen Hit und innerhalb der rechten Szene massenhaft in sozialen Netzwerken, auf Blogs und Internetseiten geteilt. Neben Willingers Buch *Die identitäre Generation* ist es die zweite wichtige Säule für ein länderübergreifendes Selbstverständnis der Identitären. Es wurde schnell in viele Sprachen übersetzt und vor allem über das für die neurechte Szene wichtige Vernetzungsportal *zentropa.info* in ganz Europa verbreitet. Im Jahr 2013 gab es in Frankreich eine große Kampagne von rechts, um

---

234 Schmid 2012, o.S.
235 Kubitschek 2012a, o.S.
236 Schmid 2012, o.S.
237 Zit. n. http://www.generation-identitaire.com/declaration-de-guerre/, 13.01.2014, 22h58

gegen die geplante Gleichstellung von homo- mit heterosexuellen Paaren zu demonstrieren. Vor allem der *FN*, aber auch die übrige rechtsextreme Szene, beteiligte sich eifrig. Das Momentum für die Identitären war aber erst da, als sich der 78-jährige rechtsextreme Publizist Dominique Venner in der Notre Dame in Paris erschoss, um seiner Homophobie Ausdruck zu verleihen.[238] Die Chance, Venner als großen Märtyrer zu inszenieren, ließen sich die Identitären vor allem im Internet nicht nehmen.[239]

Die Kampagne, die die *GI* im Winter 2013 präsentierte, trägt den Namen »Génération Anti-Racailles«[240]. Damit spielen sie auf ein Zitat des damaligen französischen Innenministers Nicolas Sarkozy an, der 2005 die Protestierenden in den *banlieus* als ›racaille‹ (dt. Abschaum, Pack) verunglimpfte. Die *GI* inszeniert sich als Trupp von Saubermännern und -frauen, die mit dem ›Pack‹ aufräumen. Die Erzählung von einer vermeintlichen ›Ausländergewalt‹ wird so befeuert. Das zeigt auch eine Aktion vom 11.1.2013 im nächtlichen Metz, wobei weiße Silhouetten aus Papier mit Namen und Geburtsdaten der Opfer von Täter_innen mit Migrationshintergrund sowie eine kurze Beschreibung des jeweiligen Vorfalls präsentiert wurden.[241] Damit wird, ähnlich wie bei *Deutsche Opfer, fremde Täter* suggeriert, dass Herkunft und Gewaltbereitschaft irgendwie miteinander zusammenhängen würden. Im Rahmen der Kampagne wurde in Nizza ein Selbstverteidigungskurs für Mädchen und Frauen angeboten[242]. Ohne den Kontext der Kampagne zu kennen, könnte dessen Beschreibung so auch von linker Seite kommen. Im Kontext der Kampagne ist die Aussage allerdings klar: Frauen und Mädchen müssten sich vor den ›racailles‹ schützen, denn ausschließlich diese seien für Übergriffe verantwortlich.

Die Identitären sind nicht zufällig in Frankreich entstanden, war doch etwa Venner Gründungsmitglied von *Groupement de Recherche et d'Études pour la Civilisation Européenne* (GRECE). Der *BI* ist nur das Ergebnis einer langen Tradition von neurechten Gruppen in Frankreich, in dessen Zentrum eben der neurechte Thinktank *GRECE* steht. *GRECE* wurde 1967/68 von Studierenden aus dem Umfeld verschiedener rechtsextre-

---

238 Spiegel 2013, o.S.
239 Génération Identitaire 2013c, o.S.
240 Génération Identitaire 2013b, o.S.
241 Génération Identitaire Lorraine zit. n. https://www.facebook.com/GI.Lorraine/posts/572023932877845. 15.01.2014, 01h40
242 Génération Identitaire Nice zit. n. https://www.facebook.com/events/768967189799787/. 15.01.2014, 01h49

mer Studierendengruppen – der *Fédération des étudiants nationalistes*, der *Europe-Action* und dem *Mouvement national du progrès* – gegründet.[243] Dessen Gründer, Alain de Benoist, wurde dementsprechend zur prägenden Figur in der neurechten Szene. Die lange Tradition seit den 1960er Jahren führte auch zu einem höheren Grad der Intellektualisierung als beispielsweise in Deutschland. Das zeigt sich schon am Akronym *GRECE*, der im Französischen gleichzeitig für Griechenland steht und so an die Anfänge einer europäischen Zivilisation erinnern soll sowie in der Programmatik und der Entwicklung eigener Konzepte. Dafür musste nicht zuletzt der sozialistische Theoretiker Antonio Gramsci herhalten. *GRECE* und besonders Benoist nahmen viele Anleihen bei Gramsci und entwickelten, unter Auslassung vieler Aspekte seiner Theorie und ökonomischen Analysen, die Strategie der ›Kulturrevolution von rechts‹. Es geht ihnen nicht darum, rechtes Gedankengut direkt in den politischen Prozess einzubringen, sondern darum, im vorpolitischen Raum zu agieren. Das heißt, Diskurse zu bestimmen und nach eigenen Vorstellungen zu drehen, Begriffe zu prägen und umzudeuten, kurz: Einfluss zu nehmen.[244] Dabei geht es aber nicht darum, möglichst viele Leute zu erreichen, sondern bei Multiplikator_innen anzusetzen, also einen Elitendiskurs. Der Begriff der ›Metapolitik‹ ist hier von besonderer Bedeutung.

> »Die verfolgte Strategie wird als ›Metapolitik‹ bezeichnet, also ›jenseits des Politischen stehend‹. Dadurch soll ausgedrückt werden, dass man den Kampf um Ideen auf einer Ebene führe, die den Belangen der Alltagspolitik und den Auseinandersetzungen zwischen den Parteien oder Bewegungen entzogen und übergeordnet sei.«[245]

---

243 Schmid 2009, S. 7
244 Pfahl-Traughber 1998b, S. 132–133
245 Schmid 2009, S. 8

Das richtig Neue an der Nouvelle Droite und an *GRECE* ist, dass es nicht mehr um die Mehrheit bei Wahlen oder um die direkte Beeinflussung der Regierungspolitik geht, wobei das mittelfristig eine logische Konsequenz aus dieser Strategie ist. Dabei fällt auf, dass der Schwachpunkt von *GRECE* im Wirtschaftsbereich liegt. Selbst wenn Chefideologe Alain de Benoist die Wirtschaftskrise unter der Zuhilfenahme linker Instrumente analysiert, kann das nicht darüber hinwegtäuschen, dass die Nouvelle Droite kein eigenes ökonomisches Modell besitzt, das über die Parole »Kein Primat der Wirtschaft vor der Politik« hinausgeht.[246] Hier zeigt sich eine gewisse Theoriefaulheit. Das ist insofern überraschend, da *GRECE* sicherlich die intellektuellste Organisation der Neuen Rechten in ganz Europa ist. In Deutschland bemühte sich das *Thule-Seminar* unter Pierre Krebs um einen ähnlichen Anspruch. Es ist aber viel mehr als sein Vorbild in biologistischen Deutungsweisen und offenem Antisemitismus verhaftet.[247] Es gibt eine Reihe von Richtungsänderungen, Abspaltungen, Publikationen, Annäherungen und Zerwürfnissen von *GRECE*. Zu viele, um sie hier im Detail aufzuzählen. Kennzeichnend sind für *GRECE* aber ausnahmslos der ganz klar durchexerzierte Ethnopluralismus und der Wunsch, sich von einem biologistischen Rassismus zu lösen. Des Weiteren eine antikatholische Haltung, was ein Streitpunkt gegenüber anderen rechtsextremen Gruppen, insbesondere etatistisch geprägten katholischen Reaktionären, ist. Dementsprechend analysiert der Rechtsextremismusexperte mit Schwerpunkt französische Rechte Bernhard Schmid: *GRECE* hat sich seit den 1980er Jahren zu einer »neuheidnischen Sekte«[248] entwickelt. Ein sehr brüchiges Verhältnis gibt es auch zum *FN*. Mit dessen Aufstieg wechselten viele *GRECE*-Funktionär_innen zu dieser Partei, was für große Spannungen sorgte und noch immer sorgt.[249]

Neben der *GRECE* entwickelte sich der *Club de l'Horologe*, der ›Uhrenclub‹ zur Ideenfabrik der Neuen Rechten in Frankreich.[250] Ursprünglich war der Club quasi eine Teilorganisation von *GRECE*, dessen Fokus auf der hohen Beamtenschaft und den Absolvent_innen von Elitehochschulen lag. Er entwickelte aber ein immer ausgeprägteres Eigenleben, was sich in divergierenden Auffassungen im Vergleich zu *GRECE* niederschlägt. So hat der

---

246 Schmid 2009, S. 46–47
247 Aftenberger 2007, S. 55
248 Schmid 2009, S. 24
249 Schmid 2009, S. 12
250 Aftenberger 2007, S. 50

Club de l'Horologe eine radikal neoliberale Wirtschaftsideologie.[251] Im Gegensatz zu *GRECE* sieht er kein grundsätzliches Primat des Politischen vor der Wirtschaft, sondern gibt sich ausgesprochen prokapitalistisch. Einig ist man sich lediglich, was eine gemeinsame europäische Identität und Zivilisation angeht, die es zu erhalten gelte.[252] Der *Club de l'Horologe* formulierte auch als Erster die Idee der »geistigen Wiederaufrüstung« und bemühte sich um Einfluss tief in etablierte bürgerliche Kreise hinein.[253] Der Club agiert gleichzeitig elitärer und anschlussfähiger als *GRECE* und gibt sich als eine Art Geheimzirkel, bei dem nur die Crème de la Crème der bürgerlichen Bildungselite mitmachen darf. Das ist für sich schon klassistisch, antidemokratisch und in seiner Struktur rassistisch und sexistisch (wenn man beachtet, wie Elitenbildung strukturell mit genannten Faktoren zusammenhängt). Der *Club de l'Horologe* ist aber kein spleeniger Altherrenclub, sondern tief im neurechten Lager verhaftet, was auch viele Doppelmitgliedschaften bei *GRECE* zeigen.

Neben Alain de Benoist ist Guillaume Faye eine prägende Figur. Er repräsentiert den zweiten Flügel, der aus *GRECE* entstanden ist und der sich Ende der 1980er Jahre von *GRECE* abgespalten hat. Ein Knackpunkt war dabei der rabiate Antisemitismus, der nach wie vor auch in der Neuen Rechten weit verbreitet ist. Faye distanzierte sich gänzlich davon. Diese Haltung war sehr lange stark marginalisiert, zeigt sich aber dieser Tage auch im deutschsprachigen Raum auf wie *Politically Incorrect* (siehe Kapitel *Das Umfeld. Netzwerke der Neuen Rechten*). Mit dieser Haltung geht in der extremen Rechten ein massiver Hass auf Muslimi_nnen einher, der dem Ethnopluralismus von Benoist widerspricht. Es verwundert folglich nicht, dass Faye den Thesen von Samuel Huntington (siehe Ideologie-Kapitel) anhängt und von einem ›Clash of Civilizations‹ spricht. Dabei sieht er einen Kampf zwischen einer vermeintlichen europäischen (nicht christlichen) Tradition und ›dem Islam‹. Diese Ansichten verbreitet Faye vor allem in Kollaboration mit der Organisation *Terre et Peuple* und in seinen Büchern. Das macht ihn zu einem der großen Helden der Identitären in ganz Europa.[254] Demnach passt es gut ins Bild, dass es Faye war, der den Begriff einer ›identitären Bewegung‹ geprägt hat.[255]

---

251 Minkenberg 1998, S. 153
252 Schmid 2009, S. 11
253 Schmid 2009, S. 10
254 Zum Beispiel: der Funke 2013b, o.S. und Lichtmesz 2013
255 Weiß 2013, o.S.

Die Entwicklung der *Identitären Bewegung* in Frankreich zeigt deutlich, dass sie es sich dabei im Grunde um die Transformation der Neuen Rechten zu einer Jugendbewegung handelt. Nach wie vor sind sie sehr männerlastig, vor allem was entscheidende Positionen betrifft. Sie bemühen sich aber um ein moderneres und gefälligeres Auftreten. Frankreich zeigt noch mehr als Deutschland oder Österreich, wie sozioökonomische Fragen kanalisiert und rassistisch aufgeladen werden. Gemeinsam mit dem Pathos einer Jugendbewegung ergibt das eine durchaus anziehende Mischung.

Deutschland

Die ersten deutschen identitären Gruppierungen gründeten sich im Herbst 2012, nachdem die sogenannte *Déclaration de guerre* (dt.: Kriegserklärung) via YouTube und die Besetzung des Moscheedachs in Poitiers durch die französische *Génération Identitaire* (GI) den entscheidenden Impuls gegeben hatten. Davon inspiriert startete eine kleine Gruppe von Aktivist_innen am 30. Oktober 2012 in der Frankfurter Stadtbibliothek eine Aktion. Die Eröffnung der *Interkulturellen Woche* störten sie durch einen kurzen Auftritt mit Guy Fawkes- und Scream-Masken, unterlegt mit Hardbass-Musik. Dazu trugen sie Schilder mit dem Lambda-Symbol und dem Kürzel »IBD« für *Identitäre Bewegung Deutschland* sowie Schilder mit dem Spruch »Multikulti wegbassen«. Eine ähnliche Aktion fand vor einer Frankfurter Moschee statt. Ebenfalls in Frankfurt am Main fand am 1. Dezember 2012 ein Treffen der *IBD* statt, zu dem neben 50 Aktivist_innen aus Deutschland auch Personen aus Österreich und Italien anreisten. Das Treffen war als Möglichkeit gedacht, um die bisher vor allem virtuelle Erscheinung der *IBD* in reale Strukturen und Aktionen zu überführen.[256] Beim zweiten Deutschlandtreffen der Identitären trafen sich am 10. August 2013 nach eigenen Angaben 37 Personen in Hannover.

Bisher (Stand der *IBD*-Homepage Juli 2013, während der Verfassung dieses Buches wurde die Seite überarbeitet und war monatelang nicht zugänglich) gibt es laut eigenen Angaben der *IBD* 54 lokale Gruppen, die sich jeweils als *IB* und dem Zusatz der jeweiligen Region bzw. Stadt bezeichnen, also beispielsweise *Identitäre Bewegung Dresden*. Obwohl es mittlerweile einige Medienberichte über deutsche Gruppen von Identitären gibt, ist ihre Präsenz darüber hinaus bis zu diesem Zeitpunkt gering. Die hohe Zahl an

---

256 Schlüter 2013, S. 14

einzelnen Gruppen scheint angesichts der geringen Zahl an Teilnehmer_innen bei den öffentlichen Aktionen über die wahre Größe der selbsternannten ›Bewegung‹ hinwegzutäuschen. Zudem beteiligen sich an diesen Aktionen oft zugereiste Aktivist_innen anderer Gruppen. Die Journalistin Margarete Schlüter kommt daher zu dem Schluss, dass sich »die IBD noch immer in ihrer Organisierungs- und Zentralisierungsphase«[257] befindet. Ein Beispiel dafür sei, dass der am ersten Maiwochenende als *IBD*-Repräsentant gewählte Nils Grunemann bisher öffentlich kaum in Erscheinung getreten sei[258]

Der Großteil der Aktivität der einzelnen *IBD*-Gruppen konzentriert sich auf Facebook, das als »zentrales Werbe- und Kommunikationsmedium fungiert.«[259] Dort veröffentlichen und teilen sie Motive/Grafiken mit Zitaten von Denkern der Konservativen Revolution wie Ernst Jünger, Carl Schmitt, Artikel des eigenen Online-Magazins *Identitäre Generation* oder Artikel aus – der *IBD* ideologisch nahestehenden – neurechten Zeitschriften wie der *Sezession*. Aber auch andere Medien wie Videos von Aktionen bzw. ›Vlog‹[260]-Einträge werden verbreitet. Darüber hinaus finden sich CD-Besprechungen, vorwiegend aus dem Metal- und Neofolk/Industrial-Bereich, auf den Facebook-Seiten. Bei den veröffentlichten Inhalten handelt es sich bei allen Gruppen überwiegend um dasselbe Material, nur hin und wieder finden sich auch Artikel oder Videos mit regionalem Bezug zur eigenen Gruppe oder Beiträge anderer identitärer Gruppen aus dem europäischen Ausland. Optisch unterscheiden sich die Gruppen durch regional-spezifische Symbole wie Stadtwappen, bekannte Bauwerke oder Landschaften. Zugleich pflegen sie die Corporate Identity der *IB*, indem sie das Lambda-Symbol, die schwarz-gelbe Farbgestaltung sowie ein einheitliches Design bei Zitaten wiederholen. Mit Hilfe dieser Uniformierung versucht die *IBD* auch Außenwirkung durch Flugblätter und das Kleben von Stickern im öffentlichen Raum zu erzielen. Diese werden neben T-Shirts, Pins und anderen Merchandising-Artikeln im Online-Shop der *IBD* angeboten. Zu den federführenden Aktivist_innen der *IBD* zählt Matthias Wagner, der vom rechten Magazin *ZUERST!* noch Ende 2012 als »Kopf der ›Identitären Bewegung‹« bezeichnet wurde.[261]

---

257 Schlüter 2013, S. 14
258 Schlüter 2013, S. 14
259 Brandes/Kunow/Janzen et al. 2013, S. 16
260 Ein ›Vlog‹ ist eine Kombination aus Video und Blog.
261 Zit.n. http://www.zuerst.de/2012/12/23/berlin-identitare-bewegung-fordert-ende-der-multikulturalistischen-ideologie/, 14.01.2014, 18h18

Die auf den ersten Blick so ähnlichen Gruppen unterschieden sich bei genauerer Betrachtung in einigen Punkten. So legen einige Gruppen deutlich mehr Wert auf Aktionen bzw. sind dazu eher in der Lage als andere. Aktiv zeigt sich die *Identitäre Bewegung Berlin* (IBB): Zuerst trat sie in Person von drei Aktivisten bei einer Veranstaltung der rechtsextremen Partei *Die Freiheit* am 18. November 2012 in der Öffentlichkeit auf. Allerdings begnügten sich die Berliner Identitären damit, durch Tragen von *IB*-Shirts mit Lambda-Symbol Präsenz zu zeigen.[262] Mit ihrer ersten richtigen Aktion schaffte es die *IBB* in einen Beitrag des *Rundfunk Berlin-Brandenburg* (RBB). Am 13. März 2013 beteiligte sie sich am Protest gegen die Umwandlung eines Senior_innenheims in ein Flüchtlingsheim im Berliner Bezirk Reinickendorf. Die Identitären hielten in der Bezirksverordnetenversammlung ein Schild mit der Aufschrift »Für unsere Alten Spott und Kälte. Für Asylanten Lob und Knete«[263] hoch. Am 5. Mai des gleichen Jahres veranstalteten *IBB*-Aktivist_innen einen Flashmob im Berliner Einkaufszentrum *Alexa*. Ähnlich zu früheren *IBD*-Aktionen, tanzten sie zu Hardbass und schwenkten *IBD*-Fahnen. Den Flashmob hielt die *IBB* auf Video fest und begründeten ihn im Internet mit romantischer Konsum- bzw. Kapitalismuskritik[264] in der Tradition des Faschismus[265]. Ein Aktivist der *IBB* dürfte unter anderem Johannes Schüller sein, der in der *Blauen Narzisse* regelmäßig über Veranstaltungen der Identitären berichtet.[266]

Bei der *Identitären Bewegung Köln* (IBK) liegt der Schwerpunkt eher auf Facebook-Postings. Abgesehen von einem Stammtisch am 29. März 2013 liegen keine mit Fotos oder Kommentaren dokumentierten Aktionen vor, es sei denn, das Kleben von *IBD*-Stickern lässt sich als ›Aktion‹ bezeichnen. Interessanter sind da die Personen, die am häufigsten auf der Seite der *Identitären Bewegung Köln* posten. Einer von ihnen ist Sebastian Nobile, der früher als Leiter der Kölner Gruppe der *German Defence League* (GDL) fungierte. Darüber hinaus pflegte er gute Kontakte zur *Pro-*

---

262 Brandes/Kunow/Janzen et al. 2013, S. 16
263 Brandes/Kunow/Janzen et al. 2013, S. 16
264 Brandes/Kunow/Janzen et al. 2013, S. 16
265 Die Kritik am Kapitalismus durch Faschist_innen beschreibt der Historiker Robert Paxton: »Am Kapitalismus kritisierten sie nicht seine Ausbeutung, sondern seinen Materialismus, seine Gleichgültigkeit gegenüber der Nation, seine Unfähigkeit, die Seelen der Menschen zu erreichen.« In: Paxton 2006, S. 21-22
266 Zit.n. http://www.blog.blauenarzisse.de/6095/identitaerer-vortrag-am-15-maerz-in-berlin.html, 14.01.2014, 18h26 oder auch Zit.n. http://www.blog.blauenarzisse.de/5748/identitaere-wiedergeburt-statt-weltuntergang.html, 14.01.2014, 18h27

Bewegung, bis er Anfang 2013 seinen Wechsel zu den Identitären bekannt gab. Andere besonders aktive Poster kommen aus einem ähnlichen Umfeld wie Nobile. So zum Beispiel Andy Uetze, Aktivist der *GDL*, oder Oliver Wesemann von der *Pro-Bewegung*.[267] Zahlreiche Postings platzierte auch die *Landsmannschaft Ostpreußen, Landesgruppe NRW e.V*. Die *Landsmannschaft Ostpreußen* trennte sich im Januar 2006 von ihrem Jugendverband *Junge Landsmannschaft Ostpreußen*, die ihr zu rechtsextrem wurde. Diese war beispielsweise Veranstalterin des alljährlichen ›Trauermarsches‹ in Dresden, einem der größten Events der Neonazi-Szene Deutschlands.[268] Inhaltlich unterscheiden sich die geposteten Beiträge der *IBK* kaum von den antimuslimischen Themen (v.a. ›Islamisierung‹ und ›Zuwanderung‹) der rechtsextremen Pro-Bewegungen und der *GDL*, sodass ihre Vernetzung nahelag.[269] In der Nachbarstadt Düsseldorf versammelten sich sieben identitäre Aktivisten aus dem Rheinland und dem Ruhrgebiet zu einer Aktion, die in ihrer romantischen Konsum- und Kapitalismuskritik an den Flashmob der Berliner Identitären erinnert. Das am 2. Juni 2013 veröffentlichte Video zeigt sieben in weiße Schutzanzüge gekleidete und mit Atemschutzmasken ausgestattete Personen, die auf der Düsseldorfer Luxuseinkaufsmeile Königsallee Schilder mit den Aufschriften »Heimat-Los«, »IdentitätsLos«, »GeschichtsLos«, »ZukunftsLos«, »Kinder-Los«, »WerteLos« und »TraditionsLos« tragen. Ein Identitätsmerkmal der *IB* ist nicht zu sehen. Veröffentlicht wurde die Aktion von der *Identitären Bewegung Deutschland* unter dem Titel »Homo Oeconomicus – Die seelenlose Gesellschaft«.[270]

Während sich die oben genannten Gruppierungen mehr oder weniger deutlich darum bemühen, Distanz zu neonazistischen Gruppierungen und Ideen zu wahren, gibt es andere, die offen mit regionalen Neonazistrukturen zusammenarbeiten. Dies zeigt das Beispiel der *IB*-Gruppe Lumdatal/Kreis Gießen, welche seit Oktober 2012 existiert. So taucht die Gruppe auf der Facebook-Seite der *Lumdatal Stimme* und dem *Infoportal Lumdatal* auf.[271] Auch auf der eigenen Facebook-Seite legt man wenig Scheu an den Tag, wenn es um offen rechtsextreme Erzählungen geht. So

---

267 Brandes/Kunow/Janzen et al. 2013, S. 16
268 Bundeszentrale für Politische Bildung Deutschland, zit. n. http://www.bpb.de/politik/extremismus/rechtsextremismus/41938/glossar?p=42, 13.01.2014, 23h17
269 Brandes/Kunow/Janzen et al. 2013, S. 16
270 Homo Oeconomicus, 21.12.2013, 23h23
271 Brandes/Kunow/Janzen et al. 2013, S. 17

nennen Sie die EU den »verlängerte[n] Arm der Hochfinanz und des Liberalkapitalismus«.[272] Zu einer Rede des *FPÖ*-Generalsekretärs Herbert Kickl heißt es: »Wenigstens in der Ostmarkt [sic!] gibt es deutsche Volksvertreter.«[273] Bei den Identitären in Bremen gibt es ebenfalls personelle Überschneidungen mit dem regionalen Neonazi-Spektrum. So finden sich unter den Aktivist_innen bekannte Neonazis wie der aus den ›Freien Kameradschaften‹ kommende Andreas Hackmann[274] oder Gerold Schibblock aus dem *NPD*-Umfeld.[275] Neben offenen Stammtischen und dem Aufräumen (sprich: Müllentsorgung) der Stadt, beschäftigen sich die Bremer Identitären intensiv mit dem Thema ›Ausländergewalt‹. Mit Aktionen wie Gedenkkundgebungen für den von Tätern mit Migrationshintergrund tödlich verletzten Daniel S. versuchen die Identitären, Verbrechen zu instrumentalisieren und das rechtsextreme Erzählung der ›Ausländergewalt‹ zu befeuern.[276] Neben den verschiedenen Facebook-Seiten der *IBD* und ihrer regionalen Gruppen betreibt die *IBD* weitere Internetseiten. Die *IBD*-eigene Homepage veröffentlicht und/oder verlinkt wiederum die von Facebook bekannten Inhalte. Hier finden sich allerdings unter den Rubriken »Wer wir sind«, »Unser Ziel« und »Positionierungen« pathetische Eigenbeschreibungen, die auf den Facebook-Seiten nicht vorhanden sind. Der Text »Wer wir sind« wurde dabei eins zu eins aus dem Büchlein *Die identitäre Generation* (2013) des Österreichers Markus Willinger übernommen. Obwohl Willinger im Buch angibt, dass weder er noch das Buch als repräsentativ für die identitären Gruppierungen Europas angesehen werden könnten, ist die dünne Publikation zum einflussreichsten ideologischen Text für die *IB* geworden.[277] So wird innerhalb der *IBD* überall auf das Buch verwiesen, wobei keine kritische Auseinandersetzung damit stattfindet.[278] Willinger fungierte unter anderem als Wahlhelfer der *NPD*[279]

---

272 Identitäre Bewegung Lumdatal/Gießen, zit. n. https://www.facebook.com/permalink.php?story_fbid=374064159381756&id=277458455708994&stream_ref=10, 13.01.2014, 23h32
273 Identitäre Bewegung Lumdatal/Gießen, zit. n. https://www.facebook.com/permalink.php?story_fbid=374064159381756&id=277458455708994&stream_ref=10, 13.01.2014, 23h36
274 Brandes/Kunow/Janzen et al. 2013, S. 17
275 Brandes/Kunow/Janzen et al. 2013, S. 17
276 Brandes/Kunow/Janzen et al. 2013, S. 17
277 Schlüter 2013, S. 15
278 Schlüter 2013, S. 15
279 Meinhart 2013, o.S.

und schrieb auf *Altermedia*, einem rechtsextremen Internetportal. In Beiträgen aus dem Jahr 2009 kritisierte er die *British National Party* dafür, sich an schwarze Brit_innen als Wähler_innen zu richten[280] oder machte mit Aussagen wie diesen (Schreibweise aus dem Originalposting übernommen) seine politische Verortung klar:

> »Weißt du wir hier in der Ostmark lachen für gewöhnlich nur über die Leute, die sich hinstellen und stolz verkünden wie lange sie doch schon für die Bewegung kämpfen und was denn diese ›Jungspunte‹ denn überhaupt wollen. Wir lachen über euch, weil ihr es tatsächlich schafft stolz zu sein darauf, dass ihr seit Jahrzenten ›kämpft‹ (selbstverständlich nur mit ›geistigen‹ Waffen, wie mutig…) und dennoch nicht den geringsten Erfolg aufweisen könnt. Wo sind denn die Früchte dieses Kampfes? Wo ist denn die Veränderung, die ihr herbeigeführt habt? Der Widerstand den ihr geleistet habt war offensichtlich falsch, sonst hätte er Erfolg gehabt. Verzeih uns Jungen also bitte, wenn wir unseren Widerstand nicht an dem euren orientieren.«[281]

Eine andere ideologische Plattform der *IBD* stellt der Blog *Das Athenaeum* dar. Laut Eigenaussage im November 2012 online gegangen, fungiert der Blog als Medium für ›identitäre‹ Gedanken zu politischen, kulturellen und gesellschaftlichen Themen.[282] Unter den auf dem *Athenaeum*-Blog genannten Autoren befinden sich neben dem erwähnten Willinger ausschließlich Männer. Gemäß dem identitären Selbstverständnis als junger Generation sind diese, den stilisierten Fotos nach zu urteilen, der Altersklasse zwischen 18-40 zuzurechnen. Nicht nur die Optik der Autorenporträts erinnert an das neurechte Magazin *Sezession*, auch die Themenwahl und die ideologische Ausrichtung sind diesem sehr ähnlich.

Die Betrachtung der *IBD* zeigt, dass es sich um kein von alten Strukturen des Rechtsextremismus losgelöstes neues Phänomen handelt. Die Verbindung insbesondere zu Akteur_innen und Medien der Neuen Rechten sind offenkundig, was vor allem die Verbreitung von Artikeln der *Jungen Freiheit*, *Sezession* und *Blaue Narzisse* zeigt. Wo inhaltlich kaum Unterschiede zur Neuen Rechten auszumachen sind, hebt sich die *IBD* durch ihre Schwerpunktsetzung auf Aktionen, Jugend, Popkultur und einer Corporate Identity dennoch von etablierten neurechten Medien und Gruppen ab. Bemerkenswert sind auch die personellen Überschneidungen mit dem rechtsextremen und neonazistischen Spektrum, wie die Beispiele der Kölner bzw. Bremer *IB*-Gruppen zeigen. Dennoch handelt es sich bei der *IBD*

---

280 Grüner Klub im Parlament 2012c, o.S.
281 Grüner Klub im Parlament 2012c, o.S.
282 Zit. n. http://dasathenaeum.wordpress.com/uber-diesen-blog/, 13.01.2014, 23h48

um eine heterogene Gruppierung, bei der sich diese Verbindungen in die Neonazi-Szene nicht pauschalisieren lassen.

Der Funke

Im Sommersemester 2011 tauchte an der Universität Wien eine neue rechtsextreme Gruppierung auf, die mit Stickern und Postern ihre Zeichen hinterließ. Neben diesen Klebeaktionen störte sie auch eine Veranstaltung der Wiener Sektion des *Verbands Sozialistischer Student_innen Österreichs* (VSStÖ). Aufgefallen ist die sich *Der Funke* nennende Gruppe zum ersten Mal am Institut für Politikwissenschaft. Schon vor der Störaktion gab es immer wieder Vandalakte, bei denen rechtsextremes Material (zum Beispiel von der *NPD*) über Nacht im ganzen Institut aufgehängt worden war. Diese Aktionen steigerten sich dahin, dass Drohbriefe an Lehrende und die Studienvertretung geschickt wurden. Im Sommersemester tauchte dann zum ersten Mal eine Art Corporate Identity in den Materialien auf und der Ton änderte sich. Das erste Plakat in diesem Stil zeigte zum einen den SS-Grals->Forscher< Otto Rahn mit dem Text »Jäger der verlorenen Identität« und zum anderen das neue Logo (ein Kreis mit Flamme) von *Der Funke* mit dem Text »Funkenflug. Bald an deiner Uni«.[283] Zu diesem Zeitpunkt gab es noch keine weiteren Ausdrucksmedien. Bald darauf folgten eine Homepage, die zum zentralen Kommunikationsmedium wurde. Der erste Eintrag datiert vom 2. März 2011 mit dem Text »Gekommen um zu bleiben«[284]. Daneben gab es auch einen YouTube-Kanal, auf dem am 18. Februar 2011 das erste Video mit dem Namen »Frei sein!« hochgeladen wurde. Außerdem gibt es auch eine Facebook-Seite. Auffallend war und ist die sehr dichte Ästhetik, die sich im Farbspektrum schwarz-weiß-rot abspielt, was in der rechtsextremen Szene beliebt ist, da dieses Farbspektrum auch dasjenige des Deutschen Kaiserreichs und des >Dritten Reichs< war. Die Ästhetik wurde auch auf Poster (»Wandbilder« genannt) und Aufkleber übertragen. Bei den Aufklebern wurde zwischen der Reihe »Schlagworte«, die alle streng einheitlich gestaltet wurden, und anderen Stickern unterschieden. Die »Wandbilder« spiegeln neben den inhaltlichen Bezügen auch eine ästhetische Strategie des *Funken* wider. Die Bilder sind in gedeckten Farben oder schwarz-weiß-grau gehalten. Einzig das Logo sticht aus jedem Bild rot her-

---

283 Anmk: Interviews und Materialien liegen den Autor_innen vor.
284 Anmk.: Die Homepage wurde im Sommer 2011 einem Relaunch unterzogen, so dass nicht mehr alle Texte des vorherigen Designs abrufbar sind. Sie liegen den Autor_innen vor.

vor. Auf einigen Bildern werden auch andere Bildteile akzentuiert. Diese Bilder dienen einer subversiven Strategie, wenn sie im öffentlichen Raum platziert werden. Da kein Name und keine Kontaktmöglichkeiten angegeben sind, ist nicht auf den ersten Blick klar, wer dahintersteht. Einzig das Logo dient als Erkennungszeichen für Eingeweihte. Gleichzeitig dienen diese Poster auch der Selbstversicherung. Sie haben oft einen beschwörenden Charakter. Hier werden Betrachter_innen dazu aufgefordert, etwas zu tun und sich dem ›Geheimbund‹ anzuschließen. So ist es stimmig, dass ein zweiter großer Teil  der Bilder identifikatorischen Charakter hat. Selbstzuschreibungen sollen die Abneigung gegen die aktuelle Gesellschaft ausdrücken, um sich damit heroisch selbst abzugrenzen. Auffallend ist, dass bei vielen Bildern der einzelne, heroische Mann und sein Körper im Mittelpunkt stehen. Oft wurde etwa aus Leni Riefenstahls Olympia-Filmen bildlich zitiert. Bei dem unten abgebildeten Bild verschmelzen Ernst Jüngers Konzept des Waldgangs und der Nibelungenmythos sowie dessen Interpretation durch Fritz Lang.

Alle acht verschiedenen Aufkleber, die mittlerweile nicht mehr auf der Seite zu finden sind, wurden mit Kontaktmöglichkeiten versehen. Hier können nicht alle wiedergegeben werden, also soll anhand von zwei Beispielen gezeigt werden, welche Idee hinter den Stickern steckte.

Der Funke stellte mit diesem Aufkleber mehrere intermediale Bezüge her. Zum einen verwendete er einen gleichnamigen Text auf seiner Homepage. Es wird also ein intermedialer Bezug auf ein eigenes Medium hergestellt. Zum anderen evoziert der Aufkleber das Lied »Alles ist wichtiger« (in: *Kein Titel, keine Toleranz*, PC Records 2008) der Rechtsrock-Band *Rotte Charlotte*.[285] Der Spruch persifliert ursprünglich das Lied »Mein Skateboard ist wichtiger als Deutschland« (in: *15 Punkcerealien*, Gringo Records 1997) der deutschen Punk-Band *Terrorgruppe*.[286] Der Aufkleber ist, neben

---
[285] Rotte Charlotte 2008, o.S.
[286] Terrorgruppe 2002, o.S.

 einer plumpen Provokation, eine versteckte antisemitische Anspielung. Die Rollen werden verdreht und Israel wird mit Deutschland gleichgesetzt. Dabei werden alle historischen Hintergründe bewusst ignoriert. Gleichzeitig demonstriert der Sticker eine pseudo-unpolitische Haltung im Nahostkonflikt. Dies passt in die ›weder-links-noch-rechts‹-Strategie der Neuen Rechten, die später noch ausführlich vorgestellt wird. Die Aufkleber in der Kategorie »Schlagworte« sind alle im selben Layout gehalten. Der Hintergrund ist in den Schattierungen einer Farbe gehalten und mit abstrakten oder konkreten Mustern versehen. Am rechten Rand ist die Adresse der Homepage gedruckt. Daneben findet sich das Foto der Person beziehungsweise der Band, von der das Zitat, welches den Hauptinhalt des Aufklebers darstellt, stammt. Das Foto ist jeweils so verfremdet, dass die Personen wie gezeichnet beziehungsweise wie Comic-Figuren (im Stile einer *Graphic Novel*) wirken. Der Hintergrund hat auf einigen der »Schlagworte« auch einen direkten Bezug zu Person und Zitat, wie bei diesem Beispiel mit Ernst Jünger zu sehen ist, der auch Insektenforscher war:

Die Materialien wurden im Umfeld der Universität Wien verteilt, besonders am Institut für Politikwissenschaft und am Institut für Geschichte. Andere, eher einfach gestaltete Plakate mit Zitaten wurden auf Plakaten der linken Fraktionen bei der in diesem Zeitraum stattfindenden Wahl zur *Österreichischen Hochschüler_innenschaft* angebracht. Öffentlich traten mehrere Aktivisten des *Funken* unbehelligt bei einer Aktion im Inneren der Universität beim Siegfriedskopf auf. Dieser fungiert als das Zeichen der deutschnationalen Burschenschaften an der Universität Wien. Er ist ein nationalistisches Denkmal für die Schlacht von Langemarck im Ersten Weltkrieg, das in der Zwischenkriegszeit errichtet wurde. Seit der Errichtung treffen sich die Wiener Burschenschaften einmal pro Woche zum Farbenbummel[287] bei diesem Denkmal. *Der Funke* marschierte in Schwarz geklei-

---

[287] Bei einem Farbenbummel treffen sich Burschenschafter mit Kopfbekleidung und Schärpen in den Farben ihrer Verbindung, um gemeinsam zu einem Ziel, in diesem Fall der Siegfriedskopf, zu gehen.

det auf, filmte sich und stellte das Video anschließend auf YouTube. Danach beschränkten sich die Aktivitäten auf eine umso regere Schreibtätigkeit auf der Homepage.  Auffallend ist hier, dass die Schreibenden, die auf der Homepage selbst anonym bleiben, sowohl aus Österreich als auch aus Deutschland (vor allem aus dem Raum Greifswald) kommen. *Der Funke* kann also nicht als rein österreichische Gruppe bezeichnet werden.

Der Funke ist als eine der ersten identitären Gruppen in Erscheinung getreten, begrenzt mittlerweile sein Dasein aber nach anfänglichem Aktionismus auf das Internet und das Schreiben von Texten. Bemerkenswert ist, dass er nicht innerhalb der *Identitären Bewegung* und ihrer schwarz-gelben Corporate Identity agiert, sondern ein eigenes ästhetisches Konzept hat, sodass sich *Der Funke* als ›prä-identitär‹ bezeichnen lässt. Es gibt noch weitere identitäre Gruppen, die sich auch so nennen, aber eben nicht zu denen gehören, die das öffentliche und mediale Bild bestimmen.

Österreich

Erste Anzeichen für eine Formierung identitärer Gruppen in Österreich sind unter anderem mit der Auflösung rechtsextremer Foren wie dem Blog *Siegfriedskopf* auszumachen, der im Herbst 2011 seine Tätigkeiten einstellte. Zur etwa selben Zeit gaben Plattformen wie *Block Identität* und *Der Funke* Erfolgswünsche für diese neue als identitär bezeichnete Richtung mit auf den Weg.[288] Offiziell trat die österreichweite Gruppe im Herbst 2012 im Internet erstmalig in Erscheinung. Regionale Gruppen bildeten sich zuerst in Universitätsstädten, was sich mitunter dadurch erklären lässt, dass die regionalen identitären Gruppen sowie die später koordinierende *Identitäre Bewegung Österreich* (IBÖ) sich auch aus dem burschenschaftlichen Milieu speisen. Eine genaue Zahl der in der *IBÖ* zusammengefassten Aktivist_innen zu finden, ist mangels einsehbarer Daten schwierig. Laut öffentlicher Angaben von *IBÖ*-Obmann Alexander Markovics rangiert sie zwischen

---

288 Grüner Klub im Parlament 2012, o.S.

vierzig[289] und einhundert[290] aktiven Menschen exklusive unterstützendem Umfeld. Publizierte Fotos deuten darauf hin, dass es eher weniger sind, da stets dieselben Personen zu sehen sind. Durch eine ›Gegenbesetzung‹ der Votivkirche in Wien am 10. Februar 2013, erlangten die Identitären österreichweit mediale Aufmerksamkeit. Zum Zeitpunkt der Aktion hielten sich Asylsuchende seit Wochen in der Kirche auf und verharrten im Hungerstreik, um auf die prekäre Situation von Geflüchteten, die inhumanen Bedingungen in Asylheimen und die Gefahren im Falle von Abschiebungen aufmerksam zu machen. Noch am 28. Januar 2013 meldete die *FPÖ* eine Kundgebung gegen die Asylsuchenden an, zu der die Identitären in Form von *Wiens Identitärer Richtung* (W.I.R.) ebenfalls mobilisierten. Fünfzig Antifaschist_innen versammelten sich daraufhin vor der Kirche, woraufhin die Kundgebung selbst kurzfristig abgesagt wurde. Nachdem im rechten Umfeld die Stimmung gegen die besetzenden Flüchtlinge schon aufgeheizt war, ergriffen die Identitären die Chance und besetzten mit neun Männern wenige Tage später die Kirche.[291] Diese Aktion haben die Identitären selbst im Nachhinein als einigenden Moment zur Vorstellung der österreichweiten Bewegung und den Tag als »geschichtsträchtigen Tag für die Identitäre Bewegung Österreichs«[292] hochstilisiert. Zuvor hatten Identitäre in Hardbass-Videos (*Hardbass gegen Asylmissbrauch*[293] sowie *Identitärer Hardbass Votivkirche*[294]) ihre Haltung zur Besetzung öffentlich gemacht:

> »Von linken Aktivisten aufgestachelt besetzten Asylanten vor ein paar Tagen die Votivkirche. Grund genug für uns da mal vorbei zu schauen. Aus Respekt vor der Religion blieben wir vor den Mauern und wir tanzen besser [...]. Pro Border, Pro Nation ist unsere Botschaft. [...] Ein Volk hat das Recht zu entscheiden ob, wie viele und welche Zuwanderer es will.«[295]

Mit der ›Gegenbesetzung‹ haben sie versucht, den Protest der Flüchtlinge ins Lächerliche zu ziehen, indem sie die Figur ›Sepp Unterreiner‹ als einen flüchtenden Steirer inszenierten und dazu aufrufen, ihn zu unterstützen – der Startschuss zur Kampagne für ›Sepp U.‹ in den Folgetagen, die die

---

289 Delcheva 2013, o.S.
290 Meinhart 2013, o.S.
291 diePresse 2013, o.S.
292 IBÖ Augenzeugenbericht 2013, o.S.
293 Hardbass Asylmissbrauch 2012, o.S.
294 Hardbass Votivkirche 2013, o.S.
295 Hardbass Votivkirche 2013, o.S.

mediale Berichterstattung über die »Besetzung der Besetzung«[296], wie es die Identitären nennen, unterfüttern sollte.

Im Vergleich zu anderen europäischen Gruppen, ist der Ableger in Österreich sehr aktiv. Seit Sommer 2013 hat die IBÖ eine Videoblog-Reihe initiiert, die sie *Vlog Identitär* nennen. Darin gehen Aktivisten (nur Männer bisher) in einem mehrminütigen Monolog auf vermeintliche Fragen ein oder wollen Kritiken von politischen Gegner_innen widerlegen. Vor allem Martin Sellner inszeniert sich als neurechte Version von Robert Misik. Letztgenannter ist Journalist[297] und Schriftsteller, der in der Online-Ausgabe der linksliberalen Zeitung *Der Standard* die wöchentliche Videoblog Sendung *FS-Misik* gestaltet und darin Tagespolitik kommentiert. Darüber hinaus fallen *IBÖ*-Aktivist_innen durch rasch abklingende Störaktionen im akademischen Umfeld auf, so beispielsweise bei der Vorstellung einer linkspolitischen wahlwerbenden Gruppe an der Universität Wien im Frühling 2013 oder beim Vortrag der Autor_innen dieses Buches am 2. Mai 2013 am Institut für Politikwissenschaft. Unter den Aktivist_innen finden sich einige bekannte Gesichter, sowohl aus rechtspolitischem bis rechtsextremem Umfeld als auch Wechsler_innen aus linken Organisationen. Alexander Marcovics, ehemaliger Obmann von *W.I.R.*, ist derzeit sogenannter Landesleiter der Wiener Identitären sowie Obmann der *IBÖ*. Er war zuvor für die *FPÖ* aktiv und hat für diese 2010 auch bei der Wiener Gemeinderats- und Landtagswahl auf Bezirksebene kandidiert[298]. Er ist offiziell auch Begründer des Verlags *Aurea Aetas* (dt.: Goldenes Zeitalter). Die Tendenz, die eigene Person und das eigene Tun mit einer Aura des Mythischen und Geschichtsprägenden zu geben, ist bei den rechten Bildungsbürgern sehr verbreitet.

Martin Sellner ist von Kundgebungen mit späteren *Stolz und Frei*[299]-Aktivisten bei einer Nowotny[300]-Gedenkfeier bekannt.[301] Außerdem ist er durch Anzeigen gegen das Waffengesetz und das NS-Verbotsgesetz im Jahr

---

296 Stellungnahme Besetzung 2013, o.s.
297 Unter anderem schreibt er für die taz und die Zeitschriften *profil* und *Falter*.
298 Zit. n. http://www.wien.gv.at/advwahlkand/internet/KandidatRegional.aspx?WID= BV101&WK=0, 16.12.2013, 10h47
299 *Stolz und Frei* ist eine Wiener Neonazi-Gruppe.
300 Walter Nowotny war Luftwaffenoffizier im Dienste NS-Deutschlands und ist heute Idol für Alt- und Neonazis, die jährlich zu seinem Grab am Zentralfriedhof in Wien pilgern.
301 Grüner Klub im Parlament 2012c

2008 während seines Grundwehrdienstes[302] sowie durch die Berichterstattung über seine vermeintliche Mitarbeit an der rechtsextremen Internetseite *Alpen-Donau.info*[303] aufgefallen. Edwin Hintsteiner vom *Ring Freiheitlicher Jugend* (RFJ) und Obmann der *IB Salzburg*[304] ist von diversen Veranstaltungen[305] bekannt. *Stopptdirechten.at* attestiert ihm Beteiligung im Forum von *Alpen-Donau.info* sowie an nationalistischer Agitation[306] in Bezug auf Südtirol. Als Sympathisanten können Severin Vetter und Venzel Czernin angenommen werden. Vetter[307] ist von der *Jungen Europäischen Studenteninitiative* (JES) und nahm als Vortragender bei einer Veranstaltung von *W.I.R.* im Juni 2012 teil. Czernin, ebenfalls von der *JES*, verteidigte auf seinem Facebook-Profil am 12. Februar 2013 die ›Gegenbesetzung‹ der Identitären und war auch bei der Aktion selbst anwesend, wenn auch nur als Zuschauer, da die Eingänge zur Kirche blockiert waren[308]. Auf einem antifaschistischen Flugblatt wurden im Mai 2013 Thomas Sellner, Patrick Lenart, Roman Bauer, Klaus Schönegger, Fabian Rusnak und Christopher Perk als Aktivisten der *IBÖ* genannt.[309] Die *Identitäre Bewegung Burgenland* offenbarte Julian Fosfer als weiteren Aktivisten[310]. Die

---

302 Anfrage der Abgeordneten Elisabeth Hakel und KollegInnen an die Bundesministerin für Justiz Dr.in Claudia Bandion-Ortner betreffend den Ermittlungen gegen die Internetseite »alpen-donau.info«, Eingelangt am 30.11.2010, online verfügbar auf: http://www.parlament.gv.at/PAKT/VHG/XXIV/J/J_07011/fnameorig_201192.html (7. Oktober 2013), Anm.: die Anzeige mündete in einer Diversion, das heißt in einer gerichtlichen Umleitung des Gerichtsverfahrens in ein Maßnahmeverfahren zur Erziehung statt Bestrafung wie eine Mediation oder ein Täter-Opfer-Ausgleich.
303 Eine Anzeige oder Verfahren sind nicht bekannt, Zit.n. http://kuesselskameraden.blogsport.eu, 15.12.2013, 13h08.
304 Zit.n. http://www.identitaere-generation.info/iboe-sommerfest/, 10.11.2013, 17h23.
305 Beispielsweise der Buchpräsentation von *Weder Hure noch Sklavin* am 19. Februar 2013 in der Schlösselgasse in Wien, veranstaltet von *unzensuriert.at*
306 Grüner Klub im Parlament 2011 sowie Zit.n. http://kritisches-salzburg.net/termit/termit_2011_04.pdf, 16.12.2013, 13h09.
307 Zit.n. http://wirfürwien.at/?p=438, 12.01.2014, 18h46. Bei der *JES* handelt es sich um eine ultra-konservative Studierendenorganisation, die auch zu ÖH-Wahlen (*Österreichische Hochschüler_innenschaft*) antritt, Verbindungen zu Angehörigen der Habsburger-Familie pflegt und ein paneuropäisches Weltbild basierend auf streng christlichen Grundsätzen vertritt.
308 Venzel Czernin, Zit.n. https://www.facebook.com/jesstudenten/posts/437760156294464, 15.12.2013, 13h06.
309 Zit.n. https://linksunten.indymedia.org/de/node/86569, 16.12.2013, 11h39.
310 Identitäre Bewegung Burgenland Zit.n. https://www.facebook.com/permalink.php?story_fbid=638745512806567&id=603924829621969&stream_ref=10, 14.01.2014, 15h26.

bisher einzigen mit Namen bekannten Frauen sind Bernadette Conrads, ehemalige Aktivistin der *Sozialistischen Jugend* und Alina Wychera.

Die *IBÖ* nutzt Ressourcen etablierter, auch parteinaher Organisationen: So stellen der *Wiener Akademikerbund* (WAB) und die Burschenschaft *Arminia Czernowitz* in Linz Infrastruktur zur Verfügung. Der *WAB* war Teil des *Österreichischen Akademikerbundes*, einer befreundeten Organisation der *Österreichischen Volkspartei*, wurde jedoch aufgrund politischer Differenzen mit der Partei 2010 ausgeschlossen. Der *Wiener Akademikerbund* forderte in einem Brief aus dem Frühjahr 2010 unter anderem einen »Einwanderungsstop«[311] und kritisierte das NS-Verbotsgesetz als Instrument gegen Meinungsfreiheit, worauf der Vorstand seines Amtes enthoben wurde.[312] In der Zusammenarbeit mit *unzensuriert.at* haben sie das geschafft, was Götz Kubitschek in seinem Maßnahmenkatalog als Kontakt und Arbeit mit »Milieumedien«[313] bezeichnete, um längerfristig ein Sprachrohr zur Verfügung zu haben. Das zeigt, dass die *IBÖ* zwischen etablierten Gruppierungen der konservativen Rechten (*JES* und *WAB*) und dem rechtspopulistischen bis rechtsextremen Spektrum (*FPÖ* und ihre Jugendorganisationen) eine Schnittstelle einnimmt. Der *FPÖ* steht die *IBÖ* im Grunde wohlwollend gegenüber. So besuchen Identitäre Veranstaltungen, die von Martin Grafs Blog *unzensuriert.at*[314] oder auch von der Partei in Kooperation mit dem *Liberalen Klub Wien*[315] abgehalten werden[316]. Die Identitären halten jedoch die gewählte Form der Migrant_innenausgrenzung für zu wenig systematisch[317], der Partei fehle es an dezidiertem

---

311 Zit.n. http://www.stopptdierechten.at/2011/05/05/wien-spaltung-beim-akademikerbund/, 14.01.2014, 17h22.
312 Fritzl 2010, o.S.
313 Kubitschek 2012, o.S.
314 Gemeint ist die Buchpräsentation »Weder Hure noch Sklavin« am 9. Februar 2013 in der Wiener Schlösselgasse, bei der neben der Autorin Anke Van dermeersch und Filip Dewinter (beide *Vlaams Belang*) auch Susanne Winter (*FPÖ*) am Podium saß. (FPÖ 2013, OTS0180)
315 Eine Vorfeldorganisation und gewissermaßen Thinktank der *FPÖ*, die vordergründig Veranstaltungen abhalten.
316 Hierzu zählt die Buchvorstellung von Thilo Sarrazins »Europa braucht den Euro nicht« am 18. September 2013 in der Wiener Hofburg, wo unter anderem Andreas Unterberger, Heinz-Christian Strache und Sarrazin selbst am Podium die Krise der Währungsunion aus ihrer Sicht kommentierten. Pikanterweise war neben der *FPÖ*-Elite wie Herbert Kickl, Hilmar Kabas oder Jugendkandidat Maximilian Krauss auch *ÖVP*-Bezirksvorsteherin Ursula Stenzel als Gast anwesend.
317 Delcheva 2013, o.S.

Antiliberalismus, das mache sie im Grunde auch zu einem Teil des Establishments.

Wiens Identitäre Richtung (W.I.R.) war eine politische Gruppierung, die in Wien zwischen März 2012 und Februar 2013 agierte. Aus verfügbaren Daten auf ihrer Homepage, die eine Berichterstattung über einen »Identitären Vortragsabend«[318] enthält, kann abgeleitet werden, dass *W.I.R.* aus etwa zwei Dutzend Menschen bestand und von diesen getragen wurde. Der Text hierzu weist außerdem aus, dass sich auch Angehörige der *JES* als Teil der *W.I.R.* verstanden oder diese zumindest unterstützten. Der öffentliche Auftritt erfolgte online über ihre Homepage (wirfürwien.at) sowie über eine Facebook-Seite. Auf der Homepage fanden sich neben Artikeln, Berichten über Veranstaltungen, Ankündigungen und Stellungnahmen auch Verlinkungen zur *FPÖ-nahen* Seite *unzensuriert.at*, zur Initiative *SOS Österreich*, der *Bürgerinitiative Dammstraße*, zum *bloc identitaire* (BI), der *Génération Identitaire* (GI) sowie zur *Blauen Narzisse*. Eine geplante ›Linksextremismus-Safari‹ ging über die Ankündigung nicht hinaus, ist jedoch ein Beispiel für das Kopieren und die zugleich politische Umkehrung etablierter antifaschistischer Veranstaltungskonzepte[319], die die Neue Rechte in ihr Repertoire aufgenommen hat.

Ende des Jahres 2012 formierte sich die Gruppe *Die Identitären in Wien* (IBW), die als Teil der organisatorisch höher stehenden *IBÖ* auftrat. Sie verstand sich als aktionistischer Flügel, der mit Hardbass-Flashmobs am Heldenplatz oder in U-Bahnwaggons auffiel. Nachdem sich die Zusammenarbeit zwischen *W.I.R.*, der *IBW* und der *IBÖ* intensivierte und auch Videos gemeinsam produziert wurden, löste sich die *W.I.R.* am 18. Februar 2013 auf und ging in der *IBW* auf.[320]

Die Wiener Akteur_innen (und hier vor allem Markovics und Sellner) sind es auch, die die *IBÖ*-Arbeit voranzutreiben scheinen. Sie sind es, die versuchen, linkspolitische Veranstaltungen zu stören, sich in Vlog-Beiträgen in Szene setzen möchten und die sich mit der Video-Serie *Häupl on the Streets* speziell auf die Wiener Stadtpolitik unter dem sozialdemokra-

---

318 Wiens Identitäre Richtung 2012, o.S.
319 Ein Beispiel dafür sind Burschi-Safaris im Rahmen derer Buden von deutschnationalen Burschenschaften nacheinander besucht und ihre Geschichte, Verbindungen und Einflüsse kritisch abgehandelt werden.
320 W.I.R. – Wiens Identitäre Richtung Zit.n. https://www.facebook.com/permalink.php?story_fbid=155763527911581&id=368508229847074&stream_ref=10, 13.01.2014, 18h52.

tischen Bürger_innenmeister Michael Häupl einschießen. Verkleidet mit Anzug und Häupl-Maske marschiert ein *IBÖ*-Aktivist mit Weinglas in der Hand und begleitet von vier in Burka gekleideten Aktivist_innen (die als Häupls Ehefrauen vorgestellt werden) durch Wiens Straßen. Im Gespräch ist der Häupl-Charakter mit Martin Sellner, der sich als *ORF*-Interviewer ausgibt, wobei der *ORF* holprig als ›Rotfunk‹ dargestellt wird. »Ihre Stimme für die Islamisierung Wiens« – mit dieser Initiative sammeln sie vermeintlich Unterschriften von Passant_innen und schwadronieren parallel über Muslimen und Muslimas als neue Stammwähler_innenschaft der Sozialdemokratie. Wer nicht unterschreibt, wird von *IBÖ*-Häupl als »Nazi« beschimpft. Es ist eine *Win-Win*-Aktion: wer tatsächlich unterschreibt, hat sich auf das Spiel der *IBÖ* eingelassen und bestätigt ihre Thesen, dass die Stadt Wien und die *SPÖ* eine angebliche ›Islamisierung‹ vorantreiben, wer nicht unterschreibt, wird als ›ausländer_innenfeindlich‹ abgestempelt. Die *IBÖ*-Aktivist_innen machen sich die Hände nicht schmutzig. *W.I.R.* und *IBW* werden (beziehungsweise wurden) in erster Linie von Student_innen und Schüler_innen getragen. Ein Hinweis, der diese These bekräftigt, ist auch ein offener Antwortbrief an *Unique*, die Zeitschrift der *Österreichischen Hochschüler_innenschaft an der Universität Wien* (ÖH Uni Wien), den die *IBW* am 30.12.2012 auf Facebook publizierte, was wiederum bestätigt, dass Studierendenmedien von ihnen gelesen werden. Sie verhöhnen die, nach ihrer Meinung natürlich verkürzte, Darstellung der Identitären und der Ideologie der Neuen Rechten in der Ausgabe 12/12[321]. Im Schlusszitat zeigen sie, dass sie eine Gruppierung sein wollen, die auf Mittel setzt, die in der Linken zum Standardrepertoire gehören und die sie bereit sind, für sich umzudeuten:

> »Wir lernen dazu, belegen Tanzkurse, machen Straßentheaterworkshops usw usf. Und den Elektropunk klauen wir euch auch noch. XD Identitäre Egotronic-Covers sind nur noch eine Frage der Zeit.«[322]

Auffallend an den Identitären in Linz (Oberösterreich) ist die politische Nähe zur Burschenschaft *Arminia Czernowitz*[323], was auch auf mögliche Formen von Kooperationen und Infrastrukturnutzung bei anderen lokalen Gruppen schließen lässt. Bearbeitete und öffentliche Fotos zeigen *IB*-Aktivist_innen aus Salzburg und Oberösterreich beim Anfertigen eines

---

321 Döhnermann 2012, o.S.
322 Die Identitären 2012, o.S.
323 Grüner Klub im Parlament 2013b, o.S.

Transparentes in den Räumlichkeiten jener Burschenschaft, die ihre Unterstützung auch durch das Abhalten eines Vortragsabends mit Richard Melisch[324] gezeigt hat. Die Grazer Identitären zeichnen sich durch inhaltliche Veranstaltungen wie Lesekreise und Filmabende aus. Es werden zum Beispiel Texte von Carl Schmitt, Götz Kubitschek oder dem Unsichtbaren Komitee zur Erarbeitung des Films *Fight Club* gelesen, um eine Konsumkritik herauszuarbeiten, die in ihren Augen Individuen zu Abhängigen ihres Besitzes verdammt – als Alternative halten sie eine völkische beziehungsweise eine nationale Identität als Form der Sinngebung vor. Die regionale Gruppe Salzburg ist sehr klein, jedoch verhältnismäßig aktiv und verbreitet regelmäßig Texte der *Identitären Bewegung Deutschlands* und ihrer Untergruppen. Sie selbst verfasst und publiziert – anders als die Wiener Gruppe – keine nennenswerten Texte.

Schweiz

Seit dem 21. Februar 2013 existiert die Gruppe der *Identitären Bewegung Schweiz* (IBS). Auch sie hat die Corporate Identity mit der schwarz-gelben Farbgebung sowie das Lambda-Symbol übernommen, wobei sich dieses auf einer runden Schweizerfahne befindet. Mittlerweile hat die Gruppe auf ihrer Facebook-Seite mehr als 1000 Likes gesammelt, was angesichts der Größe der Schweiz und der Tatsache, dass nur deutschsprachiges Material gepostet wird, relativ viel ist. Wie bereits erwähnt, sind solche Zahlen nur von eingeschränkter Aussagekraft bezüglich der Reichweite der *IBS*. Bis zum 8. Januar 2014 fungierte Markus Leitz als Leiter der *IBS*. Von diesem Posten trat er aus gesundheitlichen Gründen zurück, ein_e Nachfolger_in ist bis zum letzten Besuch der Seite[325] noch nicht bekanntgegeben worden.[326] Andere Aktivist_innen sind namentlich nicht bekannt. Inhaltlich unterscheidet sich der Facebook-Auftritt kaum von dem anderer identitärer Gruppen: Es werden vorwiegend Artikel aus verschiedenen, durchaus seriösen Zeitungen geteilt, die die Ideologie der Identitären zu bestätigen

---

324 Melisch gilt als rechtsextremer Publizist, der auch zu Nahost-Konflikt und Zionismus schreibt und unter anderem vom Akademikerverband für einen Vortrag im März 2010 geladen wurde. Seinen Schriften und öffentlichen Äußerungen nach zu urteilen, kann er als antisemitischer Anti-Imperialist bezeichnet werden, der unter anderem Osama bin Laden als »tapfere(n) Kämpfer gegen Israel« beschreibt. (ORF Salzburg 2010, o.S.)
325 Stand 11.01.2014
326 Leitz, Markus zit. n. https://www.facebook.com/IBSchweiz/posts/212839788903935?stream_ref=10, 14.01.2014, 03h19

scheinen. Bis auf eine Spray-Aktion der *Génération Identitaire Genève* und eine gemeinsame Aktion mit den Identitären in Winterthur wurden bislang keine Inhalte anderer identitärer Gruppen geteilt.[327] Auch in punkto Aktionismus kann sich die *IBS* nicht mit anderen Gruppen messen. Am 19. Oktober 2013 stellte sich die *IBS* mit einer Infoveranstaltung vor, über deren Erfolg gaben die Aktivist_innen nichts bekannt.[328] Bemerkenswerter ist die Veranstaltung unter dem Namen »Wir kämpfen für Felipe (14)«. Hintergrund ist die drohende Abschiebung des Migranten Felipe in sein Geburtsland Brasilien. Die Identitären beschreiben die Motivation ihrer Veranstaltung wie folgt: »Felipe soll ausgeschafft werden!! Die guten schickt man weg, die schlechten bekommen Kick Box Training!! Wir wehren uns gegen diese Ungerechtigkeit!!«[329] Angesichts ihrer zahlreichen Aufrufe, sich gegen ›Massenzuwanderung‹[330], ›Multikulturalismus‹[331] und ›Islamismus‹[332] zu wehren, ist dieses Engagement mehr als scheinheilig und dient strategisch dazu, sich vom Vorwurf des offenen Rassismus zu befreien. Bedient wird dabei die Mär vom ›guten Ausländer‹ im Gegensatz zum ›bösen Ausländer‹, der sich, aus Sicht der Mehrheitsgesellschaft, ›nicht integrieren‹ will. Dabei werden nie die Anforderungen in Frage gestellt, die an Migrant_innen gestellt werden, von alltäglicher Diskriminierung und strukturellen Benachteiligungen in Bildung und Arbeitsleben ganz zu schweigen. Das Recht auf Schutz vor Verfolgung und das Recht auf Bewegungsfreiheit werden zu einem feudalistisch anmutenden Privileg verkehrt. Wer den Identitären persönlich sympathisch ist darf bleiben, wer nicht, muss gehen.

---

327 Identitäre Bewegung Schweiz zit. n. https://www.facebook.com/IBSchweiz/posts/197501237104457?stream_ref=10, 14.01.2014, 03h22
328 Identitäre Bewegung Schweiz zit. n. https://www.facebook.com/photo.php?fbid=181400108714570&set=a.140918629429385.1073741828.101419413379307&type=1&stream_ref=10, 14.01.2014, 03h23
329 Identitäre Bewegung Schweiz zit. n. https://www.facebook.com/events/176987192498615/?ref=5, 14.01.2014, 03h34
330 Identitäre Bewegung Schweiz zit. n. https://www.facebook.com/photo.php?fbid=202525276602053&set=a.140918629429385.1073741828.101419413379307&type=1&stream_ref=10, 14.01.2014, 03h25
331 Identitäre Bewegung Schweiz zit. n. https://www.facebook.com/photo.php?fbid=170109263176988&set=a.140918629429385.1073741828.101419413379307&type=1&stream_ref=10, 14.01.2014, 03h34
332 Identitäre Bewegung Schweiz zit. n. https://www.facebook.com/IBSchweiz/posts/204823096372271?stream_ref=10, 14.01.2014, 03h27

Am 20. August 2013 gründete sich mit der *Identitären Bewegung Winterthur* (IBWi) ein regionaler Ableger der *IBS*. Mit etwas über 50 Likes ist der Zuspruch eher bescheiden, auch der Facebook-Auftritt weist bislang wenige Postings auf. Jedoch können die Winterthurer Identitären bereits auf eine gemeinsame Aktion mit der *IBS* zurückblicken, die ihnen von Seiten der Presse Aufmerksamkeit eingebracht hat. Am 7. September 2013 versahen sie den sogenannten *Holidi*, eine große Holzfigur im Zentrum von Winterthur, die als Wahrzeichen der Stadt gilt, mit Friedhofskerzen und Plakaten mit Sprüchen wie »Holidi bleibt!«, »Identitätslos« und »Heimatlos«.[333] Die Stadt möchte die mittlerweile morsche Figur entfernen, wogegen sich unter anderem die Identitären wehren. In einem anschließenden Interview mit der Zeitung *Der Landbote* versuchte sich die *IBWi* von den Vorwürfen des Rechtsextremismus, den ihre französischen, deutschen und österreichischen Kolleg_innen erfahren, abzugrenzen. Die Zeitung vertraute jedoch lieber dem Urteil von Sozialwissenschaftler_innen und empfahl der *IBWi* eine Umbenennung, wenn sie sich glaubhaft von den rechtsextremen Tendenzen der *Identitären Bewegung* in den Nachbarländern distanzieren wolle.[334] Dass diese vermeintliche Abgrenzung reine Maskerade ist, zeigt das Lied, mit dem die *IBWi* ihr YouTube-Video der Aktion unterlegt hat. Es handelt sich um das Lied »Es tut weh« der Rechtsrock-Band *Sleipnir*, bekannt von den »Schulhof«-CDs der *NPD*. Mehrere Alben der Band sind bereits wegen der rassistischen Texte in Deutschland indiziert.[335]

Die bereits erwähnte Genfer Gruppe *Génération Identitaire Genève* (GIG) trat Facebook am 19. Februar 2013 bei. Als Logo hat man sich eine Kombination aus dem Adler des Genfer Wappens und dem Lambda-Symbol erwählt und betont damit den regionalistischen Aspekt. Ihre Beiträge veröffentlichen sie nur auf Französisch, wodurch es naheliegend ist, dass der Bezug zur französischen *Génération Identitaire* bestimmend ist, als deren Teil sie sich auch begreifen. Das belegt das Angebot, Mitglied in der *GI* zu werden, was über die Facebook-Seite der Genfer Gruppe möglich ist.[336] Im Vergleich zu anderen Gruppen ist auffällig, dass der Großteil der veröffent-

---

333 Rettet den Holidi! 14.01.2014, o.S.
334 Identitäre Bewegung Schweiz zit. n. https://www.facebook.com/IBSchweiz/posts/174914996029748, 14.01.2014, 03h34
335 Budiner 2012, o.S.
336 Génération Identitaire Genève zit. n. https://www.facebook.com/pages/G%C3%A9n%C3%A9ration-Identitaire-Gen%C3%A8ve/291125427682933?id=291125427682933&sk=app_469706403081366, 14.01.2014, 03h38

lichten Inhalte hier selbstreferenziell ist. Das Teilen von Artikeln aus Zeitungen und damit die Auseinandersetzung mit den politischen Feind_innen nimmt im Gegensatz zu den deutschsprachigen Kolleg_innen der *IBS* einen deutlich geringeren Raum ein. Stattdessen wird alles angepriesen, was man als Identitärer machen und konsumieren kann. Vom neuesten Pullover[337] bis zur Konferenz in Paris[338] wird alles, was das Lambda-Symbol trägt, bejubelt. Stolz verweist die *GIG* auch auf ihre Teilnahme an der *Université d'été identitaire*, einem identitären Sommercamp in den Bergen.[339] Aktionistisches findet sich dagegen selten unter den Postings. Allein die bereits erwähnte Sprayaktion und das Kleben von Stickern werden erwähnt.[340] Eine einzige Veranstaltung von *GIG* ist dokumentiert. Dabei handelt es sich um eine Lesung von Gérald Pichon, Autor des Büchleins *Sale Blanc!* (dt.: Weißer Ausverkauf!) (2013), welches ›antiweißen‹ Hass zum Thema hat und beim identitären Verlag *Éditions IDées* erschienen ist.[341]

Die *Identitäre Bewegung* in der Schweiz ist bislang noch überschaubar, verfügt jedoch über gute Verbindungen nach Frankreich (im Falle der Genfer Gruppe). Wie viel Erfolg den Identitären beschieden sein wird, bleibt abzuwarten, zumal die Schweiz in den letzten Jahren ohnehin politisch nach rechts gerückt ist, was beispielsweise der Erfolg der *Schweizer Volkspartei* zeigt.

Italien

Italien ist angesichts der ohnehin unterschiedlichen Ausformungen der Identitären ein Sonderfall, da hier der Prototyp für alles, was danach kam (einschließlich der *Génération Identitaire*) gegründet wurde. Gleichzeitig

---

337 Génération Identitaire Genève zit. n. https://www.facebook.com/permalink.php?story_fbid=404470923015049&id=291125427682933&stream_ref=10, 14.01.2014, 03h39
338 Génération Identitaire Genève zit. n. https://www.facebook.com/permalink.php?story_fbid=327701264025349&id=291125427682933&stream_ref=10, 14.01.2014, 03h39
339 Génération Identitaire Genève zit. n. https://www.facebook.com/permalink.php?story_fbid=368934693235339&id=291125427682933&stream_ref=10, 14.01.2014, 03h40
340 Génération Identitaire Genève zit. n. https://www.facebook.com/photo.php?fbid=412455178883290&set=a.412455175549957.1073741827.291125427682933&type=1&stream_ref=10, 14.01.2014, 03h41
341 Génération Identitaire Genève zit. n. https://www.facebook.com/photo.php?fbid=323425784452897&set=a.296924460436363.1073741825.291125427682933&type=1&stream_ref=10, 14.01.2014, 03h41

tritt diese Urform der Identitären eben nicht in der bekannten Corporate Identity der anderen auf. Die Rede ist von *CasaPound Italia* (CPI). *CPI* ist aus einer Hausbesetzung vom 21. Dezember 2003 unweit des Hauptbahnhofs in Rom hervorgegangen. Die Besetzung wurde von den rechtsextremen Gruppen *Movimento Politico Occidentale, Meridiano Zero* und *Fiamma Tricolore* durchgeführt.[342] Vorbild für die Gründung waren die linken *Centri Sociali*, die im Italien der 1990er Jahre durch Besetzungen gegründet wurden.[343] Hier zeigt sich die Schlagrichtung, in die es gehen sollte. Anstatt eines weiteren Wahlprojekts, wie zum Beispiel die *Fiamma Tricolore* eines ist und war, wollten die Gründer_innen der *CPI* eine rechte Subkultur schaffen. Neidisch haben sie dabei auf das vielfältige Angebot der radikalen Linken geschaut und es zu kopieren versucht. Hausbesetzungen sind eine links konnotierte Aktionsform und diese für sich zu beanspruchen zeigt, dass es darum ging und geht, in gesellschaftliche Felder, die sonst wenig mit der rechtsextremen Szene zu tun haben, vorzudringen.[344] Trotz den Erfolgen gab es in der *CPI* Differenzen, da viele Begehrlichkeiten verschiedener Organisationen darin kulminierten. So war der *Blocco Studentesco* die Jugendorganisation der *Fiamma Tricolore*, die ihrerseits eine Abspaltung des *Moviemento Sociale Italiana (*heute *Alleanza Nazionale)* ist. Der Präsident von *CPI*, Gianluca Iannone, war bis 2008 im Präsidium von *Fiamma Tricolore*. Aufgrund innerer Zwistigkeiten wurden sowohl der *Blocco Studentesco* als auch *CPI* aus der *Fiamma Tricolore* ausgeschlossen und der *Blocco* gliederte sich geschlossen in *CPI* ein und bildet nun deren Jugendorganisation.[345] Die innere Konsolidierung ist direkt mit der Person Iannone, um den ein wahrer Personenkult entstanden ist, verbunden. Das ist für rechtsextreme Parteien und Organisationen nichts Unübliches. Statt innerer Demokratie wird auf eine starke und charismatische Person (in der Regel Männer) gesetzt, die nach Außen quasi identisch mit der Organisation ist und nach Innen streng hierarchisch Befehle erteilt. Diese Funktionsweise entspricht einem Führerprinzip und zeigt, dass eine Partei, selbst wenn sie in der bürgerlichen Demokratie mitspielt, nicht zwingend demokratisch funktionieren muss. Heiko Koch, Rechtsextremismusexperte mit Fokus auf *CPI*, sieht bezüglich Personenkult und Verhalten Parallelen zwischen Iannone und Benito Mussolini.[346]

---

342 Koch 2013, S. 15
343 Koch 2013, S. 15
344 Koch 2013, S. 15
345 Koch 2013, S. 17
346 Koch 2013, S. 54

In den zehn Jahren ihres Bestehens ist es *CPI* gelungen, ein beeindruckendes Netz an Infrastruktur zu entwickeln. Zu *CPI* gehören allein in Rom der Hauptsitz in der Via Napoleone III, die Bar *Cutty Sark*, der Tattoo-Shop *Tango Core Tattoo*, das Hausprojekt *Fahrenheit 451*, das Modegeschäft *Badabing*, der Buchladen *La Testa di Ferro*, die *Osteria da Angelino*, die besetzten Objekte *Circolo Futurista Casal Bertone*, der Sitz des *Blocco* an der Piazza Perin del Vaga sowie eine stillgelegte U-Bahnstation, die nun *Area 19* heißt.[347] Letztere wurde 2008 besetzt und nach dem Gründungsjahr der Kampfverbände Mussolinis, den *Fasci italiani di combattimento*, benannt.[348] Der Buchladen *La Testa di Ferro* wurde nach der Zeitung von Gabriele D'Annunzios Freischärlern benannt.[349] Gabriele D'Annunzio war ein italienischer Schriftsteller und Kriegsheld, der 1919 die ehemals italienische und nach dem Krieg kroatische Stadt Fiume/Rijeka besetzte und dort ein Jahr lang ein Regime anführte, das vor allem im politischen Stil den italienischen Faschismus maßgeblich beeinflusste.[350] Beide Beispiele zeigen, wie wichtig die direkte Bezugnahme auf ideologische Vorbilder ist. Italienweit hat *CPI* 13 Provinzorganisationen und über 51 Standorte, dazu zählen auch die Bars und Geschäfte, allerdings ohne die Suborganisationen im kulturellen und sozialen Bereich mitzuzählen. Nach Eigenangaben hat *CPI* 4000 Mitglieder.[351] So verfügt *CPI* auch über zahlreiche Sportgruppen in den Bereichen Tauchen, Rugby oder Eishockey, die sie anziehend für Jugendliche machen.[352] Die Strategie, in vermeintlich harmlose und unpolitische Bereiche zu gehen, zeigt sich auch bei der Unterorganisation *La Salamandra*. Sehr geschickt nutzt sie in diesen Bereichen die Schwächen des italienischen Staates aus. So engagierten sich die Aktivist_innen für Erdbeben- und Flutopfer, zum Beispiel bei dem gewaltigen Erdbeben in der Emilia Romagna 2012. Unter dem Deckmantel einer eigenen Zivilschutz-NGO baute sich *CPI* mit *La Salamandra* in diesem Bereich ein gutes Image auf.[353] Es gibt auch eine eigene Frauenorganisation. Deren einzige Ausrichtung ist jedoch, Frauen dazu zu bewegen, Kinder zu bekommen, und zwar möglichst viele. Wenig verheimlichend heißt die Organisation

---

347 Koch 2013, S. 18
348 Koch 2013, S. 18
349 Koch 2013, S. 32
350 Reichardt 2002, S. 108
351 Koch 2013, S. 19
352 Koch 2013, S. 66
353 Koch 2013, S. 67

auch *Tempo di essere madri* (dt. Zeit, Mutter zu werden).[354] Außerdem gibt es noch den hauseigenen Radiosender *Radio Bandiera Nera*.

Benannt hat sich *CPI* nach dem amerikanischen Dichter Ezra Pound, der in den 1920er Jahren nach Italien kam und vom Faschismus und von Mussolini begeistert war.[355] Der Verweis auf Pound nicht die einzige Referenz auf wichtige Personen und Organisationen in der Geschichte des italienischen Faschismus. *Area 19* und *La Testa di Ferro* wurden bereits genannt. Der *Circolo Futurista Casal Bertone* referiert auf den Futurismus, eine avantgardistische Künstler_innen-Bewegung kurz nach der Jahrhundertwende in Italien (und später auch der Sowjetunion und anderen Ländern). 1909 verfasste einer der Hauptprotagonisten, Filippo Tommaso Marinetti, das futuristische Manifest. Zeev Sternhell sieht darin bereits alle Grundlagen der moralischen Ideale des Faschismus vorweg genommen. Er zitiert folgende Punkte:

»1. We want to sing the love of danger, the habit of energy and rashness.
2. The essential elements of our poetry will be courage, audacity and revolt.
3. ... we want to exalt movements of aggression, feverish sleeplessness, the forced march, the perilous leap, the slap and the blow with the fist....
9. We want to glorify war – the only cure of the world – and militarism, patriotism, the destructive gesture of the anarchists, the beautiful ideas which kill, and contempt for women.
10. We want to demolish museums and libraries, fight morality, feminism and all opportunist and utilitarian cowardice.«[356]

(dt.: 1. Wir wollen die Liebe zur Gefahr, die Lebensweise voll Energie und Verwegenheit besingen.
2. Die wesentlichen Elemente unserer Dichtung werden Mut, Kühnheit und Auflehnung sein.
3. ... wir wollen Gefühle der Aggression, der fieberhaften Schlaflosigkeit, des Gewaltmarsches, des gefährlichen Sprungs und des Schlags verherrlichen und die Faust zum Himmel erheben
9. Wir wollen den Krieg – das einzige Heilmittel der Welt – Militarismus und Patriotismus, die zerstörerische Haltung der Anarchist_innen verherrlichen, jene wunderbaren Ideen, die töten, Frauen (wollen wir) verachten.
10. Wir wollen Museen und Bibliotheken zerstören, gegen Moral, Feminismus und opportunistische und utilitaristische Feigheit kämpfen).

---

354 Koch 2013, S. 93
355 Zit. n. http://www.poetryfoundation.org/bio/ezra-pound,18.12.2013, 22h56
356 Sternhell 2004, S. 100

Weil die ursprünglichen Futurist_innen[357] Nachahmung strikt ablehnten, versuchte sich die Ideenwerkstatt von *CPI, Ideodromo,* an einer eigenen Version des Futurismus – dem Turbodynamismus. Das Manifest wurde 2011 ausgearbeitet, ist aber sehr stark von den zehn Glaubenssätzen des Futurismus beeinflusst.[358]

Der *Circolo Futurista* unterhält auch ein eigenes Laientheater, das *Teatro Non Conforme.* Das gesamte Selbstverständnis von *CPI* beruht auf dem Begriff ›non conforme‹, dieser ist eine der wichtigsten Vokabeln ihrer Arbeit.[359] Alles ist ›non conforme‹, vor allem sie selbst, aber auch ihre Zentren sowie das Theater. Das Wort durchzieht, wie bei einer modernen Marketingstrategie, das ganze Dasein und vor allem die Öffentlichkeitsarbeit von *CPI.* Der Begriff der Nonkonformität ist für die Zwecke der Organisation geradezu perfekt, weil er genau das ausdrückt, was *CPI* sein möchte: jung, rebellisch und anders als der Mainstream – eine Jugendbewegung von rechts. Neben den Verweisen auf bekannte Faschisten gibt es, passend zu dieser Strategie, unter anderem auch Referenzen auf die Popkultur. *Badabing* ist der Name des Stripclubs aus der amerikanischen TV-Serie *The Sopranos. Fahrenheit 451* ist der Name des bekanntesten Romans von Ray Bradbury, der darin eine dystopische Welt beschreibt, in der Bücher lesen verboten ist und in der die Feuerwehr vorgeblich gefährliche Bücher sucht und verbrennt. Der Feuerwehrmann Montag, der sich dem widersetzt, wird zum identitären Helden hochstilisiert, wie im Vorwort dieses Buches beschrieben. Aus der realen Welt verwendet *CPI* zudem gerne Bilder und Personen aus dem irischen Freiheitskampf, was ihnen heftigen Widerspruch seitens des Bobby Sands Trusts eintrug.[360]

---

357 Der Futurismus, der in den ersten drei Jahrzehnten des 20. Jahrhunderts, ausgehend von Italien, Verbreitung fand, versuchte mit – geometrischen – Stilelementen, Dynamik, markante Formen und Symmetrien in den Werken einzuarbeiten.
358 Koch 2013, S. 34
359 Koch 2013, S. 28
360 Koch 2013, S. 36

Auch der eigene Radiosender – *Radio Bandiera Nera* – dient dazu ein popkulturelles *non conformes* Selbstverständnis zu transportieren.[361] Zur Selbststilisierung gehört darüber hinaus auch ein Roman von Domenico di Tullio, dem Strafverteidiger von *CPI*, mit dem Titel *Nessun Dolore* (dt.: Kein Schmerz), in dem er das vermeintlich heroische Leben der *CPI*-Aktivist_innen beschreibt. Bemerkenswert ist, dass es vom angesehenen Publikumsverlag *Rizzoli* herausgebracht wird.[362] Der *Antaios Verlag* von Götz Kubitschek bringt in seiner literarischen Reihe *edition nordost* im Frühjahr 2014 die deutsche Übersetzung unter dem Titel *Wer gegen uns?* heraus.[363] Neben dem Namen und dem Selbstverständnis als ›non conforme‹ ist auch bei den Aktivist_innen von *CPI* das Logo besonders wichtig für das Zugehörigkeitsgefühl. Statt eines martialischen Symbols zeigt das achteckige Logo eine Schildkröte, auf Italienisch *la tortuga*. Die literarische Vorlage findet sich in Gabriele Adinolfis Buch *Tortuga, l'isola che (non) c'é*. L'isola che (non) c'é bezeichnet auf Italienisch Peter Pans *Neverland*. *CPI* verbreitet vielfältige Erklärungen, warum die achteckige Schildkröte das Symbol ist. Vom Wohnprogramm und »dem Haus, dass sie immer dabei hat«[364], bis hin zu mythischen Erklärungsmustern.[365] So erklärt Adriano Scianca, ›Kultursprecher‹ von *CPI*, dass es gewählt wurde, um die Schaffung von adäquatem Wohnraum zu symbolisieren, da die Schildkröte ihr Haus immer bei sich trägt. Außerdem verweise die achteckige Form auf eine lange Tradition von Plutarch über Friedrich II zu ihnen.[366] Im Kontrast zum ansprechenden Logo von *CPI* steht das Logo des *Blocco Studentesco*. Er agiert martialischer, also ist sein Symbol der Pfeil von Oswald Mosleys faschistischer Partei *British Union of Fascists*.[367]

Auch wenn die Organisation(en) wahlweise wie eine nette Nachbarschaftshilfe oder wie eine perfekt geölte Marketingmaschinerie wirken, soll nicht vergessen werden, wo *CPI* ideologisch steht. Der historische Bezugsrahmen für *CPI* ist der Faschismus als dieser noch nicht an der Macht war, also der Faschismus als Bewegung.[368] *CPI* inszeniert sich als große Bewe-

---

361 3sat 2011, 17.12.2013, 19h23
362 3sat 2011, 17.12.2013, 19h23
363 Verlag Antaios 2013a, o.S.
364 3sat 2011, 17.12.2013, 19h23
365 Koch 2013, S. 29
366 3sat 2011, 17.12.2013, 19h23
367 Koch 2013, S. 63
368 Koch 2013, S. 107

gung und springt so auf den Zug von Arbeitskämpfen oder Kämpfen gegen Teuerung auf.[369] Bewegung symbolisiert Jugendlichkeit, Aktion und Dynamik, die unerlässlich für die Inszenierung faschistischer Organisationen waren und sind.[370] Der offene Rassismus und Antiziganismus zeigen sich in der Agitation gegen Einwander_innen. Vor allem Roma und deren Camps sind hier Angriffsziele.[371] Es ist daher nicht verwunderlich, dass Gianluca Casseri, der im Dezember 2011 in Florenz zwei senegalesische Straßenverkäufer aus rassistischen Motiven erschoss, *CPI*-Anhänger und Mitarbeiter der verwandten Internetseite *Ideodromo* war.[372] Der propagierte ›Antikapitalismus‹ von *CPI* beschränkt sich ganz nach Namensgeber Ezra Pound auf den »Wucher«.[373] Diese antikapitalistische Rhetorik ist tief antisemitisch durchzogen und analysiert nicht das Wirtschaftssystem als Ganzes. Erfunden hat *CPI* auch die Strategie, sich als »weder rechts noch links« zu bezeichnen, erstmals bei den Regional- und Senatswahlen 2013, als sie als eigene Partei antraten und ihr Slogan »Rechts, Links ...oder doch CasaPound« lautete.[374] Bei den Kommunalwahlen im Mai 2013 in Rom erhielten die rechtsextremen Parteien insgesamt fast ein Drittel der Stimmen, das Ergebnis von *CPI* fiel mit 0,61 % eher mäßig aus. Das entspricht trotzdem dem Vierfachen der *Fiamma Tricolore* und mehr als dem Dreifachen der *Forza Nuova,* die beide schon um einiges häufiger angetreten sind.[375] Der *Blocco Studentesco* ist hingegen sehr erfolgreich, er existiert in 40 Städten, ist sehr aktiv und bekam bei den letzten Schüler_innenvertretungswahlen 2009 28% der Stimmen.[376]

Neben diesen Exkursen in parteipolitische Gefilde spielt *CPI* eine immens wichtige Rolle in der Vernetzung der außerparlamentarischen extremen Rechten in Europa. So steht sie in losem Austausch mit den *Autonomen Nationalisten,* die vor allem in der Region um Dortmund aktiv sind.[377] In engem Kontakt steht *CPI* mit dem *bloc identitaire* aus Frankreich, was sich auch bei gemeinsamen Touren der Hausbands *ZetaZeroAlfa* (mit Gianluca

---

369 Koch 2013, S. 80
370 Payne 2006, S. 143
371 Koch 2013, S. 89
372 Koch 2013, S. 90
373 Koch 2013, S. 73
374 Koch 2013, S. 98
375 Koch 2013, S. 98–99
376 Koch 2013, S. 59
377 Koch 2013, S. 113

Iannone) und *Fraction* (mit Philippe Vardon) im Jahr 2007 zeigte.[378] Die Vorläuferorganisation der Identitären in Österreich und Deutschland, *Der Funke*, besuchte CPI im Sommer 2011 samt veröffentlichtem Erlebnisbericht.[379] Der *Blocco Studentesco* vernetzte sich im November 2013 auf einem Kolloquium im belgischen Leuven mit den Identitären aus Deutschland, der ungarischen Jugendorganisation *HVIM*[380] und anderen rechtsextremen Organisationen.[381] Im November 2013 trafen sich Vertreter der CPI in Rom mit einer Delegation der griechischen Partei *Chrysi Avgi* (dt.: Goldene Morgenröte), gegen die in Griechenland ein Verbotsverfahren läuft, nachdem Mitglieder der Partei einen antifaschistischen Musiker ermordet haben und die Partei wiederholt mit rassistischen und gewalttätigen Aktionen aufgefallen ist.[382] Das *Sezession*-Themenheft zu Faschismus wurde mit der *Tortuga* auf dem Titelbild geschmückt und Martin Lichtmesz schrieb einen Artikel über CPI.[383] Gemeinsam mit der *Génération Identitaire* ist CPI die treibende Kraft hinter der Internetseite *zentropa.info*.[384]

CPI konnte sich deswegen so gut entwickeln, weil es die spezifische politische Lage in Italien zuließ. Der Untergang der ersten italienischen Republik, Korruptionsskandale und zahlreiche etablierte sehr rechte Kräfte halfen der Entwicklung auf die Sprünge.[385] Die Enttabuisierung des italienischen Faschismus in der italienischen Gesellschaft und das Wohlwollen der institutionalisierten Rechten waren hierfür genauso entscheidend.[386] Darüber hinaus hat es CPI geschafft, eine eigene modernisierte und anschlussfähige Strategie zu entwickeln. Im Gegensatz etwa zur *Forza Nuova* versucht CPI, Massenkompatibilität vor allem über Popkultur und ›soziales‹ Engagement herzustellen.[387] Gianluca Iannone sowie CPI vermei-

---

378 Koch 2013, S. 114

379 Der Funke 2012a, o.S. (Der Originaleintrag ist nicht mehr zugänglich, hier wird auf einen reblog von *Eques Solis – Sonnenritter* verwiesen)

380 Die äußerst gewaltbereite, paramilitärische Jugendorganisation zählt zum engsten Umfeld der *Jobbik* und ist eine Nachfolgeorganisation der verbotenen *Ungarischen Garde*. Zit.n. Maegerle 2013, o.S.

381 Freires 2013, o.S.

382 Circolo Futurista zit. n. https://www.facebook.com/photo.php?fbid=10152113 491827835&set=a.10151335361817835.525287.393302397834&type=1&theater. 14.01.2014, 00h47.

383 Lichtmesz 2010, S. 22-27

384 Koch 2013, S. 128

385 Koch 2013, S. 101

386 Koch 2013, S. 106

387 Koch 2013, S. 106

den jedes Bild und jegliche Regung, die sie in Zusammenhang mit dem Stiefelfaschismus vergangener Tage bringen könnten. Koch nennt es den »Turnschuhfaschismus«[388] und beschreibt diese Strategie wie folgt:

> »Ihr praktizierter Aktionismus bedient einerseits die traditionelle Ästhetik der Inszenierung der Macht, andererseits knüpft er mit den Mitteln der modernen Spaßguerilla und innovativen Happeningkultur an Methoden der Irritation und Subversion an.«[389]

Es passt gut ins Bild, dass der *Blocco Studentesco* eine eigene Aktionsform entwickelte – Hardbass-Flashmobs, bei der die Beteiligten mit Tiermaske über dem Kopf zu Technomusik wild tanzen, um so eine andere Veranstaltung zu stören.[390] Später wurden diese Flashmobs von Identitären europaweit übernommen. *CPI* hat sich konsolidiert und verfügt über Ressourcen, von denen andere Organisationen nur träumen können. Darüber hinaus tritt sie in der Öffentlichkeit auf und ist zu einer festen Größe der rechtsextremen Szene Italiens geworden. Koch bezeichnet *CPI* als »Identitäre«[391] und auch die *Junge Freiheit* benennt *CPI* als identitär.[392] Dabei passt sie aber weder zeitlich in die Gründung der identitären Bewegungen in Europa, noch unterwerfen sie sich der ästhetischen Corporate Identity. Die Organisation ist aber so etwas wie eine Blaupause für die anderen Ländergruppen in Europa. *CPI* ist dort, wo alle anderen identitären Gruppierungen in zehn Jahren gerne wären. Darüber hinaus bemüht sie sich als Vernetzerin und gibt gleichzeitig Strategien und Themen vor.

Neben *CPI* gibt es noch die *Generazione Identitaria*, die nach dem bekannten Schema der Identitären in ganz Europa funktioniert, vor allem was ihren Außenauftritt betrifft: schwarz-gelbe Farbgebung, ›identitär‹ im Namen und die primäre Beschäftigung mit dem Themenkomplex ›Einwanderung-Islam-multikulturelle Gesellschaft‹. Die lokale Ausformung zeigt sich darin, dass das römische Reich sowie der Mythos um die Gründung Roms eine wichtige Rolle spielen.[393] Eine Besonderheit ist, dass auf unterschiedliche Regionen Italiens Bezug genommen wird und lokale Gegebenheiten, vor allem auch im dialektalen Bereich, prominent präsentiert werden.[394]

---

388 Koch 2013, S. 23
389 Koch 2013, S. 109
390 Koch 2013, S. 62
391 Koch 2013, S. 85
392 Koch 2013, S. 119
393 Generazione Identitaria 2012a, o.S.
394 Generazione Identitaria 2012b, o.S.

Doch auch, wenn die *Generazione Identitaria* eigentlich die ›richtigen‹ Identitären sind, ist im inner-rechtsextremen Diskurs der Bezug auf *CPI* vorrangig.

Großbritannien

In Großbritannien hat sich noch keine Gruppierung etabliert, die sich mit denen in Frankreich, Deutschland, Österreich oder Italien gleichsetzen lässt. Die *Generation of National Identity* (GNI) reduziert ihre bisherigen Tätigkeiten auf eine Facebook-Gruppe[395], die seit Januar 2013 aktiv und mit etwa 2000 Anhänger_innen (Stand Januar 2014) verhältnismäßig klein ist. Wie viele Aktivist_innen die *GNI* tatsächlich tragen, ist zum gegenwärtigen Stand nicht klar. Das einzig verfügbare Foto von einem Treffen in London im Oktober 2013 zeigt etwa zwanzig junge Männer, die als Repräsentanten der identitären Gruppe zu erkennen sind.[396] Seit November 2013 gibt es eine noch kleinere Facebook-Gruppe, die den Namen *Generation Identity* trägt.[397] Haben sich beide Gruppen schon an der Ästhetik der *Identitären Bewegung* orientiert, trägt die jüngere Online-Gruppe auch der sich etablierenden Namensgebung der identitären Gruppen Rechnung. Parallel haben sich auch regionale Gruppen gebildet, wie die *Generation Identity Norwich* oder die *Generation Identity London*. Regionalspezifische politische Projekte oder Forderungen sind jedoch nicht erkennbar, stattdessen wiederholen sich die Postings auf den vier bisher genannten Seiten beständig.

Von den Eingang dieses Buches als Spezifika der Identitären Bewegung aufgeschlüsselten, erfüllen die britischen Identitären drei von vier Merkmalen, den Anspruch von Jugendlichkeit[398], das Verwenden von Populärkultur und die Corporate Identity. Belege von Aktionen, sei es in Text- oder Videoform, gibt es bis dato keine. Der Aktivismus bleibt ein digitaler.

---

395 Generation of National Identity – United Kingdom Zit.n. https://www.facebook.com/GenerationIdentityUK?fref=ts, 15.01.2014, 22h55

396 Generation of National Identity – United Kingdom Zit.n. https://www.facebook.com/photo.php?fbid=564679626920480&set=a.449462211775556.110919.4372591 49662529&type=1&theater, 13.01.2014, 20h01

397 Zit.n. https://www.facebook.com/geniduk, 13.01.2014, 19h56

398 Generation of National Identity – United Kingdom Zit.n. https://www.facebook.com/photo.php?fbid=564679626920480&set=a.449462211775556.110919.4372591 49662529&type=1&theater, 13.01.2014, 20h01

Publizierten Sujets und Statusmeldungen ist zu entnehmen, dass die *GNI* und die *Generation Identity* sich als monarchistisch positionieren. Sie sehen die Monarchie als notwendige, historisch kontinuierliche Instanz, um ihre Identität zu definieren, ebenfalls ist sie in ihren Augen die Verfechterin einer Hierarchie in der Gesellschaft.[399] Mit der ausgesprochenen Unterstützung des Hauses Windsor-Mountbatten geht zugleich eine offene Ablehnung der Europäischen Union einher, die als supranationale Macht klassifiziert wird, die entgegen den Interessen der britischen Bevölkerung agiert. Sie kritisieren die ›bürokratische Elite‹, als die sie die Entscheidungsgremien der Europäischen Union bezeichnen. Für die *GNI* ist ein ›Paneuropa‹, das nicht notwendigerweise in Politikgestaltungsprozessen aufeinander abgestimmt ist, die gewünschte Alternative. Damit lehnen sie einen europäischen Supranationalismus ab, den sie für eine vermeintliche »Homogenisierung« der Bevölkerung[400] Großbritanniens verantwortlich machen. Mit dieser »Homogenisierung« meinen sie eine liberalisierte, individualistische und konsumgeleitete Gesellschaft. Durch die Europäisierung werde das »nationale Erbe« zurückgedrängt. Der proklamierte Identitätsverlust wird von den britischen Identitären vor allem mit dem Verlust der Autonomie Großbritanniens gegenüber anderen EU-Ländern begründet.

> »We support our European brothers in the struggle to preserve our identities. Unity over division: our common cultural heritage in Christendom facilitates our ability to understand one another, despite this new age of material secularism which has promoted a culture of individualism over community. We do not support the European Union, which seeks to destroy our organic identities and reconstruct a synthetic European federation.« (dt.: Wir unterstützen unsere europäischen Brüder im Kampf, unsere Identitäten zu bewahren. Einigkeit über Spaltung: unsere gemeinsames kulturelles Erbe des Christentums ermöglicht unsere Fähigkeit, einander zu verstehen, trotz dieses neuen Zeitalters materieller Säkularisierung, das eine Kultur des Individualismus statt Gemeinsamkeit gefördert hat. Wir unterstützen nicht die Europäische Union, die danach trachtet, unsere organischen Identitäten zu zerstören und eine künstliche europäische Föderation zu schaffen.)[401]

Sie konkretisieren ihre Ablehnung der EU mit der Behauptung, dass es die EU sei, die Lohndruck, Armut und Identitätsverlust verursache. Die *GNI*

---

399 Generation Identity Zit. n. https://www.facebook.com/geniduk/posts/141526562203456?stream_ref=10, 13.01.2014, 20h49

400 Generation of National Identity – United Kingdom Zit.n. https://www.facebook.com/photo.php?fbid=479558235432620&set=a.449462211775556.110919.43725914 9662529&type=1, 25.11.2013, 16h22

401 Generation of National Identity – United Kingdom Zit.n. https://www.facebook.com/GenerationIdentityUK/info, 25.11.2013, 14h12

gibt sich antiliberal und antimodern, ähnlich den *Identitären Bewegungen* in Kontinentaleuropa, wenn sie schreiben:

> »We support the preservation of our environment and traditional architecture. In the post-industrial age we see a continuing of values based upon economic growth rather than cultural and spiritual prosperity.« (dt.: Wir unterstützen die Erhaltung unserer Umwelt und der traditionellen Architektur. Im post-industriellen Zeitalter sehen wir die Fortsetzung der Werte, basierend auf Wirtschaftswachstum statt auf kulturellem und geistigem Wohlstand.)[402]

Ihre politischen Prioritäten haben die britischen Identitären im Januar 2014 in folgendem Slogan zusammengefasst: »Family. Folk, Fatherland.«[403] (dt.: Familie. Volk, Vaterland). Die *GNI* hat – das lässt sich aus den Postings[404] im sozialen Netzwerk Facebook ablesen – eine inhaltliche Nähe zur *United Kingdom Independence Party*[405] (UKIP). Die *UKIP* ist eine rechtsextreme Partei, deren Hauptziel der Austritt Großbritanniens aus der EU ist und die mit dieser Haltung bei Wahlen zum Europäischen Parlament 13 Sitze[406] errungen hat. Spätestens damit verfügt sie über Infrastruktur und finanzielle Förderung. Neben der EU-Ablehnung zeichnet sich die *UKIP* durch einen neoliberalen und auf den *Commonwealth* zugeschnittenen Militärschwerpunkt aus. So fordert sie nicht nur eine *Flat Tax*, die den Beitrag von Besser- und Bestverdiener_innen für den britischen Staat verringern würde, sondern auch die rigide Beschränkung von – wie sie es beschreiben – »mass immigraton«[407] nach Großbritannien. Außerdem ein Burka- und Niqab-Verbot in öffentlichen Gebäuden und eine Einschränkung beim Bezug von Transferleistungen in Bezug auf die Aufenthaltsdauer. Ihre paranoide Ablehnung gegen alles, was als ›politisch korrekt‹ bezeichnet wird, eignet sich wiederum auch für die *GNI* gut, um Synergien für die Mobilisierung der eigenen Zielgruppe zu nutzen.

---

402 Generation of National Identity – United Kingdom Zit.n. https://www.facebook.com/GenerationIdentityUK/info, 24.11.2013, 15h47
403 Generation Identity Zit.n. https://www.facebook.com/photo.php?fbid=1432246047008080&set=a.1431228647109820.1073741828.1414268812139137&type=1&theater, 13.01.2014, 21h30
404 unter anderem vom 15. April 2013
405 Ob es dezidierte personelle Überschneidungen bei den Mitgliedern gibt, konnte mit dem Datenmaterial und aufgrund der örtlichen Distanz nicht herausgefunden werden.
406 Im Zeitraum von 2009 bis 2014
407 Generation of National Identity – United Kingdom Zit.n. https://www.facebook.com/GenerationIdentityUK/posts/573873716001071, 25.11.2013, 16h40

In ihrer Publikationstätigkeit weist die *GNI* zwar nahezu täglich Meldungen auf, meist sind diese aber Veranstaltungswerbung anderer identitärer Gruppen, Auszüge aus Flyer- oder Buchtexten (wie beispielsweise Willingers *Generation Identity*, der englischen Übersetzung seines Buchs *Die identitäre Generation*) oder aus dem Zusammenhang gerissenen Zitate bekannter – häufig britischer – Persönlichkeiten wie zum Beispiel Lord Nelson. Begleitend dazu publiziert die *GNI* verklärende Bilder aus der Nationalgeschichte verschiedener Staaten (unter anderem wird der schwedische Staatsmann Birger Jarl[408] (1210-1266) als Referenz für erfolgreiche Politik herangezogen) oder Soldatenbilder aus dem Ersten und Zweiten Weltkrieg, die die Tapferkeit hervorheben und zugleich – in Bezug auf ein Foto des ›Weihnachtsfriedens‹ 1914, in der ein britischer und ein deutscher Soldat miteinander rauchend abgebildet sind, ankündigen: »Next time we fight, it's side by side« (dt.: Nächstes Mal kämpfen wir Seite an Seite)[409]. Soldaten des Empires werden mit deutschen in einem friedlichen Miteinander abgebildet[410]. Die Botschaft dahinter lautet, beim Ersten Weltkrieg habe es sich um einen ›Bruderkrieg‹ gehandelt, in dem – aus heutiger Deutung – die europäische Identität über nationale Unterschiede gestellt werden sollte. Gegenwartsbezogen macht auch dieses Sujet den Krieg eines geeinten Europas (abseits der Europäischen Union) präsent und deutet an, dass es ein *next time* gäbe. Der Zweite Weltkrieg wird dabei geflissentlich ausgeblendet. Hieraus und im Zusammenhang mit weiteren Postings lässt sich schließen, dass dieser nächste Krieg gegen Menschen, die nicht als ›diesem‹ Europa zugehörig klassifiziert werden, geführt werden solle.

---

408 Dieser wurde vor allem durch seine offensive, von Kreuzzügen geprägte Ostpolitik – unter anderem gegen Finnland – bekannt.
409 Generation of National Identity – United Kingdom Zit.n. https://www.facebook.com/photo.php?fbid=453917844663326&set=a.449462211775556.110919.4372591 49662529&type=1, 25.11.2013, 17h12
410 Hierbei handelt es sich um ein historisches Foto und bildimmanent um kein Komposit.

Einen weiteren Schwerpunkt bildet der spezifische auf Großbritannien fokussierte Antikommunismus/Antimarxismus, der auch durch eine Ablehnung der *Labour Party* sowie der *British Broadcasting Corporation* (BBC) als Institutionen gekennzeichnet ist. Letztere wird grafisch als ›Bolshevik Broadcasting Corporation‹[411] dargestellt, eine Bezeichnung, die in Videos und Kommentaren auf Online-Foren verbreitet ist. Für die *GNI* ist Marxismus als Gefahr allgegenwärtig:

»We British people care about the future of our culture, identity, values and heritage so much more. Life is about so much more than shallow Marxist materialism, Europeans want their identity and sense of belonging back.« (dt.: Wir Briten kümmern uns so viel mehr um die Zukunft unserer Kultur, Identität, unsere Werte und unser Erbe. Im Leben geht es um so viel mehr als seichten marxistischen Materialismus, Europäer_innen wollen ihre Identität und das Gefühl der Zugehörigkeit zurück)[412]

Wodurch sich der Marxismus der *Labour Party* gegenwärtig auszeichne, bleibt unbeantwortet. Politisch will sich die *GNI* vor allem einer Richtung entgegensetzen, die im englischen Sprachgebrauch als *cultural marxism* bezeichnet wird. In ihrer Interpretation zeichnet sich dieser dadurch aus, individualistische Selbstverwirklichung sowie Wohlfahrt für Menschen zu propagieren, die nicht als ›eigen‹ oder ›zugehörig‹ definiert werden und die auf politischer Korrektheit beharren. Den Ursprung macht *GNI* in den sozialen Bewegungen der 1960er Jahre aus, die die Beschäftigung mit struktureller Diskriminierung aufgrund von Geschlecht, Hautfarbe, oder Sexualität vorantrieben und zugeschriebene Andersartigkeiten und Wertigkeiten kritisierten. Für Neue Rechte und folglich die *GNI* ist das unbequem, da sie auf ebenen jenen Diskriminierungen beharren möchte. Oder wie es der User David Hamilton für ihn feinanalytisch auf dem neurechten Blog http://centrerightwritings.blogspot.co.uk – der auch von *GNI* beworben wird

---

411 Generation of National Identity – United Kingdom Zit.n. https://www.facebook.com/photo.php?fbid=472721332782977&set=a.449462211775556.110919.437259149662529&type=1, 25.11.2013, 15h34

412 Generation of National Identity – United Kingdom Zit.n. https://www.facebook.com/GenerationIdentityUK/posts/470334429688334, 25.11.2013, 15h55

– zusammenfasst: »It was then that ›racism‹ became the term of abuse directed against ›White‹ people because of the behaviour of Hitler.« (dt.: Erst durch die Taten Hitlers wurde ›Rassismus‹ zum Schimpfwort gegen ›Weiße‹)[413] Den gegenwärtigen – britischen Staat – stuft Hamilton als totalitär ein, da eine Antidiskriminierungshaltung (oder wie er es bezeichnet ›Indoktrinierung‹) in öffentlichen Einrichtungen Einzug gehalten hätte.

Die heterosexistische Selbstpositionierung und die ausgesprochene Nähe zu bekannten rechtsextremen Persönlichkeiten manifestiert sich neben Verlinkungen zu Blogartikeln unter anderem in offenkundiger und kollektiver Trauer um Dominique Venner. Seinen Selbstmord erheben sie zur ›Mahnung‹ für Frankreich vor »Nihilismus«[414], der sich unter anderem in der Einführung der Ehe für schwule und lesbische Paare zeige. Die wenigen Bilder, die auf Facebook publiziert wurden, zeigen Queen Elizabeth II. in Jugendjahren, Soldatenbilder sowie nicht näher mit Erklärungen, Forderungen oder Ankündigungen versehene Motive mit Weizenfeldern und grünen Landschaften. In einigen Fällen wird dabei offenkundig, mit welchen Bildquellen und -Archiven die *GNI* arbeitet. So publizieren sie am 10. März 2013 ein koloriertes Foto einer sogenannten ›Arbeitsmaid‹[415], also einer jungen Frau, die im Rahmen des ›Reichsarbeitsdienstes‹ des NS-Regimes mit einem weiteren Mädchen vor einem Haus sitzt und ein Buch liest mit der Bildunterschrift: »It's Mother's Day! Show some love« (dt.: Es ist Muttertag! Zeig etwas Liebe)[416]. Es handelt sich um einen geschichtsverklärenden und verharmlosenden Zugang zur NS-Geschichte, der so offen bei kontinentaleuropäischen Gruppen nicht gezeigt wird.

Schweden

Schweden verfügt seit Ende des Zweiten Weltkrieges über eine starke rechtsextreme Szene, die europaweit gut vernetzt und darum bemüht ist, diese Kontakte weiter zu intensivieren. Die Schlüsselfigur für den schwedischen Rechtsextremismus war Per Engdahl (1909-1994). Er war in verschie-

---

413 Hamilton 2013, o.S.
414 Generation of National Identity – United Kingdom Zit.n. https://www.facebook.com/GenerationIdentityUK/posts/500705766651200, 25.1.2013, 16h26
415 Erkennbar an der RAD-Uniform: rotes Kopftuch, blaues Arbeitskleid und weiße Schürze.
416 Generation of National Identity – United Kingdom Zit.n. https://www.facebook.com/photo.php?fbid=473913365997107&set=a.449462211775556.110919.4372591
49662529&type=1, 25.11.2013, 17h05

nen Parteien tätig, wobei sein Hauptinteresse jedoch nicht darin bestand, mit ihnen Wahlerfolge zu erzielen. Sein Interesse galt der Organisation von ›Ideen-Bewegungen‹, deren Mitglieder sich ideologisch und intellektuell austauschten. Des Weiteren engagierte sich Engdahl auch im paneuropäischen Faschismus, insbesondere als Geschäftsführer der *Europäischen Sozialen Bewegung* (ESB) welche ihren Hauptsitz in Engdahls Heimatstadt Malmö hatte. Zudem agierte er als Herausgeber der *ESB*-Zeitschrift *Nation Europa* (später: *Nation und Europa*). *Nation und Europa* existierte bis 2009, wurde dann von Dietmar Munier aufgekauft und in die Zeitschrift *ZUERST!* umbenannt (Details zur Zeitschrift *ZUERST!*[417] finden sich weiter hinten). Nicht zuletzt der Erfolg der Schwedendemokrat_innen zeigt, dass es in Schweden auch heute ein großes Potential für Rassismus, Antisemitismus, Nationalismus und andere Themen des Rechtsextremismus gibt. Der Beginn der identitären Bewegung in Schweden lässt sich ungefähr mit der Gründung des *Nordiska Förbundet* (dt.: Nordischer Verband) im Jahr 2004 markieren. Die von ehemaligen Mitgliedern der rechtsextremen Partei *Nationaldemokraterna* (dt.: Nationaldemokrat_innen) und der neonazistischen Organisation *Svenska Motståndsrörelsen* (dt.: Schwedische Widerstandsbewegung) gegründete Organisation bezeichnete sich anfangs als ›folknationalister‹ (dt.: ›Volksnationalist_innen‹) und bediente dementsprechend klassisch rechtsextreme Themen wie die Schaffung eines neuen völkischen schwedischen Nationalstaates und Antisemitismus. Verbindungen pflegte der *Nordiska Förbundet* zu Gleichgesinnten aus den USA, Rumänien und Deutschland. Innerhalb Schwedens arbeitete man eng mit dem rechtsextremen Verlag *Nordiska Förlaget* (dt.: Der nordische Verlag) zusammen, der wohl Teil der Organisation war. 2008 geriet der *Nordiska Förbundet* in Konflikte mit Neonaziorganisationen wie *Info 14*, die ihn als Konkurrenz ansahen. Dies eskalierte darin, dass sechs Personen aus dem *NF*-Umfeld einen Überläufer zu *Info 14* in seiner Wohnung überfielen und verprügelten.[418] Da nach der Auflösung des *Nordiska Förbundet* im Jahr 2010 auch deren Internetauftritt aus dem Netz verschwand, sind ihre ideologischen Pamphlete nicht mehr zugänglich. Titel wie *Ett identitärt manifest* (dt.: Ein identitäres Manifest), *Den identitära metapolitikens praktik* (dt.: Praxis der identitären Metapolitik) zeigen jedoch deutlich, dass sich die Organisation dem identitären Konzept verschrieben hatte. Darüber hinaus ist der YouTube-Kanal

---

417 Berggren 2004, S. 180–181
418 Corren 2009, o.S.

des *NF* weiterhin zugänglich. Das Video *Historien är en väv av kraftmätningar* (dt.: Die Geschichte ist ein Gewebe bestehend aus Kämpfen) gibt Beispiele und macht zugleich Werbung für metapolitisch operierende neurechte bis offen rechtsextreme und identitäre Medien wie die Plattformen *Nordisk*[419] (dt.: nordisch) und *Motpol* (dt.: Gegenpol), den *Nordiska Förlaget*, das rechtsextreme Wiki *Metapedia* und zuletzt den *Nordiska Förbundet* selbst.[420] Das Video nutzt neben diesen Verweisen diverse Medien: Text, Musik und Bilder. Alle drei sind aufeinander abgestimmt und transportieren die identitäre Botschaft in Form eines Manifests. So wird verkündet, dass das nordische ›Volk‹ kulturell entleert sei und sich in Gefahr befinde, überwältigt zu werden. Dann werden Lösungen präsentiert: In Wir-Form wird aufgezählt, was das ›nordische Volk‹ tun müsse, um sich zu bewähren und seine ethnische Identität zu wahren. Politische Positionen müssten verändert werden, Mittel für den Kampf seien moderne Medien und Bildung. Zentrale Themen sind (die eigene) Kultur, Tradition und Ethnie. Nachdem diese Themen mit den entsprechenden eigenen Medien und Plattformen verknüpft worden sind, werden die Ziele formuliert: Politische Korrektheit soll gebrochen, eine ›nordische‹ Zukunft errungen werden. Als vorletzte Einblendung erscheint der Name des *Nordiska Förbundet*. Darunter steht, was die Organisation repräsentiert: »Nordischer Kulturkampf« und »identitäre Visionen«. Der *Nordiska Förlaget* lieferte neben Literatur auch die musikalische Untermalung für die Aktivitäten der schwedischen Identitären. Im Jahr 2010 stellte er jedoch seine Aktivitäten ein. Der Verlag vertrieb aber nicht nur Veröffentlichungen von anderen Verlagen beziehungsweise Labels, sondern hatte auch eigene Gruppen unter Vertrag, die jedoch größtenteils nicht dem identitären, sondern dem traditionellen neonazistischen Spektrum zuzuordnen sind. Dazu zählt mit *Ultima Thule* eine der ältesten und populärsten schwedischen Rechtsrockbands. Neben Musik vertrieb der Verlag vor allem Bücher, die vom bedeutenden faschistischen Denker Julius Evola bis zu antisemitischen Pamphleten wie David Dukes *Jewish Supremacism* reichten, welches der *Nordiska Förlaget* ins Schwedische übersetzen ließ. Am Programm wird deutlich, dass sich der Verlag nicht im Geringsten darum bemühte, Distanz zur neonazistischen Szene zu wahren. Im Gegenteil, das Angebot umfasste sämtliche Medien, die für Neonazis von Interesse sind. Das von Identitären so häufig prokla-

---

419 Hier war unter anderem Anders Behring Breivik Mitglied, vgl. Ekman 2014, o.S.
420 Nordiska Förbundet 2009, o.S.

mierte »weder rechts noch links« lässt sich in diesem Kontext nicht halten. Die enge Verknüpfung des Verlages mit dem *Nordiska Förbundet* wird nicht nur durch das Jahr der Niederlegung der Verlagsaktivitäten deutlich, welches mit der Auflösung der Organisation identisch ist. Der Verlag gab am 30. Juni 2008 auch das Heft *Identitet och metapolitik. Strategi och visioner for nordens folk i 2000-talet* (dt.: Identität und Metapolitik. Strategie und Visionen für das nordische Volk in den 2000er-Jahren), in dem sich die Artikel *Behovet av en metapolitisk strategi* (dt.: Bedarf einer metapolitischen Strategie) und *Ett identitärt manifest* von der Homepage des *Nordiska Förbundet* befinden, heraus.[421] Das Cover der Publikation zeigt im Übrigen das Schachbrett-Motiv, welches auch in dem YouTube-Video des *Nordiska Förbundet* verwendet wurde.

Bereits erwähnt wurde das ehemalige Blogger_innen-Kollektiv *Motpol*, das seit Mitte 2013 unter der Bezeichnung ›Ideenschmiede‹ besteht. Dieses kann allein aufgrund der Anzahl aktiver Blogger_innen/Mitarbeiter_innen als Fixpunkt der neurechten und identitären Bewegung in Schweden, aber auch in Skandinavien gelten, da aufgrund der geringeren Größe dieser Spektren in den Nachbarländern Dänemark und Norwegen die Artikel von *Motpol* häufig rezipiert werden. Angesichts der Aktivität und Breite der rechtsextremen Szene in Schweden ist die Größe des Kollektivs nicht verwunderlich. In der Selbstbeschreibung definiert sich das Kollektiv bzw. die Redaktion als »identitäre und konservative Ideenschmiede«[422], welche zwei Ziele verfolgt: Sprachrohr für ein Kulturspektrum zu sein, das im Allgemeinen keinen Zugang zur engen und einfältigen schwedischen Öffentlichkeit habe und als Forum für die Präsentation und Debatte von politischer Ideologie, Theorie und Praxis zu dienen. Wesentliche Themen sind die Kritik an den ideologischen Grundlagen der heutigen (›westlichen‹) Gesellschaft, die Verortung einer Alternative im Norden, also dem ›Ursprung‹ Europas und des Menschen sowie die Ansicht, dass eine gute Gesellschaft aus der Kombination von Tradition und den technischen wie intellektuellen Innovationen der vergangen Jahrhunderte entstehen könne.[423] In der Folge werden die Positionen weiter vertieft, wobei bekannte neurechte Positionen zu Tage treten. Im Unterpunkt zur Haltung *Motpols* zu Fragen der Nationalität und Ethnie, bezieht das Kollektiv klar ethnopluralistische Positionen: Alle ethnischen Gruppierungen haben ihre Exis-

---

421 Metapedia 2009, o.S.
422 Motpol 2014a, o.S.
423 Motpol 2014a, o.S.

tenzberechtigung und verdienen Respekt, Kolonialismus wird verworfen. Es gebe ein europäisches Volk, welches bedroht ist und geschützt werden müsse.[424] Auf *Motpol* gibt es zu den Blogger_innen/Mitarbeiter_innen, zu denen mittlerweile auch der Österreicher Markus Willinger zählt, ebenfalls einige vorstellende Worte. Auffallend ist, dass hier häufig nicht die »weder rechts noch links«-Maxime deutscher und österreichischer Identitärer propagiert wird, sondern dass sich die Mitarbeiter_innen offen und affirmativ mit rechtsradikalen, reaktionären und antimodernistischen Inhalten beschäftigen, womit sie sich klar rechts(extrem) positionieren. Ferner reicht die Themenpalette von rechter Kulturkritik, Esoterik, Traditionalismus, Biologismus, Political Correctness, Antimodernismus, Antifeminismus, Naturromantik, über der ›Neue Mensch‹ und Tagespolitik bis hin zu ›europäischer Tradition‹.[425] *Motpol* fungiert auch als Hauptorganisator des seit 2010 regelmäßig in Stockholm stattfindenden *Identitär Idé*-Seminars[426], dessen Redner von Jahr zu Jahr internationaler werden. Wichtige Personen der Neuen Rechten und der *Identitären Bewegung* treten mittlerweile die Reise nach Stockholm an, wie beispielsweise Philippe Vardon (Chefintellektueller des *bloc identitaire* aus Frankreich), Manuel Ochsenreiter (Chefredakteur der deutschen neurechten Monatszeitschrift ZUERST!, zuvor stellvertretender Chefredakteur der *Jungen Freiheit*), Markus Willinger (der hier bereits genannte österreichische Verfasser des Büchleins *Die identitäre Generation*) oder Paul Gottfried (emeritierter Professor des amerikanischen Elizabethtown Colleges und Vertreter des Paläokonservatismus, einer vor allem US-amerikanischen Form des traditionellen Rechtskonservatismus.[427])[428] *Motpol* scheint mit dem Wandel hin zu einer Organisation mit Mitarbeiter_innen anstelle von Blogger_innen daran zu arbeiten, sich ähnlich dem *Institut für Staatspolitik* zu etablieren und feste Strukturen zu schaffen. Mit dem offensiven Bekennen zu Klarnamen wagt man sich aus der anonymen rechten Bloggosphäre. Es ist schwer zu sagen, ob dieser Versuch von Erfolg gekrönt sein wird. Für Skandinavien nimmt *Motpol* jedoch jetzt schon die bestimmende Rolle in der neurechten und identitären Szene ein. Schon 2009, also ein Jahr bevor der *Nordiska Förbundet* sich auflöste, schloss sich die außerparlamentarische Organisation

---

424 Motpol 2014a, o.S.
425 Motpol 2014b, o.S.
426 Identitär Idé 2014, o.S.
427 Oxford Dictionaries 2014, o.S.
428 Fredriksson 2013, o.S.

 *Nordisk Ungdom* (dt.: Nordische Jugend) zusammen. Sie unterstützt zwar die Schwedendemokrat_innen und deren Jugendorganisation, ist jedoch unabhängig von diesen. Ihr Ursprung liegt in der rechtsextremen Partei der *Nationaldemokraterna*.[429] Obwohl in Schweden gegründet und mit einer rein schwedischsprachigen Internetseite, verfolgt die Organisation einen panskandinavischen Ansatz, was bereits an ihrer Flagge ersichtlich ist, die mit Rot und Gelb die Landesfarben Schwedens, Dänemarks und Norwegens miteinander vereint. Die *Nordisk Ungdom* propagiert ein geeintes Skandinavien, das von einer ethnisch und kulturell einheitlichen Bevölkerung bestimmt sein soll. Das ›Skandinavische‹ wird somit zur gemeinsamen ›Identität‹. Neben einer gesellschaftlichen Dezentralisierung erstrebt die Organisation einen idealistischen ›neuen Menschen‹, der für ein in ihrem Sinne ›freies‹ Europa kämpft.[430] Ihre Ziele will die *Nordisk Ungdom* durch eine Veränderung des Bewusstseins in der Gesellschaft erreichen, die durch Aktionen angeregt werden soll. Hier zeigen sich deutliche Parallelen zum Ansatz der Identitären oder *CasaPounds*. So finden sich auch bei der *Nordisk Ungdom* Sticker-Motive oder Zitate, die durch ihren popkulturellen Bezug auffallen. Diese werden unter anderem durch die Internet-Seite *Koling* verbreitet, deren Logo an die Tags von Grafitti-Künstler_innen erinnert.

Ein Video vom 2. September 2013 zeigt, wie mehrere Aktivisten der *Nordisk Ungdom* auf verschiedenen Brücken im Stockholmer Stadtgebiet ein Banner mit dem Spruch »OBAMA KEEP YOUR BLOODY HANDS OUT OF SYRIA!« hissen und dies mit roten Bengalofackeln untermalen, während sie skandieren: »USA låt Syrien va'!« (dt.: USA, lasst Syrien in Frieden!)[431] Andere Aktionen sind weniger harmlos und dienen der Einschüchterung des politischen Gegners, indem Lehrer_innen, Politiker_innen oder Journalist_innen aufgelauert wurde Im Fall eines Journalisten, der leugnete, dass es so etwas wie ›Schwed_innenfeindlichkeit‹ gebe,

---

429 Dalsbro 2014, o.S.
430 Nordisk Ungdom 2014, o.S.
431 Nordisk Ungdom 2013a, o.S.

platzierten Aktivist_innen Kreuze mit Bildern und Namen von vermeintlichen Opfern dieser ›Schwed_innenfeindlichkeit‹ vor seiner Wohnung.[432] Erwähnenswert ist, dass die Nähe zu den Identitären nicht nur anhand der Strategien deutlich wird, sondern auch an der ›Gefällt mir‹-Liste der *Nordisk Ungdom* bei Facebook. Dort finden sich diverse identitäre Gruppen aus Frankreich, der *bloc identitaire*, die *Génération Identitaire*, *CasaPound Italia*, nebst rechtsextremer Parteien wie der *Jobbik*, *British National Party* (BNP), *Front National*, *NPD* oder *Forza Nuova*. Ihre Wertschätzung für die *Identitäre Bewegung* zeigt die *Nordisk Ungdom* auch, indem sie auf das Video einer Aktion der *Génération Identitaire* verlinkt[433] oder begeistert auf Willingers Buch *Die identitäre Generation* verweist[434]. Die *Nordisk Ungdom* lässt sich somit als Organisation bezeichnen, die dem rechtsextremen Spektrum zuzuordnen ist und sowohl inhaltlich als auch strategisch zahlreiche Überschneidungen zur *Identitären Bewegung* aufweist, obwohl sie sich selbst nicht dezidiert als ›identitär‹ bezeichnet.

Norwegen

Seit dem 4. Mai 2013 gibt es einen Facebook-Auftritt von norwegischen Identitären aus der zweitgrößten Stadt des Landes Bergen namens *Identitær Bergen* (IBe). Diese verstehen sich als Teil der europäischen Bewegung und benutzen größtenteils die Corporate Identity der *Identitären Bewegung*. Sowohl das Lambda-Symbol als auch die schwarz-gelbe Farbgebung tauchen immer wieder auf. Was die Inhalte der geteilten oder eigens verbreiteten Medien angeht, ist der Auftritt typisch: regionale und nationale Bezüge wechseln sich mit ›gesamteuropäischen‹ ab, indem etwa Videos von Aktionen britischer oder deutscher Identitärer geteilt werden. Häufig werden Artikel von norwegischen Zeitungen verbreitet, die die identitäre Themen behandeln und ihre Positionen zu bestätigen scheinen. So verlinken die Identitären einen Artikel, in dem von einer versuchten Vergewaltigung berichtet wird. Tatverdächtig ist ein junger Moslem aus Syrien, womit der Fall sowohl die islamophoben als auch die rassistischen Vorurteile der Identitären bestätigt. Betitelt wird der Link mit der Frage »Wann ist es

---

432 Dalsbro 2014, o.S.
433 Nordisk Ungdom zit. n. https://www.facebook.com/nordicyouth/posts/624691750905301, 14.01.2014, 01h54
434 Nordisk Ungdom zit. n. https://www.facebook.com/nordicyouth/posts/595662667141543, 14.01.2014, 01h55

genug?«[435] Einem anderen Link wird der Kommentar vorangestellt, dass die Identitären die Verbundenheit zum eigenen Grund und Boden eines norwegischen Bauern, der auf dem Hof seiner Familie begraben werden will, begrüßen.[436] Medien von eigenen Aktionen gibt es, von dem Foto eines Kreide-Graffitos abgesehen, bislang nicht auf dem Facebook-Auftritt der Bergenser Identitären. Zumindest wird die Aussage »Ivar Aasen lebt!« positiv gesehen.[437] Aasen war ein norwegischer Philologe, der aus den verschiedenen norwegischen Dialekten das *Nynorsk* entwickelte, welches zur zweiten offiziellen Sprache des Landes wurde. Die Absicht war, eine dem gesprochenen Norwegisch nähere Schriftsprache zu entwickeln, um die Eigenheit des norwegischen Idioms gegenüber dem Dänischen herauszustreichen, auf dem die andere offizielle Sprache des Landes, Bokmål, basiert. Das westliche Norwegen, in dem Bergen liegt, ist eine Hochburg von Künstler_innen, Medien etc., die Nynorsk nutzen. Dass die Bergenser Identitären den Pionier einer Sprache feiern, welche als Symbol norwegischer Identität gilt, ist somit naheliegend. Ähnlich den deutschen und österreichischen Identitären, verbreiten die Bergenser auch Texte ihres eigenen Blogs *Identitær i Bergen*, selbstverständlich auf Nynorsk, über ihren Facebook-Auftritt. Einer der verlinkten Texte entpuppt sich als Übersetzung des Kapitels *Vom Streben nach Identität* aus Willingers Buch *Die identitäre Generation*, welches auf der Facebook-Seite ohnehin reichlich beworben wird.[438] In der Einleitung des Blogs wird auch eine norwegische Ausgabe des Buches angekündigt, wobei die Verantwortlichen geheim gehalten werden. Auf dem Blog verbreiten die Bergenser Identitären ansonsten die gewohnten Themen. So erschien am 1. Oktober 2013 ein kurzer Artikel mit dem übersetzten Titel *In der Fremde gut, zu Hause am besten*, der ethnopluralistische Positionen vertritt.[439] Wenn man die geringe

---

435 Identitær Bergen zit. n. https://www.facebook.com/IdentitaerBergen/posts/465897470184579, 14.01.2014, 02h03

436 Identitær Bergen zit. n. https://www.facebook.com/IdentitaerBergen/posts/495792823861710, 14.01.2014, 02h05

437 Identitær Bergen zit. n. https://www.facebook.com/photo.php?fbid=472851556155837&set=a.418733468234313.1073741827.409328805841446&type=1, 14.01.2014, 02h06

438 Identitær Bergen zit. n. https://www.facebook.com/photo.php?fbid=466749930099333&set=a.418733468234313.1073741827.409328805841446&type=1, 14.01.2014, 02h09

439 Identitær Bergen zit. n. https://www.facebook.com/IdentitaerBergen/posts/482641781843481, 14.01.2014, 02h10

Anzahl der Likes auf der Facebook-Seite von *Identitær Bergen* betrachtet (viele Artikel haben überhaupt keine Reaktionen), kann man davon ausgehen, dass sich die Popularität stark in Grenzen hält. Die Personen, denen Inhalte der Bergenser Identitären gefallen, kommen zumeist selbst von identitären Gruppen.

Ivar Aasen wird auch auf der Facebook-Seite der norwegischen Zeitschrift *Målmannen* (dt.: Sprecher_in einer Partei; hier: einer Sprache) gefeiert, indem das Foto eines anderen Grafittos mit derselben Aussage gepostet wird.[440] Auf dem gleichnamigen Blog definiert sich *Målmannen* als »sprach- und kulturpolitische Zeitschrift, verfasst auf Hochnorwegisch«[441]. Im nächsten Satz wird man bereits deutlicher und nennt bei den behandelten Themen unter anderem »Einwanderung«, »Islam« sowie »norwegischen und europäischen Nationalismus«. Seit 2002 existiert die vierteljährlich herausgegebene Papierausgabe, zu der sich mittlerweile der erwähnte Blog und die Facebook-Seite hinzugesellt haben. Ältere Ausgaben und einzelne Artikel sind als Download verfügbar. Aufgrund der inhaltlichen Ausrichtung ist es naheliegend, dass sich auf dem Blog zwei Einträge zur *Identitären Bewegung* finden. Beim Ersten handelt es sich um eine Verlinkung und Übersetzung der *Kriegserklärung* der französischen *Génération Identitaire* ins Høgnorsk (dt.: Hochnorwegisch). Der Artikel wird mit einem Foto illustriert, das zwei Ausgaben des *Målmannen* neben dem Büchlein *Nous sommes la Generation Identitaire* (dt.: Wir sind die identitäre Generation) und einem dazugehörigen T-Shirt zeigt.[442] Der zweite Artikel erläutert, was ›identitär‹ bedeutet und was dies in Skandinavien bzw. Norwegen sein kann. Die Autorin des Artikels, Siv-Kari Hjelmås Johansen, hält die ethnische Herkunft und ferner die ›lokale‹, ›regionale‹, ›nationale‹ oder ›europäische‹ Identität für die Säulen der identitären Idee. In Bezug auf Norwegen bedeute diese Idee, das Land aus einer ›nordischen‹ Perspektive heraus zu betrachten, welche im Gegensatz zu einem vermeintlichen ›liberalistischen Linksnationalismus‹ stünde, der Norwegen beherrsche. Norwegen solle Teil einer ›organischen‹ Gemeinschaft nordischer Staaten sein, in der die regionalen Unterschiede respektiert und gepflegt würden. Nun schlägt Johansen den Bogen zu *Målmannen* und dessen Høgnorsk-Agenda: Diese ursprünglichere Stufe des Nynorsk sei aus identitärer Per-

---

440 Målmannen zit. n. https://www.facebook.com/pages/M%C3%A5lmannen/202082899808198, 13.11.2013, 9h15
441 Målmannen 2014, o.S.
442 Målmannen 2013a, o.S.

spektive ideal, da sie sowohl die regionale Identität betone, zugleich aber auch mehr Gemeinsamkeiten mit dem Schwedischen, Isländischen und Färöischen aufweise als das Bokmål, die dominierende norwegische Schriftsprache, die eng mit dem Dänischen verwandt ist.[443] *Målmannen* und insbesondere dessen Chefredakteur Olav Torheim zeigen jedoch nicht nur Sympathie für die *Identitäre Bewegung*, sondern auch für Neonazis, die in Magdeburg alljährlich einen geschichtsrevisionistischen ›Gedenkmarsch‹ angesichts der Bombardierung der Stadt am 16. Januar 1945 veranstalten. Torheim nahm 2013 an diesem Teil und zeigt sich in einem Artikel begeistert von der Disziplin und Ruhe der Nazis.[444] Torheims Interesse an der Vernetzung internationaler rechtsextremer Organisationen zeigt sich auch daran, dass er bzw. *Målmannen* 2013 bereits zum zweiten Mal am *Boreal Festival* in Italien als Gastsprecher teilnahmen. Dort traf er unter anderem auf Vertreter_innen der italienischen neofaschistischen Partei *Forza Nuova*, der rechtsextremen Jugendorganisation *Nordisk Ungdom* aus Schweden oder der ebenfalls rechtsextremen Partei *Renouveau Français*.[445]

Ein Kuriosum im norwegischen identitären Spektrum ist die nach dem Schlachtfeld der germanischen Götterdämmerung benannte Gruppierung *Vigrid*. Bereits ein oberflächlicher Blick auf die Internetseite zeigt, dass es sich bei *Vigrid* weniger um nach außen auf Äquidistanz zur Linken und Rechten bemühte Identitäre als vielmehr um neoheidnische Neonazis handelt. So wird im Artikel *NWO = JWO – Jew World Order* sowohl der Holocaust geleugnet als auch von einer jüdischen Weltverschwörung schwadroniert.[446] Sich selbst beschreiben die Mitglieder als ethnisch-religiöse Gemeinschaft, die zum Ziel habe, eine nordische Gesellschaft zu entwickeln, welche auf der nordischen Religion sowie ihren Werten und ihrer Kultur basiere.[447] *Vigrid* findet hier Erwähnung, weil sich die Gruppierung selbst als identitär bezeichnet und zum Teil neurechte Strategien verfolgt, die sich bei den Gruppierungen der *Identitären Bewegung* wiederfinden. Die seit 1999 existente Gruppe betont, von Anfang an eine *Identitäre Bewegung* gewesen zu sein, welche auf der metapolitischen Ebene basiere.[448] Der Begriff ›identitär‹ wird auch bei *Vigrid* mit Schlagworten versehen und in

---

443 Hjelmås Johansen 2013, o.S.
444 Målmannen 2013b, o.S.
445 Forzanuova Milano 2013, o.S.
446 Vigrid 2013a, o.S.
447 Vigrid 2013b, o.S.
448 Vigrid 2013c, o.S.

einem Satz abgehandelt, anstatt ihn genau zu erläutern. Die gemeinsame Grundlage der *Identitären Bewegung* sei die gesamteuropäische ethnische, kulturelle, historische, religiöse und moralische Haltung, die in Jahrtausenden entstanden sei.[449] Der Begriff des Identitären lässt sich problemlos in die neonazistische Ideologie der *Vigrid*-Gruppe eingliedern. Ebenso ist er ein probater Begriff für die *Målmannen*-Zeitschrift, die ihre eigenen Ziele durchaus als Teil der identitären Idee begreift und zugleich Sympathien für neonazistische Kreise und Ideologien hat.

Dänemark

Dänemark ist das nordeuropäische Land, in dem sich Spuren der *Identitären Bewegung* am schwierigsten finden lassen. Seit dem 6. November 2013 gibt es zwar eine Facebook-Seite namens *Generation of National Identity supportsite – Denmark*, die auch das Corporate Design der *IB* verwendet. Bislang hat die Gruppe jedoch nur Altbekanntes von anderen Gruppen auf ihrer Seite geteilt, wie die *Kriegserklärung*[450] oder Videos der Reden von Markus Willinger auf dem *Identitär Idé*-Seminar in Stockholm am 27. Juni 2013[451] bzw. auf der *Traditional Britain Group Conference* am 19. Oktober 2013 in London.[452] Sujets oder Videos, die auf eigene Aktionen verweisen finden sich ebenso wenig, wie Bezüge auf Dänemark oder dänische Regionen. Zudem ist die Seite bisher komplett auf Englisch gehalten, allein in den Kommentaren zu einem Video wird auf Dänisch kommuniziert, was der einzige Hinweis darauf ist, dass die Seite tatsächlich von dänischsprachigen Personen betrieben wird.[453] Darin unterscheidet sie sich deutlich von den vorgenannten Facebook-Seiten. In Ermangelung von Gruppierungen, die sich selbst als ›identitär‹ bezeichnen oder gar das Corporate De-

---

449 Vigrid 2013c, o.S.
450 Generation of National Identity supportsite – Denmark zit. n. https://www.facebook.com/permalink.php?story_fbid=347660105379088&id=347363878742044, 14.11.2013, 16h45
451 Generation of National Identity supportsite – Denmark zit. n. https://www.facebook.com/permalink.php?story_fbid=347737335371365&id=347363878742044&stream_ref=10, 14.11.2013,15h13
452 Generation of National Identity supportsite – Denmark, zit. n. https://www.facebook.com/permalink.php?story_fbid=349245851887180&id=347363878742044, 14.11.2013, 16h50
453 Generation of National Identity supportsite – Denmark zit. n. https://www.facebook.com/permalink.php?story_fbid=347378168740615&id=347363878742044, 14.11.2013, 16h50

sign der *IB* verwenden, fällt der Blick zwangsweise auf Blogs und andere Internetportale, die die Themen der Identitären bzw. die *IB* selbst diskutieren. Im Kapitel über Schweden wurde bereits das rechtsextreme Internetportal *Nordisk* erwähnt. Dort herrscht zwar Schwedisch vor, es gibt aber Foren in den Sprachen Englisch, Niederländisch, Deutsch, Spanisch, Französisch, Finnisch, Norwegisch und Dänisch. Die letzten Einträge im dänischsprachigen Forum stammen allerdings vom 20. September 2013 und auch sonst sind viele Diskussionen eher kurz und mit wenigen Beiträgen verschiedener Forumsmitglieder versehen.[454] Neben dem mehrsprachigen Portal *Nordisk* gibt es zahlreiche rechte bis rechtsextreme dänische Blogs, von denen nur einige wenige hier genannt werden können. Bereits seit 2003 existiert der Blog *Uriasposten*. Er wurde laut Eigenaussage mit der Intention gegründet, ein rechtes Gegengewicht zur vermeintlich durchgehend politisch links stehenden dänischen Medienlandschaft zu bilden.[455] Ähnlich der Facebook-Auftritte vieler Gruppierungen der *IB*, besteht ein Großteil der Einträge auf *Uriasposten* aus Artikeln, die die politischen Feind_innen diskreditieren und ›entlarven‹. Einzelfälle werden als Beleg für ›Ausländerkriminalität‹ hergenommen[456] oder betont, dass es sich bei dem Amokläufer in der Redaktion der französischen Zeitung *Liberation* um einen algerischen »Linksextremisten« handelte.[457] In eine ähnliche Kerbe, wenn auch noch eindeutiger auf die Themen ›Islam‹ und ›Immigration‹ konzentriert, schlägt der dänisch/schwedischsprachige Blog *Snaphanen*.[458] Am 5. Oktober 2012 wurde auf dem Blog eine Übersetzung einiger Zitate der *Kriegserklärung* der französischen Identitären gepostet. Unter den Zitaten steht ein Text, der offenbar von Lars Vilks, Zeichner der Mohammed-Karikaturen, stammt. Vilks äußert darin die Sorge, dass die schwedische ›Multikulti-Gesellschaft‹ die Demokratie zerstöre, da sie immer mehr junge Menschen nach Rechts treibe. Zudem greift Vilks den antifaschistischen *Expo Idag Blogg* (dt.: Expo Heute Blog) an, der Vilks für seine rassistische Rhetorik

---

454 Zit. n. http://www.nordisk.nu/showthread.php?t=59602&p=666033&viewfull=1 #post666033, 14.01.2014, 02h55
455 Uriasposten 2006, o.S.
456 Uriasposten 2013a, o.S.
457 Uriasposten 2013b, o.S.
458 Als *snaphan* wurden ursprünglich Räuber und Geächtete in Nordeuropa bezeichnet. In den Kriegen zwischen Dänemark und Schweden im 17. Jahrhundert war dies zugleich die Bezeichnung der schwedischen Seite für all jene, die auf Seiten Dänemarks in den schonischen Provinzen kämpften, ohne den regulären dänischen Truppen anzugehören. Vgl.: Alm 2012, o.S.

kritisiert hatte. Vilks beschreibt den Blog als Symptom einer schwedischen Demokratie, die unfähig sei, mit größeren Uneinigkeiten umzugehen.⁴⁵⁹ Vilks benutzt damit die hergebrachte Rhetorik der Identitären, sich als Verteidiger_innen der Demokratie aufzuspielen. Islam und Immigration – von Identitären nicht voneinander getrennt denkbar – werden als Bedrohung der demokratischen Gesellschaft, der sie sich selbst zurechnen, angesehen. Nach dem Text Vilks folgt ein englischer Artikel über den französischen antimuslimischen Schriftsteller Richard Millet. Dieser enthält Auszüge aus einem Interview, das er dem pro-israelischen italienischen Journalist Giulio Meotti gab. Millet beklagt sich über den Gegenwind, den er von Seiten der Politik und Medien erhalte. Mit *Eloge littéraire of Anders Breivik* hatte Millet ein Pamphlet verfasst, in dem er Breiviks Tat als verwerfliche, aber logische Reaktion auf den ›Multikulturalismus‹ in Europa beschreibt.⁴⁶⁰ Da er selbst Schriftsteller ist, kommt Millet nicht umhin, die vermeintliche politische Tendenz der zeitgenössischen französischen Literatur und, in ›bester‹ rechter Tradition, den Untergang der europäischen Kultur zu beklagen:

> »Literature, especially in France, is the new lie of ›tolerance‹. He thinks that multiculturalism ›grows on the death of national cultures in the name of humanism. Multiculturalism has become a weapon. As Europe feels guilty for genocides and colonization, our continent cannot longer be itself. Europeans live in hatred of themselves, which is a form of nihilism. Breivik is the monstrous echo and the response to this hate‹.« (dt.: Literatur, vor allem in Frankreich, ist die neue Lüge der ›Toleranz‹. Er glaubt, dass Multikulturalismus ›durch den Niedergang von Nationalkulturen im Namen des Humanismus heranwächst. Multikulturalismus hat sich zu einer Waffe entwickelt. Da Europa sich für Völkermorde und Kolonisierung schuldig fühlt, kann unser Kontinent nicht mehr er selbst sein. Europäer leben mit Hass auf sich selbst, was eine Form von Nihilismus ist. Breivik ist das monströse Echo und die Antwort auf diesen Hass‹.)⁴⁶¹

Auch hier lanciert Millet die großen Themen von Rechtsextremen und Identitären: Die ›multikulturelle‹ Gesellschaft wird als Hauptgrund für den Niedergang einer gedachten ›europäischen‹ Kultur genannt und für den Verlust ihrer Identität verantwortlich gemacht. In weiteren Texten wird der Islam explizit als zu bekämpfende Religion angesprochen. In Dänemark gibt es noch weitere Blogs und Online-Zeitschriften, die einen ähnlichen Ansatz wie die beiden genannten verfolgen und sich dem Kampf

---

459 Snaphanen 2013, o.S.
460 Snaphanen 2013, o.S.
461 Snaphanen 2013, o.S.

gegen ihre Feindbilder ›Islam‹ und die ›multikulturelle Gesellschaft‹ verschrieben haben. Zu nennen wären in dem Zusammenhang vor allem die Zeitschrift und gleichnamige *Gesellschaft für Meinungsfreiheit* (dän.: *trykkefrihedsselskabet*) *Sappho*, die nationalkonservative Zeitschrift *Nomos* oder der mittlerweile aufgegebene rechtsextreme Blog *Vederfølner*.

Spanien

Das online unmittelbar zugängliche Material zu den spanischen Ablegern der Identitären ist nur spärlich und beschränkt sich auf einen Facebook- und einen Twitter-Account sowie auf einen Tumblr-Blog. Letzterer ist – obwohl er mehr Videolinks als selbst verfasste Texte enthält – am ergiebigsten, da er bereits seit Mai 2011 existiert und nahezu täglich aktualisiert wird. Das auslösende Moment begründet die Gruppe knapp wie folgt:

> »Im 21. Jahrhunderts wird die Schlacht entschieden werden zwischen Nationalstaaten und der Auflösung der Volkssouveränität, zwischen der Sozialen Marktwirtschaft und Raubtierkapitalismus, zwischen Ökosystemen und einer falschen Vorstellung von Fortschritt und vor allem zwischen dem Fortbestehen der Identitäten von Völkern und der Globalisierung.«[462]

Der martialische Sprachgebrauch steht dem der bereits vorgestellten identitären Gruppen in nichts nach, jedoch kann derzeit davon ausgegangen werden, dass es sich bei den *Identitarios* nicht um eine Ablegergruppe handelt, die ähnlich im klassisch identitären Netzwerk verhaftet ist wie beispielsweise deutsche, österreichische oder französische Gruppen, sondern dass sie eigenständiger agieren. Das lässt sich an mehreren Merkmalen feststellen: In puncto Jugendlichkeit ist schwer abzuschätzen, welcher Altersgruppe sich die Protagonist_innen zuordnen lassen. Hinweise auf einen eigenen identitären Aktionismus fehlen. Der Raum Europa spielt in Texten, Videobeiträgen oder auch nur Nennungen in Statusmeldungen, Veranstaltungen oder Kommentaren kaum eine Rolle, stattdessen ist der national abgegrenzte Raum Spaniens der Bezugsraum. Hauptforderung der *Identitarios* ist ein geeintes Spanien beziehungsweise eine geeinte iberische Halbinsel. Folglich lehnen sie Autonomiebestrebungen wie jene der Katalan_innen oder der Bask_innen strikt ab. Die offenkundigen Bezüge, die in sozialen Netzwerken einsehbar sind, wirken so, als hätten sich die Verantwortlichen der spanischen Gruppe auf einen Schlag die für sie schil-

---

[462] Zit.n. http://www.identitarios.es/nosotros, 24.10.2013, 14h40 und aus dem Spanischen übersetzt.

lerndsten Parteien, Akteur_innen und Aktivist_innengruppen außerhalb Spaniens gesucht. So finden sich die *NPD*, *FPÖ*-Obmann Heinz-Christian Strache, die *Jobbik*-Partei, die *BNP* sowie der *Vlaams Belang* unter den ›Favoriten‹. Zusätzlich gibt es mittels Likes ausgedrückte Verbindungen zum *bloc identitaire* (BI), der *Génération Identitaire* (GI) oder auch Zentropa. Ihr Tumblr-Blog, www.identitarios.es, erinnert an Zentropa, es sind vor allem Bildposts mit kurzen oder gar keinen Texten darunter. Das Logo der Identitarios ist gegenwärtig ein gelber Kreis, in dem »id« in schwarzer serifenloser Schrift steht. Klickt man sich durch die Facebook-Bilder sind einige wenige Lambda-Symbole darunter, auch finden sich dieselben Motive, wie sie von der *Identitären Bewegung* benützt wurden, jedoch mit spanischen Headern. Der Untertitel des Blogs ist – in Anlehnung an die IB – »0% Racismo 100% Identidad«[463]. Es finden sich also Belege für eine Übernahme der Corporate Identity sowie populärkultureller Ästhetik. Nachdem die *Identitarios* schon länger agieren als beispielsweise die deutschen oder österreichischen Gruppen und Ansätze einer Angleichung im Außenauftritt erkennbar sind, liegt der Schluss nahe, dass sich die Aktivist_innen, die ja auch den Begriff ›identitär‹ früh für ihre Namensgebung verwendet haben, später in die *Identitäre Bewegung* ›eingeklinkt‹ haben, wenn auch nur lose. Es finden sich keine dezidierten Hinweise auf eine institutionelle Anbindung, lediglich für ein – vorerst – digitales und inhaltliches Naheverhältnis.

Die Säulen, auf denen die politische Ausrichtung der *Identitarios* ruht, können wie folgt benannt werden: Anti-Imperialismus, Anti-Modernismus, Antimarxismus und christliche Orthodoxie. Der Anti-Amerikanismus kommt in der gehäuften Darstellung eines gefährlichen US-Präsidenten (sowohl George W. Bush als auch Barack Obama) zum Ausdruck. Die im August und September 2013 weltweit diskutierte mögliche militärische Intervention von US-Streitkräften in Syrien wurde in großem Maßstab von den *Identitarios* aufgegriffen. In zahlreichen Sujets sprechen sie sich für die Unabhängigkeit Syriens und gegen eine Einmischung der USA aus. Zugleich machen sie innerhalb demokratischer Systeme autoritäre Muster aus, die sie mit kapitalistischen Antriebskräften verbunden sehen: Ihre reaktionäre Einstellung stellen sie unter anderem in Sujets zu Schau, in denen Kinder aus den 1950ern, die auf einer Straße in einem vermutlich nordenglischen Backsteinhausviertel Fußball spielen als Positivbeispiel gegenüber

---

463 Identitarios Zit.n. http://www.identitarios.es/, 13.01.2014, 22h37

einem zeitgenössischen Foto von Kindern, die auf dem Sofa mit ihrem eigenen Laptop spielen, abgebildet sind.[464] Neben Papst-Zitaten bedienen sich die *Identitarios* auch christlich-orthodoxer Ikonografien, beispielsweise indem sie Sergij Radonežskij [465] abbilden, der speziell für Russisch-orthodoxe eine bekannte Figur darstellt.[466]

Abseits der >Favoriten<, die auf Facebook angegeben sind, finden sich kaum konkrete – beispielsweise personelle oder textliche – Überlappungen mit ausdrücklich rechtsextremen Persönlichkeiten oder Organisationen, denn auch Verlinkungen bleiben oft nur spärlich oder ganz unkommentiert, was das Nachzeichnen des Standpunktes der *Identitarios* schwierig gestaltet.

Eine bekannte kommunalpolitische Initiative, die – mit beachtlichen Erfolgen – auch zu Wahlen antritt ist die rechtsextreme *Plataforma per Catalunya (PxC)*, die sich seit Beginn der 2000er Jahre inmitten einer spanienweiten Radikalisierung eines immigrant_innenfeindlichen Diskurses in Katalonien etabliert hat. Ihr Vorläufer war die *Plataforma Vigatana* (gegründet 2001), die durch Proteste gegen den Bau einer Moschee in einem Küstenort bei Barcelona im Jahr 2003 Öffentlichkeit erlangt hatte.[467] Vorsitzender der *PxC* ist Josep Anglada i Rius, der seine Politkarriere in der ultra-katholischen, Franco-nationalistischen *Fuerza Nueva* begonnen hatte. Zu dieser pflegt die *PxC* heute noch enge Kontakte in der Zusammenarbeit, ebenso wie zur konservativ-katholischen Partei *Unió Democrática de Catalunya (UDC)* sowie der *Alianza Popular* (AP).[468] Er ist gern gesehener Gast beim WKR-Ball, dem Ball der deutschnationalen Burschenschaften in Wien, der eines der größten rechtsextremen Vernetzungstreffen in Europa ist. Bei Kommunalwahlen 2003 erlangte die Organisation, die sich von klassischer Parteiarbeit distanziert und sich stattdessen als Unterstützerin für diverse »Bürgerprojekte« verstehen will, in unterschiedlichen Gebieten zwischen fünf und zehn Prozent der Stimmen. 2007 verdoppelten und verdreifachten sich diese Werte gar,[469] 2011 breitete sich ihr Wahlerfolg auf umliegende Städte aus.

---

464 Identitarios Zit.n. http://www.identitarios.es/post/56881531452. 24.10.2013, 13h23
465 Es handelt sich dabei um einen Priester, der im späten 14. Jahrhundert durch seine Prophezeiung des Ausgangs der Schlacht von Kulikovo bekannt wurde, in der tartarische Mongolen gegen russische Heere kämpften (8. September 1380).
466 Zit.n. http://www.identitarios.es/post/60293810713/oldsamovar-sergius-of-radonezh-blessing-dmitry, 15.01.2014, 12h10
467 Eser 2013, S. 28
468 Noguer 2010, o.S.
469 Eser 2013, S. 28

Am 31. Oktober 2012, also kurz vor der Wahl zum Regionalparlament von Katalonien veröffentlichte die *PxC* ein YouTube-Video[470], das die Stereotype rund um – muslimische – Immigrant_innen auf den Punkt bringt. Zu sehen sind Kinder, die auf einem bunten Karussell auf Pferden und anderen Figuren fahren, das Dach des Karussells ist einem dunkelblauen Himmel mit gelben Sternen – eine Andeutung auf die Fahne der Europäischen Union – nachempfunden. Die zunächst jahrmarktähnliche Musik wird langsamer, es tauchen dunkle Gestalten auf, die sich nach wenigen Sekunden als Frauen in Burkas herausstellen. Das Bild verliert an Farbe, die Musik verzerrt, die Frauen werden zahlreicher und verdrängen die Kinder vom Karussell. Es ist eine Verzerrung, wie sie sonst nur aus Horrorfilm-Trailern bekannt ist.

> Der xenophobe Diskurs wird aktualisiert und das klassische abwertende Stereotyp des verarmten spanischen Binnenmigranten, des ›xarnego‹ durch das negative Stereotyp des ›moro‹, des die Integration in die katalanische Kulturgemeinschaft verweigernden Moslems, ersetzt.[471]

PxC baut auf vorhandenen Existenzängsten von Katalan_innen auf, die um ihre sprachliche Autonomie kämpfen. Spannend ist dahingehend, dass die *PxC* – wie die *Identitarios* – separatistische Bestrebungen innerhalb Spaniens ablehnt. Zusammenhalt und Aufrechterhalten eines großen gemeinsamen Ganzen sollen als ›spanische Identität‹ wahrgenommen und einem klar definierten ›Anderen‹ entgegengehalten werden. Und diese ›Anderen‹ sind Immigrant_innen aus Marokko sowie deren Kinder und Enkel.

Wenn man Anglada fragt, was der Antrieb für eine solche Organisation sei, so antwortet er:

> »Es geht um unser Überleben, um die Wahrung unseres Lebensstils und die Wiederherstellung der wirtschaftlichen Stabilität. Wir sind besorgt über die Folgen der Masseneinwanderung, verbunden mit der demographischen Bilanz unseres eigenen Volkes.«[472]

Die Politik der *PxC* baut auf drei Säulen auf: katalonischer Identität, dem spanischen Rechtsstaat sowie einer als europäisch-abendländisch definierten Kultur. Damit arbeiten sie in derselben Logik wie die europaweit agierenden Parteien und Initiativen, mit denen sie kooperieren, darunter die *FPÖ*, die der *PxC* bei den Wahlen 2010 eine »intensivere Zusammenar-

---

470 Spot Eleccions al Parlament 2012 Stop Immigració PxC, 03.10.2013
471 Eser 2013, S. 28
472 Eser 2013, S. 28

beit zwischen patriotischen Parteien«⁴⁷³ zusicherte oder der *Vlaams Belang*, dessen Fraktionsvorsitzender Filip Dewinter auf seiner Homepage in einem ausführlichen Brief seine Solidarität kundtat.⁴⁷⁴ *PxC* nimmt ebenso auf >Pro<-Märschen in Deutschland⁴⁷⁵ teil – die identitäre Rechte in Europa weiß also, zusammenzuhalten. Was die Aufnahme von *PxC* in dieses Buch rechtfertigt, wird klarer, wenn man ihre Jugendorganisation näher betrachtet. *Joventuts Identitàries per Catalunya* (JIxC) hat seit August 2011 eine Facebook-Präsenz, seit Januar 2012 betreiben sie eine Homepage im Blogformat⁴⁷⁶. Ähnlich wie *CasaPound Italia* (CPI), die sich mit dem Füttern von Straßenkatzen als besonders sozial engagiert präsentieren möchten, besuchen die Aktivist_innen von *JIxC*, die auch bei *PxC* aktiv sind, im Namen des Tierschutzes das Tierheim Rodamón del Baix Empordà⁴⁷⁷ oder bringen alten und/oder erwerbslosen »indigenen« Personen auf Solidaritätsbesuchen Lebensmittel.⁴⁷⁸ Ähnlich wie bei *CPI* gibt es *PxC* und *JIxC* schon länger als die *Identitäre Bewegung* und in ihrer Ästhetik spielen Populärkultur und eine Übernahme der *IB*-Corporate Identity keine Rolle, agieren sie doch in erster Linie als die junge Unterstützung einer formalen Wahlpartei. Die Faktoren Jugendlichkeit und Aktionismus sind ausgeprägter als bei den *Identitarios*, der Begriff der >Identität< ist auch hier für das politische Selbstverständnis maßgebend. Eine Verbindung zwischen den *Identitarios* und den beiden katalanischen Gruppen ist nicht festzustellen.

Portugal

Die bekannteste portugiesische Gruppierung, die als identitär bezeichnet werden kann, ist *Causa Identitária* (CI). Der Verein wurde im Mai 2005 gegründet, doch erst im Juni 2007 legalisiert. Sie selbst sehen sich als einer Denkrichtung zugehörig, die als *Ideal Identitário* bezeichnet wird. Wie bei den Gruppen aus dem deutschsprachigen Raum, aus Skandinavien, Italien,

---

473 Freiheitlicher Parlamentsklub – FPÖ 2013, OTS0042
474 Vgl. Dewinter 2011, o.S.
475 Vgl. bnr 2010, o.S.
476 Zit.n. http://joventutsidentitaries.blogspot.co.uk/, 13.01.2014, 22h53
477 Joventuts Identitàries per Catalunya (Província de Girona) Zit.n. https://www.facebook.com/media/set/?set=a.539794929423236.1073741844.180556052013794&type =1, 13.01.2014, 23h05
478 Joventuts Identitàries per Catalunya (Província de Girona) Zit.n. https://www.facebook.com/photo.php?fbid=586703118065750&set=pb.180556052013794.-2207520000.1389653819.&type=3&theater, 13.01.2014, 23h00

Frankreich und Spanien, erfolgen Selbstcharakterisierung und Abgrenzung entlang einer national gedachten Linie, einer ablehnenden Haltung gegenüber Globalisierung und Migrationsbewegungen und bilden die Hauptbeweggründe für den Aktivismus der Mitglieder. Anders als für die Gruppen aus dem nord- und zentraleuropäischen Raum sind es für die portugiesischen (und spanischen) Gruppen Migrant_innen aus afrikanischen Staaten, die als dem ›arabischen Raum‹ zugehörig gelten, gegen die sie Stimmung machen. Sie bezeichnen sogar die Migration von der ›Süd‹halbkugel zur ›Nord‹halbkugel als »Neo-Kolonisation«[479]. Zum Ziel erklären sie den Erhalt einer europäischen und portugiesischen ›ethno-kulturellen Identität‹, deren Beschaffenheit sie nicht näher ausführen. Da die Homepage derzeit nicht abrufbar ist, wird hier aus dem rechten Wikipedia-Ableger *Metapedia* zitiert, der seinerseits auf Informationen der Gruppierung selbst zurückgreift und ihre Ziele übersetzt wie folgt beschreibt:

> »[Der] Aufbau eines vereinten Europas unter Beachtung seiner reichen nationalen Identitäten, [...] Wirtschaft sollte auf soziale Gerechtigkeit und die richtige Verteilung des Reichtums [zielen] [...] die Förderung von Kultur, Wissenschaft und Landessprache, Schutz der Natur und der natürlichen Ressourcen [soll] auf einer klugen Verwaltung des Territoriums beruhen.«[480]

Es werden ausdrücklich sozioökonomische Themen wie die Verteilungsfrage in ein Programm aufgenommen, wobei die Bevölkerung, auf die diese zu erhaltenden Ressourcen verteilt werden soll, keine universale , sondern ausschließlich eine als ›national‹, ›kulturell‹, ›sprachlich‹ oder ähnlich zugehörige definiert ist. *CI* wendet sich gegen eine Form des *Europeísmo*, der supranationale Institutionen hervorbringt und – in ihrer Diagnose – die Souveränität von Nationalstaaten schwächt. Sie fordern daher die Bildung eines *bloco civilizacional*, der am ehesten als über ›Kultur‹ definierter zivilgesellschaftlicher Block übersetzt werden kann. Damit wollen sie sich von herkömmlichen nationalistischen Bewegungen, »falscher Radikalität« und »exzessiven Praktiken« abgrenzen, die für sie als »überholt« gelten – in Summe benennen sie sich daher als »post-nationalistisch«, wobei eine Definition dessen ausbleibt.[481] Neben der Teilnahme an Demonstra-

---

479 Zit.n. http://es.metapedia.org/wiki/Causa_Identitaria und aus dem Spanischen übersetzt. 27.09.2013, 13h24
480 Zit.n. http://es.metapedia.org/wiki/Causa_Identitaria und aus dem Spanischen übersetzt. 27.09.2013, 13h30
481 Zit.n. http://es.metapedia.org/wiki/Causa_Identitaria und aus dem Spanischen übersetzt. 27.09.2013, 13h45

tionen und dem Verteilen von Flugblättern an portugiesischen Universitäten haben Mitglieder von *CI* im November 2006 an der Konferenz *A nova Reconquista. Da Ibéria à Sibéria* (dt.: Die neue Reconquista. Von Iberien nach Sibirien) teilgenommen. Auf der Konferenz sprachen neben Duarte Branquinho, der 2006 Vorsitzender von *CI* war, auch Humberto Nuno de Oliveira, Guillaume Faye[482] und Pierre Vial. Letzterer ist »langjährige[r] Parteigänger«[483] des *FN*, bekennender »Racialist«[484] und Mitglied der Stiftung *Kontinent Europa*, die der *NPD* nahesteht. Branquino kandidierte 2005 bei den Parlamentswahlen für die *Partido Nacional Renovador* (PNR) (dt.: Nationale Erneuerungspartei), die im Parteienspektrum rechts außen zu verorten[485] und mit dem Slogan »Portugal aos Portugueses!« (dt.: Portugal den Portugies_innen!) bekannt geworden ist. Humberto Nuno de Oliveira trat 2009 für die Wahlen zum Europäischen Parlament ebenso für die *PNR* an – als Spitzenkandidat. Im Februar 2008 begründeten und publizierten sie ein Magazin namens *Revista Identitário* (dt.: Identitäres Magazin). Das Magazin ist derzeit nicht verfügbar, der dazugehörige Blog[486]

---

482 Faye gehörte zu den führenden Theoretikern (sic!) der Neuen Rechten in Frankreich und war einige Jahre lang Mitglied von *GRECE*, bevor er sich 1986 abwandte. Gegenwärtig ist er durch seine Tätigkeit als Autor bekannt, in seinen Büchern schreibt er einen Krieg á la militarisiertem *clash of civilization* herbei, der durch Immigration verursacht würde.
483 Kolthoff 2012, o.S.
484 Dass es sich bei Pierre Vial offenkundig um einen ›Rasse‹-Ideologen handelt, zeigt seine ins Deutsche übersetzte Rede vom 20. Januar 2013 in Genf: »Um uns zu kennzeichnen, verwenden wir einfach den Begriff ›völkisch‹, eine andere Art zu sagen, dass wir kämpfen, damit die Europäer sich wieder darauf besinnen, dass ihr Schicksal in erster Linie untrennbar von ihrer Zugehörigkeit in einer Volksgemeinschaft begründet ist. Volksgemeinschaft stützt sich auf ein biokulturelles Fundament, was bedeutet, dass für uns Identität die Zugehörigkeit zu einer Rasse und Kultur impliziert, die selbst natürlich auf einem Territorium verankert sind, d.h. wo ihre Wurzeln liegen.« Zit.n. http://www.europaeische-aktion.org/Artikel/de/Kurzfassung-der-Rede-von-Prof-Pierre-Vial_200.html. 27.09.2013, 14.45.
485 So gibt es eine Zusammenarbeit mit der *FN* in Frankreich und der *NPD* in Deutschland.
486 Link: revistaidentitario.wordpress.com

wurde gelöscht, seit 23.01.2013 gibt es eine gleichnamige Facebook-Seite, die jedoch nur spärlich mit Inhalt gefüllt und aktuell gehalten wird. Das Symbol von *CI* ist ein – stilisierter – Eberkopf, ähnlich wie beim *BI*. Der Eber war bereits für indogermanische Bevölkerungsgruppen, beispielsweise Kelt_innen und German_innen, ein wichtiges Symbol. Karlheinz Weißmann, tätig am *Institut für Staatspolitik* (IfS) – einem der wichtigen Netzwerke und feste Institution der Neuen Rechten in Deutschland – widmet sich diesem Symbol ausführlich und attestiert, dass es bis ins Mittelalter für »Kampfwut«[487] gestanden habe. Das ist der Grund, weshalb politische Gruppen – ob in Frankreich oder Portugal – den Eber als Sinnbild in ihren Sujets verwenden. *CI* prägt eine eigene Ästhetik, Sujets bestehen meist aus der simplen Abbildung einer Person mit Zitat auf schwarzem Hintergrund. Nur selten stößt man in digitalen Fotoalben auf ein Lambda oder auf eine schwarz-gelbe Linie im Layout. *CI* kann – ähnlich wie der *BI* oder *CP* als ältere Generation identitären Aktivismus eingestuft werden. Sie gehören also nicht zur *Identitären Bewegung*, die ab 2012 ein Netzwerk ausgebildet hat, auch wenn sich ihre Aktivisten (es sind nur Männer) bei einem Besuch von Philippe Vardon als kleines Grüppchen ablichten lassen[488] oder Veranstaltungen mit Guillaume Faye organisieren.[489] *CI* wird hier aufgrund der persönlichen Kontakte zum *BI* erwähnt. Die portugiesische Gruppe verzichtet auf Aktionen, hippe Videos oder besonders jugendliche Frontfiguren, stattdessen bleibt sie in der digitalen Arbeit, die weitaus weniger rege als bei anderen Gruppen ist, bisher unabhängig von *IB*-Vorgaben.

---

[487] Zit. n. http://www.karlheinzweissmann.de/eber.html, 27.09.2013, 11h13
[488] Zit. n. http://www.flickr.com/photos/philippevardon/8992240438/, 13.01.2014, 23h48.
[489] Causa Identitaria: Causa Identitaria, Zit. n. http://www.youtube.com/watch?v=tfM3434oA_s, 08.01.2014, 10h56

Politisches und publizistisches Umfeld

Dieses Kapitel listet die von uns als relevant eingestuften Blogs, Zeitschriften, politischen Netzwerke, Verlage, Thinktanks und (Bildungs-)Zentren auf. Wir hoffen, dass für Leser_innen in der Zusammenschau erkennbar wird, welche Formen der Institutionalisierung Akteur_innen der Neuen Rechten gewählt haben, um beispielsweise ihre Positionen in Druckform oder in regelmäßig aktualisierten Homepages für Interessierte zugänglich zu machen. So haben sich direkt aus etablierten Parteien heraus Zirkel gebildet, die anhand von eigens organisierter Pressearbeit Meinungsbildung betreiben. Ein anderes Beispiel sind neurechte Duplikate bekannter Wissensportale, die eine rechte Interpretation von historischen Ereignissen, Aktivitäten politischer Gruppen – seien es Unterstützer_innen oder Gegner_innen – anbieten.

Ähnlich wie bei den Länderbeispielen in diesem Buch können wir hier nur Schlaglichter vorstellen, um einen ersten Überblick über Zeitschriften, Blogs und Bündnisse zu geben. Die nachfolgenden Seiten decken in erster Linie den deutschsprachigen Raum ab, beinhalten jedoch auch englischsprachige Verlage oder Portale, die von Protagonist_innen des neurechten Spektrums aus verschiedenen Staaten genutzt und bespielt werden. Eine umfassende Publikations- und Netzwerkanalyse zur Neuen Rechten in Europa gibt es derzeit nicht.

Verlage, Blogs und Zeitschriften

Arktos Verlag

Der Verlag wurde 2010 gegründet und hat seinen Sitz in England. *Arktos* verlegt philosophische Schriften von Autoren die sich der Konservativen Revolution zurechnen lassen (wie Julius Evola, Alain de Benoist, Oswald Spengler) sowie Vertreter_innen der Neuen Rechten, die sich als Theoretiker_innen versuchen (wie beispielsweise Alexander Dugin[490] oder

---

[490] Der russische Philosoph vertritt die Idee einer »Eurasischen Bewegung« und gilt als Begründer der »vierten Theorie«. Grundthese ist, dass der Liberalismus sich als geistige und politische Strömung im 20. Und 21. Jahrhundert durchgesetzt habe. Da dieser jedoch mit Konzepten wie universellen Menschenrechten, individuellen Rechten (sei es der Schutz von nicht heterosexuellen Orientierungen) oder Emanzipation von Mädchen und Frauen verknüpft ist, sei er laut Dugin abzulehnen, da dies zu einem »nihilistischen Programm« führe. Die »vierte Theorie« sucht nach einem gegen-liberalen Konzept (in einer Reihe

Guillaume Faye).[491] Ebenfalls im Sortiment finden sich mythisch-spirituelle Literatur, CDs aus dem Genre (Neo)Folk und Interpretationen vor allem europäischer Vergangenheit aus neurechter Perspektive. In Summe kann der Verlag als die Institution bezeichnet werden, die die Neue Rechte und folglich deren Jugendgruppen mit Basisliteratur und Referenzmöglichkeiten für ihre Arbeit versorgt. Zur Chefetage von Arktos zählen Daniel Friberg (CEO) und Patrik Ehn (Marketing)[492], Letzterer hat den Verlag auch beim *zwischentag* in Berlin repräsentiert.[493] Der Verlag sponsert – gemeinsam mit *Motpol* – das regelmäßig stattfindende *Identitär Idé* Seminar, das zuletzt im Juni 2013 in Stockholm zum fünften Mal stattfand[494]. *Arktos* (der das Lambda-Symbol im eigenen Logo trägt) lehnt eine klare politische Selbstverortung ab und spricht stattdessen davon, sich auf Schriften und Standpunkte zu konzentrieren, die »overlooked by the mainstream«[495] seien. Dabei wird nicht erläutert, dass es sich um die bewusste Entscheidung eines jeden Verlags handelt, (neu)rechte Publikationen aufzunehmen oder abzulehnen. Es ist also kein Zufall, wenn Bücher nicht als Mainstream gelten. Nicht verwunderlich aufgrund dieses Wirkungsbereiches ist daher, dass die Grundlagenliteratur – die dünne *Identitäre Generation* von Markus Willinger – ebenfalls im *Arktos* Verlag erschienen ist und von diesem ins Englische übersetzt wurde.

Karolinger Verlag

Der Verlag wurde 1980 in Wien als Kooperation mit dem – wie es die Betreibenden der Homepage betonen – frankophonen[496] Verlag *L'Âge d'Homme* in der Schweiz gegründet[497]. Mittlerweile agiert der *Karolinger*

---

davor werden Kommunismus, Faschismus und Liberalismus als die großen Strömungen genannt), Dugin fordert eine Revitalisierung »kollektiver Identitäten«. (Dugin o.J., o.S.)
491 Um nicht mit der Verwendung des Unterstrichs ein plurales Bild zu zeichnen als es der Realität entspricht: Von den 30 Autor_innenprofilen auf ihrer Homepage ist hur eines von einer Frau, Abir Taha. Zit.n. http://www.arktos.com/our-authors.html, 14.01.2014, 10h42
492 Arktos Zit.n. https://www.facebook.com/photo.php?fbid=723876954306624&set= pb.159665444061114.-2207520000.1389696320.&type=3&theater, 14.01.2014, 10h51
493 Arktos Zit.n. https://www.facebook.com/photo.php?fbid=710646795629640&set= pb.159665444061114.-2207520000.1389696320.&type=3&theater, 14.01.2014, 10h50
494 Zit.n. http://www.identitet.org/startsidan/, 14.01.2014, 10h35
495 Dt.: vom mainstream unbemerkt, zit.n. http://www.arktos.com/about/about-arktos. html, 26.11.2013, 23h45
496 Frankphonie bezeichnet die Idee einer Zusammengehörigkeit aller französisch-sprachigen Länder, zu deren Vertreter_innen beispielsweise Frankreich, Belgien oder zum Teil die Schweiz zählen.
497 Zit.n. http://www.karolinger.at/portrait.html, 03.10.2013, 11h29

Verlag unabhängig von letzterem. Als Schwerpunkte definieren die Verleger_innen Geschichte, Philosophie aber auch Metapolitik, unter den Autor_innen (fünf Frauen unter 91 genannten) befinden sich alte Bekannte wie Carl Schmitt, Armin Mohler, Clemens Fürst von Metternich, Ernst Nolte oder auch Oswald Spengler – also Vordenker_innen der Restauration oder wichtige Referenzschriftsteller der Konservativen Revolution. Laut Eintrag der *Wirtschaftskammer Österreich* ist der Verlag auch als Dr. Peter Weiß-Karolinger Verlag bekannt[498]. Das *Dokumentationsarchiv des Österreichischen Widerstands* (DÖW) gibt an, dass der Verlag zumindest bis 2001 am *W3-Verlag* beteiligt war (mit etwa 10 Prozent), dem Eigentümer der Wochenzeitung *Zur Zeit* von Andreas Mölzer und Hilmar Kabas (beide *FPÖ*).[499] Weiß, Alter Herr der Wiener Burschenschaft *Libertas*, wurde öffentlich als umstrittenes Mitglied des Universitätsrates der Kunstuniversität Linz sowie durch eine Anzeige wegen Körperverletzung gegen ein Mitglied der *ÖH Uni Wien* während einer *RFS*-Kundgebung zum 8. Mai 2003 bekannt.[500] Seine Person sowie die Auswahl an verlegten Autoren sind vermutlich der Grund, weshalb die Literaturkritikerin Sigrid Löffler in einem Interview das Unternehmen treffend als »Dunkelmännerverlag« bezeichnete, in dem sich »sehr dubiose Leute mit sehr dubiosen Ansichten versammeln«.[501]

Verlag Antaios

Der *Verlag Antaios* ist eng mit der Zeitschrift *Sezession* und dem *Institut für Staatspolitik* (IfS) verknüpft, was sich daran zeigt, dass Götz Kubitschek bei allen drei Projekten die entscheidende Rolle spielt. Das macht deutlich, dass die neue Generation der Neuen Rechten sehr zentralisiert funktioniert, viele Unternehmungen über das Engagement einzelner Personen stattfinden und es keine Massen an innovationsfreudigen jungen Menschen gibt, die die Szene am Leben erhalten. *Antaios* verlegt Bücher von Autor_innen der Neuen Rechten und vertreibt Titel anderer Verlage im Online-Shop. Die Bemerkung, dass Autor_innen eigentlich eine falsche Bezeichnung ist, sei erlaubt, wenn man sich das Gesamtverzeichnis 2013 des Verlags auf 20 A4-Seiten anschaut. Es ist bemerkenswert, dass auf diesen 20 Seiten ausschließlich Bücher von Männern und über Männer vorkommen. Selbst

---

498 Zit.n. http://bit.ly/15O4XN2, 26.11.2013, 23h53
499 Parlamentarische Anfrage Stadlbauer 2003, o.S.
500 Öllinger 2009, o.S.
501 Billerbeck 2007, o.S.

auf den Buchdeckeln sind ausschließlich Männer abgebildet, bis auf eine einzige gezeichnete Frau, die eine Mutter symbolisieren soll.[502] Ob diese, in ihrer frauenfeindlichen Pedanterie humoristische, Gestaltung bewusst so gewählt wurde, sei dahingestellt. Offenbar besteht aber die schreibende Zunft dieses Verlags einzig aus weißen Männern mit formal hohem Bildungsabschluss,.

Die selbstverlegten Bücher gliedern sich in acht verschiedene thematische Reihen: 1. *Reihe Kaplaken* (kleine Bücher im einheitlichen Design mit Reden, Essays, Monologen), 2. *Antaios Thema* (Sachbücher, Monographien, zum Beispiel: *Deutsche Opfer, Fremde Täter* – siehe eigenes Kapitel dazu), 3. *Staatspolitisches Handbuch* (Quasi-Lehrbücher herausgegeben vom *Institut für Staatspolitik*, siehe Kapitel zum *IfS*), 4. *Einzeltitel*, 5. *Jenaer Vorlesungen* (von Günther Zehm gestaltete Reihe zur Geschichte der Philosophie), 6. *Restposten*, 7. *Antaios Essay* und 8. *edition nordost* (Literatur, unter anderem mit der deutschen Übersetzung von Domenico di Tullios Roman über *CPI*– siehe Kapitel zu *CPI*).[503] Daneben wird auch die *Sezession* prominent angepriesen und vertrieben. Damit bedient der *Verlag Antaios* alles, was das neurechte Herz begehrt und trägt zur ideologischen Bildung des Milieus bei. Dass das seriöse Erscheinungsbild spätestens bei der Beschäftigung mit der inhaltlichen Ausrichtung der Bücher brüchig ist, zeigt sich zum Beispiel darin, dass Johannes Rogalla von Bieberstein munter über den »jüdischen Bolschewismus« schreiben durfte, der die Nazis zu einer »Abwehrhaltung« (die *Shoah*) zwang.[504] Solche offenen antisemitischen, revisionistischen Positionen sind keine Ausrutscher, sondern Strategie (siehe Kapitel zu Strategien der Neuen Rechten und der Identitären).

Leopold Stocker Verlag und Ares Verlag

1919 gründete Leopold Stocker seinen gleichnamigen Verlag, dem das *DÖW* »mehrere Berührungspunkte zum Rechtsextremismus«[505] attestiert. Das *DÖW* begründet diese Einschätzung des *Leopold Stocker Verlags* durch die Verlagsgeschichte. Der Verlagsgründer war vor und nach 1945 dem Nationalsozialismus eng verbunden und verbrachte vier Monate in Haft wegen Verbreitung der Nazi-Zeitschrift *Der Weg*[506]. Ebenso war für

---

502 Verlag Antaios 2013b, o.S.
503 Verlag Antaios 2014, o.S.
504 Byrm 2003, o.S.
505 DÖW 2004, o.S.
506 Österreichische Verlagsgeschichte 2014, o.S.

das DÖW das Verlagsprogramm mit revisionistischen und rechtsextremen Autor_innen maßgebend sowie die Kontakte der früheren Verlagsinhaberin Ilse Dvorak-Stocker und des jetzigen Inhabers Wolfgang Dvorak-Stocker zur rechtsextremen Szene.[507] Beispielsweise erschien im *Leopold Stocker Verlag* eine Autobiographie des ehemaligen *SA*-Sturmführers Otto Scrinzi (bis zu seinem Tod im Jahr 2012 eine der bekanntesten Figuren der rechtsextremen Szene in Österreich und Deutschland).[508] 1991 erschien im hier das Buch *Im Kampf um Europa. Stalins Schachzüge gegen Deutschland und den Westen,* verfasst von Fritz Becker, Autor in den neonazistischen *Huttenbriefen.*[509] Der Online-Shop des *Leopold Stocker Verlags* bietet Neuauflagen vieler Schriften der Konservativen Revolution an, wie zum Beispiel Arthur Moeller van den Brucks *Das dritte Reich* (1923)[510], einer der rechten historischen Schlüsseltexte und prägend für den NS-Begriff ›Drittes Reich‹[511]. Dvorak-Stocker beschränkt sich jedoch nicht auf den Vertrieb älterer und neuerer rechtsextremer Titel, sondern ist auch als Herausgeber der Zeitschrift *Neue Ordnung* Teil der Neuen Rechten.[512] Hier findet die *Identitäre Bewegung* Erwähnung[513], ebenso schreiben Protagonisten der neuen Generation der Neuen Rechten wie Martin Lichtmesz.[514]

Der *Ares Verlag* ist ein Tochterunternehmen des Grazer *Leopold Stocker Verlags*. Die bedeutendsten Veröffentlichungen des Verlages sind die von Karlheinz Weißmann (*IfS, Sezession*) neu bearbeiteten Auflagen von Armin Mohlers Schrift *Die Konservative Revolution in Deutschland 1918-1932. Ein Handbuch* (1950).[515] Werke über die Vertreter der Konservativen Revolution stellen auch sonst einen wichtigen Bestandteil des Verlagsprogramms dar, wie Titel von und über Carl Schmitt[516], Oswald Spengler[517]

---

507 DÖW 2004, o.S.
508 DÖW 2004, o.S.
509 DÖW 2004, o.S.
510 Zit. n. http://www.buecherquelle.at/Buchshop/Geschichte-Politik/Zeitgeschichte-Werbung/Das-Dritte-Reich::3784.html, 14.01.2014, 14h01
511 Von Klemperer 1994, o.S.
512 Neue Ordnung 2014, o.S.
513 Neue Ordnung 2013, o.S.
514 Lichtmesz 2013, o.S.
515 Mohler/Weißmann 2005
516 Zit. n. http://www.ares-verlag.com/buecher/ideengeschichte/ideengeschichte-detail/article/carl-schmitt.html, 14.01.2014, 14h40
517 Zit n. http://www.ares-verlag.com/buecher/ideengeschichte/ideengeschichte-detail/article/jahre-der-entscheidung.html, 14.01.2014, 14h42

und Erich Ludendorff[518] zeigen. Unter den eigenen Autor_innen finden sich prominente Gesichter der Neuen und Alten Rechten wie Alain de Benoist, Caspar von Schrenck-Notzing, der ›Rassentheoretiker‹ John Philippe Rushton, die *FPÖ*-Nationalratsabgeordnete Barbara Rosenkranz oder Johannes Rogalla von Bierstein, Autor des Buchs *Jüdischer Bolschewismus. Mythos und Realität* (2002).[519] Beide Verlage stellen für Österreich und den übrigen deutschsprachigen Raum eine wichtige Publikationsmöglichkeit sowie ein Konsumangebot für jenes Mischspektrum dar, das wir als Neue Rechte in diesem Buch definiert haben.

1848 Verlag und unzensuriert.at

Die seit April 2012 in *1848 Medienvielfalt Verlags GmbH* umbenannte Verlagsgesellschaft[520] hat ihren Sitz in der Wiener Schlösselgasse 11[521], wo sich auch der *Wiener Akademikerbund*[522] befindet und unter anderem Veranstaltungen mit Andreas Unterberger abgehalten werden. Sie ist Medieninhaberin von *unzensuriert.at*, dem von Martin Graf (ehemaliger dritter Nationalratspräsident für die *FPÖ*) initiierten Blog. Er taucht dort selbst hin und wieder als Autor auf, verwalten lässt er diesen von seinen an der GmbH mehrheitlich beteiligten Mitarbeitern Walter Asperl (lange Büroleiter von Graf, Burschenschaft *Olympia*) und Alexander Höferl (Pressesprecher von Graf, Burschenschaft *Gothia*).[523] Der Blog fällt regelmäßig durch Hetze gegen Politiker_innen und Aktivist_innen eines linken Spektrums, Anti-Immigrations-Tiraden, antifeministische Texte und Veranstaltungshinweise sowie Initiativen gegen die Mitgliedschaft Österreichs in der Europäischen Union auf.

Das Medium deckt sich inhaltlich mit den Forderungen und Ablehnungshaltungen der Identitären, daher ist es nicht verwunderlich, dass Letztere auf ihren Seiten auf *unzensuriert.at* verlinken. Im Impressum distanzieren sich die Betreibenden »von sämtlichen Seiten, die extremis-

---

518 Zit. n. http://www.ares-verlag.com/buecher/zeitgeschichte/zeitgeschichte-detail/article/erich-ludendorff.html, 14.01.2014, 14h43
519 Ares Verlag 2014, o.S.
520 Gegründet wurde die Medienvielfalt Verlags GmbH im Dezember 2011, Zit.n., Grüner Klub im Parlament 2012a, o.S.
521 Zit.n. http://www.wkoecg.at/Web/Ecg.aspx?FirmaID=0f68efff-25b9-46cd-9edd-b18a79a9b92d&AspxAutoDetectCookieSupport=1, 26.11.2013, 23h09
522 Zit.n. http://www.wienerakademikerbund.at/Website_Wiener_Akademikerbund/Uber_uns.html, 26.11.2013, 23h10
523 Zit.n. Grüner Klub im Parlament 2013, o.S.

tisches oder verhetzendes Gedankengut transportieren«, das passt auch gut in das Konzept, um regelmäßig von ›linksextremistischen‹ Vorfällen und angeblichen Verbrechen zu berichten[524]. Anders sieht es de facto mit Getöse aus dem rechten Eck aus: Aus dem Beharren auf dem Recht einer unzensierten Meinungsfreiheit leitet der Blog das Recht ab, in Kommentaren Gewaltaufrufe und Wiederbetätigung offen einsehbar stehen zu lassen. Erst nach öffentlichen Aufrufen von Journalist_innen wurden Postings, die eine »Breivikisierung« von »Parlamentswanzen« und »Redaktionshetzern« gefordert hatten entfernt – mitsamt allen kritischen Kommentaren, die sehr wohl die Gewaltaufrufe als solche und damit die strafrechtliche Relevanz erkannt hatten und mit Folgen drohten[525]. Eine Erklärung oder Distanzierung gab es freilich nicht.[526] Die Verfasser_innen, die die Ursprungspostings online gestellt haben, durften bleiben und schreiben weiter, agitieren gegen »PC-Phrasen« und spinnen Verschwörungstheorien, in denen sie vor »Stimmsöldnern«, die »Wahlen verfälschen« und »Pseudo-Dämokrötengeschwätz«[527] warnen. Am 23. Mai 2013 veröffentlichte die Redaktion einen Beitrag, in dem sie den Selbstmord von Dominique Venner würdigten, seine Handlung als »spektakulär« bezeichneten.[528] Noch offener ist der Hass auf Nicht-Heterosexuelle in den darunter stehenden Forenbeiträgen:

> »Diese Kugel hätte in den Schädel so eines grauslichen warmen Bruders gehört. Vom Poposchnaxler ist nicht mehr weit bis zum Kinderschänder, sieht man ja bei den Grünen [...].«[529]

Es ist eine Gleichsetzung, die sich in rechten Medien immer wieder findet – wenn auch häufig dezent hinter »Schützt die Familien«-Slogans verborgen.

Zur Zeit

Nicht nur Martin Graf (*FPÖ*) ist fleißig, wenn es um das Publizieren rechtspopulistischer Texte via *unzensuriert.at* geht, sondern auch Andreas Mölzer (Abgeordneter im EU-Parlament für die *FPÖ*) sowie Hilmar Kabas (ehem. Nationalratsabgeordneter und Volksanwalt für die *FPÖ*) haben mit der Wochenzeitung *Zur Zeit* (erscheint freitags) ein Medium begründet,

---

524 Zit. n. http://www.unzensuriert.at/content/00390-impressum 26.11.201. 23h17
525 Grüner Klub im Parlament 2013c, o.S.
526 Grüner Klub im Parlament 2013a, o.S.
527 Grüner Klub im Parlament 2013, o.S.
528 unzensuriert.at 2013, o.S.
529 Grüner Klub im Parlament 2013, o.S.

das ebenso als Buchverlag fungiert. Beide sind auch im Verlauf des Nationalratswahlkampfes 2013 wieder mehr in Erscheinung getreten, da sie im Wahlwerbefilm der *FPÖ* im inszenierten Dialog über die angebliche »Überfremdung« (Kabas) bzw. »Umvolkung« und »Ethnomorphose« (Mölzer) in Österreich lamentieren.[530] Und genau diese Diagnosen und rassistischen Ableitungen sind Programm von *Zur Zeit*. Zusätzlich finden sich in Rubriken, die als ›Österreich‹ tituliert sind, Artikel, die sich gegen Parteien wie die *SPÖ, Die Grünen* sowie linkspolitische Gruppen verschiedener Art richten, um damit dem eigenen Parteiklientel, den »österreichischen Patrioten«[531], Argumentationsgrundlagen aufzubereiten. Ines Aftenberger identifiziert *Zur Zeit* als einziges österreichisches Medium, das Berührungspunkte mit der Neuen Rechten hat – zumindest bis zum Auftauchen der Identitären. *Zur Zeit* entwickelte sich aus der Österreichausgabe der *Jungen Freiheit*, ist aber in der Blattlinie viel offener am traditionellen Deutschnationalismus orientiert.[532]

Aktiver als bei *unzensuriert.at* verlegt *Zur Zeit* Bücher, die von Andreas Mölzer selbst oder Autoren wie dem Theologen Robert Prantner verfasst werden. Thematisch decken diese Versuche ab, sich in der Extremismus-Debatte einzubringen und dabei Belege dafür zu finden, dass von ›Linksextremismus‹ die größere Gefahr ausgehe[533]. Prantner – ein Verschwörungstheoretiker, der antisemitische Texte produziert – zeichnet sich dabei durch wiederholt antisemitische Schlussfolgerungen aus, die aus der Synergie zwischen *FPÖ*-Blatt und seiner Person resultierten und die unter anderem vom österreichischen Presserat (1997) verurteilt wurden[534]. So erschien in der Dezember-Ausgabe 1997 ein Artikel von Prantner, der den antijudaistischen Mythos des jüdischen Ritualmordes bediente.[535] Heribert Schiedel

---

530 20 Jahre »Österreich zuerst", 13.01.2014, 12h34
531 Mölzer 2013, S. 4
532 Aftenberger 2007, S. 58
533 zum Beispiel »Vogelfrei –Beiträge zur Radikalismusdebatte«, herausgegeben von Andreas Mölzer
534 Peham 2001, o. S.
535 Zitat: »Es wäre eine Verfälschung der Geschichte, etwa bestimmte Ritualmorde zu mittelalterlicher Zeit dem phantasiebestimmten ‚Hass des Nationalsozialismus' zuzuschreiben. Auch Verbrechen von jüdischen Menschen an Christen sind beklagenswerte Geschichte, an Kindern, wie etwa dem seligen Märtyrerkind Anderl von Rinn [...]. Auch das Blut gemordeter Christen, vergossen durch jüdische Hand, schreit zum Himmel! So erwartet man einen Kongress der Weltjudenheit auf religiöser Grundlage, in dessen Verlauf das ‚Neue Gottesvolk' – des ‚Neuen Testaments', geboren aus dem Blute Jesu, am

hat hierzu mehrere Beispiele zusammengefasst. In der Ausgabe 23/1999 häuften sich offen NS-verharmlosende und jüd_innenfeindliche Begriffsverwendungen. Schiedel fasst zusammen:

> »Hitler [wurde zum] ›großen Sozialrevolutionär‹, dessen Stellvertreter Heß zum ›kühnen Idealisten‹. Die Schuld Nazi-Deutschlands am Ausbruch des Zweiten Weltkrieges wurde durchgehend geleugnet: nicht die NS-Führung, sondern Churchill habe ›Europa in die Katastrophe‹ gestürzt. Der Überfall auf die Sowjetunion wurde zu einer ›notwehrhaften Präventivaktion zum Schutz Europas‹. Die *Shoah* und die Anzahl der sechs Millionen Opfer kamen abwechselnd als ›Dogma‹ und ›Mythos‹ daher, welche ›im größten Schauprozess der Weltgeschichte in Nürnberg institutionalisiert‹ worden seien und ›sich nur mehr quasireligiös begründen‹ ließen. Im Rückgriff auf bekannte Geschichtsfälscher behauptete der Autor die Unmöglichkeit der ›Massenvergasungen mittels Zyklon-B‹ in den nationalsozialistischen Vernichtungslagern.[536] Die Ermittlungen gegen Mölzer als Herausgeber verliefen im Sand, der damalige *FPÖ*-Parteichef Haider mokierte lediglich, die Justiz solle sich nicht mit einem solchen ›Randthema‹ beschäftigen[537].«

Eine ausführliche Liste an Geschmacklosigkeiten aus *Zur Zeit* hat Christa Zöchling in der Online-Version der Wochenzeitschrift *Profil* aufbereitet. In der Ausgabe 34 aus dem Jahr 1998 schreibt Andreas Mölzer, FPÖ-Spitzenkandidat zur Wahl des Europäischen Parlaments 2014, über seine Haltung zur Restitution ›arisierten‹ Vermögens:

> »Man sollte Bürgern nicht das Gefühl geben, dass sie ad infinitum als Melkkuh für Ansprüche herhalten müssen, für die es keine rechtliche und moralische Grundlage mehr gibt.«[538]

2003 ist sich Mölzer sicher, dass die Nazis ein »überaus effektives beschäftigungspolitisches Programm«[539] geboten hätten. In diesem publizistischen Sud fühlen sich dementsprechend auch Leute wie Franz Sitte, David Irving oder Johanna Grund wohl, wenn sie mit unzweifelhaft antisemitischen Zeilen die Seiten der Zeitschrift füllen.[540]

Kreuze durch den Hohen Rat der Judenheit vor knapp 2000 Jahren – um Verzeihung gebeten wird." (Zit.n. Grüner Klub im Parlament 2010, o.S.)
536 Schiedel 2001, S. 9
537 Zit.n. http://www.doew.at/erkennen/rechtsextremismus/neues-von-ganz-rechts/archiv/august-1999/holocaustleugnung-fuer-haider-randthema, 26.11.2013, 23h32
538 Zöchling 2014, o.S.
539 Zöchling 2014, o.S.
540 Zöchling 2014, o.S.

Junge Freiheit

Seit 1986 stellt die Wochenzeitschrift *Junge Freiheit* (JF) unter Gründer und Chefredakteur Dieter Stein das wichtigste Medium der Neuen Rechten im deutschsprachigen Raum dar. Die *Junge Freiheit* und die Theorie-Zeitschrift *Criticón* standen in den 1990er Jahren am deutlichsten für neurechtes Gedankengut.[541] Mittlerweile hat die Monatszeitschrift *Sezession* die Nachfolge von *Criticón* angetreten und steht für eine neue Generation der Neuen Rechten, während die *JF* für die ältere Generation beispielhaft ist. Der *Sezession* ist es gelungen, neue Impulse zu setzen und sich offensiver zu geben, während sich die *JF* in den letzten Jahren defensiver verhält. In der *JF* zeigt sich nach wie vor, wie die Grenzen zwischen Konservativismus und Rechtsextremismus schwinden und ineinander übergehen. Definitionen, die eine klare Abgrenzung zwischen den beiden Spektren sehen, sind demnach nicht mehr haltbar. Die *JF* ist also eher Grauzone denn Scharnier.[542] So gelingt es der Zeitschrift immer wieder mit ihren Kampagnen viele Akteur_innen aus allen etablierten Parteien für sich zu gewinnen.[543] Der *JF*-Redakteur Stefan Ulbrich brachte 1990 den Sammelband *Multikultopia* heraus. Selbst der damalige *CDU*-Spitzenpolitiker Heiner Geißler steuerte einen Beitrag dazu bei. Hier zeigt sich die Strategie des Salonfähig-Sein, indem die Meinung neurechter Autoren wie selbstverständlich neben jenen anerkannter Persönlichkeiten steht.[544] 2009 brach die *JF* mit *Zur Zeit*, da jene den Protagonisten (namentlich Andreas Mölzer) vorwarf im EU-Parlament allzu offen die Nähe zu Neonazis von *NPD* und *DVU* zu suchen. Die mittlerweile aufgelöste EU-Fraktion *Identität-Tradition-Solidarität* (*ITS*), an der auch die *FPÖ* beteiligt war, hatte davor zu einem Austausch zwischen EU-Parlamentarier_innen und Neonazis geladen. Trotzdem bekommt *Zur Zeit* in Österreich Presseförderung, während die *JF* immer wieder vom deutschen Verfassungsschutz ins Visier genommen wird.[545] Besonders enge Kooperationen gibt es zwischen der *Jungen Freiheit* und der *Deutschen Burschenschaft* sowie der elitäreren *Deutschen Gildenschaft*.[546] Die deutschen Burschenschaften werden von der *Jungen Freiheit* zum Ideal hochstilisiert, deren Mitglieder nach ihren eigenen Gesetzen

---

541 Brauner-Orthen 2001, S. 155
542 Krebs 1999, S. 54
543 Krebs 1999, S. 68
544 Terkessidis 1995, S. 82
545 Schiedel 2011, S. 93
546 Krebs 1999, S. 55

leben und sich nicht dem Grundgesetz unterordnen sollen.[547] Die Nähe zur *Deutschen Gildenschaft* überrascht nicht, waren doch zum Zeitpunkt des Erscheinens der ersten Wochenausgabe der *JF* im Jahr 1994 mindestens vier von zehn Redaktionsmitgliedern, einschließlich Chefredakteur Dieter Stein, Gildenschafter.[548] Die *Deutsche Gildenschaft* ist eine akademische Korporation, die sich im Spannungsfeld zwischen der Alten und Neuen Rechten sowie zwischen Konservatismus und Rechtsextremismus bewegt und der dabei eine wichtige Vermittlerposition zukommt.[549]

Ein wichtiges Anliegen der *JF*, die sogenannte Konservative Revolution und ihre Protagonisten wieder diskursfähig zu machen[550], lässt sich an seitenlangen Ergebnissen einer Suche nach den Stichworten ›Konservative Revolution‹, ›Carl Schmitt‹ oder ›Ernst Jünger‹ auf der *JF*-Internetseite ablesen. Beim *Junge Freiheit Medienversand* kann man selbstverständlich zahlreiche Titel der Konservativen Revolution in Nachdrucken und Neuauflagen inklusive Ernst Jünger Kunstdruck oder Stauffenberg-Poster erwerben. In der *Edition JF* verlegt die *JF* auch selbst Bücher. Darunter finden sich Titel von *JF*-Autoren wie Karlheinz Weißmann (*IfS, Sezession*), Günter Zehm, Dieter Stein und dem Vordenker der Nouvelle Droite, Alain de Benoist. Die Person Karlheinz Weißmann zeigt abermals die enge Verbindung neurechter Institutionen in Deutschland und wie begrenzt der Kreis von Personen an den entscheidenden Positionen ist.

Compact Magazin

Das *Compact Magazin*, initiiert von Jürgen Elsässer, wird von diesem mit Kai Homilius, Arne Fischer und Andreas Rieger seit Dezember 2010 geführt. Ab 2009 gab Elsässer in Homilius' Verlag – benannt nach diesem selbst – DVDs und eine Buchreihe unter dem Titel des heutigen Magazins heraus, bevor sie sich als Monatszeitschrift verselbstständigte.[551] Für *Compact* schreiben unter anderem Jan von Flocke, ein revisionistischer Historiker und Journalist[552], sowie Ansgar Lange (*CDU*-Politiker, schreibt

---

547 Baumann 1998, S. 104
548 Kellershohn 2010, o.S.
549 Kellershohn 2010, o.S.
550 Pfahl-Traughber 1998a, S. 84
551 Zit.n. http://kai-homilius-verlag.de/katalog/reihe.php?reihe=13&typ=DVD&typ2=CD, 13.01.2014, 22h38
552 Von Flocken, der sich gerne den Kriegen, Feldzügen und generell den Männern ›deutscher‹ Geschichte widmet, sieht es als seinen Auftrag, eine geeintes und sauberes nationales Selbstverständnis herzustellen, das sich fernab historischer und politischer Korrektheit

auch für die *Junge Freiheit*[553]) und André Lichtschlag (Herausgeber von *eigentümlich frei*). Interessanter als der Exkurs in die Autor_innensammlung ist jedoch die Person Elsässer selbst, dessen politische Positionierungsgeschichte passend als »durchwachsen« bezeichnet wird.[554] Jürgen Elsässer arbeitete in den 1990er Jahren als Journalist bei linken Medien wie *Jungle World*, *Junge Welt*, *Konkret* und *Neues Deutschland*, publizierte als Antideutscher auch in *Bahamas*.[555] Nach einem forcierten Rechtsruck folgte der Abschied von genannten Medien und stattdessen die Hinwendung zu einer völkisch-antiimperialistischen Verortung.[556] 2009 gründete er die *Volksinitiative gegen das Finanzkapital* – auf globalisierte Finanzwirtschaft und »EU-Diktatur« will Elsässer mit nationalisierter Finanzwirtschaft reagieren.[557] Ein bekanntes Rezept aus dem rechten Spektrum, das ungleiche Produktions- und Besitzverhältnisse innerhalb staatlicher Grenzen nicht kritisiert. Elsässers völkisch-rassistische Einstellungen sind in seinem Blog unmissverständlich nachlesbar. So schreibt er anlässlich eines 4:4-Ergebnisses des deutschen Männer-Fußballteams gegen das schwedische Nationalteam am 17. Oktober 2013:

> »Tut mir leid, ich sehe das nicht nur sportlich. Wie kann man 4:0 vorne liegen und das Spiel nicht nach Hause schaukeln? Das wäre früher in Deutschland unmöglich gewesen. Das gab's vielleicht in Afrika, wo man aus Spaß an der Freud herumkickt. Aber zu den deutschen Tugenden gehört nun mal NICHT ›Spaß an der Freud‹, sondern Schaffen, Ackern, Planen, Organisieren, Durchhalten. [...] Mir san mir. Jedem das Seine[558]. Kein Volk ist schlechter als das andere. Aber absolut TÖDLICH ist das Vermischen: Wenn den Deutschen ihr Fleiß und ihre Kampfkraft ausgetrieben werden soll – und die heißblütigen Südländer ans Kreuz der preußischen Arbeitsdisziplin geschlagen werden.«[559]

---

bewegt. Anders ist nicht zu erklären, warum er unter dem Titel *Unser Tausendjähriges Reich. Politisch unkorrekte Streifzüge durch die Geschichte der Deutschen* der Frage nachgeht, weshalb sich »unser Volk so inbrünstig seiner Geschichte schämt«, wo es doch dafür laut ihm keinen Grund gäbe. Zit. n. http://www.kai-homilius-verlag.de/vp/0.5/index.php, 29.12.2013, 19h59
553 Zit.n. http://jungefreiheit.de/author/a-lange/, 29.12.2013, 20h16
554 Niewendick 2013, o.S.
555 Niewendick 2013, o.S.
556 Niewendick 2013, o.S.
557 Loschert 2009, o.S.
558 Dabei handelt es sich um jenen zynischen Spruch am Eingangstor des Konzentrationslagers Buchenwald, der dort heute noch zu sehen ist.
559 Elsässer 2013, o.S.

In seiner Selbstverortung gab das *Compact Magazin* vor, »demokratische Linke und demokratische Rechte« zu Wort kommen zu lassen.[560] Doch trotz Entlastungszeug_innen unter den Autor_innen, die immer wieder angeführt werden[561], ist die rechtspolitische Verankerung des Mediums deutlich. Schon vom Titelbild der ersten Ausgabe blickte Thilo Sarrazin entgegen, er und Eva Hermann waren auch auf der zweiten sogenannten *Souveränitätskonferenz* im November 2013 als Referierende geladen. Hermann sagte ihren Beitrag ab, erklärte jedoch in einem Audio-Statement, dass sie sich von der Konferenz mit dem Titel *Für die Familie! Werden Europas Völker abgeschafft? Familienfeindlichkeit, Geburtenabsturz und sexuelle Umerziehung*[562] »familienpolitisch einen Schritt nach vorne, zumindest ein positives Signal erhofft hatte«.[563] Nicht Inhalte, sondern unbequeme mediale Berichterstattung und Kritik an der Konferenz waren Grund für ihr Fernbleiben. Das Magazin richtet sich gegen eine vermeintlich übermächtige Political Correctness[564] oder auch eine scheinbar Männer übervorteilende Gender-Mainstreaming-Politik[565], wie der Ausgabentitel *Der gedemütigte Mann. Raubtier-Feminismus – Nein danke!*[566] zeigt. Auch nach homophoben Inhalten – freilich unter dem Deckmantel wohlklingender Familienpolitik – müssen Leser_innen nicht lange suchen.[567] Das Magazin will durch das Aufgreifen von Positionen wie Anti-Globalisierung, Anti-Kapitalismus und Anti-Imperialismus eine Querfront-Strategie verwirklichen und diese Standpunkte rechtspolitisch umdeuten. Das Magazin als verschwörungstheoretisch einzustufen, ist durchaus stimmig, auch wenn

---

560 Zillmer 2012, o.S.
561 Zu ihnen zählen der Journalist Peter Scholl-Latour, CDU- und FDP-Politiker_innen wie Holger Krahmer (für die FDP im Europäischen Parlament, er schreibt auch für die Achse des Guten), Ansgar Lange (CDU), Klaus Höpcke (Linkspartei) oder Hannes Hofbauer (Promedia Verlag). Zit.n. https://www.compact-magazin.com/warum-compact-nicht-rechts-sein-kann/, 29.12.2013, 21h48
562 https://www.compact-magazin.com/compact-konferenz/
563 *Compact TV*: Eva Herman – Audio-Botschaft an die Besucher der COMPACT Familien-Konferenz. Zit. n. https://www.youtube.com/watch?v=-ho4ZZyrFbM#t=95, 29.12.2013, 22h31
564 Zillmer 2012, o.S.
565 *ver.di Jugend*, apabiz 2012, S. 15
566 Zit.n. http://juergenelsaesser.wordpress.com/2011/07/04/compact-juli-ausgabe-der-gedemutigte-mann/, 2912.2013, 23h19
567 Zit.n. https://www.compact-magazin.com/manifest-fuer-die-familie/ (Artikel ist ohne Abonnement nur auszugsweise online verfügbar)

die Gestalter_innen das gern von sich weisen⁵⁶⁸. Doch wenn Souveränitätskonferenzen abgehalten werden und Ausgaben-Titel wie *Wer regiert uns?* oder Texte wie *Das besetzte Land* (beides *Compact* 2, 2011⁵⁶⁹) auf die Mär anspielen, Deutschland sei quasi noch immer (von den Alliierten) besetzt, darf man das Magazin durchaus in die Verschwörungsschublade stecken. Für die Identitären in Deutschland ist das willkommener Anlass, für das »abgestempelt[e]« Magazin in ihrem Blog Partei zu ergreifen.⁵⁷⁰

Die Aula

Das wichtigste Organ der Burschenschaften in Österreich ist die Zeitschrift *Die Aula*, die 1951 gegründet wurde und monatlich erscheint. *Die Aula* ist dabei aber weniger ein Brückenmedium zum konservativen Lager wie zum Beispiel die deutsche Zeitschrift *Criticón*, da sie kaum Personen aus dem konservativen Spektrum einbinden kann. Sie ist sehr im alten rechtsextremistischen Spektrum verhaftet.⁵⁷¹ Gärtner bescheinigt ihr aber, neben klar rechtsextremen Ansätzen alter Prägung auch Positionen der Neuen Rechten zu vertreten.⁵⁷² *Die Aula* wie die *FPÖ* verbinden etwa Deutschnationalismus mit Österreichpatriotismus in der Formel, Österreich sei ein Staat der »deutschen Volks- und Kulturgemeinschaft«.⁵⁷³ Mit diesem Spagat möchte *Die Aula* auf eine gedachte Mitte einwirken, ohne sich vom Rechtsextremismus alter Prägung zu distanzieren.⁵⁷⁴ Nach eigenen Angaben versucht sie den Brückenschlag zum neokonservativen Spektrum, während sie sich klar gegen das liberal-bürgerliche wendet.⁵⁷⁵ Dabei bindet sie immer wieder Gastautor_innen aus dem konservativen Lager ein. Prominente *ÖVP*ler, wie der ehemalige *Kameradschaftsbund*-Obmann Felix Ermacora, betätigten sich immer wieder publizistisch für *Die Aula*.⁵⁷⁶ Gärtner listet ausführlich auf, dass viele (vorwiegend männliche) Universitätsprofessor_

---

568 Zit.n. https://www.compact-magazin.com/warum-compact-nicht-rechts-sein-kann/, 29.12.2013, 22h42
569 Zit.n. http://juergenelsaesser.wordpress.com/2011/02/21/compact-nr-2-deutschland-das-besetzte-land/
570 Zit.n. http://identitaere-bewegung.de/2013/11/19/nicht-links-nicht-rechts-identitaer-2/, 29.12.2013, 22h34
571 Gärtner 1996, S. 323–324
572 Gärtner 1996, S. 43
573 Gärtner 1996, S. 64
574 Gärtner 1996, S. 51
575 Gärtner 1996, S. 32
576 Perner und Purtscheller 1994, S. 80

innen in *Die Aula* publizieren, die keine Berührungsängste zu den vorwiegend rechtsextremen Autor_innen der Zeitschrift haben.[577]

Eine zentrale Figur der Neuen Rechten war Jürgen Hatzenbichler. Er wurde 1990 Chefredakteur der *Identität*, dem Jugendmagazin von *Die Aula*.[578] Seit 1991 war Hatzenbichler auch Redakteur der *Jungen Freiheit*.[579] Mittlerweile hat er sich zurückgezogen.

Sezession

Die *Sezession* bildet den Ausgangspunkt der Neuen Generation der Neuen Rechten. Sie ist eine rechtsextreme Theoriezeitschrift des *Instituts für Staatspolitik* (*IfS*, siehe entsprechendes Kapitel), die seit 2003 zunächst vierteljährlich, ab 2007 zweimonatlich erscheint.[580] Gegründet wurde die Zeitschrift von den Protagonisten des *IfS* – Karlheinz Weißmann und Götz Kubitschek.[581] Seit 2009 gibt es den dazu passenden Internetauftritt.[582] Die Redaktion bilden offiziell Götz Kubitschek, der Verleger Wolfgang Dvorak-Stocker des gleichnamigen Verlags, Ellen Kositza und Erik Lehnert, Geschäftsführer des *IfS*.[583] Die Auflage der *Sezession* liegt irgendwo zwischen 2500[584] und 3500 Heften.[585] Die Auflagenzahlen sind aber nur die halbe Wahrheit, viel wichtiger ist die Stellung innerhalb der Szene. Hier hat sie die Lücke gefüllt, die mit Einstellung der Zeitschrift *Criticón* entstanden war. Die *Sezession* hat ihre funktionale Nachfolge innerhalb der Neuen Rechten angetreten.[586] Sie ist gemeinsam mit der *Jungen Freiheit* das wichtigste Debattenorgan einer sich intellektuell gebenden Rechten, auch wenn manche Beiträge von zweifelhafter Qualität und voller aufgeplusterter Worthülsen sind. Die *Sezession* ist die Komplementär-Lektüre zur *JF*, so ein Fazit des *Antifaschistischen Infoblatts*.[587] Während die *Sezession* eine höhere Auflagenzahl und ein seit langem bestehendes Standing innerhalb

---

577 Gärtner 1994, S. 169
578 Perner et al. 1994, S. 59
579 Perner und Purtscheller 1994, S. 75
580 Weißmann et. al. 2003, o.S.
581 Die Welt 2003, o.S.
582 Serrao 2010, o.S.
583 Sezession 2014b, o.S.
584 Antifaschistisches Infoblatt 2013a, o.S.
585 Antifaschistisches Infoblatt 2004, o.S.
586 Antifaschistisches Infoblatt 2008, o.S.
587 Antifaschistisches Infoblatt 2008, o.S.

der Neuen Rechten hat, verzichtet die *JF* weitgehend auf professionellen Journalismus, hat aber den Nimbus des Neuen, gibt sich umstürzlerischer und weniger staatstragend.

Chefredakteur Kubitschek ist eine der wichtigsten Vernetzungspersonen in der Neuen Rechten geworden. Neben seiner Tätigkeit beim *IfS* organisiert er die Messe *zwischentag* (siehe entsprechendes Kapitel), hat eine rege Vortragstätigkeit (unter anderen bei den Identitären in Wien[588]) und scheut keineswegs den Kontakt zu offen rechtsextremen und neonazistischen Personen und Organisationen, wie die Beispiele seines Besuchs in Orange (siehe Kapital zum *bloc identitaire*) sowie seine Rede beim Lesertreffen des rechtsextremen Verlags *Lesen & Schenken* zeigen. Neben Götz Kubitschek hat auch der *FPÖ*-Politiker Hans-Jörg Jenewein geredet. Zugegen waren der bekannteste Neonazi-Liedermacher Deutschlands, Frank Rennicke, die *NPD*-Kader Ulrich Pätzold und Hans Püschel sowie Wilhelm Hankel von der *Alternative für Deutschland*.[589]

Die *Sezession* beschäftigt sich sehr intensiv mit der Entwicklung der Identitären und hat sie von Anfang an begleitet, wie die Teilnahme in Orange, aber auch entsprechende zahlreiche – auch kritische – Artikel zeigen. Die Zeitung füllt damit die Vernetzungsfunktion, die so wichtig für die Neue Rechte ist, gut aus. Vor allem, weil auch verhältnismäßig junge Menschen schreiben dürfen. Wobei hier erwähnt werden muss, dass es sich dabei zu 99 Prozent um Männer mit einer höheren formellen Bildung handelt, hier ist keinerlei Öffnung des Milieus zu bemerken. Die *Sezession* und ihre Autoren und die eine Autorin sind so etwas wie der Personalpool der neuen Generation der Neuen Rechten. Alle, die irgendwo etwas zu sagen oder mitzumischen haben, schreiben für diese Zeitschrift.

Blaue Narzisse

Die *Blaue Narzisse* (BN) ist nach eigenen Angaben eine »Zeitung für Schüler und Studenten« und wurde 2004 von Felix Menzel gegründet.[590] Zwei Jahre später folgte ein Internetauftritt, der sich bis heute zu einer veritablen Online-Zeitung ausgeformt hat. Damit ist sie in ernsthafte Konkurrenz zum Monopolmedium der Neuen Rechten, der *Jungen Freiheit*, getreten. Die *Blaue Narzisse* ist zur *Jungen Freiheit* das, was die neue Ge-

---

[588] Identitäre Bewegung Wien zit. n. https://www.facebook.com/events/531211003641406/?ref=22, 29.12.2013, 20h14
[589] der rechte rand 2013, S. 32
[590] Menzel 2013a, o.S.

neration zur alten Generation der Neuen Rechten ist. Erstere sind oftmals ein Haufen alter Männer, während letztere frischen Wind und aktuellere Themen mit sich bringen, was ihnen ein gewisses Momentum verschafft. Dabei darf die *Blaue Narzisse* nicht überbewertet werden, die Redaktion steht und fällt mit einem Mann – dem Gründer Felix Menzel. Die doch sehr prekäre Existenz der *Blauen Narzisse* zeigt sich auch daran, dass lediglich eine Halbtagsstelle zur Verfügung steht, was mit professionellen Zeitungsredaktionen kaum vergleichbar ist.[591] Das führt dazu, dass sie im Bereich zwischen Journalismus und interner Szeneberichterstattung angesiedelt ist. Finanziert wird sie über Abonnements, Inserate, Großspenden und einen Förderverein. Das erlaubt auch, bezahlte Monatspraktika (aktuell 200 Euro) zu vergeben.[592] Eine weitere Einnahmequelle bildet der angeschlossene Webshop, der Bücher, Sticker, Buttons und Druckausgaben der Zeitschrift vertreibt. Schon hier zeigt sich eine enge Verknüpfung zu den Identitären. Der Sticker mit dem Lambda-Symbol, in schwarz-gelb gehalten mit der Aufschrift ›Identitäres Europa‹ verkaufte sich mit Abstand am Besten.[593] Auch inhaltlich passen sie gut zu einander. So finden sich im Dezember 2013 Artikel auf der Startseite der jeweiligen Ressorts mit Mutmaßungen, ob die Drei-Prozent-Hürde bei den EU-Wahlen fällt, um so mehr rechte oder rechtsextreme Parteien in das Parlament zu bekommen[594], solche, die nationalistische Tendenzen in Kroatien loben[595] oder jene, die im Feminismus den Grund für all ihr Leid und Weh sehen.[596] In der Rubrik ›Rezensionen‹ werden durchaus Bücher außerhalb der rechtsextremen Szene rezensiert, nur meistens nicht wohlmeinend. Lob bekommt nur, wer stramm auf Linie ist.

Die *Blaue Narzisse* hat sich zum tagesaktuellen Zentralorgan der neuen Generation der Neuen Rechten entwickelt. Ihre relative Bedeutungslosigkeit im gesamtmedialen Spektrum sagt nichts über ihre Bedeutung für Vernetzung und Informationsweitergabe aus, die unbestreitbar wichtig ist.

---

591 Blaue Narzisse 2014, o.S.
592 Blaue Narzisse 2013a, o.S.
593 Menzel 2013a, o.S.
594 Blaue Narzisse 2013b, o.S.
595 Relja 2013, o.S.
596 Blaue Narzisse 2013c, o.S.

ZUERST!

Ab Dezember 2009 schickte sich die Monatszeitschrift *ZUERST!* an, eine Leerstelle in der deutschen Medienlandschaft zu füllen, indem sie unter dem damaligen Chefredakteur Günther Deschner antrat, die rechtsextreme Monatszeitschrift *Nation&Europa* zu beerben, zugleich aber auch ein breiteres Publikum anzusprechen. Nachdem der Herausgeber Dietmar Munier, selbst Rechtsextremer und Inhaber des Verlags *Lesen und Schenken*, *Nation&Europa* aufgekauft hatte, wurden deren Abonnent_innen zum Grund-Kund_innenstamm von *ZUERST!*.[597] Seit 2011 ist Manuel Ochsenreither Chefredakteur, der, wie Deschner, bereits in der *JF* publizistisch tätig war. Ähnlich der *JF* bemüht sich *ZUERST!* um ein bürgerliches Image, indem sie auch Interviewpartner_innen jenseits der Rechten in die Zeitschrift einbaut.[598] Volker Weiß bestätigt diese inhaltliche und strategische Nähe der beiden Medien, schätzt *ZUERST!* jedoch als »journalistisch krawallbereiter« ein, wobei auch sie das Ziel habe, sich als erfolgreiche Sammlung >rechts der *CDU*< zu etablieren.[599] Damit bewegt sich das Blatt zwar im Umfeld der Neuen Rechten, gehört aber nicht zum Kern, sondern gibt sich offener als *JF* oder *Sezession*, indem man beispielsweise Nachrufe auf Erich Priebke verfasst.[600]

Dass sich das Blatt aber nicht nur auf deutsche Rechte beschränkt und sich stattdessen an einer europaweiten >metapolitischen< Agenda beteiligen will, zeigt Ochsenreithers Teilnahme als Redner bei der fünften Auflage des neurechten Symposiums *Identitär Idé* im Juni 2013 in Stockholm, wo er neben Markus Willinger auch auf Philippe Vardon, einen der Hauptprotagonist_innen der französischen Identitären, traf. Drei Seiten widmete *ZUERST!* den italienischen Neofaschist_innen von *CasaPound Italia*, deren >Kulturbeauftragter< Adriano Scianca interviewt wird.[601] In derselben Ausgabe berichtet die Zeitschrift begeistert vom neurechten Messe und Vernetzungstreffen *zwischentag*, das im Oktober 2013 zum zweiten mal in Berlin stattgefunden hatte und bei dem unter anderem die *Sezession*, Philippe Vardon, die *Identitäre Bewegung Deutschland*, der verurteilte italienische Faschist und Terrorist Gabriele Adinolfi, Marton Gyöngyösi von der

---

597 Tszschoppe 2010, o.S.
598 Tszschoppe 2010, o.S.
599 Weiß 2010, o.S.
600 Zuerst! 11/2013, S. 6
601 Heinrich 11/2013, S. 41–43

Jobbik als auch *ZUERST!* vertreten waren.[602] Verbindungen gibt es auch zur *FPÖ*, die als Veranstalterin eine teure Anzeige für den *Wiener Akademikerball* (ehemals *WKR-Ball*, Ball der deutschnationalen Burschenschaften und eines der wichtigsten rechtsextremen Vernetzungstreffen in Europa) auf der Rückseite der Ausgabe vom November 2013 schaltete.

Unterbergers Tagebuch

Andreas Unterbergers Internetauftritt gilt als erster österreichischer Internet-Blog, dementsprechend hat er schon allein dadurch breite Bekanntheit erlangt. Ebenso günstig war die Tatsache, dass es sich beim Betreiber um den ehemaligen Chefredakteur der *Wiener Zeitung* handelt, was den diversen Texten eine journalistischen Beigeschmack zu geben scheint. Stattdessen handelt es sich bei diesem erzkonservativen und »nicht ganz unpolitischen Tagebuch«[603], wie Unterberger es selbstrelativierend bezeichnet, um eine tägliche Argumentationsquelle für alle, denen die *ÖVP* nicht rechts genug ist. Sein Tagebuch trieb er bereits während seiner Zeit bei der *Wiener Zeitung* voran. Mit Themen wie »Geldquelle Klimawandel«, Lästereien über die staatliche »Fernsehmarktordnung« oder einem angeblich gleichmacherischen Schulsystem machte er sich langsam aber beständig vor allem im rechten und rein wirtschaftsliberalen Politikspektrum beliebt[604]. Sein Artikel zum *Equal Pay Day* war besonders grauenhaft. »Welche Firma ist so idiotisch«, so Unterberger, »jemandem für die gleiche Arbeit ein Viertel mehr zu zahlen? Jeder Geschäftsführer, der das täte, würde vom Eigentümer mit nassen Fetzen davongejagt.« Er mokiert sich über »die frauenlastige Scheidungsjudikatur« sowie über »Mineralwasserfirmen, die gerne für Brustkrebs-, aber nie für die Prostatakrebsbekämpfung spenden«[605]. Beispiele wie diese sind für Unterberger Belege dafür, dass es eine kollektive Männerdiskriminierung gäbe, von Ungleichstellung und Ungleichbehandlung von Frauen am Arbeitsmarkt will Unterberger nichts wissen, das sei doch bloß Humbug und – wie er es nannte – »arger Missbrauch von statistischen Globaldaten«[606]. Für Männerparteien in Österreich und jene Akteur_innen in *ÖVP* und *FPÖ*, denen Gleichstellungsforderungen, das Frauenministerium oder Gender-Mainstreaming-Offensiven ohnehin

---

602 Schwerdtfeger 11/2013, S. 64–65
603 http://www.andreas-unterberger.at
604 Wiener Zeitung 2009, OTS0297
605 Wiener Zeitung 2009, OTS0297
606 Wiener Zeitung 2009, OTS0297

schon lange ein Dorn im Auge gewesen waren, war Unterberger der Held der Stunde. Sein offener Antifeminismus hat zumindest dazu geführt, dass er am 8. Oktober 2009 als Chefredakteur entlassen wurde. Nun muss Unterberger seine Texte privat weiter publizieren. Angeblich wird der Blog nur über etwa 780 Abonnent_innen[607] finanziert und hat – laut eigenen Angaben – eine Reichweite von 30.000 Seitenaufrufen pro Monat[608] zu verzeichnen. Schwerpunkte seiner Artikel sind vor allem Finanzpolitik aus einer liberalen Perspektive (sowohl für den Raum Österreich, Europäische Union als auch global), demographische Entwicklung und Immigration sowie Kommentare zur Parteipolitik (in denen Unterberger gegen zu gemäßigte christlich-soziale und gegen sozialdemokratische Vorschläge, wie zum Beispiel die Vermögenssteuern oder Gesamtschule, wettert).

Achse des Guten

Bei der *Achse des Guten* (achgut) handelt es sich um ein Weblog, das seit dem 4. September 2004 online ist. Die Publizisten Henryk M. Broder, Dirk Maxeiner und Michael Miersch bilden die Redaktion. Der Blog positioniert sich bereits mit dem Namen in Anlehnung an George W. Bushs Begriff der »Achse des Bösen« als proamerikanisch. Darüber hinaus zeigt man auch inhaltlich viele Übereinstimmungen mit den amerikanischen Neo-Konservativen[609]. Broder ist der bekannteste Teil der Redaktion und kommt ursprünglich aus der politischen Linken, gilt auch als Mitbegrün-

---

607 Unterbergers »Tagebuch«-Blog 2013, o.S.
608 Zit.n. http://medienkritikwien.wordpress.com/tag/andreas-unterbergers-tagebuch/, 26.11.2013, 23h40
609 Der Politikwissenschaftler Alexander Reichwein gibt folgende Definition für den amerikanischen Neokonservatismus: »Der Neokonservatismus entstammt der liberalen Denktradition in Amerika und stellt seit den 1940er Jahren eine spezifische Denkrichtung zwischen Liberalismus und Konservatismus dar. Er baut auf einem radikalen Antikommunismus und den beiden Ideen der Republik und der ›nationalen Größe‹ sowie einem daraus abgeleiteten ideologischen Verständnis des ›nationalen Interesses‹ der USA auf. Den Kern dieser Ideen bildet die Überzeugung, dass die amerikanische Demokratie die attraktivste und überlegene Gesellschaftsform ist, und dass die ›amerikanischen‹ Werte von Freiheit und Demokratie universal sind. Hier kommen ein ideell überhöhter und verklärter Amerika-Zentrismus sowie ein als progressiv dargestellter Nationalismus zum Ausdruck.« zit. n.: Alexander Reichwein: *Der amerikanische Neokonservatismus und seine Ursprünge, Ideen und Ziele. Eine liberale und eine realistische Kritik.* In: ZENAF Arbeits- und Forschungspapiere Nr. 1/2009 (Zentrum für Nordamerika-Forschung, Goethe-Universität Frankfurt am Main), 18

der der sogenannten Antideutschen.[610] Nach seinem Bruch mit der Linken beschäftigt sich Broder vermehrt mit Antizionismus und dem Islam. Das sich selbst als freiheitsliebend und den Werten der Aufklärung verschrieben bezeichnende Kollektiv griff im Laufe der Zeit immer mehr rechte Diskurse auf. So weist Jörg Lau in *Die Zeit* auf einen Artikel Broders hin, in dem sich dieser homophob über den Journalisten Tsafrir Cohen äußert und ihn sowie seine Kolleg_innen der Menschenrechts-NGO *medico international* als ›parasitäres Pack bezeichnet‹.[611] Auch die häufige und diffamierend gemeinte Benutzung des Wortes ›Gutmensch‹ von Seiten der Blogger_innen und der Leser_innen bedient rechte Diskurse. Ein weiteres Beispiel dafür bieten die Blogeinträge des Autors Akif Pirinçci, der in seinem Beitrag vom 25. März 2013 unter anderem von den »›immer mehr und in immer kürzeren Abständen erfolgenden Bestialitäten, die zumeist von jungen Männern muslimischen Glaubens an deutschen Männern begangen werden« berichtet.[612] Pirinçci trägt damit aktiv zum rechten Diskurs der ›Ausländergewalt‹ bei, den auch Neurechte wie Götz Kubitschek und Michael Paulwitz mit ihrem Buch und der dazu gehörigen Internet-Seite *Deutsche Opfer, fremde Täter* pflegen.

Deutsche Opfer, fremde Täter

Dieses Projekt basiert auf dem Buch mit demselben Titel, das 2011 beim *Verlag Antaios* erschienen ist. Als Autoren fungieren Götz Kubitschek und Michael Paulwitz (seit 2012 Schriftleiter der *Burschenschaftlichen Blätter*). Das Buch versucht in bekannter Strategie, das Narrativ der »gewalttätigen Ausländer« zu prägen und den Immigrationsdiskurs zu kapern und zu verschieben, sodass diese negative Assoziation zur vorherrschenden wird. Es wird von »Kulturkriegen« und »Denkverboten« geredet und praktischerweise werden die Schuldigen auch gleich gefunden und benannt:

---

610 Die Antideutschen sind eine sich kommunistisch nennende Linke, »die nahezu alle Essentials der kommunistischen Bewegung und der Linken, wie den positiven Bezug auf die Arbeiterklasse, den Antiimperialismus, den Antikapitalismus und den Antirassismus hinter sich gelassen hat und zu einer tief greifenden Zersplitterung der außerparlamentarischen Linken geführt hat. Die Geschichte dieser Linken ist eine Geschichte der Abspaltungen. Die zentralen Streitpunkte für die Entwicklung der antideutschen Bewegung waren die Bewertung der deutschen Vergangenheit und damit die Auseinandersetzung mit Antisemitismus und Israel als dem Staat der Überlebenden des Holocaust. [...] Der positive Bezug auf die USA als Gegner des Nationalsozialismus konnte sich bis 1995 in der antideutschen Linken durchsetzen.« Zit.n. Hagen 2005, o.S.
611 Lau 2012, o.S.
612 Pirinçci 2013, o.S.

Menschen mit muslimischem Glauben und die Linken. Passend wurde dazu das Internetprojekt www.deutscheopfer.de gebaut, welches von Felix Menzel von der *Blauen Narzisse* (siehe entsprechendes Kapitel) betreut wird. Auf dieser Seite werden Verbrechen samt Karte aufgelistet, die laut Selbstbeschreibung von »Ausländern« oder »eingebürgerten Neudeutschen« begangen wurden.[613] Eine genauere Beschreibung darüber, wie diese Gruppen definiert werden, bleibt das Projekt schuldig. Allein der höhnische Verweis auf »eingebürgerte Neudeutsche« zeigt, dass der Besitz der deutschen Staatsbürgerschaft nichts mit der Gruppenzuschreibung als »Deutsches Opfer« oder »fremder Täter« zu tun hat. Auch werden keine Verbrechen von beispielsweise Personen mit schwedischer oder österreichischer Staatsangehörigkeit aufgelistet. Es werden ausschließlich jene Verbrechen aufgelistet, in der in offen rassistischer Manier die Täter in das Bild des ›rassistischen Anderen‹ fallen, also Personen, die von den Betreibern der Seite dem südosteuropäischen, afrikanischen oder asiatischen Raum zugeschrieben werden. Dabei spielt es überhaupt keine Rolle, ob diese Personen tatsächlich aus diesen Gegenden kommen oder nicht. Die Zuschreibung und die Gleichsetzung von bestimmten Ländern, Communities, Religionszugehörigkeiten und sozialen Positionen mit Verbrechen und Gewalt wird von Kubitschek, Paulwitz und Menzel in rechtsextremer Manier vorgenommen. Die Wirkung, die damit erzielt werden soll, ist eine denkbar einfache und schlägt in dieselbe Kerbe wie das, was Parteien wie die *FPÖ* seit jeher praktizieren: Ängste werden geschürt und einfache, rassistische Erklärungen gefunden. Für die selbsternannte intellektuelle Rechte grenzt dieses Projekt an peinlichen Populismus, für den sie sich aber nicht zu schade ist, wie Thilo Sarrazin vorgemacht hat.

eigentümlich frei

eigentümlich frei (ef) ist eine seit 1998 existierende deutsche Zeitschrift und ein Blog, die beide von André Lichtschlag herausgegeben werden. Die Zeitschrift steht nach eigener Aussage »auf der Seite der libertären Gegenwehr«.[614] Unter dem Libertarismus versteht man eine politische Philosophie, deren Kern die individuelle Freiheit ist. Dem Staat kommt in dieser Philosophie allein die Rolle des Wahrers dieser Freiheit zu.[615] Ein

---

613 Deutsche Opfer 2014, o.S.
614 Lichtschlag 2014, o.S.
615 Boaz 2014, o.S.

weiterer wichtiger Bestandteil libertären Denkens ist das Eigentum, welches für André Lichtschlag und *eigentümlich frei* »der Schlüssel zur Freiheit« ist.[616] Mit Freiheit meinen Lichtschlag und seine Mitstreiter_innen jedoch nicht zwingend demokratische Freiheit, wie der Politikwissenschaftler Albrecht von Lucke anhand von Äußerungen Lichtschlags zum Wahlrecht zeigt. Lichtschlag fordere den Wahlrechtsentzug für ›Unproduktive‹, also Beamte, Arbeitslose, Rentner_innen und Politiker_innen.[617] Das *Libertäre Institut* zitiert Lichtschlag schließlich in einer Pressemitteilung mit den Worten: »›Heute ist ›Weniger Demokratie wagen!‹ der letzte Ausweg vor dem sicheren Gang in den Totalitarismus‹«.[618] Bei diesen antidemokratischen Positionen ist es wenig verwunderlich, dass bei *eigentümlich frei* auch Autor_innen aus der Neuen Rechten willkommen sind wie Ellen Kositza, die zum Stamm der Zeitschrift *Sezession* gehört. Auch Caspar von Schrenck-Notzing, gemeinsam mit Armin Mohler Gründer der Zeitschrift *Criticón*, wurde interviewt. Darüber hinaus gab man gleich zweimal dem damaligen *NPD*-Vorsitzenden Udo Voigt mit einem Interview eine Plattform.[619] Interessant ist auch, dass Felix Menzel, Herausgeber der *Blauen Narzisse*, unter dem Titel »Narzisse gegen Masse« zu Wort kommt, wo anhand des Begriffs der ›Masse‹ bereits deutlich wird, auf welches Feindbild sich Libertäre und Neurechte unter anderem einigen können.[620] Es gibt auch kritische Worte zur Neuen Rechten beziehungsweise einem ihrer wichtigsten Vertreter_innen in Deutschland, Karlheinz Weißmann. Allerdings nicht, weil diese eine völkische, rassistische und nationalistische Ideologie vertreten, sondern weil sie ihre Demokratiefeindlichkeit nicht genügend mithilfe ökonomischer Argumente begründen. Lob findet Weißmann für seine Behauptung, »linke und rechte Totalitäre«[621] hätten dieselben Wurzeln. Aber Lichtschlag geht das nicht weit genug. Weißmann erwähne nicht, warum »die allermeisten Faschismen und Faschisten als Nationalismen oder Sozialismen eigentlich links anzusiedeln sein müssten«[622], was seine eigene Position ist. Für Weißman und *eigentümlich frei* steht der Feind immer klar links. Der Neuen Rechten wirft Lichtschlag am Ende des Artikels vor, sich

---

616 Lichtschlag 2014, o.S.
617 Von Lucke 2009, o.S.
618 Libertäres Institut 2006, o.S.
619 eigentümlich frei 2014, o.S.
620 eigentümlich frei 2014b, o.S.
621 Lichtschlag 2009, o.S.
622 Lichtschlag 2009, o.S.

nicht deutlich genug von der Linken abzugrenzen. Schlussendlich kann gesagt werden, dass es sich bei *eigentümlich frei* um den Versuch handelt, neurechte Ideologie und libertäres Denken miteinander zu verknüpfen, was im deutschsprachigen Raum in dieser Form einzigartig ist.

Eques Solis – Sonnenritter

Eques Solis – Sonnenritter ist eine rechtsextreme Organisation und ein deutsch- und englischsprachiges Internetportal, dessen aktuelle Version seit 2012 existiert. Sich selbst definieren die Mitglieder als »Organisation Sonnenritter für den Schutz und Erhalt des europäischen Volks- und Kulturgutes«[623]. Obwohl man auch den Begriff ›Identität‹ benutzt, grenzt man sich von der *Identitären Bewegung Deutschland* ab: »Einige dieser aufgetauchten, meist virtuellen, Gruppen vertreten zudem noch eine recht fragwürdige politische Grundhaltung, die nicht selten an eine schwammige und fundamentlose ›Pro XY‹ Polemik erinnert.«[624] Zugleich betont die Organisation, dass sie »Identität vordergründig biologisch«[625] betrachtet. Neben dieser offen rassistischen definierten ›Identität‹ sind ›Metapolitik‹ und ›Europa‹ weitere Schlagwörter, die Ausrichtung der Organisation definieren.[626] Offen bekennt *Eques Solis*: »Unser Ziel ist nicht demokratisch«[627]. Diese bekennend rechtsextreme Positionierung hält Protagonist_innen der neuen Generation der Neuen Rechten nicht davon ab, *Eques Solis* mit Beiträgen zu unterstützen und zeigt, dass es keine glasklar voneinander abgegrenzten Spektren gibt. Besonders zahlreich und mit einer eigenen Kategorie versehen sind die Beiträge der prä-identitären Gruppe *Der Funke,* die Artikel ihrer eigenen Internetseite etwa zum Thema Julius Evola[628], ›Identität‹[629] oder ›Genderwahn‹[630] auf *Eques Solis – Sonnenritter* wiederveröffentlichten. Aber auch zuvor in der *Blauen Narzisse* erschienene Artikel zu den Themen *CasaPound*[631] und Black

---

623 Eques Solis 2012a, o.S.
624 Eques Solis 2012a, o.S.
625 Eques Solis 2012a, o.S.
626 Eques Solis 2012a, o.S.
627 Eques Solis 2012b, o.S.
628 Der Funke 2013a, o.S.
629 Der Funke 2013b, o.S.
630 Der Funke 2012b, o.S.
631 Ricci 2013, o.S.

Metal[632] kann man auf *Eques Solis* lesen. Die Seite zeigt sich inhaltlich und ästhetisch sehr von einzelnen Vertreter_innen der *Neofolk*-Subkultur inspiriert, insbesondere von der deutschen Band *Von Thronstahl*, welche selbst ähnliche Inhalte vertritt. Die Bezeichnung ›Sonnenritter‹ verweist auf ein gleichnamiges Lied der neonazistischen Black Metal Band *Absurd*, welches *Von Thronstahl*-Sänger Josef Maria Klumb überarbeitete und mit seiner Band vertonte. Einen weiteren Bezug auf die Band gibt es durch ein von *Eques Solis – Sonnenritter* produziertes T-Shirt, auf dem der Spruch »Return Revolt Into Style« steht.[633] Dabei handelt es sich um den leicht abgewandelten Titel des Von Thronstahl Albums *Return Your Revolt Into Style* von 2010.

Eques Solis steht mit Sicherheit nicht im Zentrum der deutschsprachigen Neuen Rechten. Dennoch zeigt die Verknüpfung mit der *Blauen Narzisse* und dem prä-identitären *Funken*, dass es in der Neuen Rechten auch Platz für offen mit dem Faschismus und Nationalsozialismus sympathisierende Organisationen gibt, wie das folgende Zitat bezüglich ihres Logos zeigt: »Natürlich haben wir nichts gegen Vögel, Rutenbündel mit Beil oder Balken- und Krückenkreuze; es ging schlichtweg um neue Wege – ohne Symbole mit traditioneller Vergangenheit oder historischem Hintergrund.«[634]

Korrektheiten

Bei *Korrektheiten* handelt es sich um ein seit 2007 existierendes deutschsprachiges Blogportal, das von Manfred Kleine-Hartlage betrieben wird. Kleine-Hartlage hat unter anderem das Buch *Fjordman: ›Europa verteidigen‹* mit Martin Lichtmesz (*IfS* und *Sezession*) herausgegeben und Bücher verfasst wie *Das Dschihadsystem* oder *Warum ich kein Linker mehr bin*. Der erste und der letzte Titel erschienen im *Verlag Antaios*, der von Götz Kubitschek (*IfS*, *Sezession*) geführt wird.[635] In seiner Selbstbeschreibung streicht Kleine-Hartlage seine konservative Gesinnung heraus, die als Kernpunkte das Christentum, den Nationalstaat und die Kernfamilie hat. Dies sind für Kleine-Hartlage die kulturellen Grundlagen, welche die ›Offene Gesellschaft‹, für die er sich laut Eigenaussage einsetzt, erst ermöglichen.[636] Zu

---

632 Lassotta 2012, o.S.
633 Eques Solis 2014, o.S.
634 Eques Solis 2013, o.S.
635 Korrektheiten 2014, o.S.
636 Kleine-Hartlage 2014, o.S.

seinen Feindbildern erklärt Kleine-Hartlage jene Phänomene, die seiner Meinung nach die Grundlagen der deutschen Kultur zerstören: »Globalismus, Synkretismus, Gender Mainstreaming etc.«[637] Des Weiteren kämpft Kleine-Hartlage gegen Political Correctness und ›den‹ Islam, wobei er sich ebenso als Kämpfer gegen Antisemitismus sieht.[638] Neben eigene Artikel, die sich vorwiegend mit den genannten Kernthemen beschäftigen, stellt Kleine-Hartlage mit Vorliebe Artikel, die bereits in der *Sezession* erschienen sind, für die er auch selbst schreibt.[639] Seine Lieblingsautor_innen sind sein Co-Herausgeber Martin Lichtmesz, Heino Bosselmann und Ellen Kositza. Aber auch Götz Kubitschek, Felix Menzel und Karlheinz Weißmann kommen zu Wort. Neben den Beiträgen von *Sezession*-Autor_innen sind besonders jene des christlich-konservativen Blogs *Deutschland kontrovers* beziehungsweise *Vaterland* (ursprünglicher Name des Blogs) zahlreich. *Korrektheiten* ist somit im Umfeld des *IfS*/*Sezession* einzuordnen, fungiert darüber hinaus als betont konservativ-bürgerliche Schnittstelle innerhalb der Neuen Rechten.

Metapedia

Bei *Metapedia* handelt es sich um eine mehrsprachige Online-Enzyklopädie mit ›metapolitischer‹ Funktion, bei der bereits der Name auf ein neurechtes Konzept verweist. Die Schweden Lennart Berg und Anders Lagerström vom *Nordiska Förlaget* stehen hinter der Idee, Entwicklung und Finanzierung von *Metapedia* und brachten im Jahr 2006 mit der schwedischen Ausgabe die erste *Metapedia*-Plattform ins Netz.[640] In Schweden liegen auch alle Server der internationalen *Metapedia*-Versionen, welche von der rechtsextremen *NFSE media AB* betrieben werden.[641] In der Projektbeschreibung der deutschen *Metapedia* heißt es vielsagend: »Metapedia will Aspekte aufhellen, über Wahrheiten und Fakten schreiben und nicht über das, was die politisch korrekte Mehrheit von Schreibern dafür hält und ihren Lesern oktroyiert.«[642] Die *Metapedia*-Betreiber_innen geben anschließend an, dass die Bundesprüfstelle für jugendgefährdende Medien und Schriften im Jahr 2008 ein Indizierungsverfahren für *Metapedia* einlei-

---

637 Kleine-Hartlage 2014, o. S.
638 Kleine-Hartlage 2014, o. S.
639 Sezession 2014a, o.S.
640 Andersson 2007, o.S.
641 Brodkorb 2008, o.S.
642 Metapedia 2013b, o.S.

tete, was am 22. Januar 2009 in der Indizierung mündete. Am 19. Februar sei zudem der Zugriff auf *Metapedia* über google.de zensiert worden.[643] Die Ursache der Indizierung liegt in der geschichtsrevisionistischen und häufig den Nationalsozialismus verharmlosenden Tendenz vieler Artikel. Inhaltlich bewegt sich *Metapedia* zwischen neurechten Themen wie ›Ethnopluralismus‹ und Inhalten, die eher der Alten Rechten zuzurechnen sind, wie ›Umerziehung‹. Der *Metapedia*-Artikel zur *Identitären Bewegung* spart interessanterweise nicht mit Kritik. Vorgeworfen wird der *IB*, dass sie zwar ihr Feindbild aus der »mohammedanischen Einwanderung«[644] beziehe, sich jedoch nicht gegen ihre Verursacher wende, da sie einen pro-israelischen und pro-jüdischen Leitgedanken vertrete.

Politically Incorrect

Politically Incorrect (PI) ist ein rechtsextremer Blog mit islamfeindlichem Schwerpunkt, der im Jahr 2004 von Stefan Herre gegründet wurde. Mit mehreren zehntausend Klicks täglich hat sich *PI* als Zentralorgan der islamfeindlichen Szene etabliert.[645] Der Hass gegenüber Minderheiten beschränkt sich jedoch nicht nur auf Muslime und Muslima. Während die von *PI* beziehungsweise dessen Blogger_innen verfasste Artikel bereits rassistisch[646], homophob[647] und antifeministisch[648] sind, wird in den Kommentaren der Nutzer_innen deutlich, welch offen rechtsextreme Ansichten auf *PI* verbreitet werden. Den Mord an der schwangeren Ägypterin Marwa el-Sherbini kommentierte ein User wie folgt: »Mir tut es überhaupt nicht leid um diese verschleierte Kopftuchschlampe. Und noch dazu ein Moslem im Bauch weniger!«[649] Aufrufe zur Gewalt gegen Muslime und andere Minderheiten sind in den Kommentaren an der Tagesordnung.

PI unterhält auch Verbindungen zu gleichgesinnten Parteienvertretern und zählt zu seinen Autor_innen etwa Michael Stürzenberger (ehemals *CSU*), hoher Funktionär der islamfeindlichen Partei *Die Freiheit*. Auch Polizeioberkommissar Torsten Groß, Führungsfigur der rechtsextremen

---

643 Metapedia 2013b, o.S.
644 Metapedia 2013a, o.S.
645 Mirzaie 2011, o.S.
646 Von Clausen 2013, o.S.
647 Politically Incorrect 2013a, o.S.
648 Politically Incorrect 2013b, o.S.
649 Jung 2010, o.S.

Bürger in Wut, gehört zum engsten Kreis des Blogs.[650] Intensive Kontakte pflegt Herre auch mit bekannten ›Islamkritikern‹ wie Henryk M. Broder oder Ralph Giordano, auch wenn diese teilweise jeden Kontakt mit *PI* abstreiten.[651] Auch Teilorganisationen von *CDU* (*Senioren-Union*) und *FDP* (*Stresemann-Club*) scheuen nicht die Zusammenarbeit mit *PI*.[652] Unter den verlinkten Gruppierungen findet sich dann neben der rechtsextremen Partei *Pro-NRW* auch die *Identitäre Bewegung Deutschland*. Mit der Zeit bemühte sich *PI*, nicht nur virtuell aktiv zu sein. So gründeten sich bislang mehr als 50 *PI*-Gruppen in deutschen, österreichischen und Schweizer Städten, die mit Störaktionen, dem Versenden von Hassmails und der Verunglimpfung Andersdenkender in Online-Medien die Öffentlichkeit in ihrem Sinne beeinflussen wollen.[653] *PI* stellt durch seine Größe und die rechtsextreme Ideologie seiner Macher_innen und Nutzer_innen eine nicht zu unterschätzende Gefahr dar. So räumte *PI* Co-Chefin Christine Dietrich nicht zufällig ein, »dass Breiviks wirre Thesen ›auch in diesem Forum stehen könnten‹.«[654] Dem Blog gelingt es, nach allen Seiten offen zu bleiben und sowohl Personen und Institutionen aus dem bürgerlichen Spektrum, wie auch die Identitären und andere Neue Rechte sowie offen Rechtsextreme anzusprechen.

Politische Netzwerke

Konservativ Subversive Aktion (KSA)

Die *Konservativ Subversive Aktion* (KSA) ist eine Aktionsgruppe, die von Götz Kubitschek (*IfS*, *Sezession*) ins Leben gerufen wurde. Unter dem Label *KSA* wurden zwischen dem 2. Mai 2008 und dem 12. November 2009 fünf Aktionen durchgeführt und auf der dazugehörigen Seite www.ungebeten.de dokumentiert. Götz Kubitschek erklärt via YouTube-Video die Sinnhaftigkeit und die fünf Ziele der *KSA*: Erstens soll Der »Gegner« in einen »Unruhezustand«[655] versetzt werden, aus Angst vor der nächsten Aktion der *KSA*. In seiner Erörterung vermeidet Kubitschek peinlich genau zu erwähnen, wer denn dieser Gegner ist, der in einen Unruhezustand versetzt werden soll. So will die *KSA* vermeiden, dass sich etwaige

---

[650] Geyer/Schindler 2011, o.S.
[651] Geyer/Schindler 2011, o.S.
[652] Geyer/Schindler 2011, o.S.
[653] Geyer/Schindler 2011, o.S.
[654] Geyer/Schindler 2011, o.S.
[655] Konservativ Subversive Aktion 24.09.2008, 13h38 (genaue Zeit: 0:20-0:34)

Zielpersonen vorbereiten, was allerdings schon dadurch gewährleistet sein dürfte, dass die KSA zu unbekannt ist. Bei den Aktionen der *KSA*, die weiter unten skizziert werden, zeigt sich kein durchgängiges Muster oder Bild an Gegner_innen, so dass niemand wirklich in Unruhe versetzt werden kann, weil sich niemand als Angriffsziel wähnt. Die Unruhe könnte nur danach einsetzen, wenn Personen oder Organisationen erneut zum Ziel der *KSA* werden, was aber wiederum die Berechenbarkeit der *KSA* erhöht und dem proklamierten Ziel der Unberechenbarkeit direkt entgegensteht. Zweitens sollen die Aktionen der *KSA* der Rekrutierung von neuen Aktivist_innen dienen.[656] Es ist unklar, inwieweit das funktioniert hat. Drittens spricht Kubitschek sehr pathetisch von der Manifestation eines »politischen Existenzialismus«[657] in den Aktionen der *KSA*. Sie sollen zeigen, dass die Beteiligten »nicht am Untergang« beteiligt, aber »Spuren hinterlassen« haben. Viertens setzt Kubitschek auf eine »Binnenwirkung«[658] in die neurechte Szene, die einer »in die Ecke gedrängten« Szene ein Gefühl von Selbstermächtigung geben würde und »zumindest für die Zeit der Aktion« Deutungshoheit ermögliche[659]. Kubitschek erläutert nicht, worüber sie Deutungshoheit haben wollen. Es ist beachtenswert, wie sehr hier das Selbstverständnis als Opfer, als Unterdrückte und als Minderheit gegen einen namenlosen übermächtigen Gegner propagiert wird. Gleichzeitig gehören die Protagonisten der Neuen Rechten sozioökonomisch zur Elite und propagieren ein Weltbild voller Ungleichwertigkeiten, in dem sie wiederum als gut, schön, wahr, also als Elite dastehen. Fünftens setzt Kubitschek mit den Aktionen der *KSA* auf verwertbare Bilder, Geschichten und »Verdichtungen«[660] für die Szene, die diese dringend benötige.

Die insgesamt fünf Aktionen der *KSA* waren die Folgenden:
1. Am 2. Mai 2008 wurde der 68er-Kongress des *SDS* und der *linksjugend. solid* mit einer Flugzettel-Aktion gestört.[661]
2. Am 14. Juni 2008 wurde eine Podiumsdiskussion im KleinKunstTheater im Chemnitz mit Egon Krenz (ehemaliger Staatsratsvorsitzender der DDR), die unter anderem von der *Rosa Luxemburg-Stiftung* veranstal-

---

656 Konservativ Subversive Aktion 24.09.2008, 13h38 (genaue Zeit: 0:40-1:13)
657 Konservativ Subversive Aktion 24.09.2008, 13h38 (genaue Zeit: 1:20-2:00)
658 Konservativ Subversive Aktion 24.09.2008, 13h38 (genaue Zeit: 2:13-3:09)
659 Konservativ Subversive Aktion 24.09.2008, 13h38 (genaue Zeit: 2:13-3:09)
660 Konservativ Subversive Aktion 24.09.2008, 13h38 (genaue Zeit: 3:11-3:44)
661 KSA 02.05.2008, zit. n. http://www.ungebeten.de/wordpress/?p=15

tet wurde, gestört. Zuvor gab es eine Aktion am Marktplatz gegen Miko Runkel, der Bürgermeister des Dekanats Rechts wurde.[662]
3. Am 31. August 2008 wurde eine Buchpremiere von Günther Grass im Hamburger Thalia Theater mit Zwischenrufen und einem Transparent gestört. Zuvor wurde auch ein Comic gegen Grass verteilt.[663]
4. Felix Menzel von der *Blauen Narzisse* und Götz Kubitschek verbarrikadierten sich kurzfristig in der Berufsbildenden Schule Lutherstraße in Chemnitz, nachdem dort ein Bild von Benjamin Jahn Zschoke (der mittlerweile regelmäßig für die *Blaue Narzisse schreibt*) übermalt werden sollte und auch wurde.[664]
5. Am 12. November 2009 protestierten Kubitschek, Menzel und andere mit einem großen Banner vor dem Brandenburger Tor, weil die deutsche Bundeskanzlerin Angela Merkel in Paris das Ende des 1. Weltkriegs mit ihrem französischen Amtskollegen Sarkozy beging.[665]

Darüber hinaus existiert ein Ableger als *Konservative Aktion Stuttgart* (*KAS*), der es aber nur auf zwei Aktionen brachte und nun lediglich als Internetseite mit informativem Charakter für die Szene weiterexistiert. Die erste Aktion richtete sich gegen den deutschen Außenminister Guido Westerwelle und die zweite gegen einen Vortrag zu rechter Musik von der *Vereinigung der Verfolgten des Naziregimes – Bund der Antifaschistinnen und Antifaschisten*.[666] Beide Aktionen fanden 2010 statt. Seit der letzten Aktion 2009 ist die *KSA* inexistent und die *KAS* existiert nur noch als Internetportal. Trotz der sehr überschaubaren Wirkung, sind sie ein Beispiel für die Aktionsformen, die später die Identitären gewählt haben und die sich an linken Praktiken orientieren.

zwischentag

Am 5. Oktober 2013 fand in Berlin-Wilmersdorf zum zweiten Mal die neurechte ›Freie Messe‹ *zwischentag* statt, welche von Götz Kubitschek (*IfS, Sezession*) initiiert wurde und von ihm gemeinsam mit Felix Menzel

---

662 KSA 14.06.2008, zit. n. http://www.ungebeten.de/wordpress/?p=22
663 KSA 31.08.2008, zit. n. http://www.ungebeten.de/wordpress/?p=28
664 Kubitschek 2009, o.S.
665 Scholz 2009, o.S.
666 Kubitschek Zit. n. http://www.sezession.de/12857/kas-konservative-aktion-stuttgart.html, 03.03.2010, 12h34

(*Blaue Narzisse*, *IfS*) organisiert wird.[667] Wie im Vorjahr stellten konservative bis rechtsextreme Verlage, Organisationen und Zeitschriften ihre Produkte im Logenhaus aus. Die *Junge Freiheit* verzichtete diesmal auf einen Stand, da auch der italienisch Faschist und *CasaPound*-Ideologe Gabriele Adinolfi sowie der für seine antisemitischen Äußerungen bekannte *Jobbik*-Abgeordnete Márton Gyöngyösi eingeladen waren.[668] Zu den Aussteller_innen 2013 zählten unter anderem auch die *Identitäre Bewegung* mit jeweils eigenen Ständen der französischen, deutschen und österreichischen Organisation.[669] Die *IB* war auch Thema einer Podiumsdiskussion, an der neben Vertretern der *IBD* und *IBÖ* auch Markus Willinger und Philippe Vardon (*Génération Identitaire*) teilnahmen.[670] Im Gegensatz zum Vorjahr zeigten sich die Organisatoren darum bemüht, mehr Redner – ausschließlich Männer – und internationale Aussteller_innen für den *zwischentag* zu gewinnen. Das führte dazu, dass die 30 Stände von ungefähr 700 Besucher_innen frequentiert wurden. Zudem gelang es durch die Beteiligung der Identitären, auch jüngeres Publikum anzulocken.[671]

2013 wurde die neurechte Messe erstmals von Protesten durch Antifaschist_innen gestört, wobei die Berichterstattung in den Medien nach wie vor gering ausfiel. Der *zwischentag* fungiert insbesondere als Vernetzungstreffen der Neuen Rechten, auch wenn es sich vorwiegend um ›alte Bekannte‹ handelt, die sich dort treffen. Diese Einschränkung des Teilnehmer_innenkreises zeigt sich auch im organisatorischen wie im programmatischen Bereich des *zwischentag*, welcher eindeutig von Kubitschek und Menzel sowie weiteren Personen wie Karlheinz Weißmann aus dem Umfeld des *Instituts für Staatspolitik* dominiert wird.[672]

Linkstrend stoppen

Linkstrend stoppen beschreibt sich selbst als »Aktion«, es ist dabei eher als loses Bündnis von Angehörigen eines »frustrierten Rechtsaußenflügels«

---

667 zwischentag, zit. n. http://zwischentag.de/zwischentag/die-initiatoren/, 15.01.2014, 23h30
668 Teidelbaum 2013
669 Antifaschistisches Infoblatt 2013, S. 29
670 Zwischentag, zit. n. http://zwischentag.de/zwischentag/begleitprogramm/, 15.01.2014, 23h30
671 Teidelbaum 2013, o.S.
672 Antifaschistisches Infoblatt 2013, S. 29

der *CDU* zu sehen.[673] Sie stützen sich auf ein gemeinsames Manifest, das am 15. Februar 2010 formuliert wurde, also genau einen Monat nach Verabschiedung der sogenannten *Berliner Erklärung* der *CDU*, gegen diesich *Linkstrend stoppen* unmittelbar richtet. Ziel der *Union* war es, mit *der Berliner Erklärung* Wähler_innen aus dem liberalen Lager, also der *FDP*, aber auch der *SPD* zu abzuziehen. Als dritte aussichtsreiche Partei waren *Die Grünen* für die Konservativen interessant. Die Idee: mit stärkerer Betonung einer Umwelt- und Klimaschutzpolitik ein Angebot für jene schaffen, denen Umwelt wichtig, aber *Die Grünen* zu links seien.[674] Insgesamt ist diese *Berliner Erklärung*, die mit Begriffen aus dem links-liberalen Lager wie »Chancengleichheit«[675] arbeitet, programmatisch eine Entwicklung in Richtung gesellschaftlichem Liberalismus und weg vom konservativen Schwerpunkt. *Linkstrend stoppen* prangert eine Sozialdemokratisierung und den ›Linksruck‹ der *CDU* an und wirft der Partei vor, im Wähler_innenstrom der *SPD* zu fischen und sich damit als ›zu links‹ zu positionieren. In ihrer Erklärung spricht sich *Linkstrend stoppen* gegen Gleichstellungspolitik – oder wie sie es nennen – »linke Gesellschaftspolitik«[676] aus. Damit sind Homosexuellen-Rechte (wie die eingetragene Partner_innenschaft, die sie stets herablassend als »Homo-Ehe« bezeichnen), Gleichstellungspolitik für Frauen, und Antidiskriminierungsgesetzgebung gemeint. Einen weiteren Schwerpunkt legt die Aktion auf Politik gegen Zuwanderung und »Integration« (wie gewohnt in erster Linie gegen Personen mit muslimischer Konfession) und auf einen stärkeren Einsatz für deutsche Vertriebene[677]. Mit letzteren meinen sie die sogenannten ›Sudetendeutschen‹, also Personen, die sich selbst als ›deutsch‹ klassifizieren, die vor 1945 im heutigen Tschechien lebten und nach der Niederlage Nazi-Deutschlands von ebendort vertrieben wurden. Der Einsatz für diese Gruppe – wie sie auch von der *Sudetendeutschen Landsmannschaft* betrieben wird – ist die neurechte Version von Minderheitenpolitik. Denn Hilfe und Unterstützung wird lediglich jenen Minderheiten zugerechnet, die nicht als ›fremd‹ kategorisiert werden und von anderen, nur nicht von einem selbst, diskriminiert werden.

---

673 Wittrock 2010, o.S.
674 Berliner Erklärung 2010, o.S.
675 DPA 2010, o.S.
676 ALs Manifest o.J., o.S.
677 ALs 2013, o.S.

Initiator von *Linkstrend stoppen* war Friedrich Wilhelm Siebeke, der jahrzehntelang *CDU*-Mitglied und lange stellvertretender Vorsitzender des *CDU*-Bundesparteigerichts war. Dort blieb er durch ein Sondervotum gegen den Parteiausschluss von Martin Hohmann in Erinnerung. 2003 hielt Hohmann am *Tag der Deutschen Einheit* eine Rede, deren Inhalt selbst von seiner Landespartei als antisemitisch klassifiziert wurde. Er beschwerte sich, »dass man als Deutscher in Deutschland keine Vorzugsbehandlung« genieße und schlug vor, aufgrund einer schlechten Wirtschaftslage unter anderem Entschädigungszahlungen an überlebende Zwangsarbeiter_innen und jüdische Holocaust-Überlebende zu verringern. Siebekes Argumentation gegen den Ausschluss Hohmanns: Er habe mit seiner Rede ja der Partei nicht unmittelbar geschadet und rein rechtlich kein Verbrechen begangen.[678] Zu den Manifest-Unterzeichner_innen gehört auch Klaus Hornung, der Präsident des *Studienzentrums Weikersheim* war und als Kolumnist für die neurechte Zeitung *Junge Freiheit* publiziert.[679] Unterzeichner_innen sind auch Johanna (Gräfin von) Westphalen, Mitglied und lange Funktionärin in Nordrhein-Westfalen und Vorsitzende der von ihr gegründeten Stiftung *Ja zum Leben*[680], die gegen das Recht auf Schwangerschaftsabbrüche agitiert[681] sowie Claus Jäger, ehemaliger Bundestagsabgeordneter und Mitbegründer des 1992 initiierten *Christlich-Konservativen Deutschland-Forums* innerhalb der *CDU*. Jäger steht politisch außerdem der *Jungen Freiheit* nahe – neben Andreas Mölzer, Götz Kubitschek und Klaus Hornung hat auch er Referate an der *JF-Sommeruniversität* 1993 gehalten.[682] Ziel von *Linkstrend stoppen* ist ein Beitrag zur, wie sie es nennen, »geistigen Wende«[683] hin zum Konservatismus, was stark an die von Helmut Kohl im Wahlkampf 1989 propagierte »geistig-moralische Wende« erinnert. Es geht neben bloßer Mobilisierung um Druck innerhalb der Partei und darum, dezidiert mit rechten Wähler_innen die *CDU* zu stärken. Gleichzeitig will man sich von Rechtsextremen distanzieren, zu denen auch die *Pro Köln*-Bewegung zu zählen ist, die sich um Mitwirkung bemüht, bisher aber zurückgewiesen wurde. Auch die *NPD* selbst ruft in

---

678 Schobert 2003, o.S.
679 Wittrock 2010, o.S.
680 ALs Manifest o.J., o.S.
681 Zit.n., http://www.tim-lebt.de/stiftung-ja-zum-leben/, 27.11.2013, 10h08
682 Zitn. http://www.apabiz.de/archiv/material/Profile/JF-Lesekreise.htm, 27.11.2013, 10h09
683 ALs Manifest o.J., o.S.

Artikeln immer wieder dazu auf, dass die Aktion sich doch mit ihr verbünden solle, anstatt ihre Zeit in und mit der *CDU* zu vergeuden.[684] Dass diese Abgrenzung aufgrund der vorhandenen inhaltlichen Nähe nicht funktioniert, zeigt der Auftritt von *Linkstrend stoppen* auf Facebook: Unter den Fans befindet sich auch Frank Franz[685] (*NPD* Saarland), auf Twitter zeigt Maximilian Krauss (Jugendspitzenkandidat der *FPÖ* bei der Nationalratswahl 2013) seine Zustimmung. Zu den Follower_innen zählen weiter Paul Hefelle (Pressesprecher des *ÖVP* Wien-Stadtrats), Angehörige der *FPÖ* Wien[686] und einzelne Gruppen des *Rings Freiheitlicher Jugend* (*RFJ*, eine *FPÖ*-Vorfeldorganisation).

Berliner Kreis

Der *Berliner Kreis* ist ein 2007 institutionalisierter Zusammenschluss von *CDU*-Politiker_innen[687], die innerhalb der *CDU* den rechtskonservativen Flügel stärken wollen und die, ähnlich wie *Linkstrend stoppen* einige Jahre später, einen angeblichen Modernisierungs- und Liberalisierungskurs der Partei unter Angela Merkel ablehnen[688]. Fünf Jahre später umfasste der Kreis etwa 40 Mitglieder aus den Reihen der *CDU*. Die Parteispitze selbst – in Person von Volker Kauder – lehnte den *Berliner Kreis* mit dem Verweis , dass so eine Form der Organisierung nicht der Parteitradition entspräche, entschieden ab.[689] 2012 veröffentlichte der Kreis ein wenige Seiten langes Manifest, das *Standortbestimmung*[690] betitelt wurde und in dem sie Frauenquoten ablehnen, sich für eine Verankerung der deutschen Sprache im Grundgesetz, gegen Mindestlöhne und für eine stärkere Forcierung von (heterosexuellen) Ehen und Kinderzeugung aussprechen.[691] Eine tatsächlich hörbare Kritik an Merkel bleibt bei ihnen aus, sie sind, wie es Thorsten Denkler in der Süddeutschen Zeitung benennt, »ein Stachel [...], ohne je-

---

684 NPD 2011, o.S.
685 Wittrock 2010, o.S.
686 Beispielsweise Thomas Hüttele
687 Eine Liste findet sich auf ihrer Homepage. Zit.n. http://www.berlinerkreisinderunion.de/index.php/mitglieder.html, 14.01.2014, 11h35
688 Zit.n. http://www.berlinerkreisinderunion.de/index.php/ueber-uns.html, 14.01.2014, 11h34
689 Alexander 2012, o.S.
690 Der Text ist online in der Vollversion abrufbar. Zit.n. http://www.berlinerkreisinderunion.de/tl_files/dokumente/Standortbestimmung%20Berliner%20Kreis.pdf, 14.01.2014, 11h39
691 Caspar 2012, o.S.

mandem weh zu tun«, denn eine Infragestellung von Führungspersönlichkeiten würde insgesamt nur der *CDU* schaden.[692] Initiatoren und Träger des *Berliner Kreises* sind unter anderem Christian Wagner (Vorsitzender der *CDU*-Fraktion im hessischen Landtag), Wolfgang Bosbach (von 2000 bis 2009 Stellvertretender Vorsitzender der *CDU/CSU* Bundestagsfraktion), Erika Steinbach (*CDU*-Abgeordneter im Bundestag und Präsidentin des *Bundes der Vertriebenen*) sowie Thomas Bareiß (*CDU*-Abgeordneter im Bundestag).

Thinktanks

Institut für Staatspolitik

Das *Institut für Staatspolitik* (IfS) wurde im Jahr 2000 von Götz Kubitschek und Karlheinz Weißmann gegründet, Erik Lehnert (Lektor bei *Antaios* und Redakteur der *Sezession*) ist der Geschäftsführer. Die Zeitschrift *Sezession* dient dabei als Publikationsmedium. Das *IfS* fungiert im Rahmen der ›metapolitischen‹ Strategie der Neuen Rechten als *Thinktank*, der jedoch darum bemüht ist, mit seiner Arbeit politischen Nachwuchs zu generieren: »Die (politische) Bildungsarbeit ist, neben der wissenschaftlichen Arbeit, das zentrale Anliegen des *IfS*. Die Akademien und das *Collegium Dextrum* müssen ersetzen, was Schule und Universität versäumt haben.«[693] Bei den Akademien des *IfS* finden sich altbekannte Redner_innen: Neben den Gründern selbst redeten beispielsweise Ellen Kositza *(Sezession),* Manuel Ochsenreither (*ZUERST!*), Baal Müller (*Junge Freiheit, Sezession*), Martin Lichtmesz (*Sezession*), Lothar Höbelt (Universitätsprofessor an der Universität Wien und Historiker der *FPÖ*), Dieter Stein (*Junge Freiheit*), Günther Deschner (ehemals *ZUERST!*) und Felix Menzel (*Blaue Narzisse*). Darüber hinaus tauchen aber auch Personen aus dem *CDU/CSU*-Umfeld auf, wie Martin Hohmann und Erich Vad. Die Themen decken sich dabei mit denen der *Sezession*. Im Jahr 2013 gab es allerdings keine Akademie(n).[694] Das *Berliner Kolleg* ist im Gegensatz zur Akademie eine Vortrags- und Diskussionsreihe, die darauf angelegt ist, mehr Personen zu erreichen und gibt sich betont wissenschaftlich. Diese vorgegebene Seriosität soll unter anderem. dazu dienen, interessierte Konservative und andere Rechte anzu-

---

692 Denkler 2012, o.S.
693 Institut für Staatspolitik 2014, o.S., Kursivierung durch die Autor_innen
694 Institut für Staatspolitik 2012, o.S.

ziehen, die allzu offenen Rechtsextremismus wie den von *NPD, DVU* und Konsorten zu niveaulos finden. Dieser akademische Dünkel soll bildungsbürgerliche Eliten anziehen, mit deren Einfluss die rechte Hegemonie angestrebt wird.

Im Dezember 2012 eröffnete das *IfS* seine neuen Räumlichkeiten im Zentrum Berlins. Damit steht dem *IfS* eine neue Infrastruktur zur Verfügung, die es ihm ermöglicht, kleinere Veranstaltungen wie die Reihe *Staatspolitischer Salon* problemlos durchzuführen. Das freut auch *CDU*-Abgeordnete wie Saskia Ludwig, die die Eröffnung mit Grußworten bedachte.[695]

Studienzentrum Weikersheim

Neurechte Zentren gibt es in Deutschland nicht erst seit einigen Jahren. Bereits 1979 wurde auf dem Schloss Weikersheim der neurechte Thinktank *Studienzentrum Weikersheim* (SWZ) von Hans Filbinger gegründet, der 1978 sein Amt als baden-württembergischer Ministerpräsident aufgeben musste, nachdem öffentlich geworden war, dass er 1945 als Militärrichter im ›Dritten Reich‹ Unrechtsurteile verhängt hatte. Die Industrie hatte mit Spenden fleißig bei der Entstehung des Zentrums geholfen.[696] Präsident ist seit 2011 der Philosophie-Professor Harald Seubert, der unter anderem in der *Jungen Freiheit*[697] und *Sezession*[698] publizierte. Ziel des *SWZ* war es, »[...] die geistige Auseinandersetzung mit der Kulturrevolution von 1968 zu führen und zu bündeln und im Sinn eines freiheitlichen, christlich fundierten Konservatismus auf die Grundlagen des freiheitlichen Rechtsstaates zu verweisen.«[699] Typisch für die Neue Rechte ist die vom *SWZ* verlautbarte Positionierung »jenseits der obsoleten politischen Polarisierung von ›links‹ und ›rechts‹«[700]. Das *Studienzentrum Weikersheim* ist tatsächlich alles andere als ›weder rechts noch links‹, sondern gehört zum rechten Flügel der *CDU/CSU*. Es hat keine Berührungsängste zu Protagonist_in-

---

695 Antifaschistisches Infoblatt 2013a, o.S.
696 Antifaschistisches Infoblatt 2002, o.S.
697 Junge Freiheit 2014, o.S.
698 Seubert 2013, S. 24
699 Studienzentrum Weikersheim zit. n. http://www.studienzentrum-weikersheim.de/, 15.01.2014, 02h17
700 Studienzentrum Weikersheim zit. n. http://www.studienzentrum-weikersheim.de/, 15.01.2014, 02h17

nen der Neuen Rechten und kann somit dazu gezählt werden.[701] Dies bestätigt auch das Programm, obwohl von rechter Seite beklagt wird, dass sich das *SWZ* neu orientiert habe und moderater geworden sei.[702] So heißt es in den *Weikersheimer Thesen* zum Punkt »Zuwanderung, Einwanderung, Integration«: »Die Gesellschaft ist auf dem Weg zu einer Multiminoritätenstruktur, in der das zum Überleben notwendige kulturelle Zentrum zu verschwinden droht. Die Politik ist aber nicht ermächtigt, das deutsche Volk gegen eine beliebig andere, neue Bevölkerung auszutauschen.«[703] Den beschriebenen Prozess bezeichnete der *FPÖ*-Politiker und damalige Obmann der *FPÖ*-Jugendorganisation *Ring Freiheitlicher Jugend* Johann Gudenus einmal unverhohlen im NS-Duktus als »Umvolkung«.[704] Das *SWZ* begeht den Fehler, solch eindeutige Begriffe zu verwenden, selbstverständlich nicht, spricht aber dieselben Ängste an.

Zentren

Im Frühjahr 2013 rief Andreas Lichert, Vorstandsmitglied des *Vereins für Staatspolitik e.V.*, in der hessischen Kleinstadt Karben die *Projektwerkstatt Karben* ins Leben. In der Auslage der ›Werkstatt‹ finden sich Veröffentlichungen der bekannten neurechten Verlage und Zeitschriften *Antaios*, *Sezession*, *Blaue Narzisse* sowie sämtliche Materialien der Identitären.[705] Die Identitären zeigten sich erfreut, und nutzten sofort die neuen Räumlichkeiten für eine Veranstaltung. Lichert streitet jedoch jede institutionelle Verbindung zu den Identitären ab.[706] Dass es so eine Verbindung nicht braucht, um politisch mindestens zusammenzuarbeiten und dieselben Ziele zu verfolgen, versteht sich von selbst. Stolz zeigt man sich über eine Veranstaltung zum Thema »Warum Deutschland nicht vom Euro profitiert«. Laut Eigenangaben kamen »25 Gäste aus dem bürgerlichen Milieu, hierunter Mitglieder von CDU und AfD«[707]. Doch in der Kleinstadt Karben regte sich bald Widerstand und so schloss sich unter dem Namen *Für ein offenes*

---

701 Weiß 2011, S. 43
702 Antifaschistisches Infoblatt 2007, o.S.
703 Studienzentrum Weikersheim zit. n. http://www.studienzentrum-weikersheim.de/8-0-Programm.html, 23.12.2013, 20h12
704 der Standard 2004, o.S.
705 Baer 2013, S. 19
706 Projektwerkstatt Karben 2013, o.S.
707 Projektwerkstatt Karben 2013, o.S.

Karben – NULL Toleranz bei Rechtsextremismus ein Bürger_innenbündnis zusammen, was die *Projektwerkstatt Karben* dazu nötigte, sich von Neonazis zu distanzieren und zum Grundgesetz zu bekennen. Das antifaschistische Bündnis wurde kurz nach der Gründung auf rechtsextremen Blogs zum Ziel von Drohungen, Diffamierungen und persönlichen Angriffen.[708] Die identitäre *Konservative Aktion Stuttgart* befleißigte sich rasch, die Arbeit des Bürger_innenbündnisses als Hexenjagd zu bezeichnen – eine für Rechtsextreme typische Täter-Opfer-Umkehr.[709] Zu Lichert pflegt man auch darüber hinaus gute Verbindungen. So lud die Gruppe diesen für einen Vortrag am 18. Mai 2013 zum Thema »Der Euro ist für Deutschland alternativlos« ein.[710] An diesem Beispiel wird deutlich, dass die erwähnte institutionelle Verbindung zu den Identitären für Lichert nicht notwendig ist, um dennoch zum Umfeld der Identitären und der Neuen Rechten gezählt zu werden.

Um einiges größer als die *Projektwerkstatt Karben* ist das, was die der *Jungen Freiheit* nahestehende *Förderstiftung Konservative Bildung und Forschung* (FKBF) am 23. November 2012 umsetzte: die Eröffnung der *Bibliothek des Konservatismus* in Berlin. Damit ging posthum ein Traum des *Criticón*-Herausgebers Caspar von Schrenck-Notzing in Erfüllung, der als Gründer der *FKBF* ihr noch zu Lebzeiten seine Privatbibliothek von über 20.000 Bänden vermachte.[711] Im Jahr 2000 hatte Schrenck-Notzing die *FKBF* gegründet, um vor allem rechtskonservative Publizist_innen zu fördern, beispielsweise durch die Stiftung des *Gerhard-Löwenthal-Preises*, den Personen wie Ellen Kositza (*Sezession*), André Lichtschlag (*eigentümlich frei*), Peter Scholl-Latour (unter anderem *Junge Freiheit*) oder der Lieblingshistoriker der Neuen Rechten Ernst Nolte verliehen bekamen.[712] Ab 2007 übernahm Dieter Stein, Herausgeber der *Jungen Freiheit*, die öffentliche Vertretung der *FKBF*.[713] Innerhalb eines Jahres entwickelte sich die Bibliothek des Konservatismus zu einem der bedeutendsten Zentren der Neuen Rechten in Deutschland. Die Räumlichkeiten wurden und werden für Vorträge von neurechten Protagonisten wie Karlheinz Weißmann (*IfS, Sezession*), Begleitveranstaltungen zum »Marsch des Lebens« von

---

708 Netz gegen Nazis 2013, o.S.
709 Simon 2013, o.S.
710 Simon 2013, o.S.
711 Antifaschistisches Infoblatt 2013a, o.S.
712 Antifaschistisches Infoblatt 2013a, o.S.
713 Antifaschistisches Infoblatt 2013a, o.S.

christlich-fundamentalistischen Abtreibungsgegner_innen, zu denen auch *CDU*-Mitglieder der Initiative »Christdemokraten für das Leben« sowie der *CDU*-Bundestagsabgeordnete Thomas Dörflinger zählen, genutzt. Auch auf der ersten *zwischentag*-Messe im Jahr 2012 war die *Bibliothek des Konservatismus* vertreten.[714] Die Bibliothek dient dabei nicht nur als Forschungszentrum für (rechts)konservative Themen und als Veranstaltungsort für die Neue Rechte, sondern ist zugleich ein prestigeträchtiges Symbol, welches die Etablierung und Verstetigung der Neuen Rechten in Deutschland und insbesondere in der Hauptstadt unterstreicht. Es ist davon auszugehen, dass die mit einer Bibliothek allgemein assoziierte vorgegebene Seriosität der Neuen Rechten helfen wird, publizistischen und wissenschaftlichen Nachwuchs unter vermeintlich ›Unpolitischen‹ zu generieren.

Vor allem die Jugend will dagegen Felix Menzel, unter anderem Herausgeber der *Blauen Narzisse* und Redakteur der *Sezession*, mit seinem am 1. Juli 2013 eröffnetem *Zentrum für Jugend, Identität und Kultur* erreichen. Die Schaffung eines Zentrums ist der logisch nächste Schritt für die in neurechten Kreisen etablierte Zeitschrift und das gleichnamige Webportal, wie die *Blaue Narzisse* selbst stolz verkündet.[715] Im Ankündigungstext wird die primäre Ausrichtung des Zentrums auf Studierende deutlich. So wird ein Seminarbetrieb angekündigt, der mit dem Wintersemester 2013/14 beginnen soll und für Auswärtige, wie im universitären Betrieb, Blockseminare an Wochenenden anbietet. Eine Bibliothek rundet den Anschein eines Bildungszentrums ab.[716] Das Zentrum unterhält eine eigene Internetseite, auf der sich die wesentlichen Informationen wiederfinden, inklusive eines sehr knappen programmatischen Textes. Die drei wesentlichen Begriffe des Zentrums ›Jugend‹, ›Kultur‹ und ›Identität‹ werden dabei äußerst schwammig interpretiert und lassen viel Spielraum offen. Zurück bleiben letztlich Schlagworte und platte Phrasen wie »Nur wer weiß, wer er selbst ist, und wo er herkommt, kann eigenverantwortlich handeln!«[717] Ähnlich offen und unverfänglich sind die Titel der bisher angebotenen Blockseminare, während es über die Inhalte der wöchentlichen Seminare gar keine

---

714 Zillmer 2013, o.S.
715 Blaue Narzisse 2013c, o.S.
716 Blaue Narzisse 2013c, o.S.
717 nach dem gedankenstrich 2014, o.S.

Informationen gibt. Die Blockseminare tragen Titel wie »Politischer Aktivismus« oder »Regionale Initiativen«[718].

Zentren wie die *Projektwerkstatt Karben* oder das *Zentrum für Jugend, Kultur und Identität* sind zwar wichtig für die Neue Rechte, um sich zu verstetigen, sind jedoch aus ihrer Perspektive eher als ›kleine‹ Lösung anzusehen, denn als Vorbild in Bezug auf rechte Zentren gilt *CasaPound Italia*, welche jedoch über wesentlich umfassendere und größere Zentren verfügt. Laut Justus Baer hatte es im *IfS*-Umfeld Überlegungen zu einem *Projekt Identitär* gegeben, das als Hausprojekt für Identitäre in Berlin ein Café, eine Buchhandlung, Wohn- und Vortragsraum, Büro-Räume und einiges mehr bieten sollte. Inhaltlich war ein Internetradio sowie eine monatliche Zeitschrift mit Berichten über die identitäre Szene aus ganz Europa angedacht.[719]

---

718 nach dem gedankenstrich 2013, o.S.
719 Baer 2013, S. 19

Teil 3
Ideologie und Strategien der Neuen Rechten und der Identitären

Ideologisches Fundament der Neuen Rechten und der Identitären

So unterschiedlich die Ländergruppen der Identitären aufgestellt sind, so verzweigt auch das Umfeld der Neuen Rechten ist, so ist ihnen allen dennoch gemein, dass sie ihre Politik auf denselben ideologischen Säulen aufbauen. Sie sind durch gemeinsame Feind_innenbilder, Begriffe, Menschenbilder, Staatsvorstellungen und Strategien vereint, mit denen sie sich breitestmöglichen Zuspruch erhoffen. Die ideologischen Säulen und Strategien – in sprachlicher und visueller Form – sind Gegenstand dieses Kapitels.

Nation, Staat, Gesellschaft

Der höchste Wert der Neuen Rechten im deutschsprachigen Raum ist die (völkisch-kulturalistisch definierte) Nation. Für Länder wie Frankreich und Italien kann diese Aussage nur sehr eingeschränkt gelten, da dort regionale und europäische Vorstellungen dominieren. Im Falle Frankreichs führt dies sogar zu Konflikten der Identitären mit etablierten nationalistischen Parteien wie dem *Front National* (siehe Kapitel zu Frankreich). Im Falle Skandinaviens spielt wiederum der Panskandinavismus eine wichtige Rolle. In diesen Ländern betonen Neue Rechte immer wieder die vermeintlich gemeinsame, homogene kulturelle und ethnische Identität von Schweden, Norwegen und Dänemark (siehe entsprechende Kapitel). Der Begriff des nationalen Imperativs, der vom Politikwissenschaftler Bernard Willms geprägt wurde, besagt, dass die Nation der oberste und damit absolute Wert ist, an dem sich alles andere orientiere.[720] Dabei wird Nationalismus nicht als Ideologie, die frei wählbar wäre, verstanden. Sie sei vielmehr eine anthropologische Konstante, die für alle gleichermaßen gelte.[721] Anzustreben sei eine Einheit von Volk und Nation, eine homogene Gesellschaft, in der ›Fremdes‹ keinen Platz habe und, nach Carl Schmitt, ausgeschieden werden müsse, um als Gesellschaft funktionieren zu können.[722] Willms konstruierte in diesem Sinn eine doppelte Konzeption von Nation. Zum Ersten gäbe es objektive Merkmale, wie gemeinsame Sprache oder Geschichte,

---

[720] Venner 1994, S. 57
[721] Worm 1995, S. 52
[722] Weber 1997, S. 46

zum Zweiten gehöre aber auch der subjektive Faktor des Bewusstseins dieser Zusammengehörigkeit dazu.[723] Das bedeute aber nicht, dass alle, die vielleicht nach ›objektiven‹ Merkmalen zu einem ›Volk‹ gezählt werden, weil sie beispielsweise die als gemeinsam definierte Sprache sprechen, zur ›Nation‹ gehören könnten.

Es gibt also eine zweifache Selektion, einerseits eine ›kulturalistische‹ und eine ›biologistische‹. Durch sie werden Menschen von der Nation ausgeschlossen, die beispielsweise die eingeforderte Sprache nicht sprechen. Andererseits aber auch eine ›psychologisch-emotionale‹, wonach alle Personen wegfallen, die sich auf geistig-intellektueller Ebene dem Nationskonzept nicht anschließen wollen. Das betrifft dann vor allem Linke, die schon in der wilhelminischen Zeit als ›vaterlandslose Gesellen‹ bezeichnet wurden sowie Personen mit einem universalistischen und antinationalistischen Weltbild. Für die Neue Rechte ist Nationalismus keine Ideologie, sondern das Grundprinzip eines jeden ›Volkes‹.[724] Menschen, die diese Sicht nicht teilen, können nicht Teil des ›Volkes‹ sein. Dazu kommt eine ständige Angst und ein ständiges Gefühl der Bedrohung von Nation und Volk. Andreas Peham führt aus, dass der deutsche Nationalismus sich von Anfang an aus bedroht Fühlen und einer dementsprechenden Paranoia gespeist hat. Bei der Bildung der Nation wurden die Feind_innen außen in den napoleonischen Truppen sowie im Inneren durch Juden und Jüdinnen ausgemacht.[725]

Angst, Krise, Dekadenz und Zusammenbruch sind wichtige Motive im Denken der Neuen Rechten. Die Neue Rechte sieht Deutschland und Europa in einer existenziellen Krise. Die Gesellschaft sei dekadent und hedonistisch. Diese bloße Zivilisation, die der tiefgehenden und empfundenen Kultur widerspreche, stehe im Spengler'schen Sinne kurz vor dem Zusammenbruch.[726] Ein rechtes esoterisches Weltbild sucht das ›Eigentliche‹ hinter dem Profanen, also Alltäglichen. Dieses Profane wird in der aufklärerischen Zivilisation gesehen, während das ›Eigentliche‹ die tiefgehende Kultur sei. Das ›Eigentliche‹ und das ›Eigene‹ fallen in diesem Begriffsverständnis zusammen.[727] Kultur wird als statisch, immerwährend und unveränderbar wahrgenommen.[728]

---

723 Weber 1997, S. 67
724 Bartsch 1975, S. 51
725 Peham 2010, S. 468
726 Weber 1997, S. 59
727 Neitzert 1998, S. 25
728 Weber 1997, S. 43

Die Krisenhaftigkeit des kapitalistischen Systems wird nicht im Widerspruch von Kapital und Arbeit gesehen, sondern als Widerspruch zwischen Kulturen.[729] Es gäbe also keine globalen oder sonstigen Konflikte, wenn im ethnopluralistischen Sinne alle sogenannten Kulturen homogen und abgeschottet von einander existieren würden. Das Ideal ist weltweite Apartheid. Die Begriffe ›Kultur‹ sowie ›Ethnie‹ meinen dabei nichts anderes als die frühere biologistische Kategorie ›Rasse‹.[730] Für die Staatsvorstellungen der Neuen Rechten bildet Carl Schmitt das Fundament.[731]

> »Abschottung nach außen, Homogenität nach innen, Politik als Unterscheidung zwischen Freund und Feind, die Ablehnung überstaatlich begründeter Menschenrechte sind notwendige Kriterien des gewünschten souveränen Staates. Der Staat ist unfehlbar, rechtsstaatliche Elemente, die dem Bürger auch Rechte gegenüber dem Staat garantieren, sind nur hinderlich. Zwischen Staatsführung und Volk muß Identität bestehen.«[732]

Auch in ihrem Demokratiediskurs bezieht sich die Neue Rechte vor allem auf Schmitt und dessen Auffassung einer homogenen Basis für ein identitäres Demokratiekonzept.[733] Dementsprechend wird im Parteienstaat die Zersplitterung des Volkes gesehen.[734] Es sollen also keine Parteien und Parlamente an der Spitze des Staates stehen, sondern Personen und Personengruppen, die zum Wohle der ›Nation‹ und des ›Volkes‹ entscheiden. Wegen der permanenten, alles bedrohenden Krise, die einem dauerhaften Ausnahmezustand gleichkommt, ist die Neue Rechte bestrebt, die Exekutive gegenüber der Legislative unentwegt aufzuwerten.[735] Es bedarf keiner Auseinandersetzung in Parlamenten, sondern einer starken Exekutive, die rasch Entscheidungen fällt. Gerechtigkeit ergibt sich durch Ordnung, in der einer vermeintlichen Ungleichheit Rechnung getragen wird und alle Menschen streng hierarchisch einen Platz zugewiesen bekommen.[736] Alain de Benoist führt aus, dass es eigentlich einer neuen Aristokratie bedürfe. Im Gegensatz zu einer bloßen Elite sei sich die Aristokratie der Verantwortung bewusst und nehme diese auf sich.[737] Damit schließt er in seiner Eliten-

---

729 Worm 1995, S. 42
730 Terkessidis 1995, S. 57
731 Terkessidis 1995, S. 167
732 Baumann 1998, S. 102
733 Pfahl-Traughber 1998b, S. 234
734 Worm 1995, S. 46
735 Terkessidis 1995, S. 152
736 Worm 1995, S. 47
737 Brauner-Orthen 2001, S. 92

konzeption an Julius Evolas ›Geistesaristokratie‹ an. Aristokratie ist damit nicht als ständisches Geburtsrecht gemeint, sondern als intellektuelle Elite, die die Führung der ›Nation‹ übernehmen soll. Dieser Elitebegriff hängt eng mit jenem der Burschenschaften zusammen. Nicht die alleinige fachliche Qualifikation oder Geburt ist ausschlaggebend, sondern das Mitwirken in einer Gruppe.[738] Der Eliten-Begriff von de Benoist basiert auf soziologisch-biologistischen Vorstellungen. Es reiche nicht aus, besonders gut in einem Bereich zu sein, es bedürfe auch einer Veranlagung der Gene und des Gemüts.[739] Darunter werden implizit Männer verstanden, die sich rücksichtslos und martialisch für Nation oder Volk einsetzen, ohne sich oder andere zu schonen. Dies steht im direkten Gegensatz zu ihrer Konzeption von Weiblichkeit.[740]

Geschlechter- und Rollenbilder

Dekadenz ist für die Neue Rechte vor allem eine Krise der Männlichkeit. Dementsprechend wird sie mit Begriffen wie ›Verweichlichung‹, ›Verweiblichung‹, ›Softies‹, ›Überfluss‹, ›Pluralismus‹ und ›Geschwätz‹ assoziiert, die alle das Gegenteil ihrer idealen Männlichkeitsvorstellung darstellen.[741] Diese Analyse teilen auch die europäischen Rechtsparteien. Dementsprechend sei Homosexualität einer der Hauptgründe von Dekadenz, geringen Geburtenzahlen, die das Volk zum Aussterben und schlussendlich zum Untergang verdammten.[742]

Trotz einer Wendung vom Biologismus zum Kulturalismus bleiben die Argumentationsmuster biologistisch. In dieser ›bio-völkischen‹ Sichtweise bleibt die Angst vor ›Überfremdung‹ durch jene, die als fremd wahrgenommen werden, weil diese höhere Geburtenzahlen vorweisen als vermeintlich ›Deutsche‹. Dazu passt auch die strikte Opposition gegenüber Schwangerschaftsabbrüchen.[743] Das Recht auf Schwangerschaftsabbruch schädige das Volk, die individuellen Rechte von Frauen wiegen weniger als das Fortbestehen des ›Volkes‹.[744] Im Sammelband *Die selbstbewusste Nation* (1994)

---

738 Brauner-Orthen 2001, S. 97
739 Brauner-Orthen 2001, S. 91
740 Kämper 2005, S. 188
741 Kämper 2005, S. 201–205
742 Schiedel 2011, S. 15
743 Weber 1997, S. 56–57
744 Brauner-Orthen 2001, S. 66

wird Schwangerschaftsabbruch gar zum biblischen Massaker erhoben, auf dem sich ein falsches Paradies erhebe.[745] Der Historiker Volker Weiß zeigt auf, dass Untergangsvorstellungen schon in der Weimarer Republik mit der Angst vor demographischem Wandel zusammenhingen.[746]

Das Frauenbild wird biologistisch gedeutet, Feminismus sei Gleichmacherei und gegen »die natürliche Bestimmung der Frau«[747] gerichtet. Die Geschlechter werden als einander komplementär begriffen, der Mann als stark, im Wettkampf stehend und aktiv während die Frau ausgleichend und passiv wirkt und auf das große Ganze achtet. Die Neue Rechte konstruiert ein Gegenpol-Verhältnis von Toleranz und Stärke, wobei Toleranz die weibliche und Stärke die männliche Eigenschaft sei.[748] Die Journalistin Alice Brauner-Orthen führt das Frauenbild der Neuen Rechten detailliert aus: Die Frau wird als Mutter und Hüterin der Familie gesehen und ist in dieser Position für den Erhalt des Volkes zuständig, Familien- und Bevölkerungspolitik gehen Hand in Hand. Anstatt Emanzipationsbestrebungen zu hegen oder das zu tun, was sie möchten, haben Frauen nur diese eine Rolle als Mutter auszufüllen. Damit unterscheidet sich dieses Bild nicht von dem Frauenbild der Alten Rechten und des Nationalsozialismus.[749] Konservative und rechtsextreme Frauenbilder gehen bezüglich Mutterschaft als alleiniger Bestimmung für eine Frau fließend ineinander über.[750] Gleichzeitig wird der Begriff Gleichberechtigung umdefiniert, anstatt ihn zu bekämpfen. Gleichberechtigt sei eine Frau, wenn sie gemäß ihrer ›fraulichen‹ Eigenschaften handeln könne und eben Mutter werde.[751] Die Neue Rechte gibt teilweise den offenen Sexismus der Alten Rechten auf und propagiert ein Frauenbild, das prinzipiell gleichwertig, aber nicht ›gleichmacherisch‹ ist. Sie geht noch immer davon aus, dass Frauen genetisch bedingt andere Interessenlagen haben als Männer, nämlich die Bereiche Familie und Kinder.[752] Die Gleichberechtigung der Frauen liege darin, dass sie, ihrem natürlichen Platz als Mütter entsprechend, als Retterinnen der Nation gewürdigt werden.[753]

---

745 Kämper 2005, S. 130
746 Weiß 2011, S. 81
747 Terkessidis 1995, S. 61
748 Kämper 2005, S. 159–160
749 Brauner-Orthen 2001, S. 59
750 Wegerer 1995, S. 145
751 Brauner-Orthen 2001, S. 64
752 Aftenberger 2007, S. 71
753 Jäger/Jäger 1999, S. 93

Damit einher geht eine Aufwertung der Familie, die zur zentralen Zelle in neurechten Staatsvorstellungen wird. Alles Tun des Staates hat darauf ausgerichtet zu sein, dass Familien Kinder produzieren. Damit sind in einer biologistischen Sichtweise aber nur Familien und Kinder gemeint, die in den Volksgedanken passen. Auch hier gibt es keine unterschiedliche Sichtweise zu jener der Alten Rechten und des Nationalsozialismus.[754]

Der *Sezession*-Autor Martin Lichtmesz bemüht sich, Hans Blühers[755] Ideale des ›Männerhelden‹ und maskulinistischer Homosexualität den, aus rechter Sicht, dekadenten verweiblichten Idealen des ›Gender-Mainstreamings‹ und der ›Homosexuellen-Lobby‹, entgegenzustellen.[756] Blüher habe eine »archetypische, heroische Männlichkeit«[757] postuliert, welche heute als obsolet gelte und politisch unter Beschuss sei. Lichtmesz geht es dabei um den Erhalt eines traditionellen Männlichkeitsbildes, in dem der Mann aus seiner homoerotischen Sehnsucht heraus heroisch ist und (politisch rechte) Taten vollbringt. Letztlich unterscheidet Lichtmesz zwischen ›schlechter‹, weil verweiblichter und linker Homosexualität sowie ›guter‹, weil archaisch-männlicher und rechter Homosexualität, wobei der schon bei Blüher vorhandene frauenfeindliche Aspekt betont wird. In der ständigen Bedrohung von Außen und Innen ist das wichtigste Ziel der Nation der Selbsterhalt. Dafür bedarf es, in der Ideologie der Neuen Rechten, bestimmter Strukturen, ohne die dies nicht möglich ist. Die Einheit von Nation und Volk bei gleichzeitigem Ausscheiden inhomogener Elemente und einer Abschottung nach Außen ist eine der Grundvoraussetzungen. Gleichzeitig bedarf es eines autoritären Staates, der auf Hierarchie, Ordnung und geistiger Elite aufgebaut ist. Die Familie wird als wichtigste Einheit zum Erhalt des Volkes gesehen. Sie ist ganz Aufgabe der Frau, die darin ihre einzige Erfüllung sehen kann. Die Frau wird damit auch zur Retterin der Nation erhoben. Es gibt nur marginale Unterschiede zum nationalsozialistischen oder wertkonservativen Frauenbild.

---

754 Brauner-Orthen 2001, S. 60
755 Hans Blüher (1888-1955) war ein deutscher Theoretiker und Mitglied der Wandervogelbewegung. Innerhalb dieser und darüber hinaus sorgte er mit seinen Theorien zum homoerotischen Hintergrund des Männerbundes für Aufsehen, vgl.: Bruns, Claudia: Der homosexuelle Staatsfreund. Von der Konstruktion des erotischen Männerbundes bei Hans Blüher. In: Susanne zu Nieden (Hrsg.): Homosexualität und Staatsräson. Männlichkeit, Homophobie und Politik in Deutschland 1900-1945, Frankfurt am Main 2005, S. 100-117
756 Lichtmesz 2010, S. 31
757 Konservativ-Subversive Aktion 2008, o.S.

> Die Frauenemanzipation (..) will nicht die Freiheit vom Mann, sondern die vom Kinde. Die gleichzeitige Männeremanzipation die von den Pflichten für Familie, Volk und Staat.
>
> Oswald Spengler

Die Identitären schließen sich diesem Frauenbild an, indem sie gegen ›Gender-Mainstreaming‹ wettern und dem Prinzip der Gleichheit ihr Konzept der ›Freiheit‹ entgegensetzen, die für sie bedeutet, »nach unseren angeborenen Interessen und unserer natürlichen Bestimmung folgend leben zu können«[758]. Den Identitären geht es darum, ihren biologistischen Determinanten folgen zu ›dürfen‹, was ihnen in der heutigen Gesellschaft, so argumentieren sie, erschwert wird. Frauen kommen in den Texten und Sujets[759] der Identitären vor allem als Objekte vor, welche die Schönheit des ›Eigenen‹, der ›Identität‹ symbolisieren sollen oder sie sind Mittel zum Zweck, dem Erhalt des ›Volkes‹ und damit der ›Nation‹. Dies tritt beispielsweise hervor, wenn sie ein Sujet mit einer unbekleideten jungen Frau mit langen blonden Haaren posten und es mit »Zu schön für einen Schleier«[760] betiteln. Es ist das Aussehen der Frau, das zugänglich bleiben soll. Eine kulturrassistische Form von Islamkritik wird mit sexistischen Wertvorstellungen verbunden, die Frauen die Rolle zuweist, schön für jene zu sein, die sie betrachten wollen. Mädchen und Frauen haben, anders als die historischen, männlichen Idole, die hervorgekramt und hochgehalten werden, keine Namen. Ihre Körper dienen lediglich als Projektionsflächen, als Platzhalter für Botschaften, die über oder auf sie geschrieben werden. Diese Botschaften sind häufig nur Schlagworte, wie in einem Sujet, in

---

758 Identitäre Bewegung NRW 2013, o.S.
759 Lenart 2013a, o.S. sowie sowie Identitäre Bewegung Deutschland zit. n. https://www.facebook.com/identitaere/posts/673252826026113, 06.01.2014, 13h12 und dieselben zit. n. https://www.facebook.com/photo.php?fbid=701405486544180&set=a.583269085024488.1073741828.581482171869846&type=1, 06.01.2014, 15h45
760 Zit. n. http://blog.zeit.de/stoerungsmelder/2013/02/12/likes-fur-rassisten-wie-die-identitaren-im-internet-fur-sich-werben_11343, 14.01.2014, 22h31

dem eine offenbar nackte junge Frau unter dem Aufruf »Aufwachen« von unten in Richtung Betrachter_in blickt. Blonde junge Frauen werden bildfüllend herangezogen, um Slogans wie »Wir sind die Guten«[761] oder »Identität – Was Frauen wollen«[762] zu vermarkten. Es ist dieselbe Sexsells-Strategie wie sie aus Produktwerbungen bekannt ist. Die nicht nackte Position, die die Identitären der Frau zugestehen, ist jene der Mutter, wenn diese – mit oder ohne dazugehörigem Vater – mit Kleinkind im Arm abgebildet wird.[763]

Politikgestaltung ist bei den Identitären strikt an Männlichkeit geknüpft, sie reproduzieren und fordern bipolare Geschlechterrollen. Es ist eine nicht offen benannte soldatische Kameradschaftlichkeit, die die Beschwörung des Kampfes um die Identität oder den (ethno)kulturellen Selbsterhalt stützt. Der martialischen Sprache rund um die *Reconquista* werden spartanische Vorbilder aus dem Film *300* sowie populärkulturelle Figuren an die Seite gestellt, die für einen Kampf- oder Kriegszusammenhang im weiteren Sinn bekannt sind: Asterix und Obelix, der Künstler Bud Spencer oder Na'vi aus *Avatar*. Zusätzlich dienen historische Figuren wie Augustus (für beispielsweise die *Generazione Identitaria*[764]), Prinz Eugen (bei *W.I.R.*) oder Karl Martell als Idole. Da die Identitären ›maskuline‹ Männer und ›feminine‹ Frauen fordern[765] und gleichzeitig diese Formen der Verteilung von Rollen und Vorbildern wählen, ist offensichtlich, dass es keine Identifikationsangebote für Mädchen und Frauen gibt, die sie Teil der inneren, nämlich soldatischen Gemeinschaft der Identitären werden lässt. Sie bleiben außen vor, so sie nicht entweder die Position der körperlichen Projektionsfläche oder die Rolle der ›Mutter der Nation‹ annehmen wollen. Herauszufinden, ob die identitären Gruppen beziehungsweise die sich etablierende *Identitäre Bewegung* als Männerbund konzipiert ist und agiert,

---

761 Die Identitären in Wien Zit.n. https://www.facebook.com/photo.php?fbid=452116 981515047&set=pb.450956071631138.-2207520000.1389738448.&type=3&theater, 14.01.2014, 22h41

762 Die Gruppe *Die Identitären in Wien*, deren Facebook-Seite nicht mehr verfügbar ist, haben das beschriebene Sujet am 24.10.2012 gepostet. Die Bilddatei liegt den Autor_innen vor.

763 Identitäre Bewegung – Deutschland Zit.n. http://on.fb.me/1hofdCZ, 14.01.2014, 22h45

764 Generazione Identitaria Zit.n. https://www.facebook.com/photo.php?fbid=408085 049286713&set=pb.344957848932767.-2207520000.1389830926.&type=3&theater, 14.01.2014, 23h01

765 Willinger 2013, S. 27-28

bedarf einer eigenständigen Analyse, die dieses Buch nicht liefern kann. Eine Möglichkeit wäre, sich die identitären Gruppen anhand des Modells der Politikwissenschafterin Joni Lovenduski[766] anzusehen. Ursprünglich konzipiert, um den Charakter von Staaten als Männerbünde darzustellen, lässt es sich auch auf die Identitären anwenden. Die identitären Gruppen zeichnen sich durch eine zahlenmäßige Überrepräsentation von Männern unter ihren Aktivist_innen aus, seien es Vortragende, Autoren, Interviewte oder auch jene, die bei Kundgebungen die Megaphone und bei Videodrehs die Mikrophone in der Hand halten (positionale Männlichkeit). Zusätzlich ist die Politik, die sie vorantreiben, eine, die von und für Männerinteressen gestaltet ist. Auch die Ablehnung von Schwangerschaftsabbrüchen[767] zählt dazu (Policy-Männlichkeit). Ob es auch so etwas wie eine organisationelle Männlichkeit, also Entscheidungsprozesse, Wissenshierarchien und Ausschlussmodi gibt, die die Aktivisten gegenüber Aktivistinnen besserstellen, kann nicht bewertet werden, da noch zu wenig über interne Arbeitsprozesse bekannt ist.

Menschenbild

Die Neue Rechte hat ein pessimistisches und negatives Menschenbild. Der Mensch ist ohne Gemeinschaft, feste Strukturen und Hierarchien ein verlorenes und verunsichertes Wesen.[768] Dabei seien Menschen genetisch vorbestimmt, auf eine gewisse Art und Weise zu handeln. Der Mensch sei zwar durchaus lernfähig, aber es gäbe enge anthropologische Grenzen, innerhalb derer er sich bewege.[769] Damit wird sowohl sozialwissenschaftlichen als auch psychologischen Erkenntnissen widersprochen, die von einer sozialen Prägung von Individuen ausgehen. Die Neue Rechte versucht, ihre Thesen seriös mit wissenschaftlichen Erkenntnissen zu untermauern. Besonders Konrad Lorenz und sein Schüler Irenäus Eibl-Eibesfeldt stützen diese Ansichten und argumentierten mit einem biologistischen Menschen- und ›Rassen‹-Bild.[770] Michael Billig fasst jene Wissenschaftler, die die Neue Rechte mit scheinbar wissenschaftlichen Erklärungen zur biologischen Ungleichheit der Menschen unterstützen, als ›rassistische Internationale‹ zu-

---

766 Lovenduski 1996, S. 5-6
767 Willinger 2013, S. 29-30
768 Weber 1997, S. 38–39
769 Weber 1997, S. 40
770 Aftenberger 2007, S. 106

sammen. Dazu gehören neben Lorenz und Eibl-Eibesfeldt auch der Intelligenzforscher Arthur Jensen und der Psychologe Hans-Jürgen Eysenck.[771] Irenäus Eibl-Eibesfeldt geht von biologistisch determinierten, unveränderbaren Identitäten aus, die zu einer rassisch oder völkisch konstituierten Gruppe gehören wollen, und alles, was als fremd wahrgenommen wird, ablehnen. Dies sei ein genetischer Zwang und damit ganz natürlich. Mit dieser Einschätzung leistet er plumpen rassistischen Argumentationen Vorschub. Seine Argumente wurden von vielen Vertreter_innen aus Natur- und Sozialwissenschaften widerlegt.[772] Eibl-Eibesfeldt durfte in den 1990er Jahren sogar eine Dokumentation für den *ORF* drehen, um darin seine Thesen von den Trieben, die die menschliche Gesellschaft bestimmen, und dem angeborenen Rassismus zu verbreiten.[773] Er liefert mit seiner Forschung die Argumente für eine biologistische Sicht auf den Menschen und Gesellschaften. In seinem Weltbild ist das ganze (Zusammen-)Leben genetisch vorprogrammiert.[774] Konrad Lorenz selbst erfasste drei ›arterhaltende‹ Triebe, die sowohl für Tiere als auch Menschen gelten sollten: den Dominanztrieb, der die Hierarchie bestimme, den Aggressionstrieb, der Überleben erst ermögliche sowie den Territorialtrieb, der sich gegen ›Fremde‹ richte, die sich auf eigenem Territorium befänden.[775] Alain de Benoist formuliert darauf aufbauend drei Prinzipien der Biopolitik, die seiner Meinung nach für den ›Arterhalt‹ eines Volkes entscheidend sind: Zum Ersten das Bedürfnis nach einem abgegrenzten Raum, die ›Territorialität‹; zum Zweiten eine strenge Ordnung nach innen, die einer Elite ohne soziale Schwierigkeiten die Macht zur Führung gibt, die ›Hierarchie‹; zum Dritten nennt er einen Abwehrmechanismus nach außen beziehungsweise gegenüber dem Fremden, die ›Aggression‹.[776] Auch die Identitären beziehen sich positiv auf Lorenz und Eibl-Eibesfeldt, demnach sich der Mensch mit der Kultur eine ›zweite Natur‹ erschaffen habe.[777]

Im Bemühen um Wissenschaftlichkeit werden menschliche und tierische Verhaltensweisen gleichgesetzt. Wenn Tiere nach einem bestimmten

---

771 Terkessidis 1995, S. 54
772 Aftenberger 2007, S. 109
773 Perner/Schiedel/Zellhofer 1994, S. 53
774 Weber 1997, S. 26
775 Purtscheller/Schiedel 1994, S. 29
776 Aftenberger 2007, S. 105
777 Michael 2013, o.S.

Muster handeln, dann ist das bei Menschen auch der Fall.[778] Die Neue Rechte stellt sich somit nicht gegen die Wissenschaft, sondern ist ihr nur sehr selektiv verbunden, etwa in den Bereichen Verhaltensforschung, Psychologie und Soziobiologie.[779] Dabei hat sich aus ihrer Sicht jede Person diesen Merkmalen und Verhaltensweisen, die als unveränderbar oder natürlich wahrgenommen werden, zu fügen.[780] Menschen handeln demnach streng nach genetischer Veranlagung und haben keinerlei Möglichkeit, sich durch Erfahrung oder Erkenntnis grundlegend anders zu verhalten. Diese biologische Eingrenzung wird von Tieren auf Menschen und das Verhältnis von Staaten, ›Völkern‹ und ›Nationen‹ beziehungsweise ›Kulturen‹ untereinander übertragen. Damit werden diese drei Kategorien zu quasi-natürlichen, organischen Elementen stilisiert. Es ist folglich nur konsequent, dass vermeintliche Bedrohungen dieses organischen Körpers ›Nation‹/›Kultur‹ als Krankheiten gesehen werden. Der Politikwissenschaftler Reinhold Gärtner hat diese exemplarisch in *Die Aula* im Zusammenhang mit Migration herausgearbeitet: Sie wird mit Fäulnis, Eiterbeulen, Absterben, Krankheitsherden und Infektion gleichgesetzt.[781] Filip Dewinter vom *Vlaams Belang* verglich 2009 auf dem »Anti-Minarett«-Kongress der *Pro-Bewegung* in Köln Multikulturalismus mit Aids, da er die »physische Wehrhaftigkeit der Menschen«[782] untergrabe. Da Menschen nicht als Individuen wahrgenommen werden, führt ihr genetisch bestimmtes Verhalten in der wissenschaftlichen Sicht der Neuen Rechten zur biologischen Veranlagung einer gesamten ›Nation‹/›Kultur‹.

Ethnopluralismus und Kultur

Ethnopluralismus ist eine modernisierte Form des Rassismus und ein originär neues Konzept der Neuen Rechten. Dabei wird das Aufeinandertreffen verschiedener ›Kulturen‹ als Ursache für globale Konflikte gesehen. Wenn ›Kulturen‹ getrennt voneinander und nicht vermischt existieren könnten, gäbe es auch keine Probleme und Konflikte mehr. Die Authentizität von ›Kulturen‹ sieht die Neue Rechte durch ›Vermischung‹ bedroht. Kultur

---

778 Jäger/Jäger 1999, S. 89–90
779 Weber 1997, S. 25
780 Venner 1994, S. 11
781 Gärtner 1996, S. 85
782 Schiedel 2011, S. 90

wird also als etwas Statisches und Ahistorisches gesehen.[783] Gleichzeitig werden Individuen über Kollektive wie ›Kultur‹ oder ›Volk‹ definiert, über die sie ihre Daseinsberechtigung erlangen. In einem nominalistischen Weltbild wird Menschen nur als Teil eines Kollektivs ein Wert zugesprochen. Das Individuum für sich hat keinen Wert und kann außerhalb einer nationalen oder völkischen Gemeinschaft nicht gedacht werden. Dementsprechend können nur die Kollektive Rechte besitzen, nicht aber die Individuen.[784] Dieses Weltbild wird in direktem Gegensatz zu einem universalistischen gesehen, das einzelnen Menschen als solchen Rechte zuordnet. Dazu zählt die Allgemeine Erklärung der Menschenrechte. Diese universalen Rechte stehen im Gegensatz zu zwei Grundprinzipien der Neuen Rechten: Zum einen, dass Menschen abseits ihrer kulturellen Identität Rechte besitzen können und zum anderen, dass Menschen per se als gleichwertig gesehen werden.[785] Die Menschenrechte beinhalten auch , dass Individuen unveräußerliche Rechte gegen die jeweilige Staatsführung oder kulturelle Praktiken haben können. In einem nominalistischen Weltbild gibt es diese Rechte nicht, da ›Kulturen‹ als homogene Gemeinschaften gesehen werden. Alle Menschen, die derselben gedachten ›Kultur‹ angehören, haben damit notwendigerweise das gleiche Streben, die gleichen Ziele und Vorstellungen. Damit wird der Begriff ›Kultur‹ synonym zu ›Rasse‹ verwendet.[786] Der Begriff ›Menschheit‹ hingegen wird als unzulässige Abstraktion gesehen.

In den 1980er Jahren kam es zum Wechsel von einer traditionellen Form der ›Rassen‹-Ideologie zu einer modernisierten Variante. ›Rassen‹ seien nun »verschiedenartig aber gleichwertig«.[787] Neu ist, dass beim Konzept des Ethnopluralismus keine Wertung verschiedener ›Völker‹ oder ›Rassen‹ vorgenommen wird. In Bezug auf den Islam schlägt aber deutlich eine Hierarchisierung durch.[788] Dementsprechend sind für Götz Kubitschek, einem der wichtigsten Akteur_innen der aktuellen Neuen Rechten, muslimische Einwander_innen der Hauptfeind im Sinne Carl Schmitts, den es zu bekämpfen gilt.[789] Eine gedachte Ungleichheit der ›Völker‹ und ›Kulturen‹ wird als ahistorisches, statisches und natürliches Ereignis gesehen

---

783 Worm 1995, S. 37
784 Aftenberger 2007, S. 101
785 Weber 1997, S. 33
786 Aftenberger 2007, S. 99
787 Weber 1997, S. 44
788 Schiedel 2011, S. 23
789 Eckert 2010, S. 32

und nicht als historischer und dynamischer Prozess, der durch Kräfteverhältnisse, Ressourcenverteilung, und Imperialismus bestimmt ist.[790] Samuel P. Huntingtons *Clash of Civilizations* (1993) drückt zentrale Punkte des Ethnopluralismus aus: Konflikte sind vor allem das Resultat des Aufeinandertreffens verschiedener ›Kulturen‹ und nicht etwa machtpolitischen, imperialistischen oder kapitalistischen Interessen geschuldet.[791]

Neu ist auch, dass ein vermeintlich solidarischer Diskurs über Migrant_innen geführt wird. Diese seien ›entwurzelt‹ und würden sich nichts sehnlicher wünschen, als in ihrer Heimat zu leben. Deswegen müsse es Ziel einer Gesellschaft sein, dass Migrant_innen in ihr Geburtsland zurückkehren können, um nicht zu sagen: müssen.[792] Ein »Recht auf Differenz«[793], das in diesem Zusammenhang postuliert wird, gilt nicht für Individuen, sondern Differenz wird zur Pflicht für in sich homogen gedachte Gemeinschaften zueinander. Dabei wird eine sozialdarwinistische ›Selbstregulierung‹ impliziert. Hilfe und Zusammenarbeit zwischen verschiedenen Gemeinschaften sind damit störend und überflüssig.[794] In diesem Sinne wird jedwede Migration abgelehnt, da ein konsequenter Ethnopluralismus zu einer weltweiten Apartheid ohne jeglichen Austausch führen solle. Migration wird als gesellschaftliche Bedrohung klassifiziert, wobei sich hier die Argumentationen weitgehend mit denen des traditionellen Rechtsextremismus decken.[795] Migrant_innen werden in der nationalistischen und neoliberalen Logik als eine Gefahr für Sozialstaat und Wirtschaftsstandort beschrieben.[796] Die Neue Rechte bemüht im Zusammenhang mit ökonomischen Vorstellungen auch das alte Narrativ von »den Ausländern, die den Deutschen die Arbeitsplätze weg nehmen«. Hier unterscheidet sie sich nicht von der Alten Rechten.[797]

Zusammengefasst: Ethnopluralismus wendet sich gegen multi-, inter- oder transkulturelle und plurale Gesellschaften. ›Kultur‹ und ›Nation‹ werden als ethnisch homogene Einheiten verstanden, die es zu schützen gilt. Alles andere führe unweigerlich zu Konflikten. Verhaltensweisen und

---

790 Aftenberger 2007, S. 103
791 Eckert 2010, S. 29
792 Aftenberger 2007, S. 145ff
793 Eckert 2010, S. 28
794 Assheuer/Sarkowicz 1992, S. 181
795 Aftenberger 2007, S. 149
796 Aftenberger 2007, S. 150
797 Brauner-Orthen 2001, S. 85

Fähigkeiten seien nicht sozial erlernt, sondern biologisch und damit unveränderbar angeboren. Menschen werden in ihrer Zugehörigkeit zu ›Völkern‹ und ›Kulturen‹ definiert und nicht als Individuen wahrgenommen. Dementsprechend geht ein Diskurs um Ethnopluralismus mit einer Ablehnung der Menschenrechte einher.[798]

Die *Identitäre Bewegung* bekennt sich zum Ethnopluralismus und grenzt sich gleichzeitig vom Nationalsozialismus ab.[799] ›Kultur‹, welche der Neuen Rechten und den Identitären als unveränderliches Unterscheidungsmerkmal von Ethnien gilt, ist ähnlich wie der Begriff ›Identität‹ bei der *Identitären Bewegung* nicht eindeutig definiert und kann damit als Projektionsfläche für verschiedenste Vorstellungen fungieren.

Europa-Ansichten

Die Neuen Rechten beschwören ein identitäres Europa-Konzept. Das *Thule-Seminar* etwa sieht eine ›anthropologische Gemeinsamkeit‹, die Europa zu einer gemeinsamen Idee macht, in der alle Europäer_innen schicksalhaft verbunden sind und die diese verteidigen müssten.[800] Europa wird zur Schicksalsgemeinschaft stilisiert, die wieder zu historischer Größe werden muss.[801] Europa ist also mehr als die geographischen oder nationalstaatlichen Grenzen, es ist eine überhöhte Idee, die verteidigt werden muss. Als ideales Vorbild für Europa wird die Waffen-SS beschworen, von der sich die Neue Rechte nicht distanziert. Diese habe sich in kameradschaftlichen Divisionen mit Soldaten aus den besetzten beziehungsweise verbündeten Ländern Europas gegen die bolschewistische Gefahr gewehrt.[802] Die Vorstellung einer Weltmacht Europa schließt aber immer eine deutsche Führungsrolle ein.[803]

Auch die Nouvelle Droite pflegt ein romantisiertes Deutschlandbild, das das positive Gegenstück zum dämonisierten Kommunismus und zu den dämonisierten USA bildet.[804] Diese sind, spätestens nach Zusammen-

---

798 Pfahl-Traughber 1998b, S. 140–141
799 Julian 2013, o.S.
800 Aftenberger 2007, S. 185
801 Worm 1995, S. 53
802 Worm 1995, S. 54
803 Assheuer/Sarkowicz 1992, S. 199
804 Minkenberg 1998, S. 155

bruch der Sowjetunion, zum Hauptfeind der Neuen Rechten geworden.[805] Zur Zeit des Kalten Krieges proklamierte die Neue Rechte einen deutschen Sonderweg abseits von Westbindung und UdSSR.[806] Heutzutage sieht etwa Andreas Mölzer in Russland einen Verbündeten gegen die USA und stellt sich somit klar gegen eine Westbindung Europas.[807]

Es gibt in Bezug auf Europavorstellungen drei große Richtungen innerhalb des Rechtsextremismus: Erstens die Nationalstaatliche, die ein ›Europa der Nationen‹ vertritt (vor allem vom *Front National* und der Strache-*FPÖ* vertreten); 2. die Neoimperiale (von der *NPD* proklamiert), die von einer ›Nation Europa‹ als Gegengewicht zu den USA träumt und 3. die Regionalistische, die sich ein föderales ›Europa der Regionen‹ wünscht (bevorzugtes Modell der Haider-*FPÖ*).[808] Die Neue Rechte lässt sich keiner vollständig zuordnen, da verschiedene Vertreter_innen verschiedene Modelle bevorzugen. Typischerweise legt sich die *Identitäre Bewegung (Deutschland)* nicht auf ein bestimmtes Europa-Konzept fest, sondern propagiert gleich alle drei, obwohl diese sich teilweise widersprechen: »Wir wollen ein Europa der Vaterländer, der Regionen und Nationen, indem diese sich, unter Bewahrung aller Verschiedenheiten, zu einer höheren Einheit zusammenfinden.«[809] ›Europa‹ ist somit ein weiterer Schlüsselbegriff der Identitären, der nicht weiter definiert wird und auf diese Weise offen bleibt für verschiedene Deutungen.

Die rechte Europaidee gewann umso mehr an Einfluss, je stärker die Idee eines christlichen Abendlandes, das es gegen den Islam zu verteidigen gelte, von Rechtsparteien propagiert wurde.[810] Hier zeigt sich der Einfluss, den die Neue Rechte haben kann. Die europäischen Rechtsparteien waren traditionell skeptisch gegenüber Europa eingestellt und sehr im hierarchisch-nationalstaatlichen Denken verhaftet. Die ›Idee‹ Europa erwies sich aber als probates Wahlkampfmittel. So kam es zu einer Modernisierung der Europakonzeption der Parteien, die auf einem Europaverständnis der Neuen Rechten aufbaut. Die Losung ›Europa der Vaterländer‹, die tief

---

805 Aftenberger 2007, S. 175
806 Brauner-Orthen 2001, S. 70
807 Schiedel 2011, S. 102
808 Priester 2010, S. 36–37
809 Identitäre Bewegung Deutschland zit. n. https://www.facebook.com/photo.php?fbid=721701447847917&set=a.583269085024488.1073741828.581482171869846&type=1, 06.01.2014, 16h02
810 Schiedel 2011, S. 37

im ethnopluralistischen Konzept verwurzelt ist, wird mittlerweile nicht nur von traditionellen rechtsextremen Parteien, sondern auch von Teilen der *CDU/CSU* verwendet.[811]

Geschichtsrevisionismus und Antisemitismus

Die Neue Rechte verfolgt nicht mehr die Strategie der Leugnung der Verbrechen des Nationalsozialismus, sondern versucht, diese zu relativieren, zu historisieren oder zu banalisieren. Dies tut sie etwa, indem sie das Gedenken an jene Verbrechen als Strategie zur Selbstgeißelung der Deutschen darstellt, die von den Siegermächten 1945 aufgezwungen worden sei.[812] Sie wendet sich auch gegen Wiedergutmachungszahlungen an Überlebende und Hinterbliebene und schiebt als fadenscheinigen Grund oft die Kosten vor.[813] Die Neue Rechte attestiert Gedenken und Vergangenheitsbewältigung eine Künstlichkeit, die sich in reinen Formen und Ritualen darstelle.[814] Wichtig ist ihr eine Historisierung des Nationalsozialismus als etwas Vergangenes, das mit der heutigen Zeit nichts mehr zu tun habe. Dabei werden absichtlich Kontinuitäten missachtet, sodass sich die rechtsextreme Szene von der moralischen Last des Nationalsozialismus reinwaschen kann. Die Distanzierung vom Nationalsozialismus erfolgt oft nur sehr halbherzig oder ist taktischer Natur.[815] Die Akteur_innen der Neuen Rechten sehen sich in ihrem Selbstverständnis nicht als die unmittelbaren Nachfolger_innen der Nationalsozialist_innen, wie dies die Alte Rechte tut, ist aber im selben politischen Lager – wie auch die Konservative Revolution – beheimatet. Dementsprechend wehrt sich die Neue Rechte gegen eine (alleinige) Schuld der Deutschen am Ausbruch des Zweiten Weltkriegs. Wahlweise wird der bolschewistischen Sowjetunion, einer jüdischen Verschwörung oder beidem die Schuld zugeschoben. Dieses Schema schließt eng an die Vorstellungen des traditionellen Rechtsextremismus an.[816] Auch große, konservative Zeitungen betreiben Geschichtsrevisionismus dieser Art. So durften etwa im *Spiegel* 1995 Ansichten geäußert werden, dass Hitler die

---

811 Tilmann 2011, o.S.
812 Weber 1997, S. 70
813 Brauner-Orthen 2001, S. 45
814 Kämper 2005, S. 219
815 Purtscheller/Schiedel 1994, S. 16
816 Aftenberger 2007, S. 87

alleinige Schuld am Nationalsozialismus trägt.[817] Dies setzt sich in der Populärkultur etwa in dem Film *Der Untergang* (2004) fort, wie der Regisseur Wim Wenders kritisiert.[818] Ein beliebtes Erzählmotiv ist auch das Leid der deutschen Opfer, die zu den wahren Opfern stilisiert werden.[819] Gleichzeitig werden die Verbrechen der Nazis individualisiert und pathologisiert, aber nicht als systemisch gesehen. Ein Beispiel ist die Rezension von *Schindlers Liste* (1993) in *Die Aula*, in der die These von Amon Göth[820] als *Kain* zu Oskar Schindlers *Abel* vertreten wird.[821] Die Neue Rechte strebt zumindest an, den Nationalsozialismus verständlich zu machen, wie Jäger darlegt. Dabei bemüht sie die Bilder individueller Unzulänglichkeiten und Charakterschwächen, die Schandflecken darstellten und keine Distanzierung vom System als solchem erforderten.[822] In dieser Geschichtsschreibung ist die *Shoah* einer von vielen historischen Genoziden. In diese Normalisierungsstrategie passen auch die Mittel der Alten Rechte, wie vermeintlich wissenschaftliche Zweifel an der Existenz oder Kapazität von Gaskammern, die Infragestellung der Opferzahlen und so weiter.[823] Wichtig in diesem Zusammenhang ist auch der ›Historikerstreit‹ der 1980er Jahre zwischen Ernst Nolte und Jürgen Habermas.[824] Ernst Nolte bezweifelte die Singularität von Auschwitz und sah in den russischen Gulags Vorläufer für die nationalsozialistischen Verbrechen. Nolte ist in der Neuen Rechten nach wie vor eine hochgeschätzte Persönlichkeit, was unter anderem seine Einladung zum ersten *zwischentag* im Jahr 2012 zeigt.[825]

Die wahren Opfer sind, laut der Neuen Rechten, aber immer die Deutschen. Wilms propagiert etwa die zweifache Niederlage Deutschlands. Einmal hätte es den Krieg militärisch verloren, ein zweites Mal geistig durch *Reeducation* und ein ›neues Geschichtsbewusstsein‹.[826] Die Umerziehung der Alliierten habe gegen das deutsche Volk stattgefunden und es stünden

---

817 Jäger/Jäger 1999, S. 109
818 Wenders 2004, o.S.
819 Kämper 2005, S. 44
820 Amon Göth war ein österreichischer SS-Hauptsturmführer und 1943-1944 Kommandant des Konzentrationslagers Plaszow bei Krakau.
821 Gärtner 1996, S. 72
822 Jäger 2002, S. 15
823 Aftenberger 2007, S. 84–85
824 Benthin 1996, S. 32
825 Zwischentag 2012, o.S.
826 Assheuer/Sarkowicz 1992, S. 176–177

bewusst böse Absichten dahinter, die es schwächen wollten.[827] Dieser Haltung immanent ist ein tiefer Antisemitismus. Juden und Jüdinnen seien nicht Opfer, sondern vielmehr Täter_innen. So zweifelt auch Armin Mohler an den historischen Fakten des Holocausts und sah diesen als Kampagne von Juden und Jüdinnen.[828] Israelkritik wird von der Neuen Rechten als Tabubruch inszeniert. Dieser sekundäre Antisemitismus fußt auf der Vorstellung, dass es eine Zensur gäbe, die alle Themenbereiche betrifft, die mit Israel zu tun haben. Die Neue Rechte sieht die *Shoah* als Ursprung dieser vermeintlichen Zensur. Sie konstruiert damit das Tabu, Israel zu kritisieren, das vor allem für Deutsche und Österreicher_innen gelte. Ihren als Tabubruch inszenierten Antisemitismus stellen sie so als Heldentat der Meinungsfreiheit dar.[829] Kapitalismuskritik wird auch beim linken Flügel der Neuen Rechten, die Günter Bartsch als Nationalrevolutionär_innen beschreibt, als Kritik am »raffenden Kapital«[830] vorgetragen und ist damit mit antisemitischen Anklängen versehen. Ebenfalls beliebt sind Verschwörungstheorien, wie jene um das World Trade Center und die Anschläge vom 11. September 2001. Sie geben der Neuen wie der Alten Rechten Anlass zu antisemitischen Spekulationen.[831]

Es gibt aber auch jene, die sich klar vom Nationalsozialismus distanzieren, wie das *Institut für Staatsgeschichte*, das sich seit Streitigkeiten in den 1990er Jahren vom Nationalsozialismus, Antisemitismus und Geschichtsrevisionismus abgrenzt. Es sympathisiert mit dem konservativen Widerstand im ›Dritten Reich‹, zu dem sie zum Beispiel Claus Schenk Graf von Stauffenberg rechnen.[832] Dabei distanzieren sich viele Neue Rechte zwar großmütig von Hitler und dem Nationalsozialismus, aber nicht von faschistischen Ideologien als solchen. Das belegt, dass sie dem gleichen Spektrum angehören und somit eine Erneuerung statt eine Abgrenzung betreiben.[833]

---

827 Jäger/Jäger 1999, S. 77
828 Jäger 2002, S. 61
829 Aftenberger 2007, S. 68
830 Bartsch 1975, S. 67
831 Aftenberger 2007, S. 178
832 Eckert 2010, S. 26
833 Worm 1995, S. 40

Neurechter ›Antikapitalismus‹

Die Neue Rechte betont einen kulturalistischen Kampf gegen den Liberalismus und macht ihn zu einem so allgemeinen Begriff, dass seine ökonomischen Hintergründe völlig aus dem Blick geraten.[834] Sie wendet sich nur in aller Form gegen den politischen Liberalismus, nicht aber geschlossen gegen den wirtschaftlichen Liberalismus, den Kapitalismus und/oder den Neoliberalismus. Das wirtschaftspolitische Konzept der Neuen Rechten ist nämlich durchaus heterogen. Von einer klar wirtschaftsliberalen Position bis zu antikapitalistischen Reflexen spannt sich hier der Bogen. Aber auch bei scheinbar antikapitalistischen Konzepten werden keine Aussagen über Eigentums- und Produktionsverhältnisse gemacht.[835] Kapitalismuskritik wird vor allem personalisiert vorgetragen. Eine gierige Schicht an (US-amerikanischen) Personen beutet die guten und rechtschaffenen Menschen aus.[836] Diese verkürzte Kritik ignoriert die komplexen Vorgänge eines Wirtschaftssystems sowie den systemischen Charakter. Kapitalismus ist nicht die persönliche Missgunst oder der Egoismus Einzelner, sondern ein System, das auf bestimmten Strukturen und Prinzipien aufbaut. Diese verkürzte Kapitalismuskritik der Neuen Rechten trägt stark antisemitische Züge.[837]

In den Abhandlungen von Vardon, Kubitschek, Lichtmesz und Co. sucht man vergeblich nach ökonomischen Analysen, Kritiken und Theoriearbeit. Götz Kubitschek wird nicht müde, auf Antonio Gramsci als Referenz zu verweisen, um zu verstehen, wie die ersehnte ›kulturelle Hegemonie‹[838] geschaffen werden kann[839]. Dass es Gramsci in diesem Zusammenhang darum ging, die Diktatur des Kapitals zu zerschlagen und erst damit eine demokratische Gesellschaftsordnung herzustellen sei, dass es um die ›Subalternen‹, also die Ausgebeuteten und Angehörigen nied-

---

834 Aftenberger 2007, S. 70
835 Aftenberger 2007, S. 77
836 Aftenberger 2007, S. 78
837 Aftenberger 2007, S. 81
838 Damit bezeichnet Gramsci das Stützen von Herrschaft durch Zustimmung der Beherrschten. Ein Beispiel für kulturelle Hegemonie wäre das Verinnerlichen von Verwertungs- und Wettbewerbslogiken in einem kapitalistischen System, sodass sich kein Widerstand formiert und das System bekämpft. Wenn schlecht bezahlte Lohnabhängige den Fehler bei sich und fehlender eigener Leistung sehen und nicht im System, das ihnen pauschal Schranken setzt, werden diese Lohnabhängigen sich nicht gegen das System richten.
839 Kubitschek 2012a, o.S.

riger sozialer Gruppen geht[840], klammert Kubitschek aus. Bei den Identitären fallen die ökonomischen Alternativvorschläge noch magerer aus als bei den etablierten neurechten Publizist_innen. In einem YouTube-Video solidarisiert sich die *Identitäre Bewegung Bochum* mit Arbeiter_innen des Opelwerks, denen der Verlust ihrer Arbeitsplätze droht:

> »Das Kapital zieht weiter und die überflüssig gewordenen Arbeiter und Arbeiterinnen vor Ort müssen mit den Folgen leben. [...] Hier zählen weder die Kulturen, Nationen und Identitäten der Menschen, noch ihre wirklichen Bedürfnisse. Es zählt nur der Profit des Kapitals [...].«[841]

Kritisiert wird die Fluidität des Kapitals, das transnational eingesetzt wird und das Auslagerungen beziehungsweise neue Niederlassungen innerhalb des gesetzlichen Rahmens erfolgen. Zum anderen wird die vermeintlich kapitalismuskritische Haltung sofort an die Sorge um ethnische Identitäten geknüpft. Auf Arbeits- und Lebensbedingungen der Arbeitenden im Opel-Werk gehen sie nicht ein, es finden sich auch sonst keine Abhandlungen über kapitalistische Ausbeutung in Deutschland durch deutsche Unternehmer_innen, die Arbeitende unabhängig von Herkunft oder Selbstdefinition betreffen. Dass für die Identitären Kapitalismus einzig ein internationales ein Problem ist und vor allem in Kombination mit migrant_innenfeindlichen Positionen thematisiert wird, belegt ein Text der *IBW*, in der die Autor_innen gegen Peter Sutherland wettern:

> »Peter Sutherland, Goldmann-Sachs und BP-Bonze (das waren die mit der Ölkatastrophe) ist das perfekte Beispiel für die Verflechtung von Multikulti-Ideologie und internationalem Kapitalismus. [...] Er ist das aufgedunsene Gesicht des internationalen Liberalismus und Kapitalismus, der die Völker und Kulturen vernichtet! Er ist führender Teil jener Maschinerie, die die Vielfalt von Mensch und Umwelt zerstört und eine graue, gleichgeschaltete Einheitswelt, unter? der Herrschaft der Konzerne schaffen will. Er beweist, dass die ganzen linken und grünen Multikulti-Spinner, von den internationalen Konzernen und Bankern, so verschieden gar nicht sind.[...] Wir sind [...] die einzigen die wirklich gegen die weltweite Globalisierung, den entfesselten Kapitalismus und die Umweltzerstörung auftreten. Denn wer gegen diese Entwicklungen sprechen will, darf von Masseneinwanderung, Islamisierung, und der Abschaffung der Völker Europas nicht schweigen.«[842]

Offen lassen die Identitären, ob sie mit einem staatlich regulierten Kapitalismus und einem Kapitalismus, der jedes ›Volk‹ separat ausbeutet, le-

---

840 Opratko 2013, o.S.
841 VlogIB: Identitäre Bewegung Bochum – Identitäre Solidarität mit den Bochumer Arbeitern. Zit.n. http://www.youtube.com/watch?v=Etewmug3N_U, 15.01.2014, 23h39
842 Zit.n. http://iboesterreich.at/?p=755, 05.01.2014, 23h23

ben könnten. Insgesamt wird bei den Identitären deutlich, dass Ökonomie als politisches Feld für sie irrelevant ist und ihre Kapitalismuskritik nicht über die Diagnose eines »ethnischen Identitätsverlustes« hinausgeht. In ihrer Selbstwahrnehmung als neurechte Avantgarde müssen sie sich mit Lohnabhängigen und ihrer Ausbeutung nicht beschäftigen, müssen nicht die Elitenbildung innerhalb des ›Volkes‹, das doch durch seine ›ethnische Identität‹ geeint sein soll, thematisieren. Da sie nicht als institutionalisierte Partei agieren, die an Wahlerfolge gebunden ist, brauchen sich Akteur_innen der Neuen Rechten und unter ihnen die Identitären nicht als Fürsprecher_innen der ›kleinen Leute‹ inszenieren, denn auf ihre Unterstützung sind sie nicht angewiesen. Mit der bloßen Oppositionshaltung zum ›internationalen‹, also ›bösen‹ Kapital bleibt ihre Position zwar eingeschränkt, aber auch sicherer und unangreifbarer. Denn würden sie eine klare Unterscheidung zwischen ›schaffend‹ und ›raffend‹, zwischen gut und böse treffen, würden sie schnell mit Aktivist_innen der Nationalen Sozialist_innen verglichen werden – und die Brandmarkung als rechtsextrem oder gar neonazistisch müssen sie vermeiden, wenn sie auf breitere Zustimmung im Kampf um kulturelle Hegemonie stoßen wollen.

Feindbestimmung: Liberalismus und Linke

Politischer Liberalismus und Marxismus werden im Schmitt'schen Sinne zu den Hauptfeinden der Neuen Rechten erklärt, die sich gegen die Grundauffassung von Egalität und die damit verbundenen politischen Implikationen wie Menschenrechte oder Schutz vor Diskriminierung richtet.[843] Dementsprechend definiert der zum damaligen Zeitpunkt neurechte Journalist Jürgen Hatzenbichler ›Rechtssein‹ als identitär und differenzialistisch im Gegensatz zu linken Positionen, die egalitär sind.[844] Identität und Egalität sind in dieser Auffassung zwei einander ausschließende Prinzipien. Die Neokonservativen und die Neuen Rechten haben auf der Ebene der kulturellen Eliten einen gemeinsamen Feind – die Linke.[845] Hier stehen sich also Neue Rechte und wertkonservatives bürgerliches Spektrum, das sich nicht in der Tradition des politischen Liberalismus sieht, sehr wohlwollend gegenüber.

Die USA werden zum konkreten Hauptfeind stilisiert, der für alles Schlechte im Weltbild der Neuen Rechten steht: Multikulturalismus, Li-

---

843 Weber 1997, S. 33
844 Gärtner 1996, S. 57
845 Benthin 2004, S. 45

beralismus und »Umerzieher«[846] der Deutschen. Außerdem stehen sie für die gefürchtete Vermischung von ›Kulturen‹ und ›Rassen‹, Dekadenz und Imperialismus.[847] Die Dekadenz zeige sich im Individualismus, der Ursache von Depressionen, anderen Krankheiten sowie persönlichen Krisen im Allgemeinen sei.[848] Auch in diesem Zusammenhang verdreht die Neue Rechte Themen rhetorisch gerne so, dass sie sich als Opfer darstellen kann. Das betrifft die Verfolgung durch Zensur[849], durch ›Gutmenschen‹[850] und durch Political Correctness, welcher sie eine sich in Heldenpose ergehende Political *In*correctness entgegensetzen[851]. Sie fühlen sich durch eine mutmaßlich linke Hegemonie am freien Denken, Schreiben und Reden gehindert.[852] Diese gehe von den ›68ern‹ aus, die zwar gescheitert seien, aber noch immer ihren Terror auf die Gesellschaft ausüben.[853]

Erzählkonzepte der Neuen Rechten lassen sich wie folgt zusammenfassen: Geschaffen wurde einerseits die Erzählung der Zensur, die die Neue Rechte angeblich betrifft und die am prominentesten durch die Political Correctness sowie eine linke Hegemonie, die repressiv auf ihre freie Meinungsäußerung wirkt, ausgeübt wird. Andererseits gibt es auch die Erzählung von den handelnden Personengruppen hinter dieser Zensur und das sind die ›Gutmenschen‹ und ›68er‹. Political Correctness wird per se als Zensur aufgefasst. Implizit werden mit dieser Strategie Ausdrücke und Auffassungen von Political Correctness delegitimiert während sich die Neue Rechte mit ihren antidemokratischen Ansichten als Opfer sieht und damit auch die eigenen Aussagen als richtig legitimiert.[854] Sie sieht sich selbst sowohl als Opfer als auch Tabubrecherin.[855] Jegliche kritische Auseinandersetzung, Gegenargumentation und Kritik fasst die Neue Rechte als illegitim und als Zensur auf.[856] Besonders der Feminismus wird im Anti-Political-Correctness-Diskurs attackiert.[857]

---

846 Weber 1997, S. 52
847 Aftenberger 2007, S. 175
848 Pfahl-Traughber 1998a, S. 85
849 Aftenberger 2007, S. 208
850 Aftenberger 2007, S. 207
851 Aftenberger 2007, S. 206
852 Aftenberger 2007, S. 207
853 Aftenberger 2007, S. 206
854 Jäger/Jäger 1999, S. 99–100
855 Weiß 2011, S. 89
856 Weiß 2011, S. 91
857 Auer 2002, S. 298

»Noch gewichtiger ist aus Perspektive der Neuen intellektuellen Rechten die Vorstellung, dass political correctness eine Art Verbot sei, die Dinge so zu sagen, wie man sie sagen will, wobei zugleich insinuiert wird, so, wie sie eben sind. Dieses Sagen-Dürfen betrifft zu weiten Teilen die männliche Rede über Frauen.«[858]

Political Correctness wird mit religiösen und ethischen Metaphern wie ›Inquisition‹, ›Terror‹ oder ›Zensur‹ bedacht. Mit diesen Vokabeln wird das dahinterliegende Ziel ausgeblendet, heruntergespielt und/oder delegitimiert.[859] In ihrem gesamten Diskurs wird diese Argumentation für antisemitische, rassistische, revisionistische, antifeministische und sexistische Ziele genutzt.[860] Die Gegner_innen, die sich selbst als politisch korrekt definieren, mussten von rechter Seite erst konstruiert werden. Auch ›Julian II‹ von der *IBW* ist der Ansicht, dass »die Political Correctness in den letzten Jahren und Jahrzehnten bereits ein Ausmaß totalitären Meinungsterrors angenommen« hat.[861] Ein beliebtes Ziel von Jörg Haiders Schimpftiraden waren dementsprechend ›die 68er‹, die er für eine dekadente und hässliche Kulturpolitik verantwortlich machte, die einzig dazu diene, die *FPÖ* zu diskreditieren.[862] Der Politikwissenschaftler Michael Minkenberg sieht in dieser Ablehnung der 68er ein konstituierendes Element der Neuen Rechten.[863] Das *Studienzentrum Weikersheim* (siehe entsprechendes Kapitel) versteht sich auch heute noch in erster Linie als Antwort auf 68.[864] Der ›Gutmensch‹ ist die Weiterführung des Motivs der 68er, die den Rechten verbieten würden, ihre Meinung zu sagen. Volker Weiß hat diese Haltung sehr pointiert dargelegt:

> »Seine Figur ist komplementär zum Vorwurf der Zensur konzipiert, als populäre Phantasmagorie ist der ›Gutmensch‹ der Akteur gefühlter Repression. Aufgrund seiner nie spezifizierten Macht kann der Rassist nicht mehr ungestört sagen, ›Neger‹ seien alle faul, der Antisemit fürchtet einen Ordnungsruf für seine Ansicht, dass Juden ›schachern‹ und selbst die Bemerkung, Homosexualität sei ›widernatürlich‹, kann wegen der Gutmenschen nur im Untergrund kursieren. Zur Unterdrückung des allgemeinen Menschenrechts auf diskriminierende Sprache setzt der Gutmensch seine schwerste Waffe ein: die Kritik. Daher wird sein Wirken gerne mit dem Dritten Reich oder der DDR gleichgesetzt, die demzufolge äußerst kritikfreudig gewesen sein müssen.«[865]

---

858 Kämper 2005, S. 166
859 Auer 2002, S. 295
860 Auer 2002, S. 302
861 Julian II 2013, o.S.
862 Schiedel 1995, S. 101
863 Minkenberg 1998, S. 164
864 Weiß 2011, S. 41
865 Weiß 2011, S. 98

Moral hat in diesem Weltbild keinen Platz. Akteur_innen der Neuen Rechten wenden sich in letzter Konsequenz gegen Politik, die normativ gestaltet ist und ethischen Werten folgt.[866]

---

866 Terkessidis 1995, S. 243

Strategien

Rhetorische Mittel

Mimikry

Mimikry ist das Verbergen der tatsächlichen Absichten beziehungsweise, wie Aftenberger es beschreibt, keine Selbstverleugnung, sondern die Strategie, bewusst Konzepte nur selektiv auszusprechen, sodass sie an einen gesellschaftlichen Diskurs andocken können.[867] Ein Beispiel für rhetorische Mimikry ist eine Aussage Thora Ruths in der rechtsextremen Zeitschrift *La Plata Ruf* eines deutschsprachigen Netzwerks in Argentinien von 1973:

> »Wir müssen unsere Aussagen so gestalten, daß sie nicht mehr ins Klischee der ›Ewig-Gestrigen‹ passen. Eine Werbeagentur muß sich auch nach dem Geschmack des Publikums richten und nicht nach dem eigenen. Und wenn kariert Mode ist, darf man sein Produkt nicht mit Pünktchen anpreisen. Der Sinn unserer Aussage muß freilich der gleiche bleiben. Hier sind Zugeständnisse an die Mode zwecklos. In der Fremdarbeiter-Frage etwa erntet man mit der Argumentation ›Die sollen doch heimgehen‹ nur verständnisloses Grinsen. Aber welcher Linke würde nicht zustimmen, wenn man fordert: ›Dem Großkapital muß verboten werden, nur um des Profits willen ganze Völkerscharen in Europa zu verschieben. Der Mensch soll nicht zur Arbeit, sondern die Arbeit zum Menschen gebracht werden.‹ Der Sinn bleibt der gleiche: ›Fremdarbeiter Raus!‹ Die Reaktion der Zuhörer wird aber grundverschieden sein.«[868]

Ein aktuelleres Beispiel liefert Felix Menzel, Autor bei der *Blauen Narzisse*, der sich des Begriffs ›identitär‹ in seinem Artikel bedient. Ähnlich wie Willinger macht Menzel die ›Krise Europas‹[869] zum Kristallisationspunkt seiner europapolitischen Diagnose. Es ist ein Begriff, der seit 2008 in die Berichterstattung Eingang gefunden hat und der auch für eine akademische Auseinandersetzung, Aktivismen und Publikationen in den Folgejahren verwendet wurde. Arbeitslosigkeit in Südeuropa, Straßenkämpfe – etwa in Madrid und Athen – und eine erstarkende Opposition gegen eine imperialistische Politik der EU, angetrieben durch die deutsche Regierung sind die Ausgangslage:

> »Europa befindet sich in einer historischen Krise. Der Euro hat Europa nicht geeint, sondern gespalten: in eine Peripherie am Abgrund und ein sattes Zentrum. [...] Solange es dem Zentrum gut geht, sieht es keinen Reformbedarf und ver-

---

867 Aftenberger 2007, S. 200
868 Feit 1987, S. 25
869 Willinger 2013, S. 7

sucht, sein eigenes System der Peripherie aufzuzwingen. Es ist nur allzu verständlich, wenn die Menschen in Südeuropa deshalb auf die Straße gehen [...].«[870]

Mit Formulierungen wie diesen finden Identitäre – oder in diesem Fall Menzel – sicherlich Gehör. Unter dem Banner des Selbstbestimmungsrechts der Völker, im Wortlaut aus dem *14-Punkte-Programm* der USA nach dem Ersten Weltkrieg bekannt, abgewandelt im Konzept eines ›Europas der Vaterländer‹ von Charles de Gaulle[871], trifft es auf viel Zustimmung, sich als Unterstützer_innen einer revoltierenden Bevölkerung in der spanischen und griechischen Hauptstadt auszugeben.

»Welches Recht haben die Deutschen, die Europäische Union, die Troika oder wer auch immer, den Griechen vorzuschreiben, wie sie ihre Wirtschaft führen sollen?«[872]

Menzel spricht sich in Folge – zusammengefasst – für eine Stärkung der Nationalstaaten aus, denn »das europäische Projekt kann keines der Überwindung von Nationalismus und der Nationalstaaten sein«.[873] Er stellt in seiner Argumentation das sogenannte Identitätsproblem über das Wohlstandsproblem. Die negativen Folgen der Austeritätspolitik (ein Begriff, den er nicht verwendet) sieht Menzel zwar mitunter in einem wachsenden Prekariat (ebenfalls ein Begriff, den man nicht in seiner Analyse findet) und Armut, aber vor allem sieht er eine Gefahr für die nationale Identität, zu welcher er auch das jeweilige »Wirtschaftsverständnis« zählt.[874] Die Stärkung der ›Nation‹ ist Menzels Erfolgsrezept. In seiner Logik muss es eine Grenz- und Immigrationspolitik geben, über die die Staaten souverän verfügen und diese protektionistisch nutzen können. Die soziale Frage wird zwar mimikryhaft aufgeworfen, aber als nationale Frage verpackt:

»Viel wichtiger als die Wirtschaftsleistung ist für einen Identitären der Erhalt der Kultur, der Überlebenswille des Volkes und die tatsächliche Lebensqualität.«[875]

Ein Beispiel für die Strategie bei den Identitären ist eine Übernahme antikapitalistischer Parolen und das Anschreiben gegen Globalisierung und Großkonzerne, wie es die Aktion samt Video der *Identitären Bewegung Bochum* unter dem Titel »Identitäre Solidarität mit den Bochumer Arbeitern«

---

870 Menzel 2012, o.S.
871 Gresmann 1962, o.S.
872 Menzel 2012, o.S.
873 Menzel 2012, o.S.
874 Menzel 2012, o.S.
875 Menzel 2012, o.S.

zeigt. Die Autoproduktion des Werks *Opel* wird am Standort im Ruhrgebiet Ende 2014 auslaufen, denn der Auftrag des US-Mutterkonzerns *General Motors* lautet: »überschüssige Produktionskapazitäten abbauen«[876]. Betroffen sind insgesamt rund 3.700 Beschäftige[877], die in der Autoproduktion und im Warenverteilzentrum arbeiten. Die Identitären in Bochum schreiben dazu:

> »Das geplante Ende des 50 Jahre alten Bochumer Opelwerks zeigt mal wieder, dass im Spätkapitalismus und in der von ihm geprägten Globalisierung nur noch der Profit und die stetige Steigerung des Profits zählen. Ist an einem Wirtschaftsstandort nicht mehr genug Profit zu machen, dann wird die Industrie dort einfach abgebaut, werden Zechen und Werke geschlossen. Das Kapital zieht weiter und die überflüssig gewordenen Arbeiter und Arbeiterinnen vor Ort müssen mit den Folgen leben. [...] Wir leben inzwischen in einem länderübergreifenden, menschenfeindlichen System, das den einzelnen Menschen nur noch als Arbeitskraft und Konsumenten sieht und das Regionen und Länder zu reinen Wirtschaftsstandorten herabwürdigt.«[878]

Gewerkschafter_innen und die Partei *Die Linke* werden als Angepasste in diesem System bezeichnet, auf die sich die Arbeiter_innen nicht verlassen könnten. Die Solidarität, die die Identitären anbieten, ist eine identitäre, hier eine nationale – dem internationalen Kapitalismus national begegnen, ist die Devise:

> »Damit wir alle wirklich menschenwürdig leben und arbeiten können, braucht es eine Nonkonformität jenseits des überholten Links-Rechts-Schemas. Soziale Kämpfe lassen sich nicht von der Verteidigung und Förderung von Kultur, Nation und Identität trennen und ebenso wenig von einem generellen Kampf für die Freiheit des Menschen. Darum weg mit Scheuklappen und Denkverboten – lasst uns gemeinsam Widerstand leisten und für unser aller Zukunft kämpfen!«[879]

Materielle Fragen des Verlustes von Arbeitsplätzen, soziale Unsicherheit, Prekariat und Armut werden abermals an vermeintlich nationale und damit immaterielle Imperative gebunden. Die Querfront-Strategie wird auch visuell im zuvor genannten Video deutlich, indem das verteilte Flugblatt der *IB-Bochum* eine geballte Faust ziert, die man sonst vor allem aus linken Jugendorganisationen kennt, hier um das Lambda-Symbol ergänzt.

---

876 Süddeutsche Zeitung 2013, o.S.
877 Spiegel online 2013, o.S.
878 VlogIB: Identitäre Bewegung Bochum – Identitäre Solidarität mit den Bochumer Arbeitern. Zit.n. http://www.youtube.com/watch?v=Etewmug3N_U, 15.01.2014, 23h39
879 VlogIB: Identitäre Bewegung Bochum – Identitäre Solidarität mit den Bochumer Arbeitern. Zit.n. http://www.youtube.com/watch?v=Etewmug3N_U, 15.01.2014, 23h39

Insinuation

Insinuation heißt, etwas andeuten, sodass alle beziehungsweise jene, die es sollen, ganz genau wissen, was gemeint ist, ohne es zitierbar und folglich scheinbar unproblematisch wiederzugeben. Die Methode der Insinuation beruht auf dem Prinzip, etwas in der Sache zu behaupten, ohne es in der Form beweiskräftig behauptet zu haben. Die Eingeweihten wissen, was gemeint ist. Gegen Kritik kann das Gemeinte mit Verweis auf den nackten Wortlaut bestritten werden.[880] Die Strategie der Insinuation ist gerichtlich schwer bis nicht zu ahnden.[881] Dementsprechend wird sie verwendet, um verbotene oder gesellschaftlich sanktionierte Inhalte zu transportieren. Empören sich andere darüber, kann auf den reinen Wortlaut verwiesen werden.

Besonders die *FPÖ* wendet diese Methode gerne an. *FPÖ*-Generalsekretär Herbert Kickl beispielsweise sagte im österreichischen Nationalrat bei einer Debatte zum Pensionssystem, dass Pensionist_innen höhere Pensionen bekommen sollten, da sie das Land aufgebaut hätten. »Sie sind nicht davongelaufen, so wie andere aus aller Herren Länder, die sie verhätscheln«, so Kickl weiter.[882] Im reinen Wortlaut kann Kickl darauf verweisen, dass er ›nur‹ die heutigen Flüchtlinge gemeint habe (was auch eine rassistische und despektierliche Äußerung wäre). Im Zusammenhang mit den Pensionist_innen, die das Land aufgebaut hätten, kann auch der Schluss gezogen werden, dass es sich bei den »Davongelaufenen«, um Flüchtlinge zu Zeiten des Nationalsozialismus handelt.

Ähnlich der Strategie der Anspielung ist die Insinuation bei den Identitären (noch) nicht verbreitet. Das liegt unseres Erachtens daran, dass sie – anders als die *FPÖ* bei parlamentarischen Reden – nicht so häufig medial beachtet und zitiert werden, weder an Spielregeln gebunden noch darauf angewiesen sind, den klar neonazistischen Rand der Gesellschaft über Umwege anzusprechen.

Anspielungen

Eine beliebte Strategie ist auch, bestimmte Inhalte nur anzudeuten. Aussagen werden weniger angreifbar, auch wenn das Publikum genau weiß, was

---

880 Meyer 1995, S. 18
881 Cremer 1998, S. 74
882 Empörung über Aussagen von FPÖ-Generalsekretär Kickl 2011

damit gemeint ist.[883] Die Strategie der Anspielungen erweitert somit das Feld des Sagbaren auf verdeckte und unterschwellige Art und Weise.[884] Der Antisemitismus der Neuen Rechten wird nicht offen ausgesprochen, sondern über Codes und Chiffren angedeutet.[885] Diese Strategie funktioniert ähnlich wie die Insinuation. Hier werden Dinge zwar ausgesprochen, aber durch Codes ersetzt. So ist ›Ostküste‹ ein antisemitischer Code für ›jüdisches Finanzkapital‹[886]. Dieser Code gilt für die gesamte rechtsextreme Szene.

Bei den Identitären ist diese Strategie nicht merklich verbreitet. Dadurch, dass sie in den verschiedenen Ländern eine überschaubare Anzahl von Anhänger_innen haben, sie bewusst eine Zielgruppe des konservativ-rechten beziehungsweise rechtsextremen Spektrums ansprechen und bis in die sogenannte ›Mitte‹ der Gesellschaft dringen wollen, ist es für sie nicht notwendig, auf die hier beschrieben Codes zurückzugreifen. Spannend bei der Kommunikation der Identitären ist beispielsweise vor allem, worauf sie nicht verweisen, was sie nicht benennen, nicht erläutern. So ist bei keiner einzigen Ländergruppe klar, welche Identität es ist, die sie meinen erhalten

---

883 Aftenberger 2007, S. 205
884 Jäger und Jäger, S. 98
885 Aftenberger 2007, S. 64
886 Bergmann 2005, o.S.

und verteidigen zu müssen. Überspitzt könnte man formulieren, dass Referenzen und Beispiele nicht durch andere Stellvertreter-Begriffe ersetzt, sondern mit dem Code des Aussparens bekleidet werden. Die Folge davon ist, dass die Unklarheit darüber, was gemeint ist zu einer Offenheit des Möglichkeitsspektrums führt. So können sich mehr Menschen mit dieser vermeintlich so klaren, eindeutigen Identität, die über allem steht, identifizieren, weil sie ihre eigenen Vorstellungen davon hineininterpretieren können und nicht durch klare Definitionen korrigiert oder abgewiesen werden.

Semantisches Verwirrspiel

Eine weitere Strategie der Neuen Rechten ist Begriffen umzuwerten. Anstatt den Begriff (oft einen der politischen Gegner_innen) völlig zu verbannen, wir dieser mit neuem Inhalt (der durchaus völlig konträr zu dem ursprünglichen stehen kann) gefüllt. Sie bemühen sich, Definitionsmacht über bestimmte Begriffe zu gewinnen und sie in ihrem Sinne umzudeuten.[887] Das geschieht beispielsweise mit dem Demokratie-Begriff, der identitär umgedeutet wird.[888] Auch der Begriff ›Gleichberechtigung‹ wird umdefiniert anstatt bekämpft: Gleichberechtigt sei eine Frau, wenn sie gemäß ihrer fraulichen Eigenschaften handeln könne, also Mutter werde.[889] Im Sinne des Ethnopluralismus versucht die Neue Rechte auch die Begriffe Rassismus und Antirassismus neu zu besetzen. ›Rassistisch‹ sei es, Menschen zur Assimilation und überhaupt zum Verlassen ihrer Heimatländer zu zwingen. ›Antirassistisch‹ sei es, die Leute wieder zurück in ihre Herkunftsländer zu bringen, wo sie ihre Kultur leben könnten.[890]

Am Beispiel der *IBÖ* lässt sich das anhand eines Vlogs zeigen, in dem Martin Sellner versucht, zu erklären, warum Identitäre alles, nur nicht rassistisch seien. Mit Rassismus, meint Sellner, »haben wir Identitäre nichts zu tun, im Gegenteil. Wir sind die Gruppe, die am offensten, am klarsten und am ehrlichsten gegen diese Ideologie des Rassismus kämpft.«[891]

Wohlgemerkt geht Sellner in seiner Erklärung dennoch davon aus, dass am »Phänotyp« die »Abstammungslinie«, Ethnie und Herkunft eines Menschen abgelesen werden kann. Rassismus ist also in seiner – völkischkulturalistischen – Definition nur das Abwerten einer Person aufgrund ih-

---

887 Aftenberger 2007, S. 197
888 Pfahl-Traughber 1998a, S. 86
889 Brauner-Orthen 2001, S. 64
890 Aftenberger 2007, S. 156
891 Sellner 2013, o.S.

rer »Abstammungslinie«, nicht aber das Beharren auf diesem vermeintlich biologischen Zusammenhang (Hautfarbe, Haarfarbe, Augenfarbe verweisen scheinbar verlässlich auf lokale/sprachliche/ethnische Zugehörigkeiten). Das Klassifizieren von Menschen anhand ihrer Äußerlichkeit ist für Sellner legitim, nur aggressiv, herabwürdigend und gewalttätig soll es bitte nicht sein.

Salonfähigkeit

Erklärtes Ziel der Neuen Rechten ist es, die Grenzen zwischen Rechtsextremismus und demokratischen Meinungen aufzulösen, wie es der Verfassungsschützer Wolfgang Cremer ausdrückt.[892] Dazu zählt, Gäste aus dem konservativen und liberalen Bereich auf Veranstaltungen einzuladen oder als Gastautor_innen zu gewinnen. Die *Junge Freiheit* wendet diese Strategie erfolgreich bei ihren Kampagnen und Petitionen an, wie zum Beispiel bei jener für Pressefreiheit 1994.[893] Benthin attestiert der Neuen Rechten mit dieser Strategie die Schaffung einer Teilöffentlichkeit, was für die rechtsextreme Szene tatsächlich neu wäre. Damit sorge sie für einen stärkeren Einfluss auf Diskurse und die allgemeine Öffentlichkeit.[894] Günther Nenning ist ein Beispiel für die neurechte Strategie der Salonfähigkeit. Als vermeintlicher Grüner oder Linker publizierte er rege in vielen neurechten Magazinen und gab ihnen somit einen Anstrich von Seriosität.[895] Ein anderes Beispiel ist der Sammelband *Multikultopia* (1990) des *Junge Freiheit*-Redakteurs Stefan Ulbrich. Auch Heiner Geißler steuerte einen Beitrag dazu bei.[896]

Die Identitären in Österreich versuchen, sich anhand ihres engen Beziehungen zum *Wiener Akademikerbund* (WAB) eine Verortung etwas rechts der ›Mitte‹ zu verleihen. Denn obwohl der Ausschluss von Christian Zeitz (derzeit ›Islambeauftragter‹) aus der Wiener *ÖVP* im Jahr 2010 öffentliche Aufmerksamkeit erregt hatte, ist der *WAB* gegenwärtig eher unauffällig und agiert als Veranstaltungs-Thinktank der konservativen Rechten. Daneben kann das wiederholte Verweisen auf den Blogger Andreas Unterberger als Strategie gewertet werden, sich nach außen betont brav-bürgerlich und konservativ zu geben. Unterberger selbst ist gern gesehener Gast bei

---

892 Cremer 1998, S. 73
893 Aftenberger 2007, S. 203
894 Benthin 2004, S. 234
895 Perner et al. 1994, S. 50
896 Terkessidis 1995, S. 82

Veranstaltungen des *Liberalen Klubs*, der zur *FPÖ* gehört, und über seinen »explizit liberal-konservativen Blog« wird auch kritiklos in der *APA* berichtet. Die *IBÖ* schätzt Unterbergers politische Analysen, nicht umsonst ist Unterberger für sie in einem ihrer Vlogs ein Repräsentant »ordentlicher Leute«.[897] Ein Beispiel aus Deutschland ist die *JF*, die von Autor und Fernsehjournalist Peter Scholl-Latour gelobt wird:

> »Die ›JF‹ bedeutet für mich, dass es noch unabhängige Geister in der deutschen Medienlandschaft gibt und Journalisten, die das Risiko eingehen, gegen den Strom zu schwimmen«[898], lässt sich Scholl-Latour in einem Werbefaltblatt des Organs zitieren.

Als Dankeschön gab es 2008 für ihn und Ellen Kositza[899] den *Gerhard-Löwenthal-Preis*, der von der *JF* verliehen wird. Scholl-Latour schreibt außerdem für *Compact*, wird auch zur *Souveränitätskonferenz* 2013 geladen und sichert damit zwei Medien zugleich in puncto öffentlicher Akzeptanz ab.[900]

Querfront

Mit einer Querfrontstrategie versucht die Neue Rechte, an linke Diskurse und Themen anzuschließen und einen Weg zu finden, wie sich linke und rechte Konzepte (scheinbar) miteinander vereinen lassen.[901] Um den Anschluss an linke Diskurse zu schaffen, wurde schon in der Anfangsphase der Neuen Rechten Entwicklungshilfe als Kulturimperialismus und Kolonialismus gebrandmarkt, wie Günter Bartsch beschreibt.[902] Günther Nenning und seine Publikationen in *Die Aula* werden von rechter Seite als leuchtendes Beispiel der Neuen Rechten für eine erfolgreiche Querfrontstrategie in Österreich beschrieben.[903] Anders als bei bloßer Mimikry geht es bei der Querfront-Strategie nicht nur darum, Codes und Formulierungen aus einem anderen politischen Spektrum zu entlehnen und sich damit weniger angreifbar zu machen oder sogar Zuspruch zu erhalten. Vielmehr geht mit der Querfront der Versuch einher, eine – gegebenenfalls institutionelle – Zusammenarbeit mit beispielsweise linken Akteur_innen auf Basis ideolo-

---

897 Sellner 2013, o.S.
898 Zit.n. http://www.spiegel.de/spiegel/vorab/a-302915.html, 14.01.2014, 13h50
899 Dabei handelt es sich um die Ehefrau von Götz Kubitschek.
900 Zit.n. https://www.compact-magazin.com/warum-compact-nicht-rechts-sein-kann/, 29.12.2013, 21h48
901 Aftenberger 2007, S. 201
902 Bartsch 1975, S. 47
903 Perner und Purtscheller 1994, S. 77

gischer Übereinstimmung zu erzielen. Das kann bedeuten, sich unter dem Schirm des gemeinsamen Feindes ›Kapitalismus‹ mit linken Antikapitalist_innen, Globalisierungsgegner_innen und Arbeitnehmer_inneninitiativen zusammenzuschließen. Bei Gruppen der Identitären Bewegung ist diese Strategie – noch – nicht festzustellen.

Den Rahmen des Sagbaren erweitern

Eine beliebte Strategie ist die sogenannte ›Salami-Taktik‹, bei der die Grenzen des Sagbaren nach und nach erweitert werden.[904] Die Neue Rechte versucht, das Sag- und Akzeptierbare immer mehr auszubauen. Aussagen werden nicht offen rassistisch formuliert, sondern gerade so, dass sie sich an der Grenze eines akzeptierten Rahmens befinden, so dass dieser erweitert wird.[905] So ist der von der *FPÖ* häufig verwendete Begriff ›Überfremdung‹, der direkt an den Nationalsozialismus anschließt, wieder fest im politischen Diskurs verankert, nachdem er anfangs noch für Empörung gesorgt hat.[906] ›Islamisierung‹, ›Kulturverlust‹, ›Gleichheitswahn‹[907] in Bezug auf emanzipatorische Projekte und Antidiskriminierungspolitik und die bereits genannte ›Überfremdung‹ sind für Identitäre – im deutschsprachigen Raum – selbstverständliche Begriffe. Die *Generation of National Identity* (GNI) hat auf ihrer Facebook-Wall den »ethnic suicide«[908] in den Wortschatz aufgenommen, wenn es um das bloße Zulassen von Immigration geht. Ein ausführliches Beispiel liefert diese Beschreibung eines Clubbesuchs, nachdem die *IBÖ* am *zwischentag* 2013 in Berlin teilgenommen hatte:

> »Die schwarzen Türsteher lächelten uns beim Eintritt zu und erließen uns freundlicherweise sogleich 50% des Eintrittspreises. Die Ersparnis beschlossen wir an der Theke umzusetzen, wo uns eine schwarze Kellnerin auch gleich 3 Bier brachte. Angestoßen, umgedreht und überrascht. Im ganzen Lokal befanden sich außer uns vielleicht 4 weiße Personen, welche bereits am Äußeren an ihrer ethnomasochistischen Einstellung erkennbar waren.«[909]

Nicht nur, dass Lenart die Clubgäste auf ihre Hautfarbe reduziert. Es scheint sich im weiteren Artikel um das für ihn spannendste Merkmal des

---

904 Jäger und Jäger, S. 114
905 Aftenberger 2007, S. 195
906 Dokumentationsarchiv Österreichischer Widerstand 1999
907 Sellner 2013a, o.s.
908 Generation of National Identity – United Kingdom Zit.n. https://www.facebook.com/GenerationIdentityUK/posts/565426690179107 , 8.12.2013, 23h26
909 Lenart 2013, o.S.

Abends zu handeln, er bezeichnet das Zusammentreffen als »Ethnomasochismus«. Es ist für Lenart also nicht etwas Alltägliches oder Selbstverständliches, denn er fetischisiert die Personen, die er beschreibt. Kurzum: Der Autor bedient sich keiner plumpen rassistischen Beleidigung, um eine vermeintliche Andersheit festzuschreiben. Es mag ein sperriges Wort sein, das er benutzt hat. Doch um es zu demaskieren, braucht es ein bis zwei Nebensätze. Genau darum geht es der Neuen Rechten und den Identitären: je mehr Nebensätze notwendig sind, desto größer das Potenzial, in den breiten, regulären Sprachschatz außerhalb der eigenen Medien aufgenommen zu werden.

Kein links, kein rechts

Die Neuen Rechten behaupten fernab eines links-rechts-Konzeptes zu stehen und von beiden Anleihen zu nehmen. Damit wollen sie sich selbst aus dem rechtsextremen Eck herausnehmen und einen offenen und pragmatischen Anstrich geben.[910] Ein Beispiel hierfür ist die Extremismustheorie. So fordern etwa Uwe Backes und Eckhard Jesse als Anhänger der Extremismustheorie, dass der Staat eine Äquidistanz zu Links- und Rechtsextremismus halten solle. Gerade diese beiden Wissenschaftler publizieren selbst gerne in neurechten Zeitschriften.[911] Mit der Selbstbeschreibung »nicht links, nicht rechts – identitär«[912] versuchen auch die Aktivist_innen aus den Reihen der Identitären, sich der ›Mitte‹ zuzurechnen:

> »Wir sprengen dabei jedes alte Schema von rechts und links – wir sind die Mitte und wir selbst. Es ist klar, dass die jetzigen Meinungsmacher uns ins rechtsextreme Eck drängen werden, ebenso wie Neo-Nationalsozialisten uns als ›Demokraten‹ ablehnen. Uns kümmert das nicht, denn wir kämpfen nicht um die Anerkennung gestriger Klüngel, sondern um unser Morgen. Die sektiererischen Mikroparteien mögen keifen und toben. Wir werden das Herz des Volkes erobern! [...] Wir wollen keine Gewalt, wir sind keine militanten Randalierer, kein Black-Block, wir führen keinen militanten Krieg gegen ein System. Diese lächerlichen und wirkungslosen pubertären Posen von Rechts- und Linksextremen sind für uns Teil des Problems. Unsere Waffe ist das Wort, unser Kampf wird mit Informationen und Ideen geführt. Wir sprechen das aus, was alle denken. In uns artikuliert sich das Stammtischgemurmel zur klaren Stimme des Volkes!«[913]

---

910 Aftenberger 2007, S. 195–196
911 Terkessidis 1995, S. 227–228
912 IBD Zit.n. https://www.facebook.com/photo.php?fbid=477014225687912&set=p b.445130018876333.-2207520000.1386545605.&type=3&theater, 8.12.2013, 23h34
913 Zit.n. https://diskuswerfer.wordpress.com/2012/10/25/auf-auf-zur-tat-zur-tat-sind-wir-geboren-identitare-voran/, 14.01.2014, 15h01

Bekannt ist diese Strategie aus Italien, wo *CPI* bei den Regional- und Senatswahlen 2013 als Partei angetreten ist und mit dem Slogan »Rechts, Links oder doch CP« auf Stimmenfang ging.[914] Diese Vorgehensweise der Selbstbeschreibung oder -rechtfertigung ist eine omnipräsente Strategie. Die Frage drängt sich natürlich auf, warum sie sich sowohl von ›Links‹- als auch ›Rechtsextremismus‹ distanzieren, denn niemand wirft ihnen vor, linksextrem zu sein – und von Neonazis als zu moderat bezeichnet zu werden, ist von Linkssein auch noch weit entfernt. Indem sie sich von beiden politischen Rändern distanzieren, wollen sie verhindern, immer nur mit Rechten identifiziert zu werden. Sie würden den Vorwurf inhärent aufgreifen, wenn sie ein »wir sind nicht rechts« alleine stehen lassen würden. Außerdem machen sie sich eine Positionierung zunutze, die sich bereits bei wahlwerbenden Parteien beispielsweise in Deutschland und Österreich bewährt zu haben scheint: Indem sie Links- und Rechtsextremismus in einem Atemzug nennen, veranschaulichen die Identitären, dass sie für eine vermeintliche brave, bürgerliche, unpolitische und ungefährliche, nicht mobilisierte Mitte sprechen wollen. Linker Aktivismus wie Graffiti und brennende Mistkübel, der Kampf für mehr Demokratie, der Kampf gegen die Privilegien der Starken der Gesellschaft wird als gleich ablehnenswert und gefährlich wie rechter Aktivismus hingestellt, der sich gegen die Schwachen und Marginalisierten der Gesellschaft richtet, der nicht mehr sondern weniger Demokratie fordert und in dem nicht bloß Mistkübel brennen, sondern Menschen verfolgt und krankenhausreif geprügelt oder getötet werden.

Kulturrevolution von rechts

Alain de Benoist, als Theoretiker dieses Modells, beruft sich in seiner Konzeption von kultureller Hegemonie auf den marxistischen Theoretiker Antonio Gramsci, der seine Gefängnishefte in der Haft des Mussolini-Regimes schrieb. Die Neue Rechte versuchte und versucht, sich seine Theorie für ihre Zwecke nutzbar zu machen, indem sie essenzielle Teile einfach ignoriert, wie die ökonomische Basis und deren Entwicklungen, die bei Gramsci eine entscheidende Rolle spielen.[915] Gramscis Theorie besagt, dass in westlichen Ländern nicht analog zu Russland eine Revolution stattfinden könne, da es eine Zivilgesellschaft gäbe. Diese besteht aus Kirchen, Gewerkschaften, Me-

---

914 Koch 2013, S. 98
915 Aftenberger 2007, S. 92

dien, Vereinen und so weiter und hält den Konsens der Herrschaft aufrecht. Erst wenn diese gewonnen werden, brechen der Konsens und damit die aktuelle Herrschaft, die sich dann nur noch mit Zwang als letztem Mittel behelfen kann. Für eine wahre Revolution bedarf es also intellektueller Vorarbeit. Gramsci lehnte dabei aber keineswegs, wie von Benoist behauptet, das Marx'sche Basis-Überbau-Modell ab, sondern suchte die dogmatische Betonung der ökonomischen Basis als alleinigem entscheidenden Faktor zu brechen.[916] Die von Benoist geforderte Metapolitik will eine Machtübernahme im vorpolitischen Raum. Es geht dabei eben nicht um Parteienpolitik, sondern darum, den Konsens einer Gesellschaft nach rechts zu verschieben.[917] Dabei entzieht er Gramsci jegliche marxistische Grundlage. Benoist ignoriert die ökonomische Basis komplett, was Gramsci so nicht getan hat. Gramsci ging es auch nicht um einen bloßen instrumentellen Nutzen. Er wollte am Alltagsverstand der Menschen andocken, um sie moralisch und intellektuell in Erwägung der eigenen sozialen Situation vom Sozialismus überzeugen zu können.[918] Benoist zielt hingegen in einer elitären Strategie auf intellektuelle und mediale Eliten und Multiplikator_innen ab, nicht aber auf die Arbeiter_innen wie Gramsci.

Ein herausragendes Beispiel, wie die Identitären das anstreben, liefert Philippe Vardon vom *BI* in einem Interview mit *Novopress* aus dem Jahr 2011, in dem er die Inhalte seines Buches *Elemente für eine identitäre Gegenkultur* zusammenfasst und die Strategie ›Kulturrevolution‹ herunterbricht. Er erklärt, warum er es für notwendig hält, dass

> »[...] wir Aktivisten vom Bloc Identitaire eine Vision für die langfristige Verfolgung unseres Zieles haben, eine ›Gegen-Gesellschaft‹ aufzubauen; diese basiert sowohl auf einem politischen Gegenprojekt, als auch auf einer ›Gegenkultur‹. ›Gegenkultur‹ umfasst eine große Reihe von Façetten wie Orte, Autoren, Filme, Marken, Konzepte, Bilder, Ausdrucksformen, Lieder, Symbole, Souvenirs, usw. [...] Ich denke, dass der Fehler eines Teils der Neuen Rechten damals wie heute es war, dies als eine universitäre Auseinandersetzung anzusehen; es ist im Gegenteil wichtig, dass man sowohl die intellektuelle oder berufliche Elite von morgen anspricht, die an den Hochschulen oder Universitäten zu finden ist, aber auch versucht, einen Einfluss auf die Verhaltensweisen, auf den Verhaltenskodex zu üben. Und seien es nur die Klingeltöne, die morgen auf allen iPods abgespielt werden. Hier, an dieser kulturellen Front, findet der eigentliche Kampf statt. [...] Ich appelliere [an] alle von uns, einen Baustein zu dem Gebäude beizutragen, das wir

---

916 Pfahl-Traughber 1998c, S. 6
917 Müller 1995, S. 17
918 Pfahl-Traughber 1998c, S. 5

errichten wollen, sei es als freier Filmemacher, als freier Sänger und meinetwegen als freier Tätowierer oder als freier Mode-Designer.«[919]

Es geht den Identitären folglich darum, diskursive Arbeit zu leisten, in die Köpfe der Menschen vorzudringen und sich damit Zustimmung zu erarbeiten, da sich daraus langfristig Erfolg erzielen lässt, der nicht allein auf kurzfristige Aktionen und mediale Berichterstattung angewiesen ist.

Entlastungszeug_innen

Eine weitere Strategie ist es, Entlastungszeug_innen für die eigene Aussage anzugeben, die über alle Zweifel erhaben zu sein scheinen. Aussagen von Juden und Jüdinnen oder Migrant_innen geben scheinbar oder tatsächlich den Ausführungen der Neuen Rechten Recht. Dadurch müssen diese, nach deren Logik, wahr und immun gegen Kritik sein.[920] Jäger und Jäger illustrieren diese Strategie mit einem Beispiel, in dem Hans Schirmer in der *Deutschen Stimme* (der *NPD*-Zeitung) einen amerikanischen Professor zitiert, der den Deutschen einen »Hitler-Komplex« attestiert, der die Deutschen daran hindere, mit dem Nationsgedanken ins Reine zu kommen.[921] Oft sind es *Celebrities*, deren Zitate als die eigene politische Haltung bestätigend wiedergegeben werden. So zum Beispiel bei der *Identitären Bewegung Soest*, die im April 2013 einen – schon älteren – Auszug aus der deutschen Tageszeitung *Bild* per Facebook verbreitete[922]. Udo Jürgens hatte sich im Januar 2008(!) in eine Debatte rund um Abschiebungspolitik folgendermaßen mittels Interview eingebracht: »Wenn ein 70-jähriger Mann am Bahnhof grundlos zusammengeschlagen wird und hinter noch gebrüllt wird ›Scheiß Deutscher‹, da wird eine Gesinnung ausgedrückt, wo man nur sagen kann [...] Du hast in diesem Land nichts verloren.«[923] Diese Haltung passt den Identitären gut ins Konzept und schmiegt sich ausgezeichnet in die »Deutsche Opfer, fremde Täter«-Logik.

Die Plattform *Politically Incorrect* (PI)[924], der *WAB* und Andreas Unterberger in seinem Blog ziehen im Gegensatz dazu die Schriftstellerin Sa-

---

919 derpatriot 2011, o.S.
920 Aftenberger 2007, S. 203–204
921 Jäger und Jäger, S. 75
922 Identitäre Bewegung Soest Zit.n. https://www.facebook.com/photo.php?fbid=326660987436861&set=a.326660984103528.1073741828.325454564224170&type=1&stream_ref=10, 14.01.2014, 15h11
923 Bild 2008, o.S.
924 James 2013, o.s.

batina James heran, um eine Verurteilung des Islam auf Basis von Politiken wie Zwangsverehelichung, Kleiderordnungen und Repressionen gegen Frauen auf der einen Seite zu vollziehen und demgegenüber das Christentum als frauenfreundliche Alternative darzustellen.[925] Sabatina James[926] wurde für ihr Buch *Sabatina. Vom Islam zum Christentum – ein Todesurteil* (2003) bekannt, in dem sie über Repressionen, die sie vor allem durch ihre muslimischen Eltern erfahren hat, ihre Flucht zurück nach Österreich und ihren Religionswechsel hin zum Christentum berichtet. Unterberger schreibt einleitend in seinem Blog-Eintrag:

>»Es war eines der ergreifendsten Bekenntnisse zum Christentum, das ich seit Jahrzehnten gehört habe. Es kam ausgerechnet von einer geborenen Pakistanin. Die Frau hat einzig durch das Lesen der Bibel den Weg vom Islam zur katholischen Kirche gefunden. Sie hat in ihrem alten Glauben wegen der Ablehnung einer Zwangsehe Misshandlungen, Freiheitsberaubung, familiären Terror und Todesdrohungen durchlitten – und ist heute eine fröhliche, junge und noch dazu attraktive junge Christin.«[927]

Die Problematik der Rezeption ihres Buches – sei es von Seiten des *WAB* oder auch wie bei erzkatholischen Internetportalen wie *gloria.tv*[928] – liegt nun hierin, dass nicht generell die hierarchischen Geschlechterordnungen, die allen Religionen gemein sind, kritisiert werden, sondern singulär eine Religion herausgepickt wird, die – negativ – mit Immigrant_innen assoziiert wird und Grund für deren Ausgrenzung gibt. So ist das Bild, das bleibt, das des ›barbarischen‹ Islams, dessen Anhänger_innen kategorisch bekämpft werden müssten.

Relativieren

Die Neue Rechte verfolgt nicht mehr die Strategie der Leugnung der Verbrechen des Nationalsozialismus, insbesondere der *Shoah*, sondern versucht, diese zu relativieren. Sie verkehrt Gedenkkultur und Vergangenheitsbewältigung als Strategie zur Selbstgeißelung und zum Kleinhalten der Deutschen, die von den Siegesmächten von 1945 oktroyiert worden sei.[929]

---

925 Unterberger 2012, o.S.
926 Anders als auf diversen Homepages berichtet, ist Frau James nicht offiziell als Botschafterin für die Frauenrechtsorganisation *Terre des Femmes* (TDF) tätig, kooperiert seit 2005 mit TDF im Arbeitsbereich ›Gewalt im Namen der Ehre und Zwangsverheiratung‹, zuletzt im Rahmen des *TDF-Filmfestes FrauenWelten* im Jahr 2007.
927 Unterberger 2012, o.s.
928 gloria.tv 2013, o.S.
929 Weber 1997, S. 70

Die Relativierung der Verbrechen des Nationalsozialismus passiert dann aber ganz im Stil der Alten Rechten, wie Iris Weber aufzeigt.[930] Eine wichtige Initiative startete die Neue Rechte am 8. Mai 1995, als sie unter dem Schlagwort »Wider das Vergessen« den Tag der Kapitulation Deutschlands zu einem Gedenktag für die deutschen Vertriebenen umfunktionieren wollte. Viele Persönlichkeiten aus dem konservativen und bürgerlichen Lager unterschrieben den Aufruf zusammen mit Protagonist_innen der Neuen Rechten.[931] Die Identitären dagegen distanzieren sich routinemäßig von neo/nazistischem Gedankengut, wollen mit rechten Schlägern, mit antisemitischen Einstellungen nichts zu tun haben. Ein Problem für sie ist jedoch, dass ihnen beispielsweise im Bestreben, ein positives, patriotisches Bild vom ›Deutschsein‹ oder ›Österreichischsein‹[932] zu zeichnen, die allgemein anerkannte Historiographie im Weg steht. Für Identitäre ist der Verweis auf die faschistischen Regime in Deutschland und Österreich bloß eine »Vergangenheit, die nicht vergehen will«.[933] Als Beispiele zwei kurze Auszüge aus dem Text *Integration und Selbsthass*:

> »Wenn man mich fragt, was heute einen ›echten Österreicher‹ ausmacht, antworte ich oft etwas pointiert und makaber: ›Dass er sich für den Holocaust schuldig fühlt‹. Ohne diese historischen Verbrechen irgendwie verharmlosen zu wollen (im Gegenteil wollen wir Identitäre eine echte Verarbeitung und Überwindung der Vergangenheit) kann jeder, der mit freiem Auge sieht, erkennen, dass sich im deutschen Sprachraum eine Zivilreligion des Selbsthasses und Schuldkults etabliert hat. [...] Die Shoa [Fehler im Original] ersetzt als eine Art dunkle ›Anti-Offenbarung‹ alle Metaphysik, jeden Gott und jede historische Orientierung. Statt konstruktiv auf einem positiven Ideal aufzubauen, ist die Staatsräson der Staaten mit ›Gründungsmythos Auschwitz‹ den ›NS nicht zu wiederholen‹. Das ist ein destruktives Schuldideal der Negation, das zu einem Ethnomasochis-

---

930 Weber 1997, S. 72
931 Brauner-Orthen 2001, S. 29
932 Identitäre Gruppen in anderen Staaten haben ebenfalls länderspezifische Ableger von diesen Bildern, allerdings spielt die nationalsozialistische Vergangenheit nicht im selben Ausmaß eine Rolle, um sich in Beziehung zu ihr zu setzen, weshalb wir hier nur auf die Gruppen aus Deutschland und Österreich eingehen.
933 Dabei handelt es sich um den bekannten Aufsatz von Ernst Nolte, der 1986 in der Frankfurter Allgemeinen Zeitung (FAZ) publiziert wurde und dessen ‚apologetische Tendenzen' (sowie die Texte von Michael Stürmer und Andreas Hillgruber) Jürgen Habermas kurz darauf in der Wochenzeitung *Die Zeit* scharf kritisierte. Habermas lehnte Noltes Versuch ab, die Einzigartigkeit der NS-Verbrechen zu bestreiten und sie nur als politische Reaktion auf externe Bedrohungsszenarien darzustellen. Die Debatte ist bekannt geworden unter der Bezeichnung »Historikerstreit"

mus (ethnischer Selbsthass) führt, der unsere eigene Kultur und Geschichte unter Generalverdacht stellt.«[934]

Die Angst, sich erklären zu müssen, zu erkennen, dass es so etwas wie eine unwidersprochen positive, unproblematische ›deutsche‹ oder ›österreichische‹ Identität nicht gibt, schon gar nicht aus historischer Perspektive, verleitet die Identitären auch dazu, eine Umkehr der Opfer-Täter-Situation in der Gegenwart zu begründen. Denn es sei, laut dem Autor des Textes und *IBÖ*-Aktivist »Julian«[935] dieses »Schuldideal«, das dazu führe, dass »Migrantenkinder« ihre »Aggressionen und Hass« gegen, wie in diesem Fall, ›deutsche‹ Kinder ausleben.[936] Im Geschichtsunterricht über den Holocaust wird in dieser Logik die Ursache für Mobbing. Der Autor relativiert ihn zum Grund, weshalb ein Zusammenleben mit Immigrant_innen nicht funktioniere, denn: »eine Art akulturelle, postmoderne Wattewelt aus Diskursen und Ablenkungen [...] ist nichts worin sich ein Angehöriger einer stolzen Kultur wirklich integrieren würde.«[937]

Delegitimation

Das gezielte Lächerlichmachen der gegnerischen Ideologie, der Institutionen sowie der Symbole ist ebenfalls eine Strategie der Neuen Rechten.[938] Klaus Kunze beschreibt in seinem programmatischen Aufsatz *Wege aus der Systemkrise*, dass die Delegitimation des demokratischen Prinzips die wichtigste Aufgabe der Rechten sei. Tabubruch und gezieltes Lächerlichmachen seien die integralen Bestandteile dieser Strategie.[939] Ein Beispiel dafür ist, dass *Political Correctness* mit übertrieben religiösen und ethischen Metaphern bedacht und damit auch die Aussage dahinter, also dass Menschen sprachlich nicht diskriminiert werden sollen, delegitimiert wird.[940]

---

934 Integration und Selbsthass 2013, o.S.
935 Vermutlich handelt es sich um Julian Fosfer, der auch für die *Sezession* schreibt und von der Landesgruppe Burgenland mit vollem Namen genannt wird. Der Facebook-Post bezieht sich zwar auf einen Artikel im Juni, aus dem Profilbild und dem Zeitpunkt des Posts lassen sich Verwechslungen jedoch ausschließen. Identitäre Bewegung Burgenland Zit.n. https://www.facebook.com/permalink.php?story_fbid=638745512806567&id=603924829621969&stream_ref=10, 14.01.2014, 15h26
936 Integration und Selbsthass 2013, o.S.
937 Integration und Selbsthass 2013
938 Pfahl-Traughber 1998a, S. 86
939 Pfahl-Traughber 1998c, S. 9–10
940 Auer 2002, S. 295

In Texten ihres Online-Magazins wenden die Identitären diese Methode ebenfalls an, indem sie beispielsweise Antifaschismus, universale Menschenrechte und »Multikulturalismus« zu »Zivilreligionen«[941] erklären, was bedeutet, dass sie als nicht notwendig erachtet werden, aber für deren Vertreter_innen Wohlfühlcharakter haben. So schreibt beispielsweise die *IBD* in einem pseudo-dystopischen Posting auf Facebook vom Januar 2013:

> »Wir schreiben das Jahr 2050. Europa, so wie wir es kennen, ist vernichtet und durch ein totalitäres EU-Konstrukt ersetzt worden. Die universelle Idee des Multikulturalismus wurde als neue Zivilreligion in die Köpfe der Menschen eingehämmert. Die angebliche Gleichheit aller Menschen hat sich zu einem absoluten und unhinterfragbaren neuen Glaubenssatz entwickelt. Das Zeitalter der Vielfalt und der Unterschiede ist vorbei. [...].«[942]

Darüber hinausgehend wird Delegitimation als Strategie auch gegen Personen angewendet, die sich als Expert_innen im Bereich Rechtsextremismusforschung etabliert haben. So bezeichnet Martin Sellner in seinem Vlog Heribert Schiedel (Wissenschaftlicher Mitarbeiter des *DÖW*) als Stellvertreter für die »Arschlöcher« der Gesellschaft[943] und blendet dabei ein Bild ein, auf dem Schiedel während einer Burschisafari[944] durch Linz (Oberösterreich) von deutschnationalen Burschenschaftern als »Märchenonkel« beschimpft wurde[945]. Diese Bezeichnung haben die Identitären kurzerhand von Hetzportalen wie dem katholisch-fundamentalistischen *kreuz.net*[946] und dem Portal des sehr, sehr rechten Flügels des katholischen Cartellverbands *couleurstudent.at*[947] übernommen, sie dienen der Einschüchterung und sollen dazu führen, Analysen und Schlussfolgerungen ihre Glaubwürdigkeit zu entziehen.

---

941 Lenart 2013a, o.S.
942 Identitäre Bewegung Deutschland Zit.n. https://www.facebook.com/IdentitaereBewegungDeutschland/posts/327492380698136, 30.10.2013, 12h24
943 Sellner 2013, o.s.
944 Dabei handelt es sich um eine Besichtigungstour entlang von Burschenschafter-Buden, deren politischer und historischer Kontext jeweils vorgestellt wird.
945 Thorwartl 2012, o.s.
946 Zit.n. http://www.kreuz-net.at/index.php?id=297, 15.01.2014, 23h08. Gegen die Betreiber_innen von *kreuz.net* wird unter anderem in Wien und Oberösterreich mittels Hausdurchsuchungen ermittelt. (Leonhard 2013, o.S.)
947 Eine katholisch-konservative Webseite, die sich durch ihre Parolen gegen L(esbian) G(ay)B(i)T(rans)Q(ueer)-Bewegungen und monarchistische Texte für Werbeaufrufe für katholische Studentenverbindungen wie den *Cartellverband* auszeichnet.

Erosion

Zielobjekt der Neuen Rechten, die Baumann im rechtsextremistischen Bereich ansiedelt, ist der innere Rand des Verfassungsbogens. Mit dieser Strategie zielen sie auf eine Erosion zwischen dem Spektrum, das noch im Verfassungsbogen liegt und jenem außerhalb ab.[948] Es geht also darum, die Grenzen zwischen den verschiedenen Spektren zu verwischen. Diese Strategie baut direkt auf jener der Salonfähigkeit auf. Zunächst versuchen sich die Neuen Rechten als legitime Diskurspartner_innen darzustellen, dann wollen sie zeigen, dass ihre Ansichten quasi ident mit jenen des bürgerlichen Spektrums sind, um so immer weiter in dieses vorzudringen. Der Verfassungsschutz warnt insbesondere vor dieser Strategie.[949] Dies schließt ein, eine ganz klare Unterscheidung von Rechtsextremismus und wertkonservativem Spektrum zu treffen. In Deutschland gibt es den politischen Konsens aller Parteien, mit rechtsextremen Parteien auf keiner Ebene gemeinsame Sache zu machen. Dieser organisatorische Konsens hält. Dass sagt jedoch nichts über die ideologische Nähe des wertkonservativen Flügels der *CDU/ CSU* zur Neuen Rechten aus. Initiativen wie *Wider das Vergessen* zeigen besagte Erosion sehr anschaulich.[950] In Osteuropa, aber auch in Österreich, wie die Regierungsbeteiligung der *FPÖ* von 2000 bis 2006 zeigte, gab es eine Abgrenzung von konservativen Kräften zu rechtsextremen und nationalistischen nie, demzufolge kann es auch nicht zu einer Erosion kommen.[951]

Beispielhaft für die Betrachtung der Identitären in diesem Zusammenhang ist das Naheverhältnis zu Strukturen, die diese Erosion vorantreiben (wie zum Beispiel der *WAB* sowie die Initiative *Linkstrend stoppen*). Da diese Strategie vor allem Parteiverortungen betrifft, ist der Handlungsspielraum identitärer Gruppen eher gering, da sie nicht als Parteien gegründet sind und agieren. Sie sind in der Zusammenarbeit mit lokalen, digitalen oder landesweiten Initiativen von vorne herein flexibler, da sie nicht von außen mit Prinzipienfragen konfrontiert werden.

---

948 Baumann 1998, S. 101
949 Pfeiffer 2003, S. 7
950 Brauner-Orthen 2001, S. 29
951 Schiedel 2011, S. 21

Retorsion

Retorsion bedeutet, dass sich die »ethnische Mehrheit an der Macht [...] mit der Position der machtlosen Minderheit [bewaffnet] und sich gegen diese [wendet].«[952] Terkessidis beschreibt das am Beispiel der *Black Power*-Bewegung und einer Ableitung der Neuen Rechten zu *White Power*. Wer für die Emanzipation der Black Community in den USA sei, müsse auch gleichzeitig für die Freiheit der Weißen kämpfen.[953] Machtgefälle und Unterdrückung werden nicht wahrgenommen, sondern die Rolle der Unterdrücker_innen und der Unterdrücker wird einander gleichgestellt oder sogar ins Gegenteil verkehrt. Diese Strategie findet oft beim Thema Feminismus Anwendung, bei dem sich die Neue Rechte permanent in der Opferrolle sieht. Der Feminismus sei der eigentliche Sexismus und dazu da, Männer zu verfolgen.[954] Bei den Identitären kommt diese Strategie zum Einsatz, wenn sie sich mit Native Americans gleichsetzen, die von Siedler_innen vertrieben und ermordet wurden, denn für Identitäre sind Geflüchtete und Immigrant_innen, die in europäischen Staaten arbeiten, Steuern bezahlen und sich ein soziales Umfeld aufbauen, genauso gefährlich wie europäische Siedler_innen, die Ureinwohner_innen vertrieben und ermordeten.

---

952 Terkessidis 1995, S. 67
953 Terkessidis 1995, S. 67
954 Brauner-Orthen 2001, S. 62–63

»We'll never be the Native Indians of Europe«[955] schreiben die Identitären auf einem Tumblr-Blog, Alexander Markovics spricht im Vlog von einer vermeintlichen »Kolonisation unseres Landes« und einer »erzwungen Bevölkerungstransformation«. Im selben Video schlussfolgert Markovics, die Identitären lehnten einen »falsch verstandenen Antirassismus [ab] der in letzter Konsequenz nur ein Rassismus gegen die einheimischen Österreicher ist«[956]. Als Weiße, heterosexuelle, deutschsprechende und oft akademische Männer sehen sie sich als diskriminierte Minderheit im ›eigenen‹ Land. Einen langfristigen Verankerungsversuch dieser Strategie stellt die Internetseite *Deutsche Opfer, fremde Täter*[957] dar, das eine digitale Fortsetzung des gleichnamigen und unter anderem von Götz Kubitschek verfassten Buches darstellt. Die Seite hat – so die Selbstbeschreibung – »Deutschenfeindlichkeit« und »die durch integrationsunwillige oder -unfähige Ausländer nach Deutschland getragene Alltagsgewalt«[958] zum Thema. Die Identitären – auch jene aus den nicht deutschsprachigen Staaten – verweisen in ihren Facebook-Auftritten regelmäßig auf die Artikel dieser Seite.

Visuelle Kommunikation

Bernd Steckner konstatiert in seinem Artikel des Magazins *der rechte rand* (143/2013), dass »[d]ie identitäre Bewegung dabei ist, sich als ›Marke‹ [...] mit deutlichem Wiedererkennungswert zu etablieren«[959]. Diese Corporate Identity funktioniert über Farbauswahl, Bezugnahmen und Ästhetiken sowie auf einer redundanten Motivwahl in den verbreiteten Sujets, seien es Artikelbilder auf Homepages und Blogs, Sticker oder Folder- und Flyer-Grafiken für Veranstaltungen.

Corporate Identity

In der Farbwahl sind die Farben Schwarz und Gelb dominant, die sich folglich auch im Logo – ein gelbes Lambda-Symbol auf schwarzem Hin-

---

955 Identitärer 2012, o.s.
956 VlogIdentitaer: Vlog Identität 6 – Was heißt es identitär zu sein?, in: youtube, 3. Juli 2013, online verfügbar auf: https://www.youtube.com/watch?v=HskhznVkBfg 31.10.2013, 20h40
957 Zit.n. http://www.deutscheopfer.de, 31.10.2013, 20h38
958 Zit.n. http://www.deutscheopfer.de/ueber-dieses-projekt, 31.10.2013, 20h42
959 Steckner 2013, S. 23

tergrund – wiederfinden. Beim Lambda (λ) handelt es sich um den elften Buchstaben des griechischen Alphabets, das ›L‹. Zum Hauptbestandteil des identitären Logos avancierte das Lambda stellvertretend als Symbol für einen vermeintlichen Abwehrkampf, entnommen aus der Comic-Verfilmung *300* aus dem Jahr 2007, die aus der Perspektive spartanischer Soldaten und deren König Leonidas die Situation als kämpfende Minderheit gegen persische Soldaten zum Inhalt hat. Auf ihren Schildern: das Lambda, das die Soldaten als *Lakedaimonier* kennzeichnete. Der Bezug auf diesen Film und die Spartaner hat nur für Männer eine wirkliche Identifikationswirkung. Über Soldatenabbildungen wie diese gehen sie eine Art kameradschaftliche Verbindung miteinander ein, die zum einen Frauen kategorisch ausschließt und zum anderen nur stellvertreterhaft auf dem Papier existiert. Durch seine Vereinnahmung stilisieren sich die Identitären geschichtsträchtig als vermeintlich heldenhafte Kämpfer_innen, die sich übermächtigen Gegner_innen ausgeliefert sehen. Gern setzen sich die Trüppchen aus Schüler_innen und Student_innen, die in ihrer Freizeit mit gelben Fahnen wandern und Homevideos fürs Internet drehen mit Figuren aus einem populärhistorischen Comic gleich, die mit blanken und durchtrainierten Oberkörpern durch die griechische Kriegslandschaft waten.

Ästhetik

Identitäre Gruppen entnehmen populärkulturellen Bereichen – von Comics, Kommerzfiguren, Cartoons bis hin zu 3D-animierten Filmen oder Animes – Elemente und Charaktere, um mit ihnen Botschaften in häufig nicht sehr konkreter Form zu verbreiten. Sie bedienen sich dabei allerdings bewusst Settings und Figuren, die für jene, die sich auch mit den Serien, Filmen und Ähnlichem auskennen, auf einer höheren Ebene decodierbar sind. Damit können die Identitären Botschaften verbreiten, die mit bloßen Slogans und Bildunterschriften allein nicht vermittelt werden könnten. Nicht ohne Grund wählen die Iden-

titären in Deutschland und Österreich die Figur Eric Cartman (*South Park*) zum Vertreter der »Respect my identity!«-Forderung aus. Denn seine Identität, die hier geschützt oder respektiert werden soll, ist jene eines offen antisemitischen, immigrant_innenfeindlichen, homophoben, machoiden, sexistischen und antimarxistischen Achtjährigen, der stets auf eigenen Vorteil bedacht handelt. Bewusst hat man sich bei der Figurenwahl also nicht für die emanzipierte Wendy, den nachdenklichen Stan, den klugen Kyle oder den tollpatschen Butters entschieden.

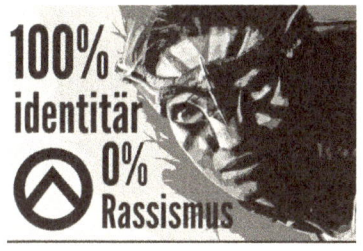

Andere Beispiele sind die Figur des Aang aus *Die Legende von Aang*, der in einer kriegerischen Auseinandersetzung die bedrohliche ›Feuernation‹ zurückdrängen soll, die Figur des Asterix, der sich als Minderheit gegen eine imperialistische Macht zur Wehr setzt oder die Figur eines Na'vi aus dem Film *Avatar*, die – als Stellvertreterbild – für ›Heimatschutz‹ und Verteidigung gegen feindliche Eindringlinge verstanden werden.

Andere populärkulturelle Elemente, die Eingang in die visuelle Kommunikation finden, sind *memes* aus *rage comics*, die jeweils eine Simplifikation von Emotionen darstellen, mittels derer in Comics oder auch zusammengestellten Einzelbildern Situationskomik abgebildet werden soll. In einem Sujet der *W.I.R.* wurde beispielsweise eine Abwandlung des bekannten Yao Ming Faces eingebaut, ein meme, das einen ehemaligen chinesischen Basketballspieler abbildet. Es hat den Zusatztitel »Fuck No« erhalten und wird in Comics zur Darstellung von Verachtung, Ekel und negativer Überraschung genutzt.

Zur Ästhetik der Identitären Gruppen zählen Stilmittel wie schwarze Balken und blitzartige Strahlen, wie sie sich schon länger auch in Orga-

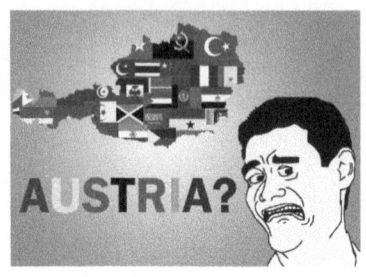

nisationen der Antifa-Szene[960] etabliert haben. Die kunsthistorischen Ursprünge davon liegen jedoch im Futurismus, der in den ersten drei Jahrzehnten des 20. Jahrhunderts, ausgehend von Italien, Verbreitung fand.

Gegenwärtig stößt man bei Sujets neofaschistischer und neuer rechter Gruppierungen, die ebenfalls mit Guerilla Medien arbeiten, auf diese futuristischen, bildtechnisch Dynamik erzeugenden Elemente mit ähnlichen Farbgebungen und Zentrierungen. Sowohl bei der Organisation *Der Funke* wie auch *l'autre jeunesse* finden sich schwarze Balken, die von einem Zentrum (in der Regel das Abbild einer aus Politik, Populärkultur, Philosophie oder ähnlichem bekannten männlichen Person oder Figur) in einer Bildecke ausgehen und die jeweilige Person zum (allegorischen oder ideologischen) Ausgangspunkt der zentralen Botschaft stilisieren, woraus sich Handlungsanweisungen ableiten lassen.

Bernd Steckner hat in seinem Zeitschriftenbeitrag sechs wiederkehrende Motive herausgearbeitet, die wir hier aufgreifen und zum Zweck breiterer Abdeckung um drei weitere ergänzt haben.

Wiederkehr/Gesetzmäßigkeit

Wenn in Sujets Kinder auf Waldwegen unter dem Bildtitel »Die Geschichten unserer Vorfahren sind die Geschichten unserer Kinder«[961] abgebildet werden, so verweist der Pathos in Kurzform auf eine Wiederkehr und Gesetzmäßigkeit der Menschheitsgeschichte, eine Kette von Zusammengehörigkeit. Dieses generationenübergreifende ›Zusammengehören‹ ist stets über nationale Grenzen definiert, beinhaltet Vorstellungen von ›Herkunft‹ und ›Kultur‹, die es zu erhalten und fortzuschreiben gilt. Dadurch wird der traditionalistische und völkische Gehalt der Identitären Gruppen deutlich.

---

960 Als Beispiel Zit.n.: https://comunidad-de-libertad.com/product_info.php/info/p42_je-30--against-homophobia-.html, 31.10.2012, 13h45
961 Steckner 2013, S. 22

Identität

Obwohl es sich um den namengebenden Faktor ›Identität‹ handelt, ist es das am wenigsten klar definierte und abgebildete Motiv. Abgeleitet von den Menschendarstellungen in Sujets kann gefolgert werden, dass es sich um eine Weiße, nicht-migrantische und vor allem nicht-muslimische, eher christliche Identität handelt.[962] Was diese genau ausmacht, bleibt offen – in jedem Fall wird der ominöse Begriff so oft wie möglich eingebaut und laut Steckner als »biologisch vorgegebene, stabile und sich in spezifischen kulturellen Profilen ausdrückende Eigenschaft«[963] vorgestellt.

Reconquista/Straßenkampf/Abwehr

Das Moment der Abgrenzung von anderen Identitäten, die als textlich und visuell ›fremd‹ markiert werden ist für das Funktionieren der Logik, die ›eigene‹ Identität müsse erhalten (und verteidigt) werden, unabdingbar. Dabei geben sich die Identitären nahezu als Traditionalist_innen und interpretieren National- und Kriegsgeschichte – natürlich nicht ohne hinzugefügten Pathos – für ihre Zwecke neu. Mit dem Begriff *Reconquista* greifen sie auf das Moment der Wiedereroberung der Iberischen Halbinsel und die Zerschlagung der muslimischen Herrschenden durch katholische

---
962 Steckner 2013, S. 22
963 Steckner 2013, S. 22

Gruppen zurück und leiten daraus – auch begrifflich – ihren gegenwärtigen Handlungsauftrag ab. Die Botschaft: diese Reconquista sei erneut notwendig und legitim. Bei den Identitären in Wien muss beispielsweise Prinz Eugen von Savoyen herhalten. Als Symbolfigur der Habsburger für das Bekämpfen osmanischer Soldaten während des sogenannten *Großen Türkenkrieges* (1683-1699), im Zuge dessen Prinz Eugen 1697 als Oberbefehlshaber der habsburgischen Streitkräfte in Ungarn eingesetzt wurde, wurde für ihn 1865 eine Statue am Wiener Heldenplatz errichtet, die für das Sujet der *W.I.R.* grafisch nachbearbeitet und in ein Bildkomposition eingefügt wurde.

Die Titelwahl beziehungsweise die Aussage durch den Header »Streetfight Experience« ist in diesem Zusammenhang interessant, da Verteidigungs- und Expansionskriege mit Straßenkämpfen auf eine Stufe gestellt werden. Spannend im Zusammenhang mit der Verwendung des Prinz Eugen-Bildes ist der Verweis auf die Jahreszahl 1529, da diese nicht zum Handlungszeitraum des Feldherrn passt. 1529 markiert stattdessen die sogenannte *Erste Türkenbelagerung* im Raum Wiens, wobei die osmanischen Soldaten zurückgedrängt wurden. Es finden sich also im Sujet Verweise auf zwei Ereignisse mit ähnlichen Rahmenbedingungen: Belagerungen durch und Kriege beziehungsweise Verteidigung gegen Soldaten des Osmanischen Reiches, die in einem Erfolg für die Habsburger Soldaten endeten. Es ist nicht klar, ob es sich um ein Versehen handelt, Prinz Eugen mit der Jahreszahl in Verbindung zu bringen, oder ob die Botschaft, dass ein Straßenkampf seit 1529 andauere von den Bildproduzent_innen nur als nur dann lesbar eingeschätzt wurde, wenn auch die – möglicherweise aufgrund der oftmaligen Rezeption – einfacher decodierbare Statue Prinz Eugens ins Sujet eingearbeitet sei. Ein anderes Beispiel liefert die *Generazione Identitaria*, die ein Gemälde der Schlacht von Tours und Poitiers im Jahr 732 für ein Sujet verwendet.

Heteronormativität

Wenn Partnerschaft oder Familie als gewünschte Form des Zusammenlebens dargestellt werden, so handelt es sich durchgehend um heterosexuelle Paare und die sogenannte ›Kernfamilie‹. Bei Rollenzuschreibungen ist Geschlecht zusätzlich eine relevante

Differenzkategorie, denn wie in der Grundlagenliteratur von Willinger werden Mädchen und Frauen (so sie positiv und wünschenswert abgebildet werden) stets gemäß der Erwartungen femininer Erscheinungen und Eigenschaften, Jungen und Männer gemäß maskuliner Normen dargestellt. Im hier eingefügten Bild beispielsweise: zu erkennen sind Eheringe, es ist also Elternschaft als Norm innerhalb einer aufrechten heterosexuellen Ehe. Die Eltern sind jung, das Kind wird von der Frau im Bild gehalten, wird an die Brust der Frau gedrückt während der Mann im Bild die Hand der Frau festhält. In der Zusammenschau ist es ein Familiendreieck mit Schutzhierarchie: Mann – Frau – Kind.

Sex sells

Mädchen und Frauen dienen – ebenso wie bei Werbungen für alle möglichen Produkte, von Zahnpasta, TV-Geräte bis hin zu Installateuren – unter Zutun erotisierender Körperhaltungen und Nacktheitsgrade als objektivierte Projektionsflächen für Werbebotschaften. Lange Haare, Weiße Haut, leicht geöffneter Mund, etwas nackt und auch gern im Bett räkelnd oder nur in Unterwäsche in High Heels. Mit Sujets wie diesen hoffen die Identitären auf Zuspruch.

Aufgab

Eingebettet in futuristische Ästhetik werden identitäre Figuren, deren Schatten oder das *IB*-Logo als Zentrum, von dem aus Strahlen (in Form

von Sonnenstrahlen, bunten Balken oder anderen Lichtspielen) in eine Richtung leiten. Eine aufgehende, strahlende Sonne[964] sowie Orientierung an beispielsweise orthodoxen Heiligenbildern, die von Lichtschein umhüllt sind, sind Deutungsangebote, die hier zum Tragen kommen.

Testimonials

In Sujets setzen identitäre Gruppen beziehungsweise Gruppen wie *Der Funke* auf Personen, die für die eigenen Botschaften von Bedeutung sind,

diese sogar geprägt haben und die damit Handlungen oder Positionen mehr Legitimation verleihen, da die Personen selbst schon Anerkennung bzw. Bekanntheit erlangt haben. So dienen Abbildungen von Prinz Eugen (als kämpfendes Vorbild), digital bearbeitete Porträts von Oswald Spengler, Friedrich Nietzsche oder auch Johann Wolfgang von Goethe und Thomas Morus – hier auch gern mit Zitaten versehen auf Aufklebern – als geeignete Persönlichkeiten, auf die Identitäre zurückgreifen.

Nationalgeschichte

Identitäre verwenden Bilder von Abwehrkämpfen gegen osmanische Soldaten oder Bilder der ›Rückeroberung‹ von Land aus der Hand muslimischer Besatzer. Die *GNI* zitiert Lord Nelson und bereitet in verschiedenen Settings Mitglieder des Hauses Mountbatten-Windsor auf und belegt die Strategie, dass Positionen und Forderungen nicht nur durch Testimonials dargestellt werden, sondern mit ihrer Hilfe ein Anrufen der ›eigenen‹ Vergangenheit erfolgt, was wiederum den aktuellen Aktivist_innen eine quasi

---

964 Steckner 2013, S. 23

menschheitsgeschichtliche Bedeutung verleihen soll.

Locations

Da es bei den Identitären verschiedenste, auch regional agierende, Gruppen gibt und ähnlich einer ethnopluralistischen Logik ein fast schon pluraler Regionalismus in den Köpfen der Aktivist_innen verankert ist, legen sie auch Wert darauf, dass an den Sujets erkennbar ist, um welche Ortsgruppe es sich handelt, welche Städte genau es ›zurückzuerobern‹ gilt. Dementsprechend werden Stadtpatrone oder Wahrzeichen in die Sujets eingebaut, wie beispielsweise das Wiener Riesenrad im Prater oder der Grazer Schlossturm.

Wie bereits in den Ländervergleichen identitärer Gruppen deutlich wurde, lasen sich nicht alle Merkmale auf jede Gruppe anwenden, so auch nicht die visuellen Darstellungsweisen. Organisationen wie *CasaPound* (CP), *Causa Identitária* (CI) oder die *Identitarios* agieren unabhängiger von der sich etablierenden *Identitären Bewegung*. Das liegt auch darin begründet, dass es diese Gruppen schon länger gibt und sich eine organisationsspezifische Tradition in Bezug auf Publikationen und Sujets entwickelt hat. Nichtsdestotrotz sollte dieses Kapitel eine Art visuellen Musterkatalog darstellen, um in Zukunft Abbildungen auf Stickern oder in Fotoalben in sozialen Netzwerken einfacher decodieren und zuordnen zu können.

Teil 4
Fazit

Die Identitären als Jugendbewegung der Neuen Rechten

Die Neue Rechte grenzt sich gegenüber der Alten Rechten auf mehreren Ebenen ab. Ihr Ziel ist es, eine politische Hegemonie über die Beeinflussung kultureller Eliten zu erreichen. Sie konzentriert sich dementsprechend auf Metapolitik und nicht auf Tagespolitik oder Parteienlogik. Sie befindet sich an der Überlappung von Rechtsextremismus und stark wertkonservativem Spektrum. Ihr geht es darum, eine Ideologie der Ungleichheit in den Köpfen der kulturellen Eliten – und dadurch weiter in den Köpfen der ›Massen‹ – festzusetzen. Besonders wichtig für das Verständnis dieses Spektrums der Neuen Rechten ist es, den Charakter der Konservativen Revolution nachvollziehen zu können. Dieses lose Netzwerk an Intellektuellen der Weimarer Republik war bürgerlich, aber nicht reaktionär und rechtsextrem ohne nationalsozialistisch zu sein. Sie beschäftigten sich mit dem Sozialismusbegriff und machten ihn für ein rechtsextremes Spektrum nutzbar, wie Oswald Spenglers *Preußentum und Sozialismus* zeigt. Dem Nationalsozialismus standen viele Protagonist_innen trotz allem distanziert gegenüber, andere sahen in ihm die Erfüllung ihrer politischen Träume. Gemeinsam ist den politischen Strömungen aber eine grundlegende Gesellschaftsanalyse, deren wichtigstes Element eine radikale und unveränderliche Ungleichheit aller Menschen ist, woraus sich ›höher‹- und ›minderwertigere‹ Menschen ergeben. Die Neue Rechte schließt an die Tradition der Konservativen Revolution an und versteht sich als nicht-reaktionäre, systemüberwindende Konservative. Damit grenzen sie sich von der Alten Rechten sowie reaktionärem und liberalem Bürgertum ab.

Neben der Übernahme von Konzepten der Konservativen Revolution, insbesondere der Staatskonzepte von Carl Schmitt, hat die Neue Rechte noch viele andere ideologische Bezugspunkte. Dazu zählt die völkische Kultur, sie wird als Grundprinzip jedes Denkens gesehen und funktioniert auf der Ebene der Region, der Nation und Europas, je nach Abgrenzungsversuchen. Diese ›Kultur‹ müsse aber von einem homogenen Volk getragen werden. Das ›Fremde‹ in Schmitt'scher Manier hat keinen Platz und muss verdrängt werden. Damit verbunden ist eine ständige Krise der Nation, die sich in Dekadenz niederschlägt. Daran sei auch das aktuelle, demokratische System schuld, das von einer Führung durch Eliten ersetzt werden müsse. Nationsvorstellungen werden nicht mehr offen biologistisch begründet – wie sie sich in ›rasse‹ideologischen Argumentationen einiger Kreise der Alten Rechten wiederfinden – sondern kulturalistisch. Dabei zeigt sich, dass die Worte synonym miteinander verwendet werden und der alte ›Rasse‹gedanke nicht verschwunden ist.

Ein originär neurechtes Konzept ist der Ethnopluralismus. In diesem nominalistischen Weltbild haben Individuen nur Rechte aufgrund ihrer Zugehörigkeit zu einer Nation oder einem ›Volk‹. Dementsprechend werden die Menschenrechte, die universale Rechte proklamieren, abgelehnt. Ziel ist es, das Wohl der Nationen und Völker zu garantieren. Das zeige sich am besten in homogenen, voneinander abgeschotteten Staaten. Konflikte entstünden nämlich bloß auf Grund einer Mischung verschiedener Kulturen, die nicht mit einander kompatibel seien. Jedes ›Volk‹ und jede ›Nation‹ habe aber Anspruch auf Souveränität über das Gebiet, zu dem sie gehöre. Es wird nicht mehr von einer imperialistischen Höherstellung bestimmter ›Rassen‹ ausgegangen, sondern von einer ›Vielfalt der Kulturen‹, deren Erhalt durch ein Aufeinandertreffen bzw. Vermengen gefährdet sei. Daraus leiten die Neuen Rechten ihre Ängste ab und begründen mit dieser Logik die geforderten Abwehrkämpfe gegen Immigrant_innen, vor allem muslimische. Der logische Schluss wäre weltweite Apartheid. Zu diesem Verteidigungsimperativ passt, dass Menschen prinzipiell als triebgesteuerte Wesen wahrgenommen werden, die nicht nur auf ihren Fortbestand aus sind (woraus sich das klar heterosexistische Geschlechterbild ableitet), sondern auch auf die Verteidigung eines vermeintlich klar auszumachenden Territoriums. Ein weiterer Unterschied zur Alten Rechten ist, dass die Neue Rechte den Holocaust und die Verbrechen des Nationalsozialismus nicht mehr leugnet, aber relativiert, ›allen Opfern‹ gedenken will und damit nicht zwischen Toten auf Täter_innenseite und Verfolgtenseite unterscheidet. Antisemitismus kommt nicht mehr offen vor, andere Feindbilder werden hingegen scharf attackiert, vor allem alle politischen Ideologien und Theorien, die das Grundprinzip der Egalität vertreten. Das sind der politische Liberalismus und der Marxismus. Diesen wird auch eine vermeintliche Zensur mittels Political Correctness unterstellt. Diese werde von ›Gutmenschen‹ ausgeübt, um die Rechte nachhaltig zu schädigen. Die Identitären sind eine Jugendgruppe, ein aktivistischer Flügel der Neuen Rechten in Europa, die – je nach Staat – mal mehr oder weniger eng mit bestehenden rechtsextremen Parteien, ihren Klubs und Thinktanks zusammenarbeiten. Bei dieser Zuordnung geht es weniger um eine formale Anerkennung der Jugendgruppen durch etablierte neurechte Organisationen, Netzwerke, Parteien oder Medien. Stattdessen basiert die Klassifikation als neurechte Jugendgruppe auf inhaltlichen Überschneidungen und Abweichungen, die in diesem Buch aufgezeigt wurden. Die Texte, Bild- und Videoproduktionen, die Identitäre anfertigen, speisen sich aus demselben Themenspektrum, wie wir es für die Neue Rechte charakterisieren, wobei wir einen Überhang im Komplex Nation/Staat/Gesellschaft sowie Ethnopluralismus und Kultur und im Bereich der Feindbilder einen Überhang bei antimuslimischem Rassismus ausgemacht haben.

Ein dezidiert neuer Aspekt, der die neurechten Jugendlichen genuin von der Erwachsenengeneration ihres politischen Lagers abhebt, ist die Einbindung von popkulturellen Elementen. Diese ziehen sich durch sämtliche Materialien. Songzitate oder Anspielungen auf Filme stehen wie selbstverständlich neben Zitaten neurechter Koryphäen. Verpackt in ein *Political Branding*, eine wiedererkennbare Ästhetik, füllen sie Blogs, publizieren Zeitschriften, gestalten YouTube-Videos. Die Identitären haben die Neue Rechte für eine junge Generation ein Stück weit vitalisiert, sie breitenwirksamer, aktionistischer gemacht und ihre Ziele unter ein länderübergreifendes gemeinsames Ganzes gestellt, das sie mit Hilfe einer Corporate Identity erreichen wollen. Dieses neurechte Franchising-Modell ermöglicht es, sich denkbar problemlos der *Identitären Bewegung* anzuschließen, ohne dass zuvor eine tiefgreifende Auseinandersetzung mit ihrer Ideologie oder eine Mindestanzahl an Aktivist_innen notwendig wäre. Nach Analyse der unterschiedlichen Arbeitsweisen, Personenkreise und Divergenzen bei Veranstaltungen und Materialgestaltung konnten wir jedoch behaupten, dass diese nach außen transportierte forcierte Einigkeit mehr Schein als Realität ist. Sie soll den Jugendgruppen den Flair einer Bewegung mit unaufhaltsamer Eigendynamik verleihen, sie historisch bedeutsamer erscheinen lassen als sie es ist. Ihre Angebote, über die Interessierte mitwirken können, reichen von Stammtischen, Lese- und Filmabenden, Magazin-Publikationen bis hin zu öffentlichen Aktionen und Sommerlagern. Identitäre beschreiben sich als Angehörige einer Generation, die eine kapitalistische Verwertungslogik in Bildungs- und Arbeitsbedingungen kennengelernt haben, die um prekäre Jobs wissen, sie vielleicht selbst ausgeübt haben, selbst keine langfristigen Berufs- und/oder Pensionsaussichten haben. Dabei lehnen sie den Liberalismus, in erster Linie jedoch seinen innewohnenden Individualismus und die Idee unabhängiger Selbstentfaltung ab. Anders als Linke haben die Identitären jedoch kein eigenes ökonomisches Gegenmodell, das sie propagieren und bieten keine fundierten Analysen der Fehler des ökonomischen Systems, in dem sie leben. Die Schuld an ihrer sozialen Positionierung tragen in ihrer politischen Analyse etablierte Regierungsparteien und Immigrant_innen, die sie als Konkurrent_innen um Ressourcen ansehen. Ihre Sehnsucht nach eindeutiger und limitierter Zugehörigkeit zu einer – überlegenen oder zumindest erfolgreicheren Gruppe – beantworten sie mit dem Schlagwort Identität, das die Idee einer ursprünglichen und homogenen Gesellschaft subsumiert. Dabei ist Nationalität, völkisch-kulturelle Zugehörigkeit oder Regionalität («Wiener« Kultur[965], katalanische Identität, starke regionale Ausprägungen in Frankreich und Italien) ausschlaggebender Faktor für eine Charakterisierung von Menschengruppen. Dieser Identität wird ein essenzialistischer Charakter zuteil. Sie ist in ihren Augen eine von vorne herein über dem Einzelnen zugewiesene Sammlung an Eigenschaften, Sprachspezifika, Musikgeschmäckern, Nahrungsmittelkonsum oder Ähnlichem, die darüber hinaus mit historischer Kontinuität aufgeladen wird. Etwas, das von Individuen angenommen und erhalten werden soll, magischerweise einfach da ist und – obwohl sich Gesellschaft beständig im Wandel befindet – selbst Kontinuität besitzt. Identität ist de facto bloßes Wunschdenken, etwas, das in der Form von Identitären weder beschrieben wird, noch nachgewiesen werden kann. Über die genaue Beschaffenheit dieser komplexen Identität schweigen sich die Gruppen in allen Ländern aus. Die Namen gebende Identität bleibt unzugänglich, trotz inflationärer Verwendung in sämtlichen Publikationen. Sie dient einzig als Schnittstelle zwischen Individuum und einer größeren umgebenden Gemeinschaft und soll nach außen Abgrenzungen von Gruppen, die als ›anders‹ definiert werden, aber auch Differenzierung nach innen ermöglichen. Die Idee dieser regionalen Identität funktioniert nach demselben Muster wie Benedict Andersons oder Hans-Ulrich Wehlers Nationalismus-Konzept: eine Nation wird zum »ahistorische(n) sozialanthropologische(n) Kollektiv«, der Nationalismus erhebt die Nation zur obersten »Rechtfertigungs- und Sinngebungsinstanz«[966]. Der Film *300*, eine Verfilmung der gleichnamigen *Graphic Novel*[967] aus dem Jahr 2007, in der ein kleines Soldatenheer aus Spartanern gegen eine Übermacht persischer Soldaten in die Schlacht zieht, wird zur »Metapher ihres Selbstverständnisses«[968]. Es ist nicht nur die populärkulturelle Identifikation, sondern die Nutzung inszenierter Geschichte in einem Spielfilm zur Selbsthistorisierung.

---

965 Zit.n. http://wirfürwien.at/?page_id=47, 28.11.2013, 14h34
966 Wehler 2001, S. 36
967 Dabei handelt es sich um illustrierte Romane bzw. Comicromane.
968 Janzen 2013, o.S.

Als Teil der Neuen Rechten bedienen sich die Identitären eines Arsenals an politischen und kommunikativen Strategien, die so angelegt sind, dass sie nicht sofort erkannt oder benannt werden können. Damit immunisieren sie sich auch gegen Strafverfolgung und wirken damit durchaus auch auf nicht-rechtsextreme Menschen. Trotz wiederholter Distanzierungsversuche liegt die Verortung der Identitären im rechtsextremen Spektrum, wie sich anhand der Rechtsextremismus-Definition von Willibald Holzer zeigen lässt[969]. Für sie sind ›Volk‹ und ›Kultur‹ zentrale Bezugsgrößen, hinter ihrem Ethnopluralismus steckt die Propagierung der Ausgrenzung von allen, die als ›fremd‹ definiert werden. Die Identitären stehen für Antimarxismus, Antiliberalismus, Antipluralismus, die Demokratie in ihrer aktuellen Form wollen sie bekämpfen, an ihre Stelle soll eine ›identitäre Demokratie‹ treten – abermals nach völkischen Imperativen ausgerichtet, ansonsten aber nicht weiter erläutert. In ihren Forderungen, ihrer Kapitalismuskritik und vor allem ihrem vielbeschworenen Identitätsbegriff bleiben die Identitären schwammig und vermeiden konkrete Definitionen. So entnehmen sie zwar Schlagworte aus linken Kontexten (beispielsweise Formen der Antiglobalisierungspolitik, Antiimperialismus, Antikapitalismus), verwenden sie aber in einer Weise, die deutlich macht, dass keine ökonomischen und tief gehenden historischen Analysen vorangegangen sind. Ähnlich den bekannten Größen der Neuen Rechten wie Götz Kubitschek, negieren sie die ökonomischen Konzepte von Antonio Gramsci und benützen nur eine sehr eigenwillige Interpretation vom Kampf um kulturelle Hegemonie in ihren Publikationen, die nicht im Sinne von Gramsci selbst wäre. Sie wollen Multiplikator_innen und Eliten erreichen, was eine höchst bizarre Anwendung gramscianischer Theorie ist. Diese Vagheit bei Begriffen, fehlende Konkretisierungen bei Forderungen und das Fehlen von Analysen, macht die Identitären zu einer offenen, für verschiedene Personen attraktive Gruppe. Denn wer nicht konkret wird, schreckt auch keine Interessent_innen ab. Wer keine theoretischen Grabenkämpfe austrägt, weil Theorien und Analysen in den Hintergrund geraten, vermeidet ideologische Konflikte. Stattdessen stützen sich Identitäre auf Veranstaltungen, Aktionen, Videos, Merchandise und ein paar Texte in sozialen Netzwerken, in denen immer dieselben Aktivisten zu Wort kommen. Es ist auch diese Schwerpunktsetzung, die neurechte Publizisten wie Kubitschek den

---

969 Grüner Parlamentsklub 2012b, o.S.

Identitären als Schwäche attestiert, wenn er auf den *BI* und dessen Motto »Reden spaltet, Aktion verbindet«[970] mit wenig Begeisterung reagiert. Wir gehen abschließend von folgenden weiterführenden Annahmen aus, die die Identitären charakterisieren und die es in Zukunft weiter zu prüfen und zu überarbeiten gilt:
 Sie streben eine permanente Subkultur an, schaffen sich Publikationsorgane und Räume, um sich zu vernetzen, zu treffen und Aktivitäten zu planen. Ihre Ressourcen reichen aus, um einer Kurzlebigkeit der Gruppen entgegenzuwirken.

Die Rekrutierung der Identitären fokussiert auf Schüler_innen und Student_innen (darunter auch schon davor oder noch immer politisch aktive) – das lässt sich aus der bisher bekannten personellen Zusammensetzung ableiten.

Anders als viele politische Gruppierungen mit derselben Zielgruppe, können die Identitären unabhängig von anderen vorhandenen Strukturen arbeiten. Sie agieren nicht als Schüler_innen- oder Studierendenfraktion, treten nicht zu Wahlen an, deren Intervalle, Fristen, Formen oder Ziele formal vorgegeben wären. Das lässt ihnen großen Handlungsspielraum. Vorläufer- oder eng verwandte Projekte unterliegen diesen Vorgaben sehr wohl, wie der Wahlantritt von *CasaPound* oder *Nissa Rebela* zeigt.

Die Identitären bieten trotz fehlender Definition oder umreißender Erklärung des Begriffs selbst ein Identitätsangebot. Sie offerieren einen individuellen Wertzuspruch, den sie aus der vermeintlichen Zugehörigkeit zu einer national definierten Gruppe und aus der Zugehörigkeit zu einer Altersgruppe, die ähnliche Lebenserfahrungen teilt, ableiten. Anders als in linkspolitischen Gruppen mit Schüler_innen und Student_innen wird bei der Teilnahme keine Infragestellung der eigenen Lebensweise forciert, sondern beständige Selbstbestätigung steht im Vordergrund.

Die Verhaftung an der Grenze von Rechtsextremismus zu wertkonservativem Spektrum bietet eine attraktive Möglichkeit, ihre Zielgruppe anzusprechen. Die Identitären nutzen – mit Schlagworten wie »Heimat« und »Tradition« – den Wertkonservativismus unter jungen Erwachsenen, ihre Sehnsüchte nach finanziellem Überleben und sozialer Stabilität, und sind entsprechend offen, um mitzuwirken – wobei wir davon ausgehen, dass nationalistische und antiliberalistische Prägungen vorangetrieben werden.

---

970 Kubitschek 2012a, o.S.

Gleichzeitig hat das bloße Dabeisein eine ausreichende Aura von Rebellion, von Aufbegehren, von Unangepasstheit gegenüber Parteien, die verhindern, dass die propagierte Politik tradiert und verstaubt wirkt. Es sind hippe, konservative Rechte, deren Aneignung öffentlicher Plätze kreativ und deren Nutzung von Medien technisch versiert ist.

Handlungsräume und Gegenstrategien

Die Identitären haben es sich zum Ziel gesetzt, Angst vor und Hass gegen Immigrant_innen und Personen, die aufgrund ihres politischen Denkens oder auch ihrer Sexualität nicht in die eigenen Normvorstellungen passen, voranzutreiben. Unter dem euphemistischen Begriff der »Heimatliebe«[971] bringen sie völkisches Denken weit bis in jene Ecken der ›Mitte‹ der Gesellschaft, wo sie noch nicht Fuß gefasst haben und wollen es dort fest verankern. Sie bauen auf bereits vorhandenen Diskursen auf: einem unreflektiert positiv besetzten Begriff des schönen Heimatlandes, der in Wahlkämpfen und in der Volksmusik unterkommt; auf sozialen Missständen und Verteilungskämpfen um finanzielles, kulturelles und gesundheitliches Kapital; auf Sorgen um Ausbildungschancen, Beschäftigung und Pensionen. Die Identitären tragen dazu bei, an der Übergangszone zwischen Wertkonservativismus und Rechtsextremismus völkische Menschenbilder, Begriffe, Argumentationen, politische Konzepte und vermeintliche Problemlösungen zu verfestigen. Dabei geht es ihnen nicht um Wahlerfolge, sondern um eine längerfristige Diskursverschiebung, um Vereinnahmungen, Umdeutungen und darum, das Spielfeld für ihre eigene Politik, ihre Aktionen und ihre Feind_innenbilder zu erweitern. Das alles wird in der Neuen Rechten als ›Metapolitik‹ bezeichnet. Dementsprechend können auch Gegenstrategien nicht nur kurzfristig ausgerichtet sein. Auch wenn es wünschenswert ist, dass beispielsweise medial über die Identitären berichtet wird, so müssen Zeitungen dennoch die Rolle, die sie einnehmen, überdenken und sich darüber im Klaren sein, dass es verschiedene Formen von Öffentlichkeiten gibt, die sie generieren können. So macht es einen Unterschied, ob Aktivist_innen im Rahmen eines Interviews Raum gegeben wird, sie damit als Gesprächspartner_innen anerkannt werden, obwohl sie selbst schon Portale haben, um unwidersprochen ihre Positionen zu vertreten. Oder ob kritisch *über* sie berichtet wird, ob davor ausreichend recherchiert, analysiert und interpretiert wurde, damit ein nunanciertes Bild über sie entsteht. Doch was kann das konkret in der Praxis bedeuten? Es ist notwendig, die Personen beim Namen zu nennen, ihre politischen Verwobenheiten mit rechtsextremen Netzwerken immer wieder aufzuzeigen, sie wiedererkennbar zu machen, nicht aufzuhören, ihre Slogans zu hinterfragen.

---

971 Zit.n. http://identitaere-bewegung.de/Produkt/heimatliebe/, 28.11.2013, 14h58

1. Identitäre als das erkennen und behandeln, was sie sind[972]

Identitäre Aktivist_innen sind nicht einfach hippe Jugendliche, die Aufmerksamkeit wollen und gegen eine vermeintliche Erwachsenengeneration rebellieren. Identitäre sind Teil der Neuen Rechten. Darunter befinden sich auch deutschnationale Burschenschafter. Ihr Netzwerk ist zwischen *NPD*, *FPÖ*, *FN* oder auch *UKIP* gespannt. Sie vertreten eine klare politische Ideologie der Ungleichheit zwischen Menschen, des antimuslimischen Rassismus, konservativer Geschlechterrollen, und eines völkischen Menschenbildes. Sie rekrutieren vor allem Schüler_innen und Student_innen und wissen, sich Öffentlichkeit zu schaffen. Identitäre wollen zwar einschüchtern und versuchen, linken Gruppierungen, NGOs und Parteien, deren Weltbild sie nicht vertreten, lästig zu werden, sind jedoch nicht gefährlich in dem Sinne, dass man sie mit ›Schlägernazis‹ vergleichen müsste. Denn sie sind zu sehr darauf bedacht, sich wiedererkennbar – auch als Personen – zu inszenieren und auf Rekrutierung angewiesen, um fortzubestehen und zu arbeiten, als dass sie sich leisten könnten, durch Schlägereien oder auch nur Vandalismus aufzufallen. Mit Kreide auf den Asphalt malen und Sticker kleben ja, Graffiti nein. Sie wollen sicherlich den Eindruck erwecken, sie wären omnipräsent, gewitzt und kreativ – de facto sind sie kleine, mobile Gruppen, die auf bereits bestehende Infrastruktur angewiesen sind. Störaktionen sind für sie eine Ermächtigungsstrategie und sollen politische Gegner_innen demotivieren. Doch haben sie weder die personellen Ressourcen noch die Energie, bei jeder Veranstaltung und jedem Ereignis, die ihnen ein Dorn im Auge sind, anwesend zu sein. Wenn möglich, sollte man sich nicht aus dem Konzept bringen lassen, wenn sie mit ihren mäßig einfallsreichen Störaktionen bei Veranstaltungen aufwarten.

2. Agieren, nicht nur Reagieren

Ohne unterstellen zu wollen, dass Gegenaktionen zu identitären Aktivitäten nicht wünschenswert wären – denn das sind sie definitiv – liegt der Vorteil beständiger Argumentationsarbeit darin, unabhängig vom identitären Stundenplan arbeiten zu können. Keinesfalls muss man sich – gerade als politisch engagierter oder organisierter Mensch – täglich mit dem Nachwuchs der Neuen Rechten auseinandersetzen, schließlich gibt es eigene Veranstaltungen, eigene Bücher, eigene Blogs, die es zu planen und zu schreiben und zu lesen gibt und von denen man sich nicht abbringen

---

972 Für die folgenden Vorschläge war die ‚Gebrauchsanleitung' von Toralf Staud eine hilfreiche Vorlage. (Staud 2006, S. 211-213.)

lassen sollte. Mit Agieren meinen wir vielmehr, sich zu trauen, auch ohne Anlass – wie eine Gegenbesetzung, einen identitären Tanz-Flashmob oder Infotisch – Artikel in Blogs, Texte in Foren oder Zeitschriften zu verfassen und das Thema anzusprechen, ohne dass medial danach gefragt oder sich an einem bestimmten Tag oder Event orientiert werden muss. Es ist nicht nur in Ordnung, sondern wünschenswert, aus eigener Initiative heraus einen Flyer in einem Hörsaal auszulegen, nicht alles muss so groß aufbereitet sein, dass es gleich in den Bericht in einer Tageszeitung mündet. Jede Person, die darüber nachdenkt, was sich hinter dem angeblichen ›Antirassismus‹, den die Identitären beschwören, verbirgt, ist eine Person, die potenziell widerspricht, wenn sie auf einen identitären Text oder ein Video stößt. Identitäre demaskieren heißt nicht, dass man sie damit größer macht als sie sind und deshalb Abstand nehmen müsse, sie beim Namen zu nennen. Die Strategie »Bloß nicht drüber reden, dann ist es auch nicht da« funktioniert nicht bei politischen Akteur_innen, die sich ihre Öffentlichkeit selbst schaffen, sich wiederholt in Debatten einmischen und sich bereits organisiert haben. Die beste Waffe im Kampf gegen Identitäre ist Wissen, ist Aufklärung, sind Gegenargumente – damit das nächste Mal, wenn ein Flyer auftaucht, er nicht Neugier oder Akzeptanz erzeugt, sondern identifiziert und weggeworfen wird.

3. Öffentlichkeit streitig machen

Dazu gehört beispielsweise, Beiträge auf Facebook, die aus dem identitären Umfeld kommen, zu kommentieren, ihnen politisch zu widersprechen, damit diese Beiträge nicht zur akzeptierten Normalität werden. Ebenfalls fällt darunter, Veranstaltungen auf öffentlichen Plätzen oder in öffentlichen Gebäuden zu blockieren oder zu stören, an Unis in Lehrveranstaltungen, in Schulen oder falls Identitäre in einem Publikum sitzen und Wortmeldungen abgeben, Identitäre direkt anzusprechen, ihnen zu widersprechen. Es bedeutet, ihre Symbole öffentlich abzulehnen, ihre T-Shirts zu dekodieren, Betätigungen in sozialen Netzwerken zu dokumentieren und gegebenenfalls zu melden, über sie zu schreiben, zu reden, sich ihnen entgegenzustellen. Zusammen gefasst: es geht darum, ihnen die Selbstverständlichkeit zu nehmen, sich und ihrer Ideologie Raum zu nehmen, darum, ihnen unbequem zu sein.

4. Frontfiguren sind immer austauschbar

Auch wenn es notwendig ist, Aktivist_innen zu identifizieren, um sie bei Aktionen, in sozialen Netzwerken und auf Veranstaltungen wiederzuerkennen, so sollte sich Kritik an den Identitären nicht nur auf die aktiven Personen konzentrieren. Kritiken und Gegenargumentationen müssen sich immer auf (ihre) Ideologie beziehen, um den Identitären den Boden unter den Füßen zu nehmen. Auch wenn es den eigenen Gegenstandpunkt untermauert, zu wissen, wer Martin Sellner, Markus Willinger oder Philippe Vardon sind, so darf die Kritik nicht bei den Personen und ihrer Biografie aufhören. Die Strategie, die Identitären lediglich aufgrund bekannter Personen, die sie tragen, abzulehnen, greift zu kurz. Denn diese Strategie macht genau dort Halt, wo die Identitären zu arbeiten beginnen: bei Diskursverschiebungen, beim Besetzen von Begriffen, bei metapolitischen Gedankengebäuden und beim Erschaffen von Feind_innenbildern. Vermeintliche ›Obmänner‹, Gesichter in Interviews oder in YouTube-Videos können verschwinden und sind leicht austauschbar – die Ideologie dahinter bleibt und sie muss es sein, die im Mittelpunkt jeder Kritik steht. Antifaschismus bedeutet in dieser Hinsicht beispielsweise, immer wieder Begriffe streitig zu machen und ihre Bedeutung zu erklären. Zum Beispiel dürfen Wortschöpfungen wie »Islamisierung«[973] oder auch »Ethnomasochismus«[974] nicht unwidersprochen bleiben oder muss die Argumentation, sich als bedrohte Minderheit zu inszenieren als solche immer wieder aufgezeigt und demontiert werden.

5. Nicht in Versuchung geraten, links und rechts gleichzusetzen

Es ist kontraproduktiv, sich im Kampf gegen rechtsextreme Aktivist_innen, zu denen wir die Identitären nach unseren Analysen zählen, als äquidistanziert nach links und rechts zu geben. Staud fasst für Deutschland zusammen:

> »Praktisch jeden Tag werden in Deutschland Ausländer, Obdachlose und linke Jugendliche von rechten Schlägern überfallen. Aber es ist lange her, dass hierzulande ein Kapitalist von einem Linksterroristen ermordet wurde. [...] Wer behauptet, man müsse gleichermaßen gegen Extremisten von rechts wie von links kämpfen, vernebelt den Blick auf die Realität.«[975]

---

973 Zit.n. http://identitaere-bewegung.de/Produkt/islamisierung-nicht-mit-uns/, 8.11.2013, 15h48
974 Identitäre Generation 2013, o.S.
975 Staud 2006, S. 217

Zum einen fährt man damit dieselbe argumentative Schiene, wie sie die Identitären bereitstellen, entlang, zum anderen negiert man damit, dass es essenzielle Unterschiede zwischen ›linksextrem‹ und ›rechtsextrem‹ gibt – um hier einmal beide Wörter zu verwenden. Linke gehen für Minderheitenrechte auf die Straße, richten sich gegen die Privilegierten einer Gesellschaft oder kämpfen für mehr Demokratie. Rechte gehen in der Regel gegen Marginalisierte auf die Straßen und wollen autoritärere Politik. Linksextreme Gewalt heißt brennende Mistkübel oder ein bespuckter *WKR*-Ballgänger. Rechtsextreme Gewalt heißt, Menschen aufgrund ihrer Herkunft, Hautfarbe und/oder politischen Haltung krankenhausreif zu prügeln oder auch umzubringen. Die Gleichsetzung beider und die Überzeugung, sich von beidem auf der gleichen Ebene gestört zu fühlen, bedienen einen Extremismus-Begriff, der spätestens seit den 1990ern in der Alltagssprache verhaftet, aber problematisch ist. Links und Rechts bergen nicht dasselbe Gefahrenpotenzial, ihre Ideologien und Ideengeschichten könnten gegensätzlicher nicht sein, daher ist es kontraproduktiv, antifaschistische Initiativen, die sich gegen Rechtsextreme richten, beispielsweise indem Flashmobs organisiert oder öffentlich Flyer mit Information zu den Identitären und deren Aktivist_innen verteilt werden, politisch als genauso gefährlich zu beurteilen wie die Methoden und Standpunkte der Neuen Rechten.

6. Antifaschismus geht alle an!

Die Neue Rechte und die Identitären agieren an der Schnittstelle zwischen Wertkonservativismus und Rechtsextremismus und generieren aus diesen Spektren ihren politischen Nachwuchs. Antifaschistische Arbeit – von Kundgebungen, Publikationen, Blockaden oder Guerilla-Aktionen – ist für linkspolitisch interessierte und/oder aktive Personen eine Selbstverständlichkeit, grenzen sie sich doch von den beiden genannten Spektren offen ab. Aufklärungsarbeit gegen Rechtsextremismus, und die Neue Rechte als eine Form davon, muss jedoch breit getragen werden, muss fixer Bestandteil des politischen Alltags sein, angefangen bei Fortbildungsarbeit an Schulen, in Jugendgruppen oder NGOs, über Initiativen in der Lokalpolitik über zivilgesellschaftliche Bündnisarbeit, Erwachsenenbildung, kritische Medienausbildung und -berichterstattung, öffentliche Veranstaltungen bis hin zur Förderung von Initiativen mittels finanzieller Unterstützung und dem Gewähren einer entsprechenden Bewegungsfreiheit für engagierte Antifaschist_innen jeder Art.

Das Aktionsbündnis *Nazifrei! – Dresden stellt sich quer* stellt sich einer spezifischen Form von Rechtsextremismus entgegen: neonazistischen Aufmärschen. Seit 2012 mobilisiert das Bündnis im Februar gegen Alt- und Neonazis, die sich zu einem ›Trauermarsch‹ in Dresden versammeln und in bekannter Opfer-Täter-Umkehr den Toten des alliierten Luftangriffs gedenken. Das Bündnis leistet Widerstand nicht nur mittels Kundgebungen, Demonstrationen und Blockaden, sondern drängt die neonazistische Erzählung von den ›braven Deutschen‹ in Dresden zurück, die die ›wahren Opfer‹ des Zweiten Weltkriegs gewesen seien. Der zivile Ungehorsam hatte enormen Erfolg, die Zahl der rechtsextremen Teilnehmer_innen hat sich im Folgejahr fast halbiert.[976] Das Aktionsbündnis, dessen Arbeit auf die Mobilisierung zu diesem einzigen Ereignis hin ausgerichtet ist, wird von unterschiedlichen Bündnispartner_innen getragen, seien es Politiker_innen aus der Partei *Bündnis 90/Die Grünen*, *dieLinke*, der *SPD* oder auch der Piratenpartei, über Gewerkschaftsgruppen, religiöse Organisationen, autonome antifaschistische Gruppen hin zu sogenannten ›Bürger_innen‹-Initiativen. Lokalpolitisch beteiligte sich 2013 auch die *CDU* in Form von Oberbürger_innenmeisterin Helma Orosz. Es ist die entschlossene Zusammenarbeit trotz organisatorischer und politischer Differenzen in anderen Politikbereichen, die das Aktionsbündnis so erfolgreich gemacht hat. Umso ernüchternder ist es, dass diese Form antifaschistischen Protests der Repression durch Polizei und lokale Behörden ausgesetzt ist und bleibt. Sie ist Symptom für eine Politik, die es formal nicht geschafft hat, Neonazismus einzudämmen und selbstorganisierten Protest aus der Bevölkerung als potenziell bedrohlich wertet und unterbinden will. Zwar ist das Dresdener Aktionsbündnis ereignisorientiert und gegen Alt- und Neonazis ausgerichtet, dennoch liefert es Beispiele, wie Gegenmaßnahmen aussehen könnten, die sich gegen Aktionen der Neuen Rechten und der Identitären richtet. Als Antifaschist_in gibt es genug zu tun. Man muss ja nicht nur auf Ansammlungen von Glatzen und Skinheadgirls warten, um den Transparentstoff und die Acrylfarbe aus dem Keller zu holen.

---

976 Zit. n. http://www.dresden-nazifrei.com/index.php/aufruf, 13.01.2014, 14h32

Anhang

Abkürzungsverzeichnis

achgut Achse des Guten
AfD Alternative für Deutschland
APA Austria Presse Agentur
ALs Aktion Linkstrend stoppen
AMS Arbeitsmarktservice (Österreich)
ANR Aktion Neue Rechte
Antifa antifaschistisch, Antifaschist_innen
AP Alianza Popular
BBC British Broadcasting Corporation
BI bloc identitaire
BN Blaue Narzisse
BNP British National Party
CI Causa Identitária
CDU Christlich Demokratische Union Deutschlands
CPI CasaPound Italia
CSU Christlich-Soziale Union in Bayern
DÖW Dokumentationsarchiv des Österreichischen Widerstands
DVU Deutsche Volksunion
ef Eigentümlich frei
ESB Europäische Soziale Bewegung
FDP Freie Demokratische Partei
FKBF Förderstiftung Konservative Bildung und Forschung
FN Front National
FPÖ Freiheitliche Partei Österreichs
GDL German Defence League
GI Génération Identitaire
GId Generazione Identitaria
GIG Génération Identitaire Genève
GNI Generation of National Identity
GRECE Groupement de Recherche et d'Études pour la Civilisation Européenne (dt. Forschungs- und Studiengruppe zur europäischen Zivilisation
HVIM Hatvannégy Vármegye Ifjúsági Mozgalom (dt. 64 Gespannschaften)
IB Identitäre Bewegung
IBB Identitäre Bewegung Berlin
IBe Identitäre Bewegung Bergen
IBD Identitäre Bewegung Deutschland

IBK Identitäre Bewegung Köln
IBW Identitäre Bewegung Wien
IBWi Identitären Bewegung Winterthur
IBÖ Identitäre Bewegung Österreich
IBS Identitäre Bewegung Schweiz
IfS Institut für Staatspolitik
ITS Identität, Tradition, Souveränität (EU-Parlamentsfraktion)
JES Junge Europäische Studenteninitiative
JF Junge Freiheit
JIxC Joventuts Identitàries per Catalunya
KPD Kommunistische Partei Deutschlands
KAS Konservative Aktion Stuttgart
KPD Kommunistische Partei Deutschland
KSA Konservativ-Subversive Aktion
NF Nordiska Förbundet
NPD Nationaldemokratische Partei Deutschlands
NRAO Nationalrevolutionäre Aufbauorganisation
NU Nordisk Ungdom
ÖH Österreichische Hochschüler_innenschaft
ÖVP Österreichische Volkspartei
PxC Plataforma per Catalunya
PI Politically Incorrect
PNR Partido Nacional Renovador
RBB Rundfunk Berlin-Brandenburg
RFS Ring Freiheitlicher Studenten
RFJ Ring Freiheitlicher Jugend
SJ Sozialistische Jugend Österreich
SPD Sozialdemokratische Partei Deutschlands
SPÖ Sozialdemokratische Partei Österreichs
SWZ Studienzentrum Weikersheim
UDC Unió Democràtica de Catalunya
UIKP United Kingdom Independence Party
VSStÖ Verband Sozialistischer Student_innen in Österreich
WAB Wiener Akademikerbund
W.I.R. Wiens Identitäre Richtung
WKR Wiener Korporationsring

Bibliographie

1848 Medienvielfalt Verlags GmbH Zit. n. http://www.unzensuriert.at/content/00390-impressum 26.11.201. 23h17.

1848 Medienvielfalt Verlags GmbH: Historiker Dominique Venner protestierte mit Selbstmord gegen Homo-Ehe. In: http://www.unzensuriert.at, 23.05.2013, Zit.n. http://www.unzensuriert.at/content/0012854-Historiker-Dominique-Venner-protestierte-mit-Selbstmord-gegen-Homo-Ehe, 26.11.2013, 23h19. (=unzensuriert.at 2013)

3sat: Mussolinis Enkel. Zit. n. http://www.youtube.com/watch?v=cMhMEVSBqnU. 17.12.2013, 19h23 (= 3sat 2011)

Aftenberger, Ines: Die Neue Rechte und der Neorassismus, Graz 2007.

Agg Stein: Hardbass gegen Asylmissbrauch. Zit.n. http://www.youtube.com/watch?v=IK6eGM95R8I&feature=youtu.be. 15.12.2013, 12h58. (=Hardbass Asylmissbrauch 2012)

Aktion Linkstrend stoppen: Manifest gegen den Linkstrend. In: http://www.linkstrend-stoppen.de, o.D., Zit.n. http://www.linkstrend-stoppen.de/index.php?id=manifest, 27.11.2013, 10h00. (=ALs Manifest)

Aktion Linkstrend stoppen: Schlesische Landsmannschaft beugt sich Rot-Grün. In: http://www.linkstrend-stoppen.de, 08.10.2013, Zit.n. http://linkstrend-stoppen.de/index.php?id=45&tx_ttnews%5Btt_news%5D=560&cHash=f0d0aaa74e40922ba2f68d926b5bfada, 27.11.2013, 10h03. (=ALs 2013)

Alexander, Robin: Die Quadratur des Berliner Kreises. In: www.welt.de, 03.11.2012, Zit.n. http://www.welt.de/print/die_welt/politik/article110585296/Die-Quadratur-des-Berliner-Kreises.html, 27.11.2013, 10h34. (=Alexander 2012)

Alm, Martin: Snaphaner. In: danmarkshistorien.dk, 10.05.2012. Zit. n. http://danmarkshistorien.dk/leksikon-og-kilder/vis/materiale/snaphaner/, 08.01.2014, 21h59. (Alm 2012)

Alster, Marvin: Die Identitären – Rassisten und Kulturalisten. In: http://www.conne-island.de/index.html, 31.01.2013, zit.n. http://www.conne-island.de/nf/201/3.html, 07.11.2013, 14h17. (=Alster 2013)

Alt, Gerd/Heine, Torben: Krisengewinnler. In: Lotta 26 (2007), 11-14.

Amadeu Antonio Stiftung: Extremismusklausel, Zit.n. http://www.amadeu-antonio-stiftung.de/extremismusklausel/, 23.12.2011, 13h38. (=Amadeu Antonio Stiftung 2011)

Andersson, Christoph: Judeförföljelser på internet. In: www.dn.se, 02.08.2007. Zit. n. http://www.dn.se/kultur-noje/kulturdebatt/judeforfoljelser-pa-internet/ 2007, 13.09.2013, 19h15. (= Andersson 2007)

Anglada, Josep: Spot Eleccions al Parlament 2012 Stop Immigració PxC. zit.n. http://www.youtube.com/watch?v=BFYXOPSpHqo. 03.10.2013, 11h42. (=Spot Eleccions al Parlament 2012 Stop Immigració PxC, 03.10.2013)

Antifaschistisches Infoblatt: Das neurechte Institut für Staatspolitik. In: www.antifainfoblatt.de, 12.06.2004. Zit. n. https://www.antifainfoblatt.de/artikel/das-neurechte-institut-f%C3%BCr-staatspolitik, 29.12.2013, 00h45. (= Antifaschistisches Infoblatt 2004)

Antifaschistisches Infoblatt: Neue zentrale Punkte des Rechtskonservatismus. In: www. antifainfoblatt.de, 07.04.2013. Zit. n. https://www.antifainfoblatt.de/artikel/neue-zentrale-punkte-des-rechtskonservatismus, 21.12.2013, 00h12. (= Antifaschistisches Infoblatt 2013a)

Antifaschistisches Infoblatt: Stichwortgeber der Konservativen? In: www.antifainfoblatt. de, 20.09.2007. Zit. n. https://www.antifainfoblatt.de/artikel/stichwortgeber-der-konservativen, 23.12.2013, 18h45. (= Antifaschistisches Infoblatt 2007)

Antifaschistisches Infoblatt: Studienzentrum Weikersheim : Ganz Rechts um, kehrt Marsch. In: www.antifainfoblatt.de, 12.04.2002. Zit. n. https://www.antifainfoblatt. de/artikel/studienzentrum-weikersheim-ganz-rechts-um-kehrt-marsch, 23.12.2013, 12h56. (= Antifaschistisches Infoblatt 2002)

Antifaschistisches Infoblatt: Zurüstungen für den Ausnahmezustand. In: www.antifainfoblatt.de, 20.03.2008. Zit. n. https://www.antifainfoblatt.de/artikel/ zur%C3%BCstungen-f%C3%BCr-den-ausnahmezustand, 29.12.2013, 23h23. (= Antifaschistisches Infoblatt 2008)

Antifaschistisches Infoblatt: Zwischen Burschenschaftlern und Identitären. Der rechte >Zwischentag< in Berlin. In: Antifaschistisches Infoblatt 101 (2013), 28-29.

antifaschistisches pressearchiv und bildungszentrum berlin e.v. (apabiz) Zitn. http://www. apabiz.de/archiv/material/Profile/JF-Lesekreise.htm, 27.11.2013, 10h09.

APA: Blogger Andreas Unterberger baut aus. In: derstandard.at, 04.07.2011, Zit.n. http:// derstandard.at/1308680308454/Neuer-Science-Blog-Blogger-Andreas-Unterberger-baut-aus, 23.10.2013, 11h28. (=APA 2011)

APA: Neun »identitäre Wiener« besetzten Votivkirche. In: diepresse.com, 10.02.2013, Zit.n. http://diepresse.com/home/panorama/wien/1343041/Neun-identitaere-Wiener-besetzten-Votivkirche , 16.12.2013, 11h47 (=diePresse 2013)

ARD – rbb: Zwischentag – Gipfeltreffen in der Hauptstadt – Rechte Eliten spinnen Netzwerk, zit.n. http://www.youtube.com/watch?v=hHw3AxqW86U, 26.11.2013, 14h59. (=Zwischentag – Gipfeltreffen in der Hauptstadt – Rechte Eliten spinnen Netzwerk, 25.11.2013)

Ares Verlag zit n. http://www.ares-verlag.com/buecher/ideengeschichte/ideengeschichte-detail/article/jahre-der-entscheidung.html, 14.01.2014, 14h42.

Ares Verlag zit. n. http://www.ares-verlag.com/buecher/ideengeschichte/ideengeschichte-detail/article/carl-schmitt.html, 14.01.2014, 14h40.

Ares Verlag zit. n. http://www.ares-verlag.com/buecher/zeitgeschichte/zeitgeschichte-detail/article/erich-ludendorff.html, 14.01.2014, 14h43.

Ares Verlag: Unsere Autoren. In: www.ares-verlag.com, ohne Datum. Zit. n. http://www. ares-verlag.com/autoren.html, 14.01.2014, 14h45. (= Ares Verlag 2014)

Arktos Team Zit.n. http://www.arktos.com/about/about-arktos.html, 26.11.2013, 23h45.

Arktos zit.n. http://www.arktos.com/markus-willinger-die-identitare-generation.html, 28.11.2013, 00h09.

Arktos Zit.n. https://www.facebook.com/photo.php?fbid=710646795629640&set= pb.159665444061114.-2207520000.1389696320.&type=3&theater, 14.01.2014, 10h50.

Arktos Zit.n. https://www.facebook.com/photo.php?fbid=723876954306624&set=pb.1596654440611114.-2207520000.1389696320.&type=3&theater, 14.01.2014, 10h51.

Assheuer, Thomas/Hans Sarkowicz: Rechtsradikale in Deutschland. Die alte und die neue Rechte, München 1992.

Athenaeum: Über diesen Blog, zit. n. http://dasathenaeum.wordpress.com/uber-diesen-blog/ (zuletzt geprüft am 21.12.2013).

Auer, Kathrin: >Political Correctness<. Ideologischer Code, Feindbild und Stigmawort der Rechten. In: Österreichische Zeitschrift für Politikwissenschaft 3 (2002), 291-303.

Baer, Justus: >Zentren schaffen!<. In: der rechte rand 143 (2013), 19.

Bartsch, Günter: Revolution von rechts? Ideologie und Organisation der Neuen Rechten, Freiburg, Basel, Wien 1975.

Baumann, Fritz-Achim: Die >Neue Rechte< aus der Sicht des Verfassungsschutzes. In: Wolfgang Gessenharter/Helmut Fröchling (Hrsg.): Rechtsextremismus und Neue Rechte in Deutschland. Neuvermessung eines politisch-ideologischen Raumes? Opladen 1988, 97-106.

Berliner Kreis in der Union e.V. Zit.n. http://www.berlinerkreisinderunion.de/index.php/mitglieder.html, 14.01.2014, 11h35.

Berliner Kreis in der Union e.V. Zit.n. http://www.berlinerkreisinderunion.de/index.php/ueber-uns.html, 14.01.2014, 11h34.

Berliner Kreis in der Union e.V. Zit.n. http://www.berlinerkreisinderunion.de/tl_files/dokumente/Standortbestimmung%20Berliner%20Kreis.pdf, 14.01.2014, 11h39.

Benthin, Rainer: Auf dem Weg in die Mitte. Öffentlichkeitsstrategien der Neuen Rechten, Frankfurt/New York 2004.

Benthin, Rainer: Die Neue Rechte in Deutschland und ihr Einfluß auf den politischen Diskurs der Gegenwart, Frankfurt am Main 1996.

Bergmann, Werner: Antisemitismus im Rechtsextremismus. Bundeszentrale für Politische Bildung Deutschland. In: http://www.bpb.de, 13.10.2005, Zit.n. http://www.bpb.de/themen/A4OYGV,2,0,Antisemitismus_im_Rechtsextremismus.html, 29.12.2011, 13h45. (=Bergmann 2005)

Bild: Der große Star ist besorgt über kriminelle Ausländer. In: www.bild.de, 15.01.2009, Zit.n. http://www.bild.de/leute/star-news/udo-juergens/interview-3487950.bild.html, 28.10.2013, 14h58. (=Bild 2008)

Billerbeck, Liane von: »Das hat etwas Perverses«. Interview mit Sigrid Löffler. In: Deutschlandradio Kultur, 05.10.2007, Zit.n.: http://www.dradio.de/dkultur/sendungen/kulturinterview/677424/, 27.11.2013, 00h04. (=Billerbeck 2007)

Blaue Narzisse: Bezahltes Praktikum. In: www.blauenarzisse.de, 2011. Zit. n. http://www.blauenarzisse.de/index.php/praktikum, 27.12.2013, 20h04. (Blaue Narzisse 2013a)

Blaue Narzisse: Die Rettung der Liebe (II). In: www.blauenarzisse.de, 05.12.0213. Zit. n. http://www.blauenarzisse.de/index.php/anstoss/item/4299-die-rettung-der-liebe-ii, 27.12.2013, 13h12. (Blaue Narzisse 2013c)

Blaue Narzisse: Fällt auch die 3%-Hürde? In: www.blauenarzisse.de, 18.12.2013. Zit. n. http://www.blauenarzisse.de/index.php/aktuelles/item/4333-faellt-auch-die-3-huerde, 27.12.2013, 20h10. (Blaue Narzisse 2013b)

Blaue Narzisse: Förderverein. In: www.blog.blauenarzisse.de, ohne Datum. Zit. n. http://www.blog.blauenarzisse.de/foerderverein, 27.12.2013, 23h02. (= Blaue Narzisse 2014)

Blaue Narzisse: Impressum, zit. n. http://www.blauenarzisse.de/index.php/impressum-blauenarzisse (zuletzt geprüft am 27.12.2013).

Blaue Narzisse: Zentrum für Jugend, Identität und Kultur. In: www.blauenarzisse.de, 21.04.2013. Zit. n. http://www.blauenarzisse.de/index.php/gesichtet/item/3846-zentrum-fuer-jugend-identitaet-und-kultur, 23.12.2013, 21h44. (= Blaue Narzisse 2013c)

bnr: Spanische »Freunde«. In: blick nach rechts, 13.12.2010, zit.n. http://www.bnr.de/content/spanische-ae-freunde-ae, 03.10.2013) (=bnr 2010)

Boaz, David: Libertarianism. In: www.britannica.com, ohne Datum. Zit. n. http://www.britannica.com/EBchecked/topic/339321/libertarianism, 20.12.2013, 20h12. (= Boaz 2014)

Brandes, Toni/Kunow, Fabian/Janzen, David/Meyer, Emil/Schneider, Stefan/Manthe, Barbara/Kaiser, Patrick/Lucius Teidelbaum: »Who are they?«. In: der rechte rand 143 (2013), 16-18.

Brauner-Orthen, Alice: Die Neue Rechte in Deutschland. Antidemokratische und rassistische Tendenzen, Opladen 2001.

Breuer, Stefan: Anatomie der Konservativen Revolution, Darmstadt 1993.

Brodkorb, Mathias: Blick hinter die potemkinsche Fassade: Film der konservativ-subversiven Aktion. In: http://www.endstation-rechts.de, 08.05.2008, Zit.n. http://www.endstation-rechts.de/news/kategorie/konservativ-subversive-aktion-1/artikel/blick-hinter-die-potemkinsche-fassade-film-der-konservativ-subversiven-aktion.html, 28.11.2013, 00h13.

Brodkorb, Mathias: Wikipedia-Verschnitt: Das rechte Online-Nachschlagewerk »Metapedia«. In: endstation-rechts.de, 28.07.2008. Zit. n. http://endstation-rechts.de/index.php?option=com_k2&view=item&id=367:wikipedia-verschnitt-das-rechte-online-nachschlagewerk&Itemid=386, 13.09.2013, 15h45.

Brunotte, Ulrike: Zwischen Eros und Krieg. Männerbund und Ritual in der Moderne, Berlin 2004.

Bruns, Claudia: Der homosexuelle Staatsfreund. Von der Konstruktion des erotischen Männerbundes bei Hans Blüher. In: Susanne zu Nieden (Hrsg.): Homosexualität und Staatsräson. Männlichkeit, Homophobie und Politik in Deutschland 1900-1945, Frankfurt am Main 2005, 100-117.

Bruns, Julian: Extremismusbegriff, Extremismusklausel und die Rolle des Verfassungsschutzes. In: Politix. Zeitschrift des Instituts für Politikwissenschaft 33 (2013), 46-48, zit.n. http://typo3.univie.ac.at/fileadmin/user_upload/inst_politikwiss/Politix/politix_33_online_63seiten.pdf, 03.11.2013, 16h44.

Bücherquelle.at zit. n. http://www.buecherquelle.at/Buchshop/Geschichte-Politik/Zeitgeschichte-Werbung/Das-Dritte-Reich::3784.html, 14.01.2014, 14h01.

Budiner, Marein: Rechtsrock auf der Schulbühne: Brauner Sound als Abschlusshymne. In: www.spiegel.de, 26.07.2012. Zit. n. http://www.spiegel.de/schulspiegel/ausland/kirchberg-schueler-singen-sleipnir-rechtsrock-bei-abschlussfeier-a-846552.html, 14.01.2014, 03h37. (= Budiner 2012)

Bundeszentrale für Politische Bildung Deutschland: Dolchstoßlegende. In: www.bpb.de, 18.08.2006. Zit. n. http://www.bpb.de/politik/extremismus/antisemitismus/37986/argumente-gegen-rechte-vorurteile?p=7, 14.01.2014, 15h12. (= Bundeszentrale für Politische Bildung 2006)

Bundeszentrale für Politische Bildung Deutschland: JLO (»Junge Landsmannschaft Ostdeutschland«), In: www.bpb.de, 01.02.2010, zit. n. http://www.bpb.de/politik/extremismus/rechtsextremismus/41938/glossar?p=42 2010, 15.01.2014, 13h52.

Butterwegge, Christoph: Rechtsextremismus, Freiburg/Basel/Wien 2002.

Byrm, Max: Edition Antaios: Geschichtsrevisionisten und Antisemiten im intellektuellen Gewand. In: www.hagalil.com, 03.09.2003. Zit. n. http://www.hagalil.com/archiv/2003/09/revisionismus.htm, 04.01.2013, 15.01.2014, 01h43. (= Byrm 2003)

Caspar, Lisa: Ein konservatives Rebelliönchen. In: www.zeit.de, 02.11.2012, Zit.n. http://www.zeit.de/politik/deutschland/2012-11/berliner-kreis-cdu-merkel-manifest, 27.11.2013, 10h35. (=Caspar 2012)

Châtellier, Hildegard: Verwerfung der Bürgerlichkeit. Wandlungen des Konservatismus am Beispiel Paul Ernsts., Würzburg 2002.

Causa Identitaria: Causa Identitaria,Zit.n.http://www.youtube.com/watch?v=tfM3434oA_s, 08.01.2014, 10h56.

Circolo Futurista zit. n. https://www.facebook.com/photo.php?fbid=10152113491827835&set=a.10151335361817835.525287.393302397834&type=1&theater. 14.01.2014, 00h47.

Compact -Magazin GmbH Zit.n. https://www.compact-magazin.com/compact-konferenz/, 15.01.2014, 23h52.

Compact -Magazin GmbH Zit.n. https://www.compact-magazin.com/warum-compact-nicht-rechts-sein-kann/, 29.12.2013, 22h42.

Compact -Magazin GmbH Zit.n. https://www.compact-magazin.com/manifest-fuer-die-familie/, 16.01.2014, 00h49. (Artikel ist ohne Abonnement nur auszugsweise online verfügbar)

Compact TV: Eva Herman – Audio-Botschaft an die Besucher der COMPACT Familien-Konferenz. Zit.n. https://www.youtube.com/watch?v=-ho4ZZyrFbM#t=95, 29.12.2013, 22h31.

Compact-Magazin GmbH Zit.n. https://www.compact-magazin.com/warum-compact-nicht-rechts-sein-kann/, 29.12.2013, 21h48.

Comunidad de Libertad Zit.n.: http://comunidad-de-libertad.com/product_info.php/info/p22_-against-homophobia-and-sexism--button.html, 31.10.2012, 13h45.

Corren: Splittrade nazister – men allt mer bråk. In: corren.se, 22.04.2009. Zit. n. http://www.corren.se/ostergotland/artikel.aspx?articleid=4166635, 14.01.2014, 01h11. (= Corren 2009)

Cremer, Wolfgang: Aspekte des verfassungsschützerischen Umgangs mit der Neue Rechten. In: Wolfgang Gessenharter/Helmut Fröchling (Hrsg.): Rechtsextremismus und Neue Rechte in Deutschland. Neuvermessung eines politisch-ideologischen Raumes? Opladen 1998, 69-76.

Czernin,Venzel Zit.n. https://www.facebook.com/jesstudenten/posts/437760156294464, 15.12.2013, 13h06.

Dainat, Holger: Die Herrscher, das Reich, die Dichter. Vorstellungen sozialer Ordnung eines konservativen Revolutionäre: Das Kaiserbuch von Paul Ernst. In: Horst Thomé (Hrsg.): Paul Ernst. Außenseiter und Zeitgenosse., Würzburg 2002, 101-132.

Dalsbro, Anders: Med skräcken som vapen. In: expo.se, ohne Datum. Zit. n. http://expo.se/2011/med-skracken-som-vapen_3773.html, 14.01.2014, 01h43. (= Dalsbro 2014)

Delcheva, Marina: »Ich will nicht Schweinefresser genannt werden«, In: www.dasbiber.at, März 2013. Zit.n. http://www.dasbiber.at/content/identiare, 20.08.2013, 11h39. (=Delcheva 2013)

Denkler, Thorsten: Fünf, die sich im Kreis drehen. In: www.sueddeutsche.de, 02.11.2012, Zit.n. http://www.sueddeutsche.de/politik/2.220/konservative-in-der-union-fuenf-die-sich-im-kreis-drehen-1.1512681, 27.11.2013, 10h36. (=Denkler 2012)

der Funke: Der Funke in Rom: Casa Pound. In: deutsch.sonnenritter.net, 20.01.2012. Zit. n. http://deutsch.sonnenritter.net/?p=522 2011, 18.12.2013, 23h45. (der Funke 2012a)

der Funke: Evola lesen. In: deutsch.sonnenritter.net, 11.11.2013. Zit. n. http://deutsch.sonnenritter.net/?p=1065, 27.12.2013, 20h09. (= der Funke 2013a)

der Funke: Mann und Frau und Genderwahn. In: deutsch.sonnenritter.net, 05.02.2012. Zit. n. http://deutsch.sonnenritter.net/?p=513, 27.12.2013, 21h06. (= der Funke 2012b)

der Funke: Über Identität. In: deutsch.sonnenritter.net, 25.02.2013. Zit. n. http://deutsch.sonnenritter.net/?p=836, 13.01.2014, 23h10. (der Funke 2013b)

der Funke: Vom Aufbruch, zit. n. http://derfunke.info/?p=175 2013 20.05.2013, 13.12.2013, 23h48.

der rechte rand: Muniers Lesertreffen. In: der rechte rand 142 (2013), 32.

Der Spiegel Online: Frankreich: Rechter Publizist erschießt sich in Kathedrale Notre-Dame. In: www.spiegel.de, 21.05.2013. Zit. n. http://www.spiegel.de/panorama/justiz/frankreich-rechtsnationaler-publizist-erschiesst-sich-in-notre-dame-a-901125.html, 23.12.2013, 20h56. (= Spiegel 2013)

der Standard: Gudenus: >Systematische Umvolkung<. In: derstandard.at, 15.04.2004. Zit. n. http://derstandard.at/1617541, 23.12.2013, 19h09. (= der Standard 2004)

derpatriot: Interview mit Nissa Rebela-Chef Philippe Vardon. In: http://sosheimat.wordpress.com, 14.09.2011, Zit.n. http://sosheimat.wordpress.com/2011/09/14/interview-mit-nissa-rebela-chef-philippe-vardon/, 27.10.2013, 20h38. (=derpatriot 2011)

Deutsche Opfer, fremde Täter: Über dieses Projekt. In: www.deutscheopfer.de, ohne Datum. Zit. n. http://www.deutscheopfer.de/ueber-dieses-projekt, 04.01.2014, 12h33. (Deutsche Opfer 2014)

Dewinter, Filip: FDW op congres Plataforma per Catalunya: >Primer els de casa< (of >Eigen volk eerst<) is een mensenrecht – toespraak en fotoverslag. In: http://www.filipdewinter.be, 15.11.2011, zit.n. http://bit.ly/rzH0Np, 03.10.2013, 11h16. (=Dewinter 2011)

Die Identitären in Wien Zit.n. https://www.facebook.com/photo.php?fbid=452116981 515047&set=pb.450956071631138.-2207520000.1389738448.&type=3&theater, 14.01.2014, 22h41.

Die Identitären: o.T., In: dieidentiaeren.tumblr.com, 29.12.2012, Zit.n.: http://dieidentitaeren.tumblr.com/post/39163750211/wie-uns-unsere-zahlreichen-informanten-gerade, 07.10.2013, 12h38. (=Die Identitären 2012)

Die Welt: Fußnoten. In: www.welt.de, 02.09.2003. Zit. n. http://www.welt.de/print-welt/article256999/Fussnoten.html, 29.12.2013, 22h56. (= Die Welt 2003)

Döhnermann, Jan: »Wir wissen was wir sind und was wir nicht sind.«, In: Unique 12/12, Zit.n. http://www.univie.ac.at/unique/uniquecms/?p=2840, 07.10.2013, 20h34. (=Döhnermann 2012)

Dokumentationsarchiv Österreichischer Widerstand: FPÖ gegen »Überfremdung« oder: Wie Nazi-Diktion salonfähig wird. In: www.doew.at, o.D. Zit.n. http://www.doew.at/projekte/rechts/chronik/1999_09/stop1.html, 29.12.2011, 18h34. (=Dokumentationsarchiv Österreichischer Widerstand 1999)

Donny Darko: Identitärer Hardbass Votivkirche. Zit.n. http://www.youtube.com/watch?v=GpH2gU-VHPA, 16.12.2013, 13h00. (=Hardbass Votivkirche 2013)

DÖW: Stellungnahme des DÖW zum Leopold Stocker Verlag. In: www.doew.at, August 2004. Zit. n. http://www.doew.at/erkennen/rechtsextremismus/neues-von-ganz-rechts/archiv/august-2004/neue-ordnung-feiert-antisemiten/stellungnahme-des-doew-zum-leopold-stocker-verlag#leopold stocker, 14.01.2014, 13h55. (= DÖW 2004)

DPA: CDU-Spitze stimmt geschlossen für Merkels Kurs. In: www.stern.de, 14.01.2010, Zit.n. http://www.stern.de/politik/deutschland/berliner-erklaerung-cdu-spitze-stimmt-geschlossen-fuer-merkels-kurs-1535847.html, 27.11.2013, 09h58. (=DPA 2010)

Dresden Nazifrei Zit.n. http://www.dresden-nazifrei.com/index.php/aufruf, 13.01.2014, 14h32.

Dugin, Alexander: Die Vierte Politische Theorie. In: http://www.4pt.su/de, o.D. , Zit.n. http://www.4pt.su/de/content/der-westen-wird-kollabieren, 26.11.2013, 23h49. (=Dugin o.J.)

Eckert, Roland: Kulturelle Homogenität und aggressive Intoleranz. Eine Kritik der Neuen Rechten. In: Aus Politik und Zeitgeschichte 44 (2010), 26-33.

ecoleusti: Nazis im Superman-Kostüm – Hardbass in Europa. In: http://ecoleusti.wordpress.com, 24. 08. 2012, Zit.n. http://ecoleusti.wordpress.com/2012/08/24/hardbass/, 13. 04. 2013, 13h26. (=ecoleusti 2012)

eigentümlich frei: Interviewpartner. In: ef-magazin.de, ohne Datum. Zit. n. http://ef-magazin.de/interviewpartner/, 20.12.2013, 13h21. (= eigentümlich frei 2014a)

eigentümlich frei: Schwerpunktthema: Ein- und Auswanderung. In: ef-magazin.de, ohne Datum. Zit. n. http://ef-magazin.de/archiv/ef/63/inhalt.html, 20.12.2013, 13h23. (= eigentümlich frei 2014b)

Ekman, Mikael: Terrormisstänkt medlem på nazistforum. In: expo.se, ohne Datum. Zit. n. http://expo.se/2011/terrormisstankt-aktiv-pa-nazistforum_4190.html, 14.01.2014, 01h16. (= Ekman 2014)

Elsässer, Jürgen Zit.n. http://juergenelsaesser.wordpress.com/2011/07/04/compact-juli-ausgabe-der-gedemutigte-mann/, 2912.2013, 23h19.

Elsässer, Jürgen Zit.n. http://juergenelsaesser.wordpress.com/2011/02/21/compact-nr-2-deutschland-das-besetzte-land/, 15.01.2014, 23h53.

Elsässer, Jürgen: 4:4 nach 4:0 – Deutschland schafft sich ab. In: http://juergenelsaesser.wordpress.com, 17.10.2013, Zit.n. http://juergenelsaesser.wordpress.

Eques Solis – Sonnenritter: Eques Solis – Cui Bono? Teil I. In: deutsch.sonnenritter.net, 31.10.2012. Zit. n. http://deutsch.sonnenritter.net/?p=697, 27.12.2013, 12h55. (= Eques Solis 2012a)

Eques Solis – Sonnenritter: Eques Solis – Cui Bono? Teil II. In: deutsch.sonnenritter.net, 22.11.2012. Zit. n. http://deutsch.sonnenritter.net/?p=733, 27.12.2013, 12h59. (= Eques Solis 2012b)

Eques Solis – Sonnenritter: Eques Solis Triangulum. In: deutsch.sonhenritter.net, 31.05.2013. Zit. n. http://deutsch.sonnenritter.net/?p=923, 29.12.2013, 12h34. (= Eques Solis 2013)

Eques Solis – Sonnenritter: Portfolio. In: deutsch.sonnenritter.net, ohne Datum. Zit. n. http://deutsch.sonnenritter.net/?portfolio=shirt-order, 27.12.2013, 23h55. (= Eques Solis 2014)

Eser, Patrick: Plataforma per Catalunya, in: der rechte rand 143 (2013), 28-29.

Feit, Margret: Die >Neue Rechte< in der Bundesrepublik. Organisation – Ideologie – Strategie. Frankfurt, New York 1987.

Forzanuova Milano: 12-13-14 settembre: il Festival Boreal in Italia! In: www.milano.forzanuova.info, 10.07.2013. Z it. n. http://www.milano.forzanuova.info/blog/tag/malmannen, 13.11.2013, 16h00. (= Forzanuova Milano 2013)

Fosfer, Julian (2013): Integration und Selbsthass (Teil 2). In: http://identitaere-bewegung.de, 24.06.2013, Zit.n. http://identitaere-bewegung.de/2013/06/24/integration-und-selbsthas-teil-2/, 29.10.2013, 14h12. (=Integration und Selbsthass 2013)

Fosfer, Julian: Integration und Selbsthass (3), in: http://www.identitaere-generation.info, 14.06.2013, Zit.n. http://www.identitaere-generation.info/integration-und-selbsthass-3/, 28.11.2013, 15h53. (=Identitäre Generation 2013)

Fredriksson, Joakim: Identitär idé 5. In: www.motpol.nu, 02.07.2013. Zit. n. http://www.motpol.nu/joakimfredriksson/2013/07/02/identitar-ide-5/, 14.01.2014, 01h39. (= Fredriksson 2013)

Freiheitlicher Parlamentsklub – FPÖ: FPÖ: Winter präsentiert Buch »Weder Hure noch Sklavin – Frauen und Islam«. OTS0180, am 06.02.2013, Zit.n. http://www.ots.at/presseaussendung/OTS_20130206_OTS0180/fpoe-winter-praesentiert-buch-weder-hure-noch-sklavin-frauen-und-islam, 07.10.2013, 16h38.

Freiheitlicher Parlamentsklub – FPÖ: Strache: FPÖ unterstützt Plataforma per Catalunya bei Wahlen in Katalonien. OTS0042, am 21.11.2010, zit.n.: http://www.ots.at/presseaussendung/OTS_20101121_OTS0042/strache-fpoe-unterstuetzt-plataforma-per-catalunya-bei-wahlen-in-katalonien. 20.11.2013, 17h06.

Freires, Horst: Grenzüberschreitender Brückenschlag. In: bnr.de, 12.11.2013. Zit. n. http://www.bnr.de/artikel/aktuelle-meldungen/grenzueberschreitender-brueckenschlag, 18.12.2013, 20h05. (= Freires 2013)

Fritzl, Martin: NS-Verbotsgesetz: Akademikerbund macht reinen Tisch, In: www.diepresse.com, 23.03.2010, Zit.n. http://diepresse.com/home/politik/innenpolitik/554367/NSVerbotsgesetz_Akademikerbund-macht-reinen-Tisch, 08.10.2013, 11h38. (=Fritzl 2010)

Fröchling, Helmut: Die Neue Rechte im Fokus des Verfassungsschutzes. In: Wolfgang Gamma: Sächsische Salonfaschisten. In: gamma.noblogs.org, 23.04.2013, Zit.n. http://gamma.noblogs.org/archives/1439, 15.01.2014, 14h41. (=Gamma 2013)

Gärtner, Reinhold: Die ordentlichen Rechten. Die ›Aula‹, die Freiheitlichen und der Rechtsextremismus, Wien 1996.

Gärtner, Reinhold: Neurechter Populismus in Österreich. ›Vorbild‹ für Deutschland? In: Wolfgang Gessenharter/Helmut Fröchling (Hrsg.): Rechtsextremismus und Neue Rechte in Deutschland. Neuvermessung eines politisch-ideologischen Raumes? Opladen 1998, 227-239.

Génération Identitaire Genève zit. n. https://www.facebook.com/permalink.php?story_fbid=404470923015049&id=291125427682933&stream_ref=10, 14.01.2014, 03h39.

Génération Identitaire Genève zit. n. https://www.facebook.com/pages/G%C3%A9n%C3%A9ration-Identitaire-Gen%C3%A8ve/291125427682933?id=291125 4276 82933&sk=app_469706403081366, 14.01.2014, 03h38.

Génération Identitaire Genève zit. n. https://www.facebook.com/permalink.php?story_fbid=327701264025349&id=291125427682933&stream_ref=10, 14.01.2014, 03h39.

Génération Identitaire Genève zit. n. https://www.facebook.com/permalink.php?story_fbid=368934693235339&id=291125427682933&stream_ref=10, 14.01.2014, 03h40.

Génération Identitaire Genève zit. n. https://www.facebook.com/photo.php?fbid=323 425784452897&set=a.296924460436363.1073741825.291125427682933&type=1&stream_ref=10, 14.01.2014, 03h41.

Génération Identitaire Genève zit. n. https://www.facebook.com/photo.php?fbid=412 455178883290&set=a.412455175549957.1073741827.291125427682933&type=1&stream_ref=10, 14.01.2014, 03h41.

Génération Identitaire Lorraine zit. n. https://www.facebook.com/GI.Lorraine/posts/572023932877845. 15.01.2014, 01h40.

Génération Identitaire Nice zit. n. https://www.facebook.com/events/768967189799 787/. 15.01.2014, 01h49.

Génération Identitaire, A Declaration of War – From the Generation of National Identity – (English subs), Zit.n. http://www.liveleak.com/view?i=aea_1349608822, 25.11.2013, 15h04. (=A Declaration of War – From the Generation of National Identity, 25.11.2013)

Génération Identitaire: Décleration de Guerre, zit. n. http://www.generation-identitaire.com/declaration-de-guerre/ (zuletzt geprüft am 13.12.2013).

Génération Identitaire: La campagne »Génération Anti-Racailles« sur »nouvel arbitre«. In: www.generation-identitaire.com, 25.11.2013. Zit. n. http://www.generation-identitaire.com/la-campagne-generation-anti-racailles-sur-le-site-de-nouvel-arbitre/, 15.01.2014, 01h31. (= Génération Identitaire 2013b)

Génération Identitaire: Salut Camarade. In: www.generation-identitaire.com, 22.05.2013. Zit. n. http://www.generation-identitaire.com/salut-camarade/ 2013, 23.12.2013, 20h14. (= Génération Identitaire 2013c)

Generation Identity Zit.n. https://www.facebook.com/geniduk/posts/14152656220 39456?stream_ref, 13.01.2014, 20h49.

Generation Identity Zit.n. https://www.facebook.com/photo.php?fbid=143224604700
8080&set=a.1431228647109820.1073741828.1414268812139137&type=1&thea
ter, 13.01.2014, 21h30.

Generation of Identity Zit.n. https://www.facebook.com/geniduk, 13.01.2014, 19h56.

Generation of National Identity – United Kingdom Zit.n. https://www.facebook.com/
photo.php?fbid=453917844663326&set=a.449462211775556.110919.43725914
9662529&type=1, 25.11.2013, 17h12.

Generation of National Identity – United Kingdom Zit.n. https://www.facebook.com/
photo.php?fbid=472721332782977&set=a.449462211775556.110919.43725914
9662529&type=1, 25.11.2013, 15h34.

Generation of National Identity – United Kingdom Zit.n. https://www.facebook.com/
GenerationIdentityUK/posts/500705766651200, 25.1.2013, 16h26.

Generation of National Identity – United Kingdom Zit.n. https://www.facebook.com/
GenerationIdentityUK/posts/470334429688334, 25.11.2013, 15h55.

Generation of National Identity – United Kingdom Zit.n. https://www.facebook.com/
photo.php?fbid=473913365997107&set=a.449462211775556.110919.43725914
9662529&type=1, 25.11.2013, 17h05.

Generation of National Identity – United Kingdom Zit.n. https://www.facebook.com/
GenerationIdentityUK/info, 25.11.2013, 14h12.

Generation of National Identity – United Kingdom Zit.n. https://www.facebook.com/
photo.php?fbid=564679626920480&set=a.449462211775556.110919.43725914
9662529&type=1&theater, 13.01.2014, 20h01.

Generation of National Identity – United Kingdom Zit.n. https://www.facebook.com/
photo.php?fbid=564679626920480&set=a.449462211775556.110919.43725914
9662529&type=1&theater, 13.01.2014, 20h01.

Generation of National Identity – United Kingdom Zit.n. https://www.facebook.com/
photo.php?fbid=479558235432620&set=a.449462211775556.110919.43725914
9662529&type=1, 25.11.2013, 16h22.

Generation of National Identity – United Kingdom Zit.n. https://www.facebook.com/
GenerationIdentityUK/posts/573873716001071, 25.11.2013, 16h40.

Generation of National Identity – United Kingdom Zit.n. https://www.facebook.com/
GenerationIdentityUK?fref=ts, 15.01.2014, 22h55.

Generation of National Identity – United Kingdom Zit.n. https://www.facebook.com/
GenerationIdentityUK/posts/565426690179107 , 08.12.2013, 23h26.

Generation of National Identity supportsite – Denmark: facebook-Posting 6. November 2013, 22:34h, zit. n. https://www.facebook.com/permalink.php?story_fbid=34737
8168740615&id=347363878742044.

Generation of National Identity supportsite – Denmark zit. n. https://www.facebook.
com/permalink.php?story_fbid=347378168740615&id=347363878742044,
14.11.2013, 16h50.

Generation of National Identity supportsite – Denmark zit. n. https://www.facebook.
com/permalink.php?story_fbid=347660105379088&id=347363878742044,
14.11.2013, 16h45.

Generation of National Identity supportsite – Denmark zit. n. https://www.facebook. com/permalink.php?story_fbid=347737335371365&id=347363878742044&stre am_ref=10, 14.11.2013, 15h13.

Generazione Identitaria Zit.n. https://www.facebook.com/photo.php?fbid=408085049 286713&set=pb.344957848932767.-2207520000.1389830926.&type=3&theater, 14.01.2014, 23h01.

Generazione Identitaria: L'Identità e i suoi Nemici. In: generazione-identitaria.com, 26.12.2012. Zit. n. http://generazione-identitaria.com/2012/12/26/identita-e-i-suoi-nemici/, 14.01.2014, 00h53. (Generazione Identitaria 2012a)

Generazione Identitaria: Tanti popoli, una terra. In: generazione-identiraia.com, ohne Datum. Zit. n. http://generazione-identitaria.com/tanti-popoli-una-terra/, 14.01.2014, 00h55. (Generazione Identitaria 2012b).

Gessenharter, Wolfgang: Neue radikale Rechte, intellektuelle Neue Rechte und Rechtsextremismus: Zur theoretischen und empirischen Neuvermessung eines politisch- ideologischen Raumes. In: Wolfgang Gessenharter/Helmut Fröchling (Hrsg.): Rechtsextremismus und Neue Rechte in Deutschland. Neuvermessung eines politisch-ideologischen Raumes? Opladen 1998, 25-66.

Gessenharter/Helmut Fröchling (Hrsg.): Rechtsextremismus und Neue Rechte in Deutschland. Neuvermessung eines politisch-ideologischen Raumes? Opladen 1998, 119-137.

Geyer, Stefan/Jörg Schindler: Im Netz der Islamfeinde. In: www.fr-online.de, 14.09.2011. Zit. n. http://www.fr-online.de/die-neue-rechte/-politically-incorrect-im-netz-der-islamfeinde,10834438,10835026,item,1.html, 29.12.2013, 20h12. (= Geyer/Schindler 2011)

gloria.tv: Sabatina James – Eine Frau hat überlebt. Zit.n. http://de.gloria.tv/ ?media=146762. 08.12.2013, 10h33. (=gloria.tv 2013)

Gresmann, Hans: Absage an Charles de Gaulle. In: www.zeit.de, 25.05.1962, Zit.n. http:// www.zeit.de/1962/21/absage-an-charles-de-gaulle, 8.12., 22h20. (=Gresmann 1962)

Grüner Klub im Parlament Zit. n. http://www.stopptdierechten.at/2013/05/29/unzensuriert-at-keine-sperre-von-neonazis/, 26.11.2013, 23h58. (=Grüner Klub im Parlament 2013c)

Grüner Klub im Parlament: Die braunen Ränder der Identitären (I). In: www.stopptdierechten.at, 07. 10. 2013, Zit.n. www.stopptdierechten.at/2012/10/07/die-braunen-rander-der-identitaren-i/, 15.09.2013, 12h38. (=Grüner Klub im Parlament 2012)

Grüner Klub im Parlament: Die braunen Ränder der Identitären (V): Sind die Identitären rechtsextrem?, 14. 02. 2013, Zit.n. http://www.stopptdierechten.at/2013/02/14/die-braunen-rander-der-identitaren-v-sind-die-identitaren-rechtsextrem/, 15.09.2013, 14h17. (=Grüner Klub im Parlament 2012b)

Grüner Klub im Parlament: Die braunen Ränder der Identitären (VII): ....und alte Bekannte, In: www.stopptdierechten.at, 25.02.2013, Zit.n. http://www.stopptdierechten.at/2013/02/25/die-braunen-rander-der-identitaren-vii-...-und-alte-bekannte/ ,15.09.2013,14h56. (=Grüner Klub im Parlament 2012c)

Grüner Klub im Parlament: Identitäre Arminia Czernowitz?, In: www.stopptdierechten. at, 11.03.2013, Zit.n. http://www.stopptdierechten.at/2013/03/11/identitare-arminia-czernowitz/, 07.10.2013, 13h48. (=Grüner Klub im Parlament 2013b)

Grüner Klub im Parlament: Mölzers »Zur Zeit« und der »Wien-Führer für Perverse«. In: http://www.stopptdierechten.at, 28.07.2010, Zit.n. http://www.stopptdierechten.at/2010/07/28/molzers-zur-zeit-und-der-wien-fuhrer-fur-perverse/, 26.11.2013, 23h25. (=Grüner Klub im Parlament 2010)

Grüner Klub im Parlament: Salzburg: Frundsberg ist fleißig! In: www.stopptdierechten.at, 20.03.2011, Zit.n. http://www.stopptdierechten.at/2011/03/20/salzburg-frundsberg-ist-fleisig/, 16.12.2013, 13h08. (=Grüner Klub im Parlament 2011)

Grüner Klub im Parlament: Unzensuriert: »Parlamentswanzen«, »Redaktionshetzer« und »Dämokratten«. In: http://www.stopptdierechten.at, 28.05.2013, Zit.n http://www.stopptdierechten.at/2013/05/28/unzensuriert-parlamentswanzen-redaktionshetzer-und-damokratten/, 26.11.2013, 23h08. (=Grüner Klub im Parlament 2013)

Grüner Klub im Parlament: Unzensuriert.at: Keine Sperre von Neonazis? In: http://www.stopptdierechten.at, 29.05.2013, Zit.n. http://www.stopptdierechten.at/2013/05/29/unzensuriert-at-keine-sperre-von-neonazis/, 26.11.2013, 23h08. (=Grüner Klub im Parlament 2013a)

Grüner Klub im Parlament: Wien: Spaltung beim Akademikerbund. In: www.stopptdierechten.at, 05.05.2011. Zit.n. http://www.stopptdierechten.at/2011/05/05/wien-spaltung-beim-akademikerbund/, 14.01.2014, 17h22. (= Grüner Klub im Parlament 2011b)

Grüner Klub im Parlament: Wo wohnt »unzensuriert.at«?, In: http://www.stopptdierechten.at, 25.05.2012, Zit.n. http://www.stopptdierechten.at/2012/05/25/wo-wohnt-«unzensuriert-at«/, 26.11.2013, 23h08. (=Grüner Klub im Parlament 2012a)

Hagen, Patrick: Die Antideutschen und die Debatte der Linken über Israel. In: www.trend.infopartisan.net, 2005. Zit. n.: http://www.trend.infopartisan.net/trd0405/t030405.html#6, 13.01.2014, 16h17. (= Hagen 2005)

Hakel, Elisabeth et al. parlamentarische Anfrage zit. n. http://www.parlament.gv.at/PAKT/VHG/XXIV/J/J_07011/fnameorig_201192.html, 15.01.2014, 22h47

Hamilton David: Cultural Marxism and Tradition. In: http://centrerightwritings.blogspot.co.uk, 19.07.2013, zit.n. http://centrerightwritings.blogspot.co.uk/2013/07/david-hamilton.html, 25.11.2013, 15h16 (=Hamilton 2013)

Heinrich, Florian: >Wir sind das, was wir schaffen<. Rechte Hausbesetzer in Italien: Casapound hat nicht nur in Rom einen festen Platz. In: ZUERST! 11/2013, 41-43.

Heither, Dietrich: Burschenschaften. Weltbild und Habitus eines schlagenden Männerbundes. In: Christoph Butterwegge/Gudrun Hentges (Hrsg.): Alte und Neue Rechte an den Hochschulen, Münster 1999, 92-113.

Helbig, Felix: Nicht rechts, nicht links, identitär. In: www.fr-online.de, 04.12.2012, zit.n. http://www.fr-online.de/rhein-main/rassismus-nicht-rechts--nicht-links--identitaer,1472796,21034296.html, 07.11.2013, 15h29. (=Helbig 2012)

Herzinger, Richard: Kulturkrieg und utopische Gemeinschaft. Die >Konservative Revolution< als deutscher antiwestlicher Gegenmodernismus. In: Volker Eickhoff/Ilse Korotin (Hrsg.): Sehnsucht nach Schicksal und Tiefe. Der Geist der Konservativen Revolution, Wien 1997, 14-39.

Hinz, Thorsten: Vehikel der Unzufriedenen, In: http://www.jungefreiheit.de, 11.05.2013, zit.n. http://www.jungefreiheit.de/Single-News-Display-mit-Komm.154+M5dfc57181ad.0.html, 28.11.2013, 00h20. (=Hinz 2013)

Hjelmås Johansen, Siv-Kari : Identitær – kva er no det då? In: maalmannen.wordpress. com, 07.01.2013. Zit. n. http://maalmannen.wordpress.com/2013/01/07/identitaer-kva-er-no-det-da/, 13.11.2013, 14h56. (= Hjelmås Johansen 2013)

https://www.compact-magazin.com/manifest-fuer-die-familie/ (Artikel ist ohne Abonnement nur auszugsweise online verfügbar)

https://www.facebook.com/GenerationIdentityUK/posts/470334429688334, 25.11.2013, 15h55.

IB-Medienteam: Integration und Selbsthass (Teil 2). In: http://identitaere-bewegung. de, 24.06.2013, zit.n. http://identitaere-bewegung.de/2013/06/24/integration-und-selbsthas-teil-2/, 24.11.2013, 23h54 (=IB Medienteam 2013)

IdentitærBergenzit.n.https://www.facebook.com/IdentitaerBergen/posts/465897470184579, 14.01.2014, 02h03.

IdentitærBergenzit.n.https://www.facebook.com/IdentitaerBergen/posts/482641781843481, 14.01.2014, 02h10.

IdentitærBergenzit.n.https://www.facebook.com/IdentitaerBergen/posts/495792823861710, 14.01.2014, 02h05.

Identitær Bergen zit. n. https://www.facebook.com/photo.php?fbid=466749930099333&set=a.418733468234313.1073741827.409328805841446&type=1, 14.01.2014, 02h09.

Identitær Bergen zit. n. https://www.facebook.com/photo.php?fbid=472851556155837&set=a.418733468234313.1073741827.409328805841446&type=1, 14.01.2014, 02h06.

Identitær Bergen: Facebook-Posting 11. September, 11:39h, zit. n. https://www.facebook.com/photo.php?fbid=472851556155837&set=a.418733468234313.1073741827.409328805841446&type=1 (zuletzt geprüft am 31.10.2013).

Identitær Bergen: Facebook-Posting 23. Oktober 2013, 11:49h, zit. n. https://www.facebook.com/IdentitaerBergen/posts/495792823861710 (zuletzt geprüft am 31.10.2013).

Identitær Bergen: Facebook-Posting 28. August, 19:31h, zit. n. https://www.facebook.com/IdentitaerBergen/posts/465897470184579 (zuletzt geprüft am 31.10.2013).

Identitär Idé Zit.n. http://www.identitet.org/startsidan/, 14.01.2014, 10h35.

Identitär Idé: Om Identitär Idé. In: www.identitet.org, ohne Datum. Zit. n. http://www.identitet.org/about/, 14.01.2014, 01h31. (= Identitär Idé 2014)

Identitäre Bewegung – Deutschland Zit. n. https://www.facebook.com/identitaere/posts/673252826026113, 06.01.2014, 13h12

Identitäre Bewegung – Deutschland Zit. n. https://www.facebook.com/photo.php?fbid=701405486544180&set=a.583269085024488.1073741828.581482171869846&type=1, 06.01.2014, 15h45.

Identitäre Bewegung – Deutschland Zit.n. http://on.fb.me/1hofdCZ, 14.01.2014, 22h45.

Identitäre Bewegung Burgenland Zit.n. https://www.facebook.com/permalink.php?story_fbid=638745512806567&id=603924829621969&stream_ref=10, 14.01.2014, 15h26.

Identitäre Bewegung Burgenland Zit.n. https://www.facebook.com/permalink. php?story_fbid=638745512806567&id=603924829621969&stream_ref=10, 14.01.2014, 15h26.
Identitäre Bewegung Deutschland zit. n. https://www.facebook.com/identitaere/ posts/673252826026113, 06.01.2014, 13h12.
Identitäre Bewegung Deutschland zit. n. https://www.facebook.com/photo.php?fbid=7 01405486544180&set=a.583269085024488.1073741828.581482171869846&typ e=1, 06.01.2013, 15h45.
Identitäre Bewegung Deutschland zit. n. https://www.facebook.com/photo.php?fbid=7 21701447847917&set=a.583269085024488.1073741828.581482171869846&typ e=1, 06.01.2014, 16h02.
Identitäre Bewegung Deutschland Zit.n. http://identitaere-bewegung.de/2013/11/19/ nicht-links-nicht-rechts-identitaer-2/ , 29.10.2013, 22h34. (Homepage down)
Identitäre Bewegung Deutschland Zit.n. http://identitaere-bewegung.de/Produkt/heimatliebe/, 28.11.2013, 14h58. (Homepage down)
Identitäre Bewegung Deutschland Zit.n. http://identitaere-bewegung.de/Produkt/islamisierung-nicht-mit-uns/, 28.11.2013, 15h48. (Homepage down)
Identitäre Bewegung Deutschland Zit.n. https://www.facebook.com/IdentitaereBewegungDeutschland/posts/327492380698136, 30.10.2013, 12h24.
Identitäre Bewegung Deutschland Zit.n. https://www.facebook.com/photo.p hp?fbid=477014225687912&set=pb.445130018876333.-2207520000 .1386545605.&type=3&theater, 08.12.2013, 23h34.
Identitäre Bewegung Deutschland: Homo Oeconomicus. Zit. n. http://www.youtube. com/watch?v=LKNKdBfVH1M. 21.12.2013, 23h23. (=Homo Oeconomicus 2013)
Identitäre Bewegung Lumdatal/Gießen, zit. n. https://www.facebook.com/permalink. php?story_fbid=374064159381756&id=277458455708994&stream_ref=10, 13.01.2014, 23h36.
Identitäre Bewegung Lumdatal/Gießen, zit. n. https://www.facebook.com/permalink. phpstory_fbid=334368033349817&id=277458455708994&stream_ref=10, 13.01.2014, 23h32.
Identitäre Bewegung NRW: Die Identitäre Bewegung NRW ist gegen das Gender Mainstreaming?! In: http://www.identitaere-nrw.net/, 18.01.2013. Zit. n. http://www. identitaere-nrw.net/?p=25, 06.01.2014, 15h25. (= Identitäre Bewegung NRW 2013).
Identitäre Bewegung Österreich: Stellungnahme zur Besetzung der Besetzung. Zit.n. https://www.youtube.com/watch?v=uMboCmjSGy4, 13.03.2013, 15h27. (=Stellungnahme Besetzung 2013)
Identitäre Bewegung Österreich: Unter Menschenfreunden – ein Augenzeugenbericht vor der Votivkirche, In: http://ib-oesterreich.at, 12.02.2013, Zit.n. http://ib-oesterreich. at/?p=268, 15.09.2013, 12h36. (=IBÖ Augenzeugenbericht 2013)
Identitäre Bewegung Schweiz zit. n. https://www.facebook.com/events/ 176987192498615/?ref=5, 14.01.2014, 03h34.
Identitäre Bewegung Schweiz zit. n. https://www.facebook.com/IBSchweiz/posts/174914 996029748, 14.01.2014, 03h34.

Identitäre Bewegung Schweiz zit. n. https://www.facebook.com/IBSchweiz/posts/197501 237104457?stream_ref=10, 14.01.2014, 03h22.

Identitäre Bewegung Schweiz zit. n. https://www.facebook.com/IBSchweiz/posts/204823 096372271?stream_ref=10, 14.01.2014, 03h27.

Identitäre Bewegung Schweiz zit. n. https://www.facebook.com/photo.php?fbid=1701 09263176988&set=a.140918629429385.1073741828.101419413379307&type=1 &stream_ref=10, 14.01.2014, 03h34.

Identitäre Bewegung Schweiz zit. n. https://www.facebook.com/photo.php?fbid=1814 00108714570&set=a.140918629429385.1073741828.101419413379307&type=1 &stream_ref=10, 14.01.2014, 03h23.

Identitäre Bewegung Schweiz zit. n. https://www.facebook.com/photo.php?fbid=2025 25276602053&set=a.140918629429385.1073741828.101419413379307&type=1 &stream_ref=10, 14.01.2014, 03h25.

Identitäre Bewegung Schweiz: Rettet den Holidi! Zit. n. http://www.youtube.com/watch?v=u09DiqLg2F4, 14.01.2014, 03h30. (= Identitäre Bewegung Schweiz, 14.01.2014)

Identitäre Bewegung Soest Zit.n. https://www.facebook.com/photo.php?fbid=3266609 87436861&set=a.326660984103528.1073741828.325454564224170&type=1&stream_ref=10, 14.01.2014, 15h11.

Identitäre Bewegung Wien zit. n. https://www.facebook.com/events/531211 003641406/?ref=22, 29.12.2013, 20h14.

Identitäre Bewegung: Unser Ziel. In: dentitaere-bewegung.de, o.D., Zit.n. http://identitaere-bewegung.de/unser-ziel/, 28.11.2013, 00h08. (=IB 2013)

Identitäre Generation: IBÖ-Sommerfest. Zit.n. http://www.identitaere-generation.info/iboe-sommerfest/, 10.11.2013, 17h23.

Identitärer: 2012 October 20th statement/announcement. In: http://dieidentitaeren.tumblr.com, 20.10.2012, Zit.n. http://dieidentitaeren.tumblr.com/page/3. 31.10.2013, 13h59. (=Identitärer 2012)

Identitarios Zit.n. http://www.identitarios.es/, 13.01.2014, 22h37

Identitarios Zit.n. http://www.identitarios.es/post/56881531452. 24.10.2013, 13h23.

Identitarios: Nosotros. In: www.identitarios.es, ohne Datum. Zit.n. http://www.identitarios.es/nosotros, 24.10.2013, 14h40. (= Identitarios 2013a)

Identitarios: o. T. In: www.identitarios.es, ohne Datum. Zit.n. http://www.identitarios.es/, 13.01.2014, 22h37. (= Identitarios 2014)

Identitarios: Sergius of Radonezh blessing Dmitry Donskoy before the battle by Yuri Pantyukhin. In: www.identiarios.es, 04.09.2013. Zit.n. http://www.identitarios.es/post/60293810713/oldsamovar-sergius-of-radonezh-blessing-dmitry, 15.01.2014, 12h10. (=Identiarios 2013c)

Identitarios: This is life. This is shit. In: www.identiarios.es, 30.07.2013. Zit.n. http://www.identitarios.es/post/56881531452. 24.10.2013, 13.23. (=Identitarios 2013b)

Institut für Staatspolitik: Akademien. In: staatspolitik.de, 2012. Zit. n. http://staatspolitik.de/veranstaltungen/akademien/, 21.12.2013, 23h45. (= Institut für Staatspolitik 2012)

Institut für Staatspolitik: Arbeitsgebiete. In: staatspolitik.de, ohne Datum. Zit. n. http://staatspolitik.de/institut/arbeitsgebiete/, 21.12.2013, 02h12. (= Institut für Staatspolitik 2014)

Jäger, Johannes: Die rechtsextreme Versuchung, Münster 2002.

Jäger, Margret/Siegfried Jäger: Gefährliche Erbschaften. Die schleichende Restauration rechten Denkens, Berlin 1999.

James, Sabatina: Islamofaschismus, Zit.n.: http://www.pi-news.net/2013/08/video-sabatina-james-islamofaschismus/. 28. 10. 2013, 09h29. (=James 2013)

Janzen, Cornelius: Gegen Multi-Kulti. Die »Identitäre Bewegung«. In: www.3sat.de, 06.03.2013, zit.n. http://www.3sat.de/page/?source=/kulturzeit/themen/168266/index.html, 08.11.2013, 19h23. (=Janzen 2013)

Jesse, Eckhard: Von den Linken lernen? Vier rechtsextremistische Intellektuelle im Vergleich. In: Uwe Backes (Hrsg.): Rechtsextreme Ideologien in Geschichte und Gegenwart, Köln/Weimar/Wien 2003, 261-288.

Joventuts Identitàries per Catalunya (Província de Girona) Zit.n. https://www.facebook.com/media/set/?set=a.539794929423236.1073741844.180556052013794&type=1, 13.01.2014, 23h05.

Joventuts Identitàries per Catalunya (Província de Girona) Zit.n. https://www.facebook.com/photo.php?fbid=586703118065750&set=pb.180556052013794.-2207520000.1389653819.&type=3&theater, 13.01.2014, 23h00.

Joventuts Identitàries Zit.n. http://joventutsidentitaries.blogspot.co.uk/, 13.01.2014, 22h53.

Julian II: Wetten, dass... In: www.identitaere-generation.info, 15.12.2013. Zit. n. http://www.identitaere-generation.info/wetten-dass/, 06.01.2014, 16h31. (Julian II 2013)

Julian: Identitär – Eine Idee. In: www.identitaere-generation.info, 02.05.2013. Zit. n. http://www.identitaere-generation.info/identitar-eine-idee/, 06.01.2014, 16h45. (= Julian 2013)

Jung, Dorothea: Politically Incorrect: Die Allianz der Islamhasser. In: www.blaetter.de, 2010. Zit. n. https://www.blaetter.de/archiv/jahrgaenge/2010/november/politically-incorrect-die-allianz-der-islamhasser, 29.12.2013, 21h30. (= Jung 2010)

Junge Freiheit Verlag GmbH & Co Zit.n. http://jungefreiheit.de/author/a-lange/, 29.12.2013, 20h16.

Junge Freiheit: Autoren. In: jungefreiheit.de, ohne Datum. Zit. n. http://jungefreiheit.de/informationen/autoren/, 22.12.2013, 22h23. (= Junge Freiheit 2014)

Kai Homilius Verlag Zit.n. http://kai-homilius-verlag.de/katalog/reihe.php?reihe=13&typ=DVD&typ2=CD, 13.01.2014, 22h38.

Kai Homilius Verlag Zit.n. http://www.kai-homilius-verlag.de/vp/0.5/index.php, 29.12.2013, 19h59.

Kämper, Gabriele: Die männliche Nation. Politische Rhetorik der neuen intellektuellen Rechten, Köln, Weimar, Wien 2005.

Karolinger Verlag Zit.n. http://www.karolinger.at/portrait.html, 03.10.2013, 11h29.

Kellershohn, Helmut: Die Deutsche Gildenschaft und ihr Verhältnis zum Nationalsozialismus. In: www.disskursiv.de, 18.04.2010. Zit. n. http://www.disskursiv.de/2010/04/18/die-deutsche-gildenschaft-und-ihr-verhaltnis-zum-nationalsozialismus/, 04.01.2013, 9h09. (= Kellershohn 2010)

Kiesel, Helmuth: Ernst Jünger. Die Biographie, München 2007.

Kleine-Hartlage, Manfred: Über. In: korrektheiten.com, ohne Datum. Zit. n. http://korrektheiten.com/uber-mich/, 29.12.2013, 23h46. (= Kleine-Hartlage 2014)

Klönne, Arno: Kein Spuk von gestern oder: Rechtsextremismus und ›Konservative Revolution‹, Münster 1996.

Koch, Heiko: Casa Pound Italia. Mussolinis Erben, Münster 2013.

Kolthoff, Albrecht: Hochfliegende Pläne für eine »europäische Denkfabrik«. In: Netz gegen Nazis, 14.04.2012, zit.n. http://www.netz-gegen-nazis.de/lexikontext/hochfliegende-plaene-fuer-eine-europaeische-denkfabrik, 27.09.2013, 12h15 (=Kolthoff 2012)

Konservativ-Subversive Aktion: Aktion im Audimax, zit. n. http://www.ungebeten.de/wordpress/?p=15 02.05.2008 (zuletzt geprüft am 06.01.2014).

Konservativ-Subversive Aktion: Chemnitz, 14. Juni: Pressemitteilung zur Aktion gegen Krenz und Runkel. In: www.ungebeten.de, 14.06.2008. Zit. n. http://www.ungebeten.de/wordpress/?p=22, 14.01.2014, 15h50. (= Konservativ-Subversive Aktion 2008)

Konservativ-Subversive Aktion: Grass vom Sockel stoßen!, zit. n. http://www.ungebeten.de/wordpress/?p=28 31.08.2008, 06.01.2008, 13h48.

Konservativ-Subversive Aktion: KSA : Was sucht Merkel in Paris?, zit. n. http://www.youtube.com/watch?v=yaa8LyacAnI, 06.01.2014, 12h38.

Korotin, Ilse: Die politische Radikalisierung der Geschlechterdifferenz im Kontext von ›Konservativer Revolution‹ und Nationalsozialismus. In: Volker Eickhoff/Ilse Korotin (Hrsg.): Sehnsucht nach Schicksal und Tiefe. Der Geist der Konservativen Revolution, Wien 1997, 105-127.

Korrektheiten – der Laden: Willkommen. In: korrektheiten.biz, ohne Datum. Zit. n. http://korrektheiten.biz/, 29.12.2013, 12h21. (= Korrektheiten 2014)

Krebs, Felix: Mit der konservativen Revolution die kulturelle Hegemonie erobern. Das Zeitungsprojekt Junge Freiheit. In: Jean Cremet/Felix Krebs/Andreas Speit (Hrsg.): Jenseits des Nationalismus. Ideologische Grenzgänger der ›Neuen Rechten‹ – ein Zwischenbericht, Hamburg/Münster 1999, 53-89.

Kubitschek, Götz: Subversives aus Chemnitz, in: www.sezession.de, 17.04.2009 , Zit.n. http://www.sezession.de/3688/subversives-aus-chemnitz.html, 16.01.2014, 00h59. (=Kubitschek 2009)

Kubitschek , Götz:: Über die Konservativ-subversive Aktion (KSA), Zit..n. https://www.youtube.com/watch?v=HtAZDxmtwO4, 28.11.2013, 00h17. (=Über die Konservativ-subversive Aktion (KSA), 28.11.2013)

Kubitschek, Götz: Beim Bloc Identitaire in Orange: Maßnahmen, In: www.sezession.de, 13.11.2012, Zit.n. http://www.sezession.de/34651/beim-bloc-identitaire-in-orange-masnahmen.html, 15.09.2013, 15h12. (=Kubitschek 2012)

Kubitschek, Götz: kas – konservative aktion stuttgart, zit. n. http://www.sezession.de/12857/kas-konservative-aktion-stuttgart.html 03.03.2010 (zuletzt geprüft am 06.01.2013).

Kubitschek, Götz: Warum Lichtmesz und ich nach Orange fahren. In: www.sezession.de, 30.10.2012, Zit.n. http://www.sezession.de/34523/warum-lichtmesz-und-ich-nach-orange-fahren.html#more-34523, 05.01.2014, 22h49. (=Kubitschek 2012a)

Küssels Kameraden: Der Alpen-Donua-Dunstkreis. In: http://kuesselskameraden.blogsport.eu, 18.08.2011. Zit.n. http://kuesselskameraden.blogsport.eu, 15.12.2013, 13h08. (=Küssels Kameraden 2011)

Lassotta, Wolf-Dieter: Der politische Lärm des Black Metal. In: deutsch.sonnenritter.net, 13.10.2012. Zit. n. http://deutsch.sonnenritter.net/?p=648, 27.12.2013, 21h12. (= Lassotta 2012)

Lau, Jörg: Die »Achse des Guten« gegen schwule Parasiten. In: blog.zeit.de, 24.01.2012. Zit. n. http://blog.zeit.de/joerglau/2012/01/24/die-achse-des-guten-gegen-schwule-parasiten_5375, 13.09.2013, 13h11. (= Lau 2012)

Leitz, Markus zit. n. https://www.facebook.com/IBSchweiz/posts/212839788903935?stream_ref=10, 14.01.2014, 03h19.

Lenart, Patrick: 2. Zwischentag und »Surprise« in Berlin. In: http://www.identitaere-generation.info, 08.10.2013, Zit.n. http://www.identitaere-generation.info/2-zwischentag-und-surprise-in-berlin/, 24.10.2013, 14h34. (=Lenart 2013)

Lenart, Patrick: Herzerweichende Sprüche statt Visionen: Droht Eurpa eine Multikulti-Revolution? In: http://www.identitaere-generation.info, 17.10. 2013, Zit.n. http://www.identitaere-generation.info/herzerweichende-sprueche-statt-visionen-droht-europa-eine-multikulti-revolution/, 30.10.2013, 12h27. (=Lenart 2013a)

Lenk, Kurt/Meuter, Günter/Henrique Ricardo Otten: Vordenker der Neuen Rechten, Frankfurt/New York 1997.

Leonhard, Ralf: Schlag gegen katholische Ultras. In: http://www.taz.de, 11.08.2013, Zit.n. http://www.taz.de/!121628/, 30.10.2013, 11h12. (=Leonhard 2013)

Libertäres Institut: Wahlschock: Wahlrechtsentzug für alle Nettostaatsprofiteure! In: ef-magazin.de, 17.09.2006. Zit. n. http://ef-magazin.de/2006/09/17/wahlschock-wahlrechtsentzug-fur-alle-nettostaatsprofiteure, 20.12.2013, 13h22. (= Libertäres Institut 2006)

Lichtmesz, Martin: Casa Pound. In: Sezession 34 (2010), 22-27.

Lichtmesz, Martin: Die Identitären, In: www.neue-ordnung.at (ohne Datum), Zit.n. http://www.neue-ordnung.at/index.php?id=69, 15.09.2013, 15h37. (=Lichtmesz 2013)

Lichtmesz, Martin: Vom schwulen Eros. In: Sezession 36 (2010), 28-31.

Lichtschlag, André: Karlheinz Weißmann: Demokratie, Faschismus und Neue Rechte. In: ef-magazin.de, 2009 27.03.2009. Zit. n. http://ef-magazin.de/2009/03/27/1061-karlheinz-weissmann-demokratie-faschismus-und-neue-rechte, 20.12.2013, 23h25. (= Lichtschlag 2009)

Lichtschlag, André: Warum eigentümlich frei. In: ef-magazin.de, ohne Datum. Zit. n. http://ef-magazin.de/warum-ef/, 20.12.2013, 08h01. (= Lichtschlag 2014)

Linksunten.indymedia.org: Naziouting der »Identitären Bewegung« in Wien/Graz! Zit.n. https://linksunten.indymedia.org/de/node/86569, 16.12.2013, 11h39. (=Linksunten.indymedia 2013)

Loschert, Sebastian: Eine verschworene Bande. In: jungle-world.com, 17.09.2009, Zit.n. http://jungle-world.com/artikel/2009/38/39414.html, 29.12.2013, 23h08. (=Loschert 2009)

Maegerle, Anton: Militanter Bürgermeister. In: bnr.de, 18.12.2013. Zit. n. http://www.bnr.de/artikel/aktuelle-meldungen/militanter-buergermeister, 14.01.2014, 00h42. (Maegerle 2013)

Magistrat Wien zit.n. http://www.wien.gv.at/advwahlkand/internet/KandidatRegional. aspx?WID=BV101&WK=0, 16.12.2013, 10h47.

Målmannen zit. n. https://www.facebook.com/pages/M%C3%A5lmannen/202082899 808198, 13.11.2013, 9h15.

Målmannen: Ei krigslysing frå den identitære ættleden. In: maalmannen.wordpress.com, 18.03.2013. Zit. n. http://maalmannen.wordpress.com/2013/03/18/ei-krigslysing-fra-den-identitaere-aettleden/, 13.11.2013, 12h34. (= Målmannen 2013a)

Målmannen: Minnemarsj i Magdeburg. In: maalmannen.wordpress.com, 15.01.2013. Zit. n. http://maalmannen.wordpress.com/2013/01/15/minnemarsj-i-magdeburg/, 13.11.2013, 15h20. (= Målmannen 2013b)

Målmannen: Um Målmannen. In: maalmannen.wordpress.com, ohne Datum. Zit. n. http://maalmannen.wordpress.com/about/, 14.01.2014, 02h14. (= Målmannen 2014)

Medien und Kritik Zit.n. http://medienkritikwien.wordpress.com/tag/andreas-unterbergers-tagebuch/, 26.11.2013, 23h40.

Meinhart, Edith: Das verquere Weltbild der »Identitären«. In: www.profil.at, 25.02.2013. Zit. n. http://www.profil.at/articles/1309/560/353357/das-weltbild-identitaeren, 08.01.2014, 17h54. (=Meinhart 2013)

Menzel, Felix: »Sprachproblem« fast ausverkauft. In: http://www.blog.blauenarzisse. de/, 20.12.2013. Zit. n. http://www.blog.blauenarzisse.de/8138/sprachproblem-fast-ausverkauft.html, 27.12.2013, 22h10. (Menzel 2013a)

Menzel, Felix: Identitäres Europa I-III. In: Blaue Narzisse, 18.12.2012, Zit.n. http://www.blauenarzisse.de/index.php/anstoss/item/3639-identitaeres-europa, 21.10.2013, 13h17. (=Menzel 2012)

Metapedia: Causa Identitaria. In: es.metapedia.org, 20.05.2011. Zit. n. http://es.metapedia.org/wiki/Causa_Identitaria, 27.09.2014, 13h24 (= Metapedia 2011)

Metapedia: Identitäre Bewegung. In: de.metapedia.org, 31.08.2013. Zit. n. http://de.metapedia.org/wiki/Identit%C3%A4re_Bewegung, 08.01.2014, 09h56. (= Metapedia 2013a)

Metapedia: Identitet och metapolitik. In: sv.metapedia.org, 25.12.2009. Zit. n. http://sv.metapedia.org/wiki/Identitet_och_Metapolitik, 14.01.2014, 01h22. (= Metapedia 2009)

Metapedia: Metapedia: Projektbeschreibung. In: de.metapedia.org, 17.08.2013. Zit. n. http://de.metapedia.org/wiki/Metapedia:Projektbeschreibung, 13.09.2013, 15h50. (= Metapedia 2013b)

Meyer, Thomas: Methoden und Strategien. Insinuation als Stilmittel. In: Friedrich Ebert Stiftung/Akademie der Politischen Bildung (Hrsg.): Am rechten Rand. Bonn 1995, 18-19.

Minkenberg, Michael: Die Erneuerung der radikalen Rechten in westlichen Demokratien: USA, Frankreich, Deutschland im Vergleich. In: Wolfgang Gessenharter/Helmut Fröhling (Hrsg.): Rechtsextremismus und Neue Rechte in Deutschland. Neuvermessung eines politisch-ideologischen Raumes? Opladen 1998a, 253-279.

Minkenberg, Michael: Die neue radikale Rechte im Vergleich. USA, Frankreich, Deutschland, Opladen 1998.

Mirzaie, Ario Ebrahimpour: PI-News: Das Hassblog der Rechtspopulisten. In: blog.zeit. de, 27.07.2011. Zit. n. http://blog.zeit.de/stoerungsmelder/2011/07/27/pi-news-der-hassblog-der-rechtspopulisten_6714, 29.12.2013, 20h07. (= Mirzaie 2011)

Mohler, Armin/Karlheinz Weißmann: Die konservative Revolution in Deutschland 1918-1932. Ein Handbuch, Graz 2005.

Mölzer, Andreas: Rot-weiß-rote Neidgenossen. In: Zur Zeit 35 (2013), 4. Zit.n. https://epaper.zurzeit.at/swf/FNAtDggOP3, 26.11.2013, 23h23. (=Mölzer 2013)

Motpol: Om Motpol. In: www.motpul.nu, ohne Datum. Zit. n. http://www.motpol.nu/om-motpol/, 14.01.2014, 01h25. (= Motpol 2014a)

Motpol: Våra medarbetare. In: www.motpol.nu, ohne Datum. Zit. n. http://www.motpol.nu/vara-medarbetare/, 14.01.2014, 01h28. (= Motpol 2014b)

Müller, Jost: Mythen der Rechten. Nation, Ethnie, Kultur, Berlin – Amsterdam 1995.

nach dem gedankenstrich: Blockseminare. In: nach-dem-gedankenstrich.de, 2013. Zit. n. http://nach-dem-gedankenstrich.de/blockseminare, 27.12.2013, 23h29. (= nach dem gedankenstrich 2013)

nach dem gedankenstrich: Jugend, Identität und Kultur. In: nach-dem-gedankenstrich. de, ohne Datum. Zit. n. http://nach-dem-gedankenstrich.de/jugend-identitat-und-kultur, 13.01.2014, 23h20. (= nach dem gedankenstrich 2014)

Neitzert, Lurtz: Rechte Esoterik, Musik und Riefenstahl. In: Am rechten Rand 4 (1998), 22-29.

Netz gegen Nazis: Zentrum der >Neuen Rechten< in Karben: Politische Angriffe von Rechtsaußen. In: www.netz-gegen-nazis.de, 15.07.2013. Zit. n. http://www.netz-gegen-nazis.de/artikel/zentrum-der-neuen-rechten-in-karben-8834, 22.12.2013, 22h12. (= Netz gegen Nazis 2013)

Neue Ordnung: Impressum. In: www.neue-ordnung.at, ohne Datum. Zit. n. http://www.neue-ordnung.at/index.php?id=7, 14.01.2014, 14h08. (= Neue Ordnung 2014)

Neue Ordnung: Neue Ordnung I/2013. In: www.neue-ordnung.at, 2013. Zit. n. http://www.neue-ordnung.at/index.php?id=70, 14.01.2014, 14h12. (= Neue Ordnung 2013)

Niekisch Zit.n. https://diskuswerfer.wordpress.com/2012/10/25/auf-auf-zur-tat-zur-tat-sind-wir-geboren-identitare-voran/, 14.01.2014, 15h01.

Nietzsche, Friedrich (1883/1901)): Also sprach Zarathustra. Ein Buch für Alle und Keinen, 1882/1901. in: Nietzsches Werke, Erste Abtheilung, Band VI. C.G. Naumann Verlag, Leipzig, Zit.n. http://gutenberg.spiegel.de/buch/3248/4, 28.11.2013, 00h11. (=Nietsche 1883)

Niewendick, Martin: Was macht Scholl-Latour bei Elsässer? In: www.publikative.org, 22.10.2013, Zit.n. http://www.publikative.org/2012/10/22/was-macht-scholl-latour-bei-elsasser/. 29.12.2013, 23h06. (=Niewendick 2013)

Noguer, Miquel: De franquista a conseguidor. In: El País, 24. Jänner 2010, zit.n. http://elpais.com/diario/2010/01/24/espana/1264287606_850215.html. 03.10 2013, 15h50. (=Noguer 2010)

Nordisk Ungdom zit. n. https://www.facebook.com/nordicyouth/posts/595662667141 43, 14.01.2014, 01h55.

Nordisk Ungdom zit. n. https://www.facebook.com/nordicyouth/posts/624691750905 301, 14.01.2014, 01h54.

Nordisk Ungdom: Drömmen om Skandinavien. In: nordiskungdom.com, ohne Datum. Zit. n. http://nordiskungdom.com/idegrund/, 14.01.2014, 01h47. (= Nordisk Ungdom 2014)

Nordisk Ungdom: USA Låt Syrien va'! In: www.youtube.com, 02.09.2013. Zit. n. http://www.youtube.com/watch?v=xC5O65Zwirw, 14.01.2014, 01h51. (= Nordisk Ungdom 2013)

Nordisku.nu zit. n. http://www.nordisk.nu/showthread.php?t=59602&p=666033&viewfull=1#post666033, 14.01.2014, 02h55.

NPD: NPD fordert erzgebirgischen CDU-Kreisrat zum Parteiwechsel auf Die Aktion »Linkstrend stoppen« funktioniert nur mit der NPD. In: www.npd-sachsen.de, 01.08.2011, Zit.n. http://www.npd-sachsen.de/index.php?s=28&aid=896, 27.11.2013, 10h26. (=NPD 2011)

NS Rostock: Hardbass gegen Demokraten. Zit.n. http://www.youtube.com/watch?v=BsLiaBnT03s, 11.08.2013, 15h45.

o.A.: »Tanz für Toleranz« der Caritas: Maskierte gegen »multikulti«. In: derstandard.at, 01.10.2012, zit.n. http://derstandard.at/1348284660891/Maskierte-gegen-multikulti (=Tanz für Toleranz 2012)

o.A.: Bochumer Opel-Werk schließt 2014. In: Süddeutsche Zeitung, 17.04.2013, Zit.n. http://www.sueddeutsche.de/wirtschaft/angeschlagener-autohersteller-bochumer-opel-werk-schliesst-1.1651506, 21.10.2013, 16h28. (=Süddeutsche Zeitung 2013)

o.A.: Empörung über Aussagen von FPÖ-Generalsekretär Kickl (2011). In: derstandard.at, 18.11.2011, Zit.n. http://derstandard.at/1319183220852/Nationalratssitzung-Empoerung-ueber-Aussagen-von-FPOe-Generalsekretaer-Kickl, 28.12.2011, 14h39. (=Empörung über Aussagen von FPÖ-Generalsekretär Kickl 2011)

o.A.: Ex-FPÖ-Politiker Königshofer legt Mandat zurück. In: derstandard.at, 12.10.2011, Zit.n. http://derstandard.at/1317020034846/Nationalrat-Ex-FPOe-Politiker-Koenigshofer-legt-Mandat-zurueck, 27.12.2011, 14h34.. (=Ex-FPÖ-Politiker Königshofer legt Mandat zurück, 12.10.2011)

o.A.: Flüchtlingsprotest: Rechtsradikale besetzten Votivkirche. In: derstandard.at, 10.02.2013, zit.n. http://derstandard.at/1360161297049/Fluechtlingsprotest-Rechtsradikale-besetzen-Votivkirche, 07.11.2013, 20h28 (=Flüchtlingsprotest 2013)

o.A.: Unterbergers »Tagebuch«-Blog jetzt auch als Smartphone-App. In: derstandard.at, 29.01.2013, Zit.n. http://derstandard.at/1358304992208/Unterbergers-Tagebuch-Blog-jetzt-auch-als-Smartphone-App, 26.11.2013, 23h35. (=Unterbergers »Tagebuch«-Blog)

o.A.: Zentrallager wird geschlossen: Opel gibt Bochum komplett auf. In: Spiegel online, 26.04.2013, Zit.n. http://www.spiegel.de/wirtschaft/unternehmen/opel-gibt-auch-das-zentrallager-in-bochum-auf-a-896829.html, 21.10.2013, 12h45. (=Spiegel online 2013)

o.Nn. Michael: Mensch und Welt. In: www.identitaere-generation.info, 17.06.2013. Zit. n. http://www.identitaere-generation.info/mensch-und-welt/, 06.01.2014, 15h54. (= Michael 2013)

Ochsenreiter, Manuel: Der Aktivist. In: ZUERST 8-9 (2013), 91-93.

Öllinger, Karl: Der »Bund Freier Jugend« und seine Nazis. Ein Dossier von Karl Öllinger. In: http://www.stopptdierechten.at, Februar 2009, Zit.n. http://www.stopptdierechten.at/wp-content/uploads/bfj_dossier_oellinger.pdf, 03.10.2013, 11h26. (=Öllinger 2009)

Opratko, Benjamin: Das Hirn funktionierte weiter, In: marx21 Juli/August (2013), Zit.n. http://marx21.de/content/view/1949/32/, 05.01.2014, 22h53. (=Opratko 2013)

ORF Salzburg: Rechtsextremer Publizist in Salzburg. In: http://sbgv1.orf.at, 09.03.2010, Zit.n. http://sbgv1.orf.at/stories/428048, 07.10.2013, 21h20. (=ORF Salzburg 2010)

Österreichische Verlagsgeschichte 1918-1938: Leopold Stocker Verlag (»Heimatverlag« Leopold Stocker) (Graz-Leipzig). In: verlagsgeschichte.murrayhall.com, ohne Datum. Zit. n. http://verlagsgeschichte.murrayhall.com/index.php?option=com_content&view=article&id=129&Itemid=140, 14.01.2014, 13h58. (= Österreichische Verlagsgeschichte 2014)

Oxford Dictionaries: Paleo-conservative. In: www.oxforddictionaries.com, ohne Datum. Zit. n. http://www.oxforddictionaries.com/us/definition/english/paleo-conservative, 14.01.2014, 01h37. (= Oxford Dictionaries 2014)

Parlamentarische Anfrage der Abgeordneten Bettina Stadlbauer und Genossinnen an die Bundesministerin für Bildung, Wissenschaft und Kultur betreffend »Vorgänge bei der Bestellung eines Universitätsrates der Kunstuniversität Linz«. 141/J XXII. GP, 26. Februar 2003, In: http://www.parlament.gv.at, Zit.n. http://www.parlament.gv.at/PAKT/VHG/XXII/J/J_00141/fnameorig_001604.html, 03.10.2013, 12h38. (=Parlamentarische Anfrage Stadlbauer 2003)

Paxton, Robert: Anatomie des Faschismus. München 2006.

Payne, Stanley G.: Geschichte des Faschismus. Aufstieg und Fall einer europäischen Bewegung, Wien 2006.

Peham, Andreas: >Österreich neu regieren<: Steuergeld für Vorfeldorgan des Rechtsextremismus. In: www.doew.at, 2001. Zit. n. http://www.doew.at/erkennen/rechtsextremismus/neues-von-ganz-rechts/archiv/november-2001/pressefoerderung-fuer-zurzeit, 04.01.2013, 22h25. (= Peham 2001)

Peham, Andreas: Die zwei Seiten des Gemeinschaftsdünkel. Zum antisemitischen Gehalt freiheitliche Identitätspolitik im Wandel. In: Österreichische Zeitschrift für Politikwissenschaft 4 (2010), 467-481.

Perner, Markus/Purtscheller, Wolfgang: Die nationale Internationale. In: Wolfgang Purtscheller (Hrsg.): Die Ordnung, die sie meinen. >Neue Rechte< in Österreich. Wien 1994, 72-99.

Perner, Markus/Schiedel, Heribert/Klaus Zellhofer: Haiders Denkfabriken: Die Avantgarde der Völkischen. In: Wolfgang Purtscheller (Hrsg.): Die Ordnung, die sie meinen. >Neue Rechte< in Österreich, Wien 1994, 47-71.

Perner, Markus/Schiedel, Heribert/Zellhofer, Klaus: Haiders Denkfabriken: Die Avantgarde der Völkischen. In: Wolfgang Purtscheller (Hrsg.): Die Ordnung, die sie meinen. >Neue Rechte< in Österreich, Wien 1994, 47-71.

Pfahl-Traughber, Armin: »Gramscismus von rechts«? Die Entwicklung einer Strategie der Kulturrevolution und die Rezeption Antonio Gramscis durch die Neue Rechte in Frankreich und Deutschland. In: Am rechten Rand 4 (1998), 2-13. (=Pfahl-Traughber 1998c)

Pfahl-Traughber, Armin: Die Erben der >Konservativen Revolution<. Zur Bedeutung, Definition und Ideologie der >Neuen Rechten<. In: Wolfgang Gessenharter und Helmut Fröchling (Hrsg.): Rechtsextremismus und Neue Rechte in Deutschland. Neuvermessung eines politisch-ideologischen Raumes? Opladen 1998, 77-95. (=Pfahl-Traughber 1998a)

Pfahl-Traughber, Armin: Konservative Revolution und Neue Rechte. Rechtsextremistische Intellektuelle gegen den demokratischen Verfassungsstaat, Opladen 1998. (=Pfahl-Traughber 1998b)

Pfeiffer, Thomas: Die Neue Rechte in Deutschland. In: www.extremismus.com, o.D. , Zit.n. http://www.extremismus.com/texte/neuerechte2.pdf, 21.12.2011, 19h23. (=Pfeiffer 2003)

Pirincci, Akif: Das Schlachten hat begonnen. In: www.achgut.com, 25.03.2013. Zit. n. http://www.achgut.com/dadgdx/index.php/dadgd/article/das_schlachten_hat_begonnen, 15.09.2013, 12h45. (= Pirincci 2013)

Plehwe, Dieter/Walpen, Bernhard: Marktradikale Think-Thanks. Stiftungen und Intellektuelle. International organisierte Netzwerke als Stütze der Neuen Rechten. In: Christoph Butterwegge/Gudrun Hentges (Hrsg.): Alte und Neue Rechte an den Hochschulen, Münster 1999, 39-51.

Poetry Foundation zit. n. http://www.poetryfoundation.org/bio/ezra-pound,18.12.2013, 22h56.

Politically Incorrect: Der schwul-lesbische Münchner >Familienpass<! In: www.pi-news.net, 28.12.2013. Zit. n. http://www.pi-news.net/2013/12/der-schwul-lesbische-muenchner-familienpass/, 29.12.2013, 22h22. (= Politically Incorrect 2013a)

Politically Incorrect: Femen-Schlampe stürmt Messe im Kölner Dom. In: www.pi-news.net, 25.12.2013. Zit. n. http://www.pi-news.net/2013/12/femen-schlampe-stuermt-messe-im-koelner-dom/, 29.12.2013, 22h30. (= Politically Incorrect 2013b)

Priester, Karin: Fließende Grenzen zwischen Rechtsextremismus und Rechtspopulismus in Europa? In: Aus Politik und Zeitgeschichte 44 (2010), 33-39, Zit.n. http://www.bpb.de/publikationen/2GPSZU,0,Flie%DFende_Grenzen_zwischen_Rechtsextremismus_und_Rechtspopulismus_in_Europa.html, 21.12.2011, 20h45. (=Priester 2010)

Projektwerkstatt Karben: Pressemitteilung der Projektwerkstatt vom 27.06.2013. In: werkstattkarben.wordpress.com, 27.06.2013. Zit. n. http://werkstattkarben.wordpress.com/2013/06/27/pressemitteilung-der-projektwerkstatt-vom-27-06-2013/, 21.12.2013, 15h23. (= Projektwerkstatt Karben 2013)

Purtscheller, Wolfgang/Heribert Schiedel: Theorien der >Neuen Rechten<. In: Wolfgang Purtscheller (Hrsg.): Die Ordnung, die sie meinen. >Neue Rechte< in Österreich, Wien 1994, 15-46.

PxC: Spot Eleccions al Parlament 2012 Stop Immigració PxC. Zit.n. http://www.youtube.com/watch?v=BFYXOPSpHqo. 03.10.2013, 11h42. (=Spot Eleccions al Parlament 2012 Stop Immigració PxC, 03.10.2013)

Reichardt, Sven: Faschistische Kampfbünde. Gewalt und Gemeinschaft im italienischen Squadrismus und in der deutschen SA, Köln, Weimar, Wien 2002.

Relja, Boris: Konservatives Kroatien. In: www.blauenarzisse.de, 19.12.2013., zit. n. http://www.blauenarzisse.de/index.php/gesichtet/item/4334-konservatives-kroatien, 27.12.2013, 20h34. (= Relja 2013)

Reuters: »Berliner Erklärung«: Stimmenfang-Plan soll CDU zukunftsfähig machen. In: www.spiegel.de, 14.01.2010, Zit.n. http://www.spiegel.de/politik/deutschland/berliner-erklaerung-stimmenfang-plan-soll-cdu-zukunftsfaehig-machen-a-671854.html, 27.11.2013, 09h55. (=Berliner Erklärung 2010)

Ricci, Ettore: CasaPound verstehen. In: deutsch.sonnenritter.net, 24.07.2013. Zit. n. http://deutsch.sonnenritter.net/?p=985, 27.12.2013, 20h35. (= Ricci 2013)

Rotte Charlotte: Alles ist wichtiger. Zit. n. http://nationale-revolution.net/forum/archive/index.php/t-4646.html, 14.01.2014, 00h01. (= Rotte Charlotte 2008)

Schiedel, Heribert: Die extreme Rechte ›im Dienst der europäischen Neuordnung‹. In: Wolfgang Purtscheller (Hrsg.): Die Rechte in Bewegung. Seilschaften und Vernetzung der ›Neuen Rechten‹, Wien 1995a, 68-99.

Schiedel, Heribert: Die FPÖ und der Antisemitismus – Ein lange verdrängter Aspekt. 2001 Zit.n. http://www.doew.at/cms/download/dhm5v/schiedel_fpoe.pdf, 26.11.2013, 23h27. (=Schiedel 2001)

Schiedel, Heribert: Extreme Rechte in Europa, Wien 2011.

Schiedel, Heribert: Kulturpolitik von Vorgestern und Anti-Antifaschismus. In: Wolfgang Purtscheller (Hrsg.): Die Rechte in Bewegung. Seilschaften und Vernetzung der ›Neuen Rechten‹, Wien 1995, 100-115.

Schlüter, Margarete: »Konsolidierungsversuche der ›Identitären Bewegung Deutschland‹«. In: der rechte rand 143 (2013), 14-15.

Schlüter, Margarete: Die »Identitären« – eine Bewegung? In: der rechte rand 140 (2013), 21-24.

Schmid, Bernhard: Auf Identitätssuche, zit. n. http://jungle-world.com/artikel/2012/45/46543.html, 13.01.2014, 22h52. (= Schmid 2012)

Schmid, Bernhard: Die Neue Rechte in Frankreich, Münster 2009.

Schmidt, Ernst A.: Rudolf Borchardts Antike als Modernismuskritik. In: TEXT & KRITIK. Zeitschrift für Literatur. SONDERBAND XI (2007), 86-113.

Schneeweiß-Arnoldstein, Günther Zit.n. http://www.kreuz-net.at/index.php?id=297, 16.01.2014, 00h14.

Schobert, Alfred: Eliten-Antisemitismus in Nazi-Kontinuität. In: www.graswurzel.net, Dezember 2003, Zit.n. http://www.graswurzel.net/284/hohmann.shtml, 27.11.2013, 10h11. (=Schobert 2003)

Scholz, Robert: Ja, sie lebt noch! – 5. Konservativ-Subversive-Aktion in Berlin, In: www.endstation-rechts.de, 12.11.2009, Zit.n. http://www.endstation-rechts.de/news/kategorie/konservativ-subversive-aktion-1/artikel/ja-sie-lebt-noch-5-konservativ-subversive-aktion-in-berlin.html, 16.01.2014, 01.04. (=Scholz 2009)

Schwerdtfeger, Markus: Voller Erfolg. In: ZUERST! 11/2013, 64-65.

Sellner, Martin: Vlog Identitär 3 – Sind Identitäre Rassisten?, Zit.n.: http://www.youtube.com/watch?v=HskhznVkBfg. 21.10.2013, 15h59. (=Sellner 2013)

Sellner, Martin: Vlog Identitär 6 – Was heißt es identitär zu sein?, Zit.n.: https://www.youtube.com/watch?v=HskhznVkBfg, 24.10.2013, 11h18. (=Sellner 2013a)

Serrao, Marc Felix: Wo Gehirne sich übergeben. In: www.sueddeutsche.de, 17.05.2010. Zit. n. http://www.sueddeutsche.de/kultur/rechtsintellektuelle-im-internet-wo-gehirne-sich-uebergeben-1.479868, 29.12.2013, 20h10. (= Serrao 2010)

Seubert, Harald: Anschlussfähigkeit, Mimikry, Provokation. In: Sezession 52 (2013), 24-27.

Sezession im Netz: Manfred Kleine-Hartlage. In: www.sezession.de, ohne Datum. Zit. n. http://www.sezession.de/autoren/kleine-hartlage, 29.12.2013, 22h06. (= Sezession 2014a)

Sezession im Netz: Redaktion. In: www.sezession.de, ohne Datum. Zit. n. http://www.sezession.de/zeitschrift/redaktion, 15.01.2014, 00h34. (= Sezession 2014b)

Sieber, Robert: Die geplatzte Illusion – Vom Zerfall der »Identitären«, In: http://blog.zeit.de/stoerungsmelder/, 01.03.2013, Zit.n. http://blog.zeit.de/stoerungsmelder/2013/03/01/die-geplatzte-illusion-vom-zerfall-der-identitaren_11712, 28.11.2013, 00h12. (=Sieber 2013a)

Sieber, Roland: Kampf um die »Identität« – Nazis wollen »Identitäre Bewegung«. In: publikative.org, 16.12.2012, zit.n. http://www.publikative.org/2012/12/16/kampf-um-die-identitat-nazis-wollen-identitare-bewegung/, 07.11.2013, 23h37. (=Sieber 2012)

Sieber, Roland: Von tanzenden Rassisten und uniformierten Milizen. In: publikative.org, 22.10.2012, zit.n. http://www.publikative.org/2012/10/22/von-tanzenden-rassisten-und-uniformierten-milizen/, 07.11.2013, 22h17. (=Sieber 2013)

Simon: Hexenjagd in Karben. In: konservative-aktion-stuttgart.de, 17.06.2013. Zit. n. http://konservative-aktion-stuttgart.de/2013/06/hexenjagd-in-karben/,22.12.2013, 22h09. (= Simon 2013)

Snaphanen: »Identitet«. In: snaphanen.dk, 13.02.2013. Zit. n. http://snaphanen.dk/2012/10/05/frankrig-bojer-sig-for-islam/, 28.11.2013, 20h34. (= Snaphanen 2013)

Speit, Andreas: Schicksal und Tiefe. Sehnsüchte der ›Neuen Rechten‹. In: Jean Cremet/Felix Krebs/Andreas Speit (Hrsg.): Jenseits des Nationalismus. Ideologische Grenzgänger der ›Neuen Rechten‹ – ein Zwischenbericht, Hamburg/Münster 1999, 11-52.

Staud, Toralf: Moderne Nazis. Die neuen Rechten und der Aufstieg der NPD. Bonn 2006.

Steckner, Bernd: Die visuelle Politik der Identitären. In: der rechte rand 143 (2013), 22-23

Sternhell, Zeev: Fascist Ideology. In: Roger Griffin (Hrsg.): Fascism. Fascism and Culture, London, New York 2004, 81-141.

Stiftung Ja zum Leben Zit.n., http://www.tim-lebt.de/stiftung-ja-zum-leben/, 27.11.2013, 10h08.

Strähle, Michael: Der Anspruch auf Bestimmtheit. Carl Schmitts Absolutismus. In: Volker Eickhoff/Ilse Korotin (Hrsg.): Sehnsucht nach Schicksal und Tiefe. Der Geist der Konservativen Revolution, Wien 1997, 148-165.

Strobl, Natascha: Ideologie und Strategie der ›Neuen Rechten‹ am Beispiel des Funken. Diplomarbeit, Universität Wien, 2012. (=Strobl 2012)

Strobl, Natascha: Rechtsextreme Festspiele in Österreich. In: http://schmetterlingssammlung.net, 22.11.2013, zit.n. http://schmetterlingssammlung.net/2013/11/14/rechtsextreme-festspiele-in-osterreich/, 24.11.2013, 22h46. (=Strobl 2013)

Studienzentrum Weikersheim zit. n. http://www.studienzentrum-weikersheim.de/, 15.01.2014, 02h17.

Studienzentrum Weikersheim zit. n. http://www.studienzentrum-weikersheim.de/8-0-Programm.html, 23.12.2013, 20h12.

Terkessidis, Mark: Kulturkampf. Volk, Nation, der Westen und die Neue Rechte. Köln 1995.

Terrorgruppe: Mein Skateboard ist wichtiger als Deutschland. Zit. n. http://www.elyrics.net/read/t/terrorgruppe-lyrics/mein-skateboard-ist-deutschland-lyrics.html, 14.01.2014, 00h06. (=Terrorgruppe 2002)

Thorwartl, Christoph: 1. Linzer Burschitour – ein Rückblick. In: http://www.subtext.at, 14.01.2012, Zit.n. http://www.subtext.at/2012/01/1-linzer-burschitour-ein-ruckblick/, 30.10.2013, 17h38. (=Thorwartl 2012)

Tilman, Steffen: »Wir sind das Herz der Union«, In: Die Zeit online, 20.12.2011, Zit.n. http://www.zeit.de/politik/deutschland/2011-12/berliner-kreis-cdu/seite-1, 26.11.2013, 15h36. (=Tilman 2011)

Tszschoppe, Tilmann: Wider die »herrschende Meinungsdiktatur der politischen Korrektheit«. In: ZUERST!, 16.04.2010. Zit. n. http://www.netz-gegen-nazis.de/artikel/wider-die-herrschende-meinungsdiktatur-der-politischen-korrektheit-zuerst-das-deutsche-nachrichtenmagazin-5554, 20.12.2013, 16h04. (= Tszschoppe 2010)

Unterberger, Andreas Zit.n. http://www.andreas-unterberger.at, 15.01.2014, 23h55.

Unterberger, Andreas: Wo das Christentum blüht: Sabatina, die Konvertitin. In: http://www.andreas-unterberger.at, 24.12.2012, Zit.n. http://www.wienerakademikerbund.at/Website_Wiener_Akademikerbund/Islam-Schwerpunkt.html, 28.10.2013, 17h56. (=Unterberger 2012)

Uriasposten: Frankrig: Manden der skød mod Liberation-redaktion var Abdelhakim Dekhar, algerisk venstreekstremist. In: www.uriasposten.net, 22.11.2013. Zit. n. http://www.uriasposten.net/archives/53240, 22.11.2013, 14h20. (= Uriasposten 2013b)

Uriasposten: Hvorfor... In: www.uriasposten.net, 01.03.2006. Zit. n. http://www.uriasposten.net/om-urias, 22.11.2013, 14h10. (= Uriasposten 2006)

Uriasposten: Tørklæde-klædte piger røvede tankstation i Fåreveje: »... det er sjældent vi ser sådan en kombination«. In: www.uriasposten.net, 21.11.2013. Zit. n. http://www.uriasposten.net/archives/53228, 22.11.2013, 14h15. (= Uriasposten 2013a)

Venner, Michael: Nationale Identität. Die Neue Rechte und die Grauzone zwischen Konservatismus und Rechtsextremismus, Köln 1994.

Ver.di Jugend und Antifaschistisches Presse-Archiv und Bildungszentrum Berlin (Hrsg.): Aktiv gegen extrem rechte Zeitungen. Berlin 2012. Zit.n. http://www.apabiz.de/publikation/broschueren/AKTIV-gegen-extrem-rechte-Zeitungen.pdf, 29.12.2013, 23h17. (=ver.di Jugend, apabiz 2012)

Verlag Antaios: Domenico di Tullio – Wer gegen uns? In: antaios.de, ohne Datum. Zit. n. http://antaios.de/gesamtverzeichnis-antaios/nordost/1407/wer-gegen-uns?c=42. 18.12.2013, 15h56 (=Verlag Antaios 2013a)

Verlag Antaios: Gesamtverzeichnis 2013. In: antaios.de, 2013. Zit. n. http://antaios.de/pdf/Gesamtverzeichnis%20Antaios%20Herbst2013.pdf, 18.12.2013, 16h00. (=Verlag Antaios 2013b).

Verlag Antaios: Gesamtverzeichnis Antaios. In: antaios.de, ohne Datm. Zit. n. http://antaios.de/gesamtverzeichnis-antaios/, 04.01.2014, 00h56. (= Verlag Antaios 2014)

Verlag Antaios Zit.n. http://www.deutscheopfer.de, 16.01.2014, 00h16.

Verlag Antaios Zit.n. http://www.deutscheopfer.de/ueber-dieses-projekt,16.01.2014, 00h16.

Vigrid: Mål og Kontakt. In: www.vigridtvedt.net, ohne Datum. Zit. n. http://www.vigridtvedt.net/maalkontakt.htm, 04.11.2013, 13h40. (= Vigrid 2013b)

Vigrid: Metapolitikk som idégrunnlag og metode for Vigrids identitære satsing. In: www.vigridtvedt.net, ohne Datum. Zit. n. http://www.vigridtvedt.net/metapol1.htm, 04.11.2013, 13h45. (= Vigrid 2013c)

Vigrid: NWO = JWO – Jew World Order. In: www.vigridtvedt.net, ohne Datum. Zit. n. http://www.vigridtvedt.net/nwojwo.htm, 04.11.2013, 13h33. (= Vigrid 2013a)

VlogIB: Identitäre Bewegung Bochum – Identitäre Solidarität mit den Bochumer Arbeitern. Zit.n. http://www.youtube.com/watch?v=Etewmug3N_U, 15.01.2014, 23h39.

VlogIdentitaer: Vlog Identitär 6 – Was heißt es identitär zu sein? Zit.n. https://www.youtube.com/watch?v=HskhznVkBfg, 31.10.2013, 14h25.

Von Clausen: Migrationsforscher: Große Mehrheit der Rumänen und Bulgaren sind Ärzte oder Ingenieure. In: www.pi-news.net, 28.12.2013. Zit. n. http://www.pi-news.net/2013/12/migrationsforscher-grosse-mehrheit-der-rumaenen-und-bulgaren-sind-aerzte-oder-ingenieure/, 29.12.2013, 00h13. (= Von Clausen 2013)

Von Eickstedt, Claus: Frontsoldat und Gildenstaat. In: Die Standarte, 29.07.1926, 418-420.

Von Klemperer, Klemens: Moeller van den Bruck (auch Moeller-Bruck, eigentlich Moeller), Arthur. In: www.deutsche-biographie.de, 1994. Zit. n. http://www.deutsche-biographie.de/xsfz63995.html, 14.01.2014, 14h05. (= von Klemperer 1994)

Von Lucke, Albrecht: Die Untiefen der Freiheit. In: www.taz.de, 18.09.2009. Zit. n. http://www.taz.de/Piratenpartei-und-Junge-Freiheit/!40866/, 20.12.2013, 14h56. (= Von Lucke 2009)

W.I.R. – Wiens Identitäre Richtung Zit.n. https://www.facebook.com/permalink.php?story_fbid=155763527911581&id=368508229847074&stream_ref=10, 13.01.2014, 18h52.

Weber, Iris: Nation, Staat und Elite. Die Ideologie der Neuen Rechten, Köln 1997.

Wegerer, Marianne: Rechte Frauen(themen) in Österreich. In: Wolfgang Purtscheller (Hrsg.): Die Rechte in Bewegung. Seilschaften und Vernetzung der ›Neuen Rechten‹, Wien 1995, 142-159.

Wehler, Hans-Ulrich: Nationalismus. Geschichte – Formen – Folgen. München, 2001.

Weiß, Volker: Deutschlands Neue Rechte. Angriff der Eliten – von Spengler bis Sarrazin. Paderborn 2011.

Weiß, Volker: Die Identitären. In: www.zeit.de, 21.03.2013. Zit. n. http://www.zeit.de/2013/13/Die-Identitaeren, 13.12.2013, 18h56. (= Weiß 2013)

Weiß, Volker: Rechte Verteilungskämpfe: JF gegen Zuerst! In: www.publikative.org, 20.02.2010. Zit. n. http://www.publikative.org/2010/02/20/rechte-verteilungskampfe-100/, 08.01.2014, 01h24. (= Weiß 2010)

Weißmann, Karlheinz et. al.: Sezession 1. In: Sezession 1 (2003).

Weißmann, Karlheinz: Der Eber. In: www.karlheinzweissmann.de, ohne Datum. Zit. n. http://www.karlheinzweissmann.de/eber.html, 27.09.2013, 11h13. (= Weißmann)

Wenders, Wim: Tja, dann wollen wir mal. Warum darf man Hitler in »Der Untergang« nicht sterben sehen? Kritische Anmerkungen zu einem Film ohne Haltung. In: www.zeit.de, 21.10.2004. Zit. n. http://www.zeit.de/2004/44/Untergang_n, 14.01.2014, 16h12. (= Wenders 2004)

Wiener Akademikerbund Zit.n. http://www.wienerakademikerbund.at/Website_Wiener_Akademikerbund/Uber_uns.html, 26.11.2013, 23h10.

Wiener Zeitung: Wiener Zeitung: Unterbergers Tagebuch: Von Männern und Frauen. OTS0297, am 25.09.2009, Zit.n. http://www.ots.at/presseaussendung/OTS_20090925_OTS0297/wiener-zeitung-unterbergers-tagebuch-von-maennern-und-frauen, 26.11.2013, 23h33. (=Wiener Zeitung 2009, OTS0297)

Wiens Identitäre Richtung Zit.n. http://wirfürwien.at/?page_id=47, 28.11.2013, 14h34.

Wiens Identitäre Richtung: Bericht zum 1. Identitären Vortragsabend. In: www.wirfürwien.at, 12.07.2012, Zit.n. http://wirfürwien.at/?p=438, 26.12.2012, 18h34. (=Wiens Identitäre Richtung 2012)

Willinger, Markus: Die Identitäre Generation. Eine Kriegserklärung an die 68er. London, 2013.

Wirtschaftskammer Österreich Zit.n. http://www.wkoecg.at/Web/Ecg.aspx?FirmaID=0f68efff-25b9-46cd-9edd-b18a79a9b92d&AspxAutoDetectCookieSupport=1, 26.11.2013, 23h09.

Wirtschaftskammer Österreich Zit.n. http://bit.ly/15O4XN2, 26.11.2013, 23h53.

Wittrock, Philipp: Profildebatte in der CDU. Frustrierte Rechte machen gegen Merkel mobil. In: www.spiegel.de, 19.02.2010, Zit.n., http://www.spiegel.de/politik/deutschland/profildebatte-in-der-cdu-frustrierte-rechte-machen-gegen-merkel-mobil-a-678809.html, 27.11.2013, 09h52. (=Wittrock 2010)

Woods, Roger: Nation ohne Selbstbewußtsein. Von der Konservativen Revolution zur Neuen Rechten. Baden-Baden 2001.

Woods, Roger: Zwischen politischem Programm, Aktivismus und Negation: ›Konservative Revolution‹, Nationalsozialismus und ›Neue Rechte‹. In: Volker Eickhoff/Ilse Korotin (Hrsg.): Sehnsucht nach Schicksal und Tiefe. Der Geist der Konservativen Revolution, Wien 1997, 40-54.

Worm, Uwe: Die Neue Rechte in der Bundesrepublik. Programmatik, Ideologie und Presse, Köln 1995.

Zeit Online GmbH Zit.n. http://blog.zeit.de/stoerungsmelder/2013/02/12/likes-fur-rassisten-wie-die-identitaren-im-internet-fur-sich-werben_11343, 14.01.2014, 22h31.

Zillmer, Arne: Lange Nacht der Neuen Rechten? In: blog.zeit.de, 22.10.2013. Zit. n. http://blog.zeit.de/stoerungsmelder/2013/10/22/lange-nacht-der-neuen-rechten_14230, 22.12.2013, 11h34. (= Zillmer 2013)

Zillmer, Arne: Weltpremiere oder Weltverschwörung: Die Compact Konferenz in Berlin. In: blog.zeit.de, 23.11.2012, Zit.n. http://blog.zeit.de/stoerungsmelder/2012/11/23/weltpremiere-oder-weltverschworung-die-compact-konferenz-in-berlin_10627. 29.12.2013, 23h12. (=Zillmer 2012)

Zöchling, Christa: Wendelin Mölzer: Der Clan bestimmt maßgeblich die Politik der FPÖ. In: www.profil.at, 30.01.2014, Zit.n. http://www.profil.at/articles/1405/980/372140/zur-zeit-wendelin-moelzer-der-clan-politik-fpoe, 04.02.2014, 20h59 (=Zöchling 2014).

ZUERST!: Erich Priebke verstorben. In: ZUERST! 11/2013, 6.

Zwischentag: Begleitprogramm zum ›zwischentag‹. In: zwischentag.de, 2012. Zit. n. http://zwischentag.de/wp-content/uploads/2012/06/zwischentagbegleitprogramm.pdf, 06.01.2014, 12h45. (= Zwischentag 2012)

Abbildungsverzeichnis

S.58 http://f-idontcare.tumblr.com/post/20959152048/wiens-identitare-richtung-is-a-new-right-wing, 15.01.2014, 12h28.

S.65 Génération Identitaire Nice Zit.n. https://www.facebook.com/photo.php?fbid=447735511993255&set=gm.768967226466450&type=1&theater, 15.01.2014, 11h45

S.75 Strobl 2012, S. 128

S.76 Strobl 2012, S. 86

S.77 Strobl 2012, S. 154

S.91. http://on.fb.me/1eDdV4x, 15.01.2014, 12h36

S.99 https://www.facebook.com/photo.php?fbid=1432246047008080&set=a.1431228647109820.1073741828.1414268812139137&type=1&theater, 15.01.2014, 12h02

S.100 https://www.facebook.com/photo.php?fbid=453917844663326&set=a.449462211775556.110919.437259149662529&type=1, 15.01.2014, 12h01.

S.106 http://www.koling.nu/post/67944523965, 15.01.2014, 12h06

S.120 http://img186.imageshack.us/img186/5813/514575959034d1301e2ova4.gif, 13.02.2014, 10h58

S.170 Strobl 2012, 156

S. 192 https://www.facebook.com/photo.php?fbid=448727555183246&set=pb.445130018876333.-2207520000.1378731148.&type=3&theater, 15.01.2014, 12h27

S.206 https://www.facebook.com/photo.php?fbid=468333346556000&set=pb.445130018876333.-2207520000.1383213714.&type=3&theater, 08.12.2013, 10h39

S.208 oben https://www.facebook.com/photo.php?fbid=697676123583783&set=pb.581482171869846.-2207520000.1389701619.&type=3&theater, 15.01.2014, 12h22.

S.208 unten http://www.projet-apache.com/2009/11/decouvrez-le-programme-de-la-campagne-une-autre-jeunesse/, 15.01.2014, 12h39

S.209 oben gepostet von der Gruppe Die Identitären in Wien am 19. Oktober 2012, Gruppe nicht mehr existent

S.209 mitte https://www.facebook.com/photo.php?fbid=288170711294264&set=pb.287774531333882.-2207520000.1389703698.&type=3&theater, 15.01.2014, 12h29.

S.209 unten https://www.facebook.com/photo.php?fbid=287784951332840&set=pb.287774531333882.-2207520000.1378731273.&type=3&theater, 15.01.2014, 12h30.

S.210 oben http://wirfürwien.at/wp-content/uploads/2012/03/yaomingaustria.png, 10.10.2012

S.210 unten https://www.facebook.com/photo.php?fbid=368685489909452&set=pb.287774531333882.-2207520000.1378731269.&type=3&theater, 15.01.2014, 12h33

S.211 oben https://www.facebook.com/photo.php?fbid=703627572988638&set=pb.581482171869846.-2207520000.1386786865.&type=3&theater, 15.01.2014, 12h43.

S.211 mitte https://www.facebook.com/photo.php?fbid=686374811380581&set=pb.581482171869846.-2207520000.1386788015.&type=3&theater, 15.01.2014, 13h02.

S.211 unten https://www.facebook.com/photo.php?fbid=701188476565881&set=pb.581482171869846.-2207520000.1386786879.&type=3&theater, 15.01.2014, 13h03

S.212 oben http://wirfürwien.at/wp-content/uploads/2012/03/streetfight1.jpg, 10.10.2012, 12h34

S.212 unten https://www.facebook.com/photo.php?fbid=496437180451499&set=pb.344957848932767.-2207520000.1389708973.&type=3&theater, 15.01.2014, 13h05

S.213 oben https://www.facebook.com/photo.php?fbid=445290042193664&set=pb.44
5130018876333.-2207520000.1378731978.&type=3&theater, 15.01.2014, 13h06.
S.213 unten https://www.facebook.com/photo.php?fbid=216966618453480&set=pb.1
61723267311149.-2207520000.1378731361.&type=3&theater, 15.01.2014, 13h09
S.214 oben https://www.facebook.com/photo.php?fbid=484983491557652&set=pb.44
5130018876333.-2207520000.1378731144.&type=3&theater, 15.01.2014, 13h13
S.214 unten https://www.facebook.com/photo.php?fbid=467787536610581&set=pb.4
45130018876333.-2207520000.1378731146.&type=3&theater, 15.01.2014, 13h14
S.215 oben https://www.facebook.com/photo.php?fbid=523424994380168&set=pb.44
5130018876333.-2207520000.1378731144.&type=3&theater, 15.01.2014, 13h19
S.215 mitte https://www.facebook.com/photo.php?fbid=449178148471520&set=pb.44
5130018876333.-2207520000.1378731148.&type=3&theater, 15.01.2014, 13h26
S.215 unten https://www.facebook.com/photo.php?fbid=161930513957091&set=pb.1
61723267311149.-2207520000.1378731456.&type=3&theater, 15.01.2014, 13h24.

Recherche. Analyse. Perspektive.

Der rechte Rand der Gesellschaft steht im Blickfeld des antifaschistischen Magazins, das über Ereignisse berichtet, Entwicklungen aufzeigt und Akteure porträtiert – und das alle zwei Monate, über rechte Parteien, Kameradschaften, Think Tanks, Webportale, Magazine und Verlage, Musikbands und Label, Aufmärsche und Tagungen, Themen und Kampagnen ... national sowie international.

Fundierte und prägnante Recherchen und Analysen lenken die Aufmerksamkeit auch auf unterbelichtete oder ausgeblendete Aspekte. Das Magazin zeigt, wie der rechte Rand gesellschaftlich verankert sein kann und an Themen der gesellschaftlichen ‚Mitte' anknüpft.

Das Magazin der rechte rand ist ein antifaschistisches Non-Profit-Projekt, initiiert 1989 und stets getragen von unterschiedlichsten Menschen, die eint, politisch Aktiven und Interessierten fundierte Recherchen, Analysen und Perspektiven zu liefern, um sie in ihrem Engagement zu unterstützen.

www.der-rechte-rand.de

der rechte rand
magazin von und für antifaschistInnen

Peter Bierl
Grüne Braune
Umwelt-, Tier- und Heimatschutz von Rechts

Erscheint voraussichtlich 2014
ca. 80 Seiten | ca. 7.80 €
ISBN 978-3-89771-105-1

Ein aktueller Überblick

In »Grüne Braune« hinterfragt Peter Bierl die ökologische Positionen von NPD über Kameradschaften bis zur Neuen Rechten. Er geht auf den völkischen Ideologiefundus ein, skizziert die Geschichte der grünen Braunen nach 1945.
In der Öffentlichkeit löst das umweltpolitische Engagement der extremen Rechten immer wieder Überraschung aus. Verwundert zeigen sich Bürgerinitiativen, wenn extrem Rechte sich beteiligen wollen. Die Verbindung von ökologischen Fragen mit extrem-rechten Forderungen ist nicht neu. Umweltschutz ist hier gleich Heimatschutz. Heute setzt sich die Szene wieder aus ökologischen Bedenken heraus gegen »die Juden« und die Einwanderung und für einen starken Staat und eine geschlossen Gemeinschaft ein.

Jürgen Peters & Christoph Schulze (Hg.)
»Autonome Nationalisten«
Die Modernisierung neofaschistischer Jugendkultur

2009 | 72 Seiten | 7.80 €
ISBN 978-3-89771-101-3

Der moderne Aufmarsch militanter Neonazis

Ein »Schwarzer Block«, Basecaps, dunkle Kleidung und Parolen wie »Fight the system!« – die Verwirrung ist groß, seit vor einigen Jahren erstmals »Autonome Nationalisten« (AN) auf Neonazi-Aufmärschen zu beobachten waren. Es handelt sich um eine Strömung in der militanten Neonaziszene, die sich diverser Symbole, Codes und Sprachformen bedient, die bisher in der Linken verortet waren. Was hat es nun auf sich mit den AN? Haben wir es mit verkleideten Neonazis oder mit einer neuen Form extrem rechter Jugendkultur zu tun? Das Buch nimmt Entstehungsgeschichte, Ideologie, politische Praxis, Habitus und Selbstverständnis der AN unter die Lupe und beleuchtet ihr Verhältnis zu anderen Organisationen der extremen Rechten.

Bernhard Schmid
Die Neue Rechte in Frankreich

2009 | 72 Seiten | 7.80 €
ISBN 978-3-89771-102-0

Geschichte und Strategie eines extrem rechten Intellektualismus

Die französische ›Nouvelle Droite‹ (Neue Rechte) bezeichnet eine spezifische Strömung innerhalb der antidemokratischen extremen Rechten, die in den späten 1960er Jahren entstanden ist. Die damalige ›Neue Rechte‹ entstand vor dem Hintergrund des Scheiterns des rechtsextremen Aktivismus und Militarismus während der Hochphase der französischen Kolonialkriege. Sie versuchte die theoretischen Lehren aus dessen historischem Misserfolg, und zugleich aus den »Fehlentwicklungen« des deutschen Nationalsozialismus - aus rechter Sicht -, zu ziehen. Ihre Vordenker erwiesen sich als Meister darin, Ansätze und intellektuelle Versatzstücke, die aus anderen Denktraditionen stammten, aus ihrem Zusammenhang zu reißen, »umzudrehen« und in ihren eigenen Diskurs einzubauen.

UNRAST Verlag • Postfach 8020 • 48043 Münster
www.unrast-verlag.de • E-Mail: info@unrast-verlag.de